KB117510

수능영어
100일의
기적

수능 영어 100일의 기적

지은이 허준석, 신영환, 기나현
        김지혜, 김혜림, 석정은
펴낸이 임상진
펴낸곳 (주)넥서스

초판 1쇄 인쇄 2020년 8월 20일
초판 1쇄 발행 2020년 8월 24일

출판신고 1992년 4월 3일 제311-2002-2호
10880 경기도 파주시 지목로 5
Tel (02)330-5500 Fax (02)330-5555

ISBN 979-11-6165-999-2 53740

www.nexusbook.com

1일 2구문으로 끝내는 수능 영어 **D-100**

수능 영어 100일의 기적

허준석 외

NEXUS Edu

머리말

수능 영어 영역에서 절대평가를 시행한 지 꽤 시간이 흘렀습니다. 출제 방식과 난이도는 비슷한 수준을 유지하고 있지만, 현장에서 느끼는 학생들의 수능 영어에 대한 부담은 점점 더 늘고 있습니다. EBS 연계 교재 학습량, 비연계 문항의 출제 비중 증가, 심지어 학교 내신 영어조차도 이 굴레에서 같이 움직이고 있으니 학생들의 피로도가 높은 것이 당연합니다.

Back to the basics!

기본이 무엇인가? 어떻게 하면 효율적으로 공부할 수 있을 것인가? 이런 질문에 답하는 학생보다 당장 코앞에 닥친 수능을 위해 단어, 연계 교재 지문을 죄다 암기하고, 어마어마한 양의 유사 문항을 푸는 학생들의 수가 많다는 것이 너무나 안타까웠습니다. 그래서 저와 혼공 스쿨의 중등 크루들이 고민 끝에 생각해낸 것이 바로 영어 구문을 300% 활용하는 것이었습니다.

수능 지문은 보통 영어 원서의 글을 기반으로 하고 있습니다. 갈수록 출제 지문의 신선함을 유지하기 힘들어 원문의 수준이 올라가고 있습니다. 하지만, 출제된 지문 속의 문장을 살펴보면 반복되는 패턴이 분명히 보입니다. 제아무리 수천 개의 문장이라고 해도 사람이 쓰는 언어인지라 약속된 '규칙'이 존재하는 것입니다.

그러므로 구문의 패턴에 따라 어떻게 해석되는지 알고 접근한다면, 어렵게만 느껴졌던 영어 지문도 쉽고 정확하게 파악할 수 있습니다. 저와 크루들은 실제 평가원과 각 시·도 교육청에서 출제한 10년 넘는 기출문제를 분석하여 반복되는 모든 중요한 '영어 구문'을 200개 패턴으로 구분하여 정리하였습니다. 또한 개념-어법까지 다루어 영어 해석의 정확성과 신속함을 향상시킬 수 있도록 구성했습니다. 그러므로, 이 한 권의 책으로 수능 영어에 출제되었던 '구문', '어법', '어휘', '지문의 전반적 이해'라는 4마리 토끼를 모두 잡을 수 있을 것입니다.

마지막으로, 가장 중요한 것은 학습자가 효율적으로 학습하는 것입니다. 그래서 하루 딱 2개의 구문을 100일 동안 완성할 수 있도록 책의 내용을 구성하였습니다. 총 200개 구문을 100일 동안 학습한다면 그 이후에는 분명 달라진 영어 실력을 체험할 수 있을 것입니다.

Slow and steady wins the race!

100일 동안 포기하지 않고 꾸준하게 이 교재를 학습하면, 분명 큰 도움이 될 것입니다.

이 세상엔 노력 없이는 아무것도 얻을 수 없습니다. 이 교재를 만들기 위해 저와 크루들은 한 문장이라도 더 도움이 되는 것들을 선별하는 데 정말 많은 시간과 노력을 기울였습니다. 이제 이 노력이 학습자분들의 노력으로 이어져서 달콤한 '결실'이 되기를 희망합니다.

마지막으로, 이 책이 나오기까지 적극적으로 애써주신 넥서스 관계자분들, 밤낮을 쪼개가며 작업하신 혼공 스쿨 공동 집필 크루들, 사랑하는 가족들, 양가 부모님께 감사드립니다. 혼공!

대표저자 혼공 허준석

수능 영어 100일의 기적!

당신이 이런 학생이라면
이제 기적 같은 100일이 시작됩니다.

지금껏 수년 동안 준비한 수능
영어를 수능 100일을 앞두고
체계적으로 마무리하고 싶어요!

긴 지문과영양가 없는 문장에 시간
낭비하지 않고 **반드시 시험에 나오는
핵심 구문 위주로** 학습하고 싶어요!

영어뿐만 아니라 다른 과목도 준비해야
하니 하루 **최소한의 시간 투자로** 수능
영어를 효과적으로 대비하고 싶어요!

영어가 너무 어려워 방황했지만
필수 구문만 파고 들어 **단기간에
등급을 높이고** 싶어요!

아직 수험생은 아니지만 수능에 반드시 나오는
구문을 위주로 미리미리 경험하고 학습하여 **높은
수준의 독해력을 키우고** 싶어요!

구성과 특징

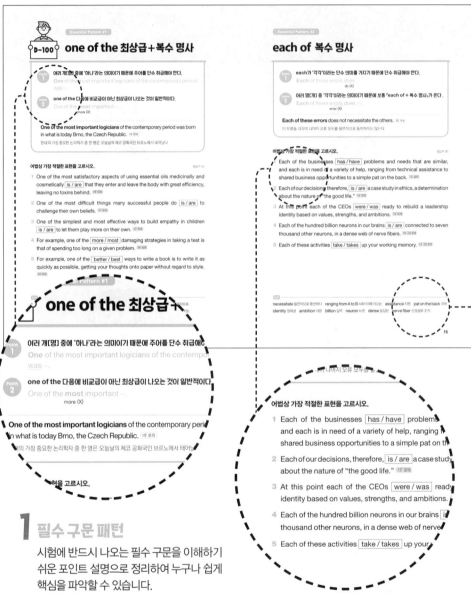

Essential Pattern #1

D-100 one of the 최상급 + 복수 명사

Point 1 여러 개[형] 중에 '하나'라는 의미이기 때문에 주어를 단수 취급해야 한다.
One of the most important logicians of the contemporary period was ~.

Point 2 one of the 다음에 비교급이 아닌 최상급이 나오는 것이 일반적이다.
One of the most important ~.
more (X)

One of the most important logicians of the contemporary period was born in what is today Brno, the Czech Republic. 19' 모의
현대의 가장 중요한 논리학자 중 한 명은 오늘날의 체코 공화국인 브르노에서 태어났다

어법상 가장 적절한 표현을 고르시오.

1 One of the most satisfactory aspects of using essential oils medicinally and cosmetically is/are that they enter and leave the body with great efficiency, leaving no toxins behind.

2 One of the most difficult things many successful people do is/are to challenge their own beliefs.

3 One of the simplest and most effective ways to build empathy in children is/are to let them play more on their own.

4 For example, one of the more/most damaging strategies in taking a test is that of spending too long on a given problem.

5 For example, one of the better/best ways to write a book is to write it as quickly as possible, getting your thoughts onto paper without regard to style.

Essential Pattern #2

each of 복수 명사

Point 1 each가 '각각'이라는 단수 의미를 가지기 때문에 단수 취급해야 한다.
Each of these errors does ~.
do (X)

Point 2 여러 명[개] 중 '각각'이라는 의미이기 때문에 보통 「each of + 복수 명사」가 온다.
Each of these errors ~.
error (X)

Each of these errors does not necessitate the others. 21' 수능
이 오류들은 각각이 나머지 오류 모두를 필연적으로 동반하지는 않는다.

어법상 가장 적절한 표현을 고르시오.

1 Each of the businesses has/have problems and needs that are similar, and each is in need of a variety of help, ranging from technical assistance to shared business opportunities to a simple pat on the back. 19' 모의

2 Each of our decisions, therefore, is/are a case study in ethics, a determination about the nature of "the good life." 13' 모의

3 At this point each of the CEOs were/was ready to rebuild a leadership identity based on values, strengths, and ambitions.

4 Each of the hundred billion neurons in our brains is/are connected to seven thousand other neurons, in a dense web of nerve fibers. 16' 고3모의

5 Each of these activities take/takes up your working memory. 18' 고3모의

necessitate 필연적으로 동반하다 ranging from A to B A에서 B에 이르는 assistance 지원 pat on the back 격려
identity 정체성 ambition 야망 billion 십억 neuron 뉴런 dense 밀집한 nerve fiber 신경섬유 조직

15

1 필수 구문 패턴

시험에 반드시 나오는 필수 구문을 이해하기 쉬운 포인트 설명으로 정리하여 누구나 쉽게 핵심을 파악할 수 있습니다.

2 최신 기출 예문

최근 10년 내에 수능과 모의고사에 출제된 듣기와 독해 문제의 예문으로 실전에 철저히 대비할 수 있습니다.

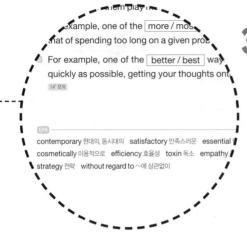

example, one of the more / most
that of spending too long on a given prob

6 For example, one of the better / best way
quickly as possible, getting your thoughts on
14' 모의

단어
contemporary 현대의, 동시대의 satisfactory 만족스러운 essential
cosmetically 미용적으로 efficiency 효율성 toxin 독소 empathy
strategy 전략 without regard to ~에 상관없이

3 기출 어휘 정복

정확한 해석을 위해 문제에서 다루는 필수 어휘와
고난도 어휘가 정리되어 있으며, QR코드로 즐겁게
학습하고 어휘 테스트지를 다운로드하여 실력을
확인하며 어휘를 마스터할 수 있습니다.

테스트지 다운로드 www.nexusbook.com

4 종합 패턴 리뷰

앞에서 학습한 모든 패턴을 10개씩
묶어 5일마다 한 번씩 복습하면서 필수
패턴을 완벽히 마스터할 수 있습니다.

Pattern 1~10 | Part I   정답 p.58

A. 밑줄 친 부분을 올바른 형태로 고쳐 쓰시오.

One of the most urgent things to do now <u>are</u> to reduce the use of plastic.

2 One of the <u>more</u> common fears among people is about public speaking.
➡

3 One of the most curious <u>painting</u> of the Renaissance is a careful depiction of
a weedy patch of ground by Albrecht Dürer.
➡

4 One of the <u>better</u> ways to promote this type of integration is to help retell the
story of the frightening or painful experience.
➡

5 One of the best <u>advantage</u> about my job is that it allows me to take a long
holiday twice a year.
➡

6 One of the most memorable moments in my life <u>are</u> when I got the first prize
in a piano competition.
➡

B. 어법상 적절한 단어를 고르시오.

1 Individuals can reserve their flight either on the phone or / and online.

2 In mapping from one region to another, either digital or analog processing
is / are used.

3 Neither I nor she plan / plans to go to the school reunion which will be held
on March 23rd.

4 Neither the science department nor the music department at Saint University
require / requires that the students should write thesis.

5 Either applying the ointment directly or mixing it with saliva help / helps to
fight bacteria.

6 Neither criminal evidence nor science theory support / supports this
consequence.

216

목차

D-100 ~ D-1

one of the 최상급＋복수 명사

Point 1
여러 개[명] 중에 '하나'라는 의미이기 때문에 주어를 단수 취급해야 한다.
One of the most important logicians of the contemporary period <u>was</u> ~.

Point 2
one of the 다음에 비교급이 아닌 최상급이 나오는 것이 일반적이다.
One of the **most** important ~.
　　　　　more (X)

- -

One of the most important logicians of the contemporary period was born in what is today Brno, the Czech Republic. `19' 모의`

현대의 가장 중요한 논리학자 중 한 명은 오늘날의 체코 공화국인 브르노에서 태어났다.

어법상 가장 적절한 표현을 고르시오.
　　　　　　　　　　　　　　　　　　　　　　　　　　　　　　정답 P.02

1 One of the most satisfactory aspects of using essential oils medicinally and cosmetically │ is / are │ that they enter and leave the body with great efficiency, leaving no toxins behind. `18' 모의`

2 One of the most difficult things many successful people do │ is / are │ to challenge their own beliefs. `17' 모의`

3 One of the simplest and most effective ways to build empathy in children │ is / are │ to let them play more on their own. `17' 모의`

4 For example, one of the │ more / most │ damaging strategies in taking a test is that of spending too long on a given problem. `16' 모의`

5 For example, one of the │ better / best │ ways to write a book is to write it as quickly as possible, getting your thoughts onto paper without regard to style. `14' 모의`

단어

contemporary 현대의, 동시대의　satisfactory 만족스러운　essential 필수적인　medicinally 의료적으로
cosmetically 미용적으로　efficiency 효율성　toxin 독소　empathy 공감 능력　damaging 손해를 끼치는
strategy 전략　without regard to ~에 상관없이

each of 복수 명사

Point 1
each가 '각각'이라는 단수 의미를 가지기 때문에 단수 취급해야 한다.
Each of these errors <u>does</u> ~.
　　　　　　　　　　 do (X)

Point 2
여러 명[개] 중 '각각'이라는 의미이기 때문에 보통 「each of + 복수 명사」가 온다.
Each of these <u>errors</u> does ~.
　　　　　　　 error (X)

Each of these errors does not necessitate the others. [20' 수능]
이 오류들 각각이 나머지 오류 모두를 필연적으로 동반하지는 않는다.

어법상 가장 적절한 표현을 고르시오.　　　　　　　　　　　　　　정답 P.02

1　Each of the businesses [has / have] problems and needs that are similar, and each is in need of a variety of help, ranging from technical assistance to shared business opportunities to a simple pat on the back. [15' 모의]

2　Each of our decisions, therefore, [is / are] a case study in ethics, a determination about the nature of "the good life." [13' 모의]

3　At this point each of the CEOs [were / was] ready to rebuild a leadership identity based on values, strengths, and ambitions. [12' 모의]

4　Each of the hundred billion neurons in our brains [is / are] connected to seven thousand other neurons, in a dense web of nerve fibers. [16' 고2 모의]

5　Each of these activities [take / takes] up your working memory. [12' 고2 모의]

[단어]

necessitate 필연적으로 동반하다　ranging from A to B A에서 B에 이르는　assistance 지원　pat on the back 격려
identity 정체성　ambition 야망　billion 십억　neuron 뉴런　dense 밀집된　nerve fiber 신경섬유 조직

D-99

(n)either A (n)or B

Point 1

neither A nor B는 '둘 다 아니다'라는 '양자 부정'으로 B에 동사를 일치시킨다.

Neither <u>air</u> **nor** <u>water</u> <u>provides</u> ~.
       A   B

Point 2

either A or B는 '둘 중 하나'라는 의미로 B에 동사를 일치시킨다.

Either <u>air</u> **or** <u>water</u> <u>provides</u> ~.
     A   B

Neither air nor water provides much focus of contagion for the scattered population. 19' 모의

흩어져 있는 주민들에게 공기와 물이 대단히 집중된 전염을 제공하지 않는다.

어법상 가장 적절한 표현을 고르시오.
정답 P.02

1 Neither prosecutor nor defender is / are obliged to consider anything that weakens their respective cases. 16' 모의

2 Double Dutch is a style of jumping rope in which there are two participants turning two ropes while either one or two participants jump / jumps through the ropes. 12' 모의

3 Either my wife and / or I will call you back as soon as we can. 12' 수능

4 However, neither an umbrella nor a raincoat was / were available in the house. 13' 고2 모의

5 As long as neither your brain nor your ears is / are impaired, hearing is involuntary. 16' 고1 모의

단어

contagion 전염 scattered 흩어져 있는 population 주민 prosecutor 검찰 defender 변호사
obliged 의무가 있는 respective 각각의 participant 참가자 available 이용할 수 있는 impair 손상시키다
involuntary 무의식적인

to부정사 주어

 Point 1 **be동사나 일반동사 앞에 to부정사가 오면 '주어'로 쓰이면 보통 단수 취급한다.**

To change **is** to learn ~. (O)

To change **are** to learn ~. (×)

 Point 2 **to부정사가 온 다음 콤마가 오고, 새로운 문장이 나오면 이때는 to부정사의 부사적 용법으로 쓰여서 수 일치와 관계없다.**

To solve these problems, what we have to do is really important.
                          S   V

이 문제를 해결하기 위해서, 우리가 해야만 하는 것은 정말로 중요하다.

To change is to learn something new, to think differently, to act differently, and to move in a new direction. 19' 모의

변화한다는 것은 새로운 무언가를 배우는 것, 다르게 생각하는 것, 다르게 행동하는 것, 그리고 새로운 방향으로 움직이는 것이다.

어법상 가장 적절한 표현을 고르시오.
정답 P.02

1 To say that the artist must have the cooperation of others *for the art work to occur as it finally does* do / does not mean that he cannot work without that cooperation. 19' 모의

2 To write something down mean / means that people far away in space and time can recreate it. 19' 모의

3 It is not really possible to conduct / conducting some forms of controlled experiments on human beings. 17' 모의

4 To be courageous under all circumstances require / requires strong determination. 12' 수능

5 To give up pretensions is / are as blessed a relief as to get them gratified. 11' 수능

단어

cooperation 협력   recreate 재창조하다   conduct 수행하다   experiment 실험   courageous 용감한

circumstance 환경   require 필요로 하다   determination 결단력   pretension 가식   blessed 행복한

relief 위안   gratified 만족감을 느끼는

Essential Pattern #5

동명사 주어

Point 1
동명사는 단수 취급한다.
Discovering is often difficult.
발견은 대체로 어렵다.

Point 2
주어가 길면 동사 바로 앞의 명사보다 주어의 '핵'을 찾아 수 일치를 해야 한다.
Discovering how people are affected by jokes is often difficult.
　　　주어　　　　　　　　　　　　　　　　　　(X)

Discovering how people are affected by jokes is often difficult. 〔19' 모의〕
사람들이 어떻게 농담에 영향을 받는지를 알아내는 것은 대체로 어렵다.

어법상 가장 적절한 표현을 고르시오.

정답 P.03

1 Preparing to solve a problem for next time ⌐feel / feels⌐ better than getting upset about our failure to solve it this time. 〔19' 모의〕

2 Respecting your listener's time ⌐is / are⌐ the capital letter at the beginning of your sentence. 〔19' 모의〕

3 For Ricky, playing baseball with him ⌐was / were⌐ a way to forget his hardship.
〔17' 모의〕

4 Navigating the world ⌐is / are⌐ a difficult job that requires moving around and using a lot of brainpower. 〔19' 고2 모의〕

5 Limiting your access to everything from sandwiches to luxury cars
⌐help / helps⌐ to reset your cheerometer. 〔19' 고2 모의〕

단어

affect 영향을 미치다　**failure** 해결하지 못한 것　**capital letter** 대문자[시작점]　**hardship** 고난　**navigate** 항해하다
brainpower 지력　**limit** 제한하다　**access** 접근　**reset** 재설정하다　**cheerometer** 활기온도계

what절 주어

 Point 1

관계대명사 what으로 시작하는 절이 주어에 오면 단수 취급한다.

What survives these ancient societies <u>is</u>, for the most part, a pile of receipts.

 Point 2

관계대명사 what을 the thing that[which]로 바꾸어 생각하면 이해하기 편하다.

The thing that survives these ancient societies is ~.
　　　= What

- -

What survives these ancient societies is, for the most part, a pile of receipts. [20' 수능]

이런 고대 사회에서 살아남은 것은 대부분 영수증 더미이다.

어법상 가장 적절한 표현을 고르시오.　　　　　　　　　　　정답 P.03

1 What she found in her paper was / were scribbled words, half sentences, and a pile of seemingly strange and disjointed ideas. [19' 모의]

2 What each of them will remember are / is selective and coloured by their family's constructs system. [18' 모의]

3 What this demonstrates is / are that it's equally important to the success of the exercise that the person you're throwing to catches the ball as that you are able to catch the ball. [18' 수능]

4 What one often gets are / is no more than abstract summaries of lengthy articles. [17' 모의]

5 What he hadn't realized was / were that the administrative staff hadn't been able to find the requested Bosendorfer piano, and they had instead installed a tiny little Bosendorfer that was in poor condition. [17' 수능]

 단어

ancient 고대의　pile 더미　receipt 영수증　scribbled 휘갈겨 쓴　seemingly 겉보기에　disjointed 일관성 없는　selective 선택적인　constructs system 구성 개념 체계　demonstrate 보여주다　abstract 추상적인　lengthy 긴　administrative 관리의

Essential Pattern #7

whether절 주어

Point 1

접속사 **whether**로 시작하는 절이 주어로 쓰이면 단수 취급한다.

Whether such women are American or Iranian or whether they are Catholic or Protestant <u>matters</u> ~.

Point 2

whether A or B는 'A인지 B인지'를 의미한다.

Whether <u>it's convenient</u> or <u>not</u> doesn't matter.

그것이 편리한지 아닌지는 중요하지 않다.

Whether such women are American or Iranian or whether they are Catholic or Protestant matters less than the fact that they are women. 18' 모의

그런 여성들이 미국인인지 이란인인지, 혹은 그들이 가톨릭 신자인지 개신교도인지의 여부는 그들이 여성이라는 사실보다 덜 중요하다

어법상 가장 적절한 표현을 고르시오.

정답 P.03

1 Robots are mechanical creatures that we make in the laboratory, so whether / that we have killer robots or friendly robots depends on the direction of AI research. 17'모의

2 Whether an animal can feel anything resembling the loneliness humans feel is / are hard to say. 14' 모의

3 That / Whether it's right or left does not matter; what does is that it is the unspoken will of the majority. 14' 모의

4 Whether professionals have a chance to develop intuitive expertise depend / depends essentially on the quality and speed of feedback. 14' 모의

5 Whether someone does or doesn't is / are a function of environment, life experiences, and personal choices. 18' 모의

단어

Protestant 개신교도인 mechanical 기계적인 creature 창조물, 생물 laboratory 실험실
depend on ~에 달려 있다 direction 방향 research 연구 resembling 유사한 matter 중요하다
unspoken 암묵적인 will 의지 majority 다수 intuitive 직관적인 expertise 전문 기술 personal 개인적인

「단수 명사 of 명사」 주어

Point 1 「of 명사」는 수식만 하므로 앞의 단수 명사에 수 일치를 한다.
The philosophy (of science) <u>seeks</u> ~.

Point 2 of 뒤의 복수 명사나 동사 앞의 복수 명사에 수 일치 하지 않는다.
The <u>evaluation</u> of past <u>discoveries</u> and <u>discoverers</u> according to
　　주어　　　　　　　　(X)　　　　　　(X)
present-day <u>standards</u> <u>does</u> ~.
　　　　　(X)　　　동사

The philosophy of science seeks to avoid crude scientism and get a
balanced view on what the scientific method can and cannot achieve. `20' 수능`
과학 철학은 투박한 과학만능주의를 피하고 과학적 방법이 성취할 수 있는 것과 성취할 수 없는 것에 대한
균형 잡힌 시각을 가지려고 노력한다.

어법상 가장 적절한 표현을 고르시오.

정답 P.03

1 The fallacy of false choice | misleads / mislead | that the choices which have
been made explicit exhaust the sensible alternatives. `20' 수능`

2 Furthermore, the evaluation of past discoveries and discoverers according
to present-day standards | do / does | not allow us to see how significant they
may have been in their own day. `20' 수능`

3 One interesting example of this | involve / involves | endangered peregrine
falcons in California, which prey on another endangered species, the
California least tern. `19' 모의`

4 A defining element of catastrophes | is / are | the magnitude of their harmful
consequences. `19' 수능`

5 The addition of beta-carotene | make / makes | margarine look more like butter,
and it appears creamier than it really is. `18' 모의`

단어
crude 투박한　fallacy 오류　mislead 오도하다　explicit 명백한　exhaust 고갈시키다　sensible 합리적인
alternative 대안　evaluation 평가　involve 포함하다　endangered 위기에 처한　catastrophe 재해
magnitude 거대한 규모　consequence 결과

Essential Pattern #9

D-96 「비율 of 명사」 주어 ①

Point 1 「비율을 나타내는 표현 of 명사」에서는 '명사'에 수 일치를 한다.

Most of 단수 명사 + is/was/does ~.

Most of 복수 명사 + are/were/do ~.

Point 2 비율을 나타내는 덩어리 표현은 다음과 같은 것들이 있다.

most of 대부분의   all of 모든   almost all of 대부분 모든

Most of us are not aware of these types of flaws in our reasoning process.
우리들 대부분은 우리의 추론 과정에서 이러한 종류의 결함을 인식하지 못한다. 16' 모의

어법상 가장 적절한 표현을 고르시오.   정답 P.04

1 All of the evidence suggest / suggests that creativity is not coded in our genes. 19' 모의

2 All of these factors is / are going to make it extremely difficult to slow the growth of federal spending and keep the debt from ballooning out of control. 18' 모의

3 Almost all of science is / are fitting models to data. 17' 모의

4 This effect is not compensated by the opposite effect in the southern hemisphere because most of the landmass is / are north of the equator. 17' 모의

5 Most of us probably parent / parents the way we were parented. 17' 모의

단어

aware of ~을 알고 있는   flaw 결함   evidence 증거   creativity 창의성   gene 유전자   factor 요소
extremely 대단히   federal 연방 정부   debt 부채   balloon 부풀다   out of control 통제 불능 상태인
compensate 상쇄하다, 보상하다   hemisphere 반구   landmass 대륙   equator 적도   parent 양육하다

22

「비율 of 명사」 주어 ②

 Point 1
「비율을 나타내는 표현 of 명사」에서는 '명사'에 수 일치를 한다.
A third of 단수 명사 + <u>is/was/does</u> ~.
A third of 복수 명사 + <u>are/were/do</u> ~.

 Point 2
비율을 나타내는 덩어리 표현은 다음과 같은 것들이 있다.
a third of 3분의 1의   3/4 of 4분의 3의   10% of 10퍼센트의

Around **3/4 of that energy** is expended on neurons, the specialized brain cells that communicate in vast networks to generate our thoughts and behaviours. 19' 모의

그 에너지의 약 4분의 3은 우리의 생각과 행동을 만들어 내기 위해 광대한 연결망에서 소통하는 분화된 뇌세포인 뉴런에 사용된다.

어법상 가장 적절한 표현을 고르시오.
정답 P.04

1 While more than half of the brain is / are involved in processing what we see, only something like 1% of the cerebral cortex is / are directly involved in taste perception. 19' 모의

2 Yet despite these extreme hardships, a third of the kids mature / matures into "competent, confident, and caring young adults" with no record of delinquency or mental health problems. 19' 모의

3 Some of them is / are good and some are not so good. 18' 모의

4 During rest, approximately 80% of blood flow is / are directed to the major organs, including the stomach, liver, intestines, brain, and kidneys. 17' 모의

5 But we know that some of the things we do is / are not controlled consciously. 17' 모의

단어

generate 만들어내다 cerebral cortex 대뇌 피질 perception 지각 hardship 역경 mature 성장하다
competent 유능한 delinquency (청소년) 비행 approximately 대략 blood flow 혈류 organ 장기 liver 간
intestine 창자 kidney 신장 consciously 의식적으로

Essential Pattern #11

「one of 복수 명사」 주어

Point 1 여러 명[마리/것]들 중 '하나'라는 의미이기 때문에 단수 취급한다.
One of the unique animals living in the area <u>is</u> the Kermode bear.

Point 2 one of 다음에는 복수 명사가 반드시 와야 한다.
One of the unique <u>animals</u> ~.
        animal (X)

- -

One of the unique animals living in the area is the Kermode bear. 19' 모의
그 지역에 서식하는 독특한 동물 중 하나는 커모드 곰이다.

어법상 가장 적절한 표현을 고르시오. 정답 P.04

1 In the same way, one of the basic principles of early modernist architecture
   was / were that every part of a building must be functional. 19' 모의

2 One of the common problems of sensitive people are / is an excess of delta
   brainwaves. 17' 모의

3 One of the sensitive topics that surfaced was / were whether or not the
   senior managers would give themselves a year-end bonus, a bonus that
   would not be available to any other employees. 17' 모의

4 One of the mistakes we often make when confronting a risk situation are / is
   our tendency to focus on the end result. 15' 수능

5 One of the many strength / strengths of the African American community is
   an intrinsic support for the athletic endeavors of African American girls and
   women. 14' 모의

---

architecture 건축   functional 기능적인   sensitive 예민한   excess 과도함   brainwave 뇌파
surface 수면에 올라오다   senior manager 고위 관리자   a year-end bonus 연말 보너스   employee 직원
confront 직면하다   tendency 경향   intrinsic 본질적인   athletic 체육의   endeavor 노력

「명사 + 전치사구」 주어

 Point 1
「명사 + 전치사구」가 주어를 이룰 때는 '명사'에 수 일치를 해야 한다.
The interaction (between nature and nurture) <u>is</u> ~.

 Point 2
동사 바로 앞의 복수 명사나 「명사 and 명사」에 주의한다.
The interaction between <u>nature and nurture</u> is ~.
(X)

The interaction between nature and nurture is, however, highly complex.
하지만 천성과 양육 사이의 상호작용은 매우 복잡하다. 20' 수능

어법상 가장 적절한 표현을 고르시오.
정답 P.04

1 The commonest daily foods for the Nuer is / are dairy products, especially milk for the young and soured milk, like yogurt, for adults. 20' 수능

2 Speculations about the meaning and purpose of prehistoric art rely / relies heavily on analogies drawn with modern-day hunter-gatherer societies. 20' 수능

3 The simple answer to this question is / are that movies do more than present two-hour civics lessons or editorials on responsible behavior. 20' 수능

4 Their trip to France was / were Carol's surprise gift for the sixtieth birthday of her mother - a woman who had sacrificed all her life for her only daughter. 19' 모의

5 The objection to including ethics among the sciences are / is that, whereas science deals with what is, ethics, it is said, is concerned with what ought to be. 19' 모의

단어

interaction 상호작용 nature 천성 nurture 양육 highly 매우 daily 일상적인 dairy product 유제품
speculation 고찰 prehistoric 선사 시대의 analogy 유사점 hunter-gatherer 수렵 채집인 civics 국민 윤리
editorial 사설 responsible 책임 있는 sacrifice 희생하다 objection 반대 ethics 윤리학 ought to ~해야 한다

D-94 「명사 + to부정사」 주어

 Point 1 to부정사가 앞의 명사를 수식할 때는 명사에 수 일치를 한다.

A good place (to start) is to ask questions ~.

 Point 2 to부정사 다음에 온 복수 명사에 수 일치를 해서는 안 된다.

The most powerful way to utilize the airplanes was not permitted.
주어　　　　　　to부정사　　　　(X)

그 비행기들을 사용할 수 있는 가장 강력한 방법은 허용되지 않았다.

A good place to start is to ask questions to help them decide a course of action to take so they feel they did everything they could to prepare. 19' 모의

좋은 출발점은 그들이 취할 행동 방침을 결정하도록 돕는 질문을 던져서 그들이 준비하기 위해 자신이 할 수 있는 모든 것을 다했다고 느끼도록 하는 것이다.

어법상 가장 적절한 표현을 고르시오.　　　　　　　　　　　　　　정답 P.05

1 Resistance to change mean / means people are working hard to protect the status quo. 19' 모의

2 The remarkable capacity of these players to memorize visual information specific to chess was / were not the equivalent of photographic memory. 19' 모의

3 The ability to retain an accurate mental image of the chessboard permit / permits these players to play multiple boards at a time. 19' 모의

4 The human brain's ability to shape itself to the world into which it's born have / has allowed our species to take over every ecosystem on the planet and begin our move into the solar system. 19' 모의

5 The most effective way to use essential oils is / are not orally, as one might think, but by external application or inhalation. 18' 모의

단어 ─

resistance 저항　status quo 현재 상태　remarkable 놀라운　capacity 재능　equivalent 동일한　retain 간직하다
accurate 정확한　permit 가능케 하다　take over 점령하다　ecosystem 생태계　solar system 태양계
effective 효과적인　essential oil 정유　external 외부의　application 바르기　inhalation 흡입

「명사, 삽입 구/절」 주어

 Point 1 콤마와 콤마로 삽입된 구와 절은 무시하고 그 앞의 명사에 수 일치를 한다.

The fragmentation of television audiences during recent decades, which has happened throughout the globe as new channels have been launched everywhere, has caused ~.

 Point 2 삽입 구와 절 앞의 「명사 + 전치사구」에서 '명사'를 잘 찾아 수 일치를 한다.

The fragmentation (of television audiences during recent decades), ~ , has caused ~. (X)

The fragmentation of television audiences during recent decades, which has happened throughout the globe as new channels have been launched everywhere, has caused advertisers much concern. 20' 수능

최근 몇십 년 동안 텔레비전 시청자의 분열은 도처에서 새로운 채널들이 생겨나면서 전 세계적으로 일어났는데, 이는 광고주들에게 많은 우려를 안겨 주었다.

어법상 가장 적절한 표현을 고르시오.

정답 P.05

1 He reports observing a dog that was "always whining, when one note on a concertina, which was out of tune, | was / were | played." 19' 모의

2 Others, such as cattle, | has / have | complicated digestive tracts that allow microorganisms to do most of the work of digestion. 19' 모의

3 Great scientists, the pioneers that we admire, | is / are | not concerned with results but with the next questions. 19' 수능

4 These cultural spaces, which are dominated by languages like Hindi and Mandarin, | ignore / ignores | and challenge the spread of English. 19' 고2 모의

5 Since the cuts were made, the number of police officers on duty to direct traffic at Central Elementary School during the afternoons | have / has | decreased from two to one. 13' 모의

단어

fragmentation 분열 launch 출시하다 concern 우려 whine 낑낑 울다 note 음, 음표 concertina 콘서티나 (악기)
tune 음정 cattle 소 complicated 복잡한 digestive tract 소화관 microorganism 미생물 digestion 소화 작용
pioneer 선구자 admire 존경하다 dominate 지배하다 cut 감축, 삭감 on duty 근무 중인

D-93 「명사 + 분사」 주어

Point 1 「명사 + 분사」 주어에서는 명사에 수 일치를 한다.

The language (<u>chosen</u> to characterize these particular individuals) <u>reflects</u> ~.
　　　　　　　과거분사

Point 2 분사 다음에 나오는 복수 명사에 현혹되지 않는다.

The language (chosen to characterize these particular <u>individuals</u>) <u>reflects</u> ~.
　　　　　　　　　　　　　　　　　　　　　　　　　　　　(X)

The language chosen to characterize these particular individuals, however, reflects the forgiving way that society views them. 19' 모의

그러나 이 특정한 사람들을 특징짓기 위해 선택된 말은 사회가 그들을 보는 너그러운 방식을 반영했다.

어법상 가장 적절한 표현을 고르시오.

정답 P.05

1 One factor contributing to students' difficulty in making accurate judgments of their own knowledge is / are hindsight bias. 19' 모의

2 The impact created by a change in your habits is / are similar to the effect of shifting the route of an airplane by just a few degrees. 19' 모의

3 The term used to describe this way of thinking about knowledge is / are that knowledge is socially constructed. 19' 모의

4 Among the male groups, the group aged 20-39 had the higher / highest average kilocalorie intake from sugar-sweetened beverages. 19' 모의

5 The hunters armed only with primitive weapons was / were no real match for an angry mammoth. 16' 모의

단어

particular 특정한　reflect 반영하다　forgiving 너그러운　accurate 정확한　hindsight bias 사후 과잉 확신 편향
impact 효과　shift 바꾸다　term 용어　intake 섭취　beverage 음료　primitive 원시적인　mammoth 매머드

「명사 + 관계사」 주어

 Point 1 관계사절 앞의 명사에 수 일치를 한다.

Any learning environment (<u>that</u> deals with only the database
주격 관계대명사
instincts or only the improvisatory instincts) <u>ignores</u> ~.

 Point 2 관계사절 부분을 없다고 생각하고 본동사를 찾으면 수 일치에 편리하다.

Any learning environment ~~that deals with only the database~~
~~instincts or only the improvisatory instincts~~ <u>ignores</u> ~.

Any learning environment that deals with only the database instincts or only the improvisatory instincts ignores one half of our ability. 20' 수능

데이터베이스에 근거한 직감만을 혹은 즉흥적인 직감만을 다루는 어떤 학습 환경이든 우리 능력의 절반은 무시한다.

어법상 가장 적절한 표현을 고르시오.

정답 P.05

1 Anyone who says that people are "genetically programmed" to be moral
| has / have | an oversimplified view of how genes work. 20' 수능

2 When people who resist | is / are | ignored or pushed aside, they become formidable opposition. 19' 모의

3 Russian poets whose work circulates in privately copied typescripts
| do / does | that, as did Emily Dickinson. 19' 모의

4 Grasses that are eaten by grazing animals | grow / grows | from the base of the plant near the ground rather than from the tips of the branches as many plants do. 19' 모의

5 Many people who struggle with difficult emotions also | struggle / struggles | with eating problems. 18' 모의

 단어

deal with ~을 다루다   instinct 직감   improvisatory 즉흥적인   genetically 유전적으로   moral 도덕적인
oversimplified 지나치게 단순화된   gene 유전자   resist 저항하다   formidable 감당할 수 없는
circulate 돌아다니다, 순환하다   graze 풀을 뜯다   tip 끝부분   struggle with ~와 싸우다

Essential Pattern #17

D-92 「명사 + 주어 + 동사」 주어

Point 1 「명사 + 주어 + 동사」가 주어로 사용되었을 때 '명사'에 수 일치한다.

The way (we wish the world to be) is ~.
　　　　　주어　　동사

Point 2 여기서 명사 뒤에 관계대명사 that/which 또는 관계부사 when/where/why/how가 생략된 것으로 볼 수 있다.

The day (when she left the place) is not certain.
　　　　(생략 가능)
그녀가 그 장소를 떠났던 날은 확실하지 않다.

The way we wish the world to be is how, in the movies, it more often than not winds up being. 20' 수능

우리가 소망하는 세상의 모습이 영화 속에서 대개 결국에는 이루어지는 세상의 모습이 된다.

어법상 가장 적절한 표현을 고르시오.　　　　　　　　　　　　　　정답 P.06

1 The next thing I knew was / were that we were dancing, staring into each other's eyes. 19' 모의

2 Another way I can allow myself to hold on to statements that contradict the facts is / are deliberately to refrain from examining the facts to which the statements refer. 19' 모의

3 If we are honest, we will admit that many things we claim to do sacrificially or just because they are right is / are exactly the same actions that bring us personal benefit. 19' 모의

4 So the only thing you can do is / are try to fail faster so that you can move onto the next idea. 17' 모의

5 But we know that some of the things we do is / are not controlled consciously. 17' 모의

단어

more often than not 대개　wind up 결국 ~이 되다　statement 진술　contradict 모순되다　deliberately 고의로
refrain from ~을 삼가다　sacrificially 희생적으로　personal benefit 개인적 이익　consciously 의식적으로

「명사 + 동격절」주어

 Point 1 주로 fact(사실), belief(신념), idea(아이디어), doubt(의심), news(소식), possibility(가능성), assumption(가정), notion(개념)과 같은 추상명사 뒤의 that절을 동격절이라고 한다.

The news (that many people are going to the festival) isn't true.

동격절 = that + 주어 + 동사

많은 사람들이 그 축제에 간다는 소식은 사실이 아니다.

 Point 2 동격절 문장 앞의 명사에 수 일치를 해야 한다.

The fact (that she's not afraid of snakes) is ~.

주어　　　　　　　　　　　　　　　　(X)

The fact that she's not afraid of snakes is entirely consistent with her being afraid of heights, water, dogs or the number thirteen. 20' 수능

그녀가 뱀을 두려워하지 않는다는 사실은 그녀가 높은 곳, 물, 개, 또는 숫자 13을 두려워한다는 것과 전적으로 양립한다.

어법상 가장 적절한 표현을 고르시오.　　　　　　　　　　　　　　정답 P.06

1　The fact that the intensity reflects the duration of the separation as well as the level of intimacy ┃ suggest / suggests ┃ that elephants have a sense of time as well. 20' 수능

2　The assumption that what is being studied can be understood in terms of causal laws ┃ is / are ┃ called determinism. 19' 모의

3　The notion that art specialized in the expression of the emotions ┃ was / were ┃ particularly attractive in this light. 19' 모의

4　The idea that hypnosis can put the brain into a special state, in which the powers of memory are dramatically greater than normal, ┃ reflect / reflects ┃ a belief in a form of easily unlocked potential. 19' 모의

5　The fact that other species depend on or are greatly affected by the keystone species ┃ is / are ┃ revealed when the keystone species is removed. 15' 모의

단어

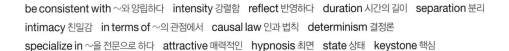

be consistent with ~와 양립하다　intensity 강렬함　reflect 반영하다　duration 시간의 길이　separation 분리
intimacy 친밀감　in terms of ~의 관점에서　causal law 인과 법칙　determinism 결정론
specialize in ~을 전문으로 하다　attractive 매력적인　hypnosis 최면　state 상태　keystone 핵심

31

D-91

「the number of 명사」 주어

Point 1 「the number of 명사」가 주어 자리에 오면 the number가 주어이기 때문에 단수 취급한다.

~, so **the number** of calories our body receives <u>is</u> less.

Point 2 「a number of 명사」 주어는 복수 취급하기 때문에 혼동하지 않도록 유의한다.

The number (of people) <u>is</u> on the rise.
사람들의 숫자는 상승 중이다.

(A number of) **people** <u>are</u> waiting.
많은 사람들이 기다리고 있는 중이다.

When we eat chewier, less processed foods, it takes us more energy to digest them, so **the number of calories our body receives** is less. 19' 모의

우리가 더 질기고 덜 가공된 음식을 먹을 때, 그것을 소화시키는 데 더 많은 열량을 필요로 하고, 따라서 우리 몸이 받아들이는 칼로리 수치가 더 낮다.

어법상 가장 적절한 표현을 고르시오. 정답 P.06

1 The number of respondents mostly buying Korean cosmetics brands was / were greater than that of respondents mostly buying Chinese brands. 19' 모의

2 The number of students from India was / were over twenty times larger in 2016-2017 than in 1979-1980, and India ranked higher than China in 2016-2017. 19' 수능

3 Although the number of students from Japan was / were larger in 2016-2017 than in 1979-1980, Japan ranked lower in 2016-2017 than in 1979-1980. 19' 수능

4 The number of sources of information from which we are to make the decisions have / has exploded. 18' 모의

5 As a consequence, I suspect that the number of downloads of any given scientific paper have / has little relevance to the number of times the entire article has been read from beginning to end. 17' 모의

단어

chewy 질긴 processed 가공된 digest 소화시키다 respondent 응답자 mostly 주로 cosmetics 화장품
rank (순위를) 차지하다 explode 폭발하다 as a consequence 그 결과 suspect 의심하다 relevance 관련성

「a number of 복수 명사」 주어

Point 1
a number of는 '많은'이라는 의미로 뒤에 복수 명사가 온다.
A number of twentieth-century <u>writers</u> have assumed ~.
writer (X)

Point 2
「a number of 복수 명사」이기 때문에 복수로 수 일치를 한다.
(A number of) twentieth-century <u>writers</u> <u>have assumed</u> ~.
주어

A number of twentieth-century writers have assumed, like Hanslick, that fixed pitches are among the defining features of music. 〔20' 수능〕

20세기의 많은 작곡가들은 Hanslick과 마찬가지로 고정된 음높이가 음악의 결정적인 특징 중의 하나라고 추정했다.

어법상 가장 적절한 표현을 고르시오.
정답 P.06

1 Tony Gwynn was enjoying a .400 batting average, and a number of ballplayers was / were having banner years. 〔18' 모의〕

2 A number of 'youth friendly' mental health websites have / has been developed. 〔15' 모의〕

3 In his day, however, Einstein never realized this dream, mainly because a number of essential features of matter and the forces of nature was / were either unknown or, at best, poorly understood. 〔11' 모의〕

4 A number of studies suggest / suggests that the state of your desk might affect how you work, from the idea that disorderly environments produce creativity — to the idea that too much mess can interfere with focus. 〔17' 모의〕

5 A number of studies have / has shown that the body weight and attitudes of a patient's spouse can have a major impact on the amount of weight lost. 〔15' 고1 모의〕

〔단어〕

pitch 음높이 banner year 아주 성공적인 해 realize 실현하다 at best 기껏, 잘해야 disorderly 무질서하게
creativity 창조성 interfere with ~을 방해하다 attitude 태도 spouse 배우자 impact 영향

Essential Pattern #21

가주어 it과 진주어

Point 1 주어로 온 to부정사가 너무 길 때 뒤로 이동시켜 진주어로 쓰고, 앞의 it을 가주어로 삼는다.

To become physically and emotionally free <u>can be</u> hard.

→ <u>It</u> <u>can be</u> hard **to become physically and emotionally free.**
　가주어 it　　　　　　　　　　진주어

육체적이고 감정적으로 자유로워지는 것은 어려울 수 있다.

Point 2 진주어로 온 to부정사 앞의 「for + 목적어」를 의미상의 주어라고 하고, to부정사의 동작의 주체를 말한다.

It might be easy <u>for him</u> to pass the exam. (시험을 통과하는 주체는 him)
　　　　　　　의미상의 주어

그가 시험을 통과하는 것은 쉬울지도 모른다.

- -

It can be hard **to let** go sometimes and become physically and emotionally free. 20' 수능

때때로 (그런 걱정을) 버리고 육체적이고 감정적으로 자유로워지는 것은 어려울 수 있다.

어법상 가장 적절한 표현을 고르시오.

정답 P.07

1 It is necessary for advertisers [build / **to build**] up coverage of their target markets over time. 20' 수능

2 It is important for students [**to use** / using] and interact with materials in science class. 20' 수능

3 It is wrong [**to claim** / claiming] that animals are incapable of responding to pronounced rhythms. 19' 모의

4 I believe it is your responsibility [inform / **to inform**] guests about repairs that may negatively affect their stays. 19' 모의

5 During the industrial age it was easy [**to see** / seeing] the world this way. 19' 모의

단어

physically 육체적으로　emotionally 감정적으로　necessary 필요한　advertiser 광고주　coverage 범위　interact 상호작용하다　material 재료　incapable of ~을 하지 못하는　pronounced 두드러지는　inform 공지하다　negatively 부정적으로　the industrial age 산업시대

rise vs. raise

 Point 1 rise는 뒤에 목적어가 필요 없는 자동사이며, '올라가다, 떠오르다'라는 의미로 사용된다.

The sun **is rising.** (뒤에 목적어가 나오지 않음)

해가 떠오르고 있다.

 Point 2 raise는 뒤에 목적어가 와야 하는 타동사이며, '올리다, 키우다'라는 의미로 사용된다.

They prefer to be called by the names of <u>the cattle</u> **they raise.**

→ They prefer to be called by the names of <u>the cattle</u>. + They **raise** <u>the cattle</u>. (뒤에 목적어가 나옴)

- -

They prefer to be called by the names of the cattle they **raise.** 20' 수능

그들은 자신이 기르는 소의 이름으로 불리는 것을 선호한다.

어법상 가장 적절한 표현을 고르시오.

정답 P.07

1 It dramatically | rises / raises | their stress levels while robbing them of social connection, sleep, attention, happiness, and health. 19' 모의

2 In the 20th century, average life expectancy in the United States | rose / raised | by nearly 30 years. 19' 모의

3 Statistics show that the global market for video and computer game hardware and software today stands at about ten billion dollars annually and | has risen / has raised | continuously for the past several years. 18' 모의

4 Jacqueline Cochran was | rose / raised | by foster parents in a poor town in Florida. 18' 모의

5 However, when they declared they would increase the strength of the expected current, both groups' anxiety levels | rose / raised |—again, by the same degree. 17' 모의

 단어

cattle 소 dramatically 극적으로 social connection 사회적 관계 average 평균의 life expectancy 평균 수명
nearly 거의 statistics 통계 billion 십억 annually 연간 foster parents 위탁 부모 current 전류 anxiety 불안함

 Essential Pattern #23

D-89 lie vs. lay

 Point 1
lie는 뒤에 목적어가 필요 없는 자동사이며, '눕다, ~에 있다, 거짓말하다'라는 의미로 사용된다. 반면에 lay는 '~을 놓다, 두다'라는 타동사로 사용된다.

The future of our high-tech goods may **lie** not in the limitations of our minds ~.
전치사구(목적어 아님)

 Point 2
자동사 lie와 타동사 lay의 동사변화를 반드시 기억하자. 특히 lie는 '눕다, ~에 있다'로 쓰일 때 동사변화가 다르니 주의하자.

lie - lay - lain 눕다, ~에 있다   lie - lied - lied 거짓말하다
lay - laid - laid ~을 놓다, 두다

- -

The future of our high-tech goods may **lie** not in the limitations of our minds, but in our ability to secure the ingredients to produce them. 20' 수능
첨단 기술 제품의 미래는 우리 생각의 제한점에 있는 것이 아니라, 그것을 생산하기 위한 재료를 확보할 수 있는 우리의 능력에 있을지도 모른다.

어법상 가장 적절한 표현을 고르시오.   정답 P.07

1 But think of how many times you've lied / laid to a potential romantic partner in order to make the person feel better about himself or herself. 19' 모의

2 By the time students finish school they are exhausted, fragile, and lonely, only to find that the success and happiness they had been promised did not lie / lay at the end of that rainbow. 19' 모의

3 It cannot be denied that the primary source of novelty lays / lies in the recombination of information within the individual brain. 19' 모의

4 The first time he visited the café he ordered a drink, lay / laid out the marbles, and examined them one by one with the magnifying glass. 19' 모의

5 A challenge unique to environmental science lies / laid in the dilemmas raised by subjectivity. 18' 모의

단어

limitation 제한점   secure 확보하다   ingredient 재료   potential 잠재적인   exhausted 기진맥진한   fragile 연약한
primary source 원천   novelty 참신함   recombination 재조합   magnifying glass 확대경   subjectivity 주관성

2형식 동사 + 보어

 Point 1 다음과 같은 2형식 동사는 뒤에 형용사 보어가 올 수 있다.
get/grow/turn/go/run/become + 형용사 ~가[하게] 되다

 Point 2 다음과 같은 감각동사 다음에도 부사가 아닌 형용사가 보어로 와야 한다.
look ~처럼 보이다   sound ~처럼 들리다   smell ~냄새가 나다
taste ~ 맛이 나다   feel ~느끼다
I feel happy. 나는 행복하다.
　　　happily (X)

- -

The landscape **looked fascinating** as the bus headed to Alsace. 20' 수능
버스가 알자스로 향하는 동안 경치는 굉장히 아름다워 보였다.

어법상 가장 적절한 표현을 고르시오.　　　　　　　　　　　　정답 P.07

1　Probably the biggest roadblock to play for adults is the worry that they will look silly, improper, or ⬚dumb / dumbly⬚ if they allow themselves to truly play. 20' 수능

2　When considered in this light, the visual preoccupation of early humans with the nonhuman creatures inhabiting their world becomes profoundly ⬚meaningful / meaningfully⬚. 20' 수능

3　In the mid-1950s, however, a number of faults in this view of history became ⬚apparently / apparent⬚. 20' 수능

4　Most of us would likely grow ⬚tire / tired⬚ of such didactic movies and would probably come to see them as propaganda. 20' 수능

5　Most importantly, however, the traditional historian of science seems ⬚blind / blindly⬚ to the fact that the concepts, questions and standards that they use to frame the past are themselves subject to historical change. 20' 수능

 단어
improper 부적절한　preoccupation 집착　creature 생명체　profoundly 깊게　fault 결함　apparent 분명한
didactic 교훈적인　propaganda 선전　frame 구상하다　be subject to ~의 지배를 받다

D-88 사역동사 + 목적어 + 목적격 보어

Point 1 「사역동사(have/make/let) + 목적어 + 목적격 보어」에서 목적어와 목적격 보어가 능동의 관계일 때는 목적격 보어에 동사원형이 온다.

I am very happy to **let** my dogs **run** around ~.

　　　　　　　　목적어　　목적격 보어(동사원형)

Point 2 **make**는 목적격 보어 자리에 동사가 아닌 형용사를 쓸 수도 있고, 목적격 보어이기 때문에 부사를 쓸 수 없다.

She **made** me **happy**. 그녀는 나를 행복하게 했다.

　　　　　　happily (X)

I am very happy to **let my dogs run** around and safely **play** with other dogs from the neighborhood. 20' 수능

저는 제 애완견들이 뛰어다니고 이웃의 다른 애완견들과 함께 안전하게 놀 수 있게 해줄 수 있어 매우 기쁩니다.

어법상 가장 적절한 표현을 고르시오.

정답 P.08

1 It makes me think / thought of jazz guitarists. 20' 수능

2 This update will surely make our management system more efficient / efficiently as well as more cost-effective in the long run. 19' 모의

3 Mary held my hand and made me follow / following her. 19' 모의

4 Listening to the bright warm sounds lifted her spirits and made her day more pleasant / pleasantly . 19' 모의

5 Regrettably, at times, the plan may not go as intended, but you have to let your child experience / experienced the natural consequences and learn from these little mistakes. 19' 모의

단어

management 관리, 운영 efficient 효율적인 cost-effective 비용 효과가 있는 in the long run 장기적으로
lift one's spirits ~의 사기를 북돋워 주다 pleasant 즐거운 regrettably 유감스럽게도 at times 때때로
intended 의도된 consequence 결과

준사역동사(get) + 목적어 + 목적격 보어

Point 1
사역동사와 달리 준사역동사 get은 목적격 보어로 to부정사를 사용한다.
~ they **get** <u>models</u> **to wear** brown ~.
목적격 보어(to부정사)

Point 2
목적어와 목적격 보어의 관계가 수동일 경우에는 목적격 보어에 과거분사를 사용한다.
She **got** <u>the job</u> **done** quickly. 그녀는 그 일을 재빨리 끝냈다.
과거분사

If a group of influential designers **get models to wear** brown and stores begin to display lots of brown in their windows, the public may well begin to comply with the trend. 〔19' 모의〕

만약 영향력 있는 디자이너 집단이 모델들에게 갈색을 입게 하고, 상점들이 진열대에 많은 갈색을 전시하기 시작한다면, 대중은 당연히 그 트렌드에 순응하기 시작한다.

어법상 가장 적절한 표현을 고르시오.　　　　　　　　　　　　　　　　　　정답 P.08

1　It turned out that this simple suggestion helped Michael not only to relax, but to get more work │to do / done│ as well. 〔19' 모의〕

2　We tend to consider using only the tools we have easily available, the tools we have actually learned how to use, and how we can use them to get our work │doing / done│. 〔19' 모의〕

3　He later told me that before he experienced the embarrassment of having a flat, he "planned on getting it │fixed / to fix│ when he had the time". 〔17' 모의〕

4　Using emotional language is a way to get your audience not only │understanding / to understand│ your argument but also to feel it. 〔15' 모의〕

5　But it isn't any particular comment or technique that gets people │open / to open│ up. 〔14' 모의〕

단어

turn out ~인 것으로 드러나다　embarrassment 당황　have a flat (타이어) 펑크가 나다　audience 청중
argument 주장　particular 특정한　comment 말　technique 기술　open up 마음을 터놓다

Essential Pattern #27

D-87 준사역동사(help) + 목적어 + 목적격 보어

Point 1 준사역동사 help는 목적격 보어로 to부정사와 원형부정사를 둘 다 사용한다.

This apparent limitation is precisely what **helps** <u>consumers</u> **(to) make** it a treat.

Point 2 「help + 목적어 + with + 명사」로 '~가 …하는 것을 돕다'라는 의미를 나타낸다.

We **helped** <u>her</u> **with** the housework.
우리는 그녀가 집안일 하는 것을 도왔다.

This apparent limitation is precisely what **helps consumers make** it a treat.

이 외견상의 제한이 정확히 소비자들이 그것을 큰 기쁨으로 만들도록 돕는 것이다. [19' 모의]

어법상 가장 적절한 표현을 고르시오. 정답 P.08

1 That is, knowing you can't have access to something all the time may help you [appreciate / appreciated] it more when you do. [19' 모의]

2 It helps you [to get / getting] up every morning happy and determined to get the most out of a brand new day. [19' 모의]

3 In a way, one might think of it as the most important of our senses — helping us [distinguishing / to distinguish] between that which is nutritious and that which may be poisonous. [19' 모의]

4 This phenomenon has been tested and confirmed many times over, and remembering it can help you [to feel / feeling] better in times of embarrassment or shame. [18' 모의]

5 You'll be surprised by how much our digital resources can help you [to / with] your studies. [19' 모의]

 단어

apparent 외견상의   precisely 정확히   appreciate 감사하다   determined 단단히 결심한
get the most out of ~을 최대한 활용하다   distinguish 구분하다   nutritious 영양가 있는   poisonous 독성이 있는
phenomenon 현상   embarrassment 당혹   shame 창피   digital resource 디지털 자료

지각동사 + 목적어 + 목적격 보어

 Point 1
지각동사는 목적격 보어 자리에 '동사원형'과 'V-ing' 형태 둘 다 가능하다.
~ they could still **hear** <u>the fish</u> **splash(ing)** in the water.

 Point 2
지각동사에는 다음과 같은 것들이 있다.

see, watch 보다   hear, listen to 듣다   feel 느끼다
notice 의식하다   smell 냄새맡다

Walking up the path and back to the car, they could still **hear the fish splashing** in the water. 20' 수능

길을 걸어 올라가 차로 돌아가며 그들은 여전히 물고기들이 물속에서 첨벙거리는 소리를 들을 수 있었다.

어법상 가장 적절한 표현을 고르시오.

정답 P.08

1 Beneath them in the water, they saw salmon slowly │ moving / moved │ their bodies. 20' 수능

2 She had heard Grace │ to read / reading │ her book at home, and her brother drilled her on her sums until she knew them well. 19' 모의

3 This is so difficult to do because we never want to see our children │ suffer / to suffer │, but these little learning experiences actually make them feel more empowered. 19' 모의

4 Through the kitchen window, she saw her little girl │ swam / swimming │ in the lake behind the house. 19' 모의

5 As they approached, Grandma heard the woman │ tell / to tell │ her daughter, "See these flowers? They're mine." 18' 모의

 단어

path 길   splash 첨벙거리다   salmon 연어   drill 반복해서 연습시키다   sum 계산, 산수   suffer 고통 받다
empower 권한을 부여하다   approach 다가오다

D-86 want + 목적어 + 목적격 보어

Point 1 **want는 목적격 보어로 동작이 올 때 to부정사 형태를 취한다.**
We **want** <u>them</u> **to think** and **(to) act** a certain way ~.

Point 2 **목적어와 목적격 보어의 관계가 수동인 경우에는 목적격 보어에 과거분사가 쓰인다.**
Do you **want** <u>your bags</u> **delivered**? 당신 가방이 배달되기를 원하나요?
　　　　　　　목적어　　　과거분사

We **want them to think** and **act** a certain way, most often the way we think and act. 19' 모의

우리는 그들이 특정 방식, 즉 주로 우리가 생각하고 행동하는 방식으로 생각하고 행동하기를 원한다.

어법상 가장 적절한 표현을 고르시오.　　　　　　　　　　　　　정답 P.09

1 I want you | knew / to know | how valuable you are to Northstar Plumbing. 18' 모의

2 "However, I want you | to help / helping | me as an assistant," said Ms. Baker.
18' 모의

3 This relates to a basic principle that children are taught in the offline world as well: 'do not do to others what you would not want others | to do / done | to you'. 18' 수능

4 Though he had wanted all of his sons | joining / to join | the family business, he was finally proud of Ricky and respected his accomplishments. 17' 모의

5 When you are telling an employee, lawn service worker, your teenager, or anyone else, what it is that you want them | done / to do |, you may just have to repeat the order and instructions several times. 16' 모의

단어

valuable 소중한　assistant 조교　relate to ~와 관계가 있다　principle 원칙　respect 존경하다
accomplishment 업적　employee 직원　lawn 잔디　order 명령, 주문　instruction 지시 사항

ask + 목적어 + 목적격 보어

 Point 1 **ask는 목적격 보어로 동작이 올 때 to부정사 형태를 취한다.**
I ask <u>you</u> **to take** measures to prevent the noise at night.

 Point 2 **「ask + 목적어 + 목적격 보어」 구조로 쓰일 때 ask는 '부탁[요청]하다'라는 의미이다. 그 외의 구조로 쓰일 때는 '질문을 하다, 묻다'라는 의미로 쓰인다.**

I asked <u>him</u> **to work out** regularly. 나는 그에게 운동을 규칙적으로 하라고 부탁했다.
　　　　목적어　　목적격 보어
I asked <u>him</u> **a lot of questions**. 나는 그에게 많은 질문을 했다.
　　　　간접목적어　　직접목적어

Since you are the manager of Vuenna Dog Park, I **ask you to take** measures to prevent the noise at night. 20' 수능

당신이 부에나 애완견 공원의 관리자이기에 저는 당신이 밤에 나는 그 소음을 막을 조치를 취해 줄 것을 요청합니다.

어법상 가장 적절한 표현을 고르시오.　　　　　　정답 P.09

1 She called yesterday and asked us | prepare / to prepare | this celebration for you. 19' 모의

2 But we have rarely stepped back and taken the time to ask people | to define / defining |, for themselves, what they consider the good life to be! 18' 모의

3 In their experiment, they asked students | recall / to recall | either an ethical or unethical behavior in their past. 18' 모의

4 In 2006, researchers at the University of Missouri took twenty-eight undergraduates and asked them | to memorize / memorizing | lists of words and then recall these words at a later time. 18' 모의

5 The director asked the youth | show / to show | his hands. 18' 모의

 단어

take measures 대책을 강구하다　prevent 막다　celebration 축하 행사　rarely 드물게　define 정의하다
recall 회상하다　ethical 윤리적인　undergraduate 학부생　memorize 암기하다　director 이사　youth 젊은이

D-85 advise + 목적어 + 목적격 보어

Point 1 advise는 목적격 보어로 동작이 올 때 to부정사 형태를 취한다.

Susan **advised** <u>him</u> **to** routinely **frequent** a local café ~ and **to sit** ~.

Point 2 목적격 보어로 온 to부정사를 부정할 때는 「not/never + to부정사」의 어순으로 쓴다.

Susan **advised** <u>him</u> **not to** routinely **frequent** a local café.

Susan은 그에게 동네 카페에 일상적으로 자주 방문하지 말라고 조언했다.

Susan **advised him to routinely frequent** a local café near his apartment and **to sit** alone at a table. 19' 모의

Susan은 그에게 그의 아파트 근처에 있는 동네 카페에 일상적으로 자주 방문하여 탁자에 혼자 앉아 있으라고 조언했다.

어법상 가장 적절한 표현을 고르시오.

정답 P.09

1 The letter advised Adams not to be / to not be discouraged if he received early rejections. 18' 수능

2 Other teachers advised her go / to go on with something else, but she continued to search for a solution. 12' 수능

3 Many experts advise them to find / finding out the reason they are losing hair. 10' 모의

4 Do you advise your kids keep / to keep away from strangers? 18' 모의

5 He was advised not accepting / to accept Caesar's request because he was only 18 and unprepared to deal with the hazards of Roman power politics. 13' 모의

단어

routinely 일상적으로   frequent 자주 방문하다   discouraged 낙심한   rejection 거절   solution 해결책
expert 전문가   keep away from ~을 멀리 하다   stranger 낯선 사람   request 조언   unprepared 준비가 되지 않은
hazard 위험성   power politics 권력 정치

주장 동사 + that + 주어 (+ should) + 동사원형

 Point 1
주장, 권고, 명령, 제안, 요구를 의미를 나타내는 동사는 아래와 같으며 종속절에 나오는 동사는 「(should) + 동사원형」으로 쓴다.

insist 주장하다   recommend 권하다   order 명령하다   suggest 제안하다
demand 요구하다   require 필요로 하다   request 요청하다

The Singapore prosecutor **has demanded** that the two Americans each (should) be jailed ~.

 Point 2
that절에서 '~해야 한다'라는 당위성이 없을 때는 「(should) + 동사원형」을 쓰지 않는다.

The research **suggests** that the divorce rate is rising.
그 연구는 이혼율이 증가하고 있음을 알려 준다.

The Singapore prosecutor **has demanded that the two Americans each be jailed** for three years of violating immigration laws. 20' 수능
싱가포르의 검찰은 두 명의 미국인이 이민법을 위반했기 때문에 각각 3년 동안 수감해 줄 것을 요구해 왔다.

어법상 가장 적절한 표현을 고르시오. 정답 P.09

1 He suggested that they | have / had | dinner first, and then play the game. 16' 모의

2 Jamie insisted that she | pass / passed | the driving test very easily. 19' 수능

3 He insisted that Tom | be / was | capable enough to be promoted as a vice president in the hearing on him earlier this month. 19' 모의

4 My father insisted that I | am / should be | home by 10 pm. 18' 모의

5 The feminist group insists that women | not / didn't | receive unfair discrimination by men. 13' 모의

 단어

prosecutor 검찰 jail 수감시키다 violate 위반하다 immigration 이민 capable 유능한 promote 승진시키다
vice-president 부사장 hearing 청문회 feminist 페미니스트(여성주의자) unfair 불공평한 discrimination 차별

D-84 조동사 + have p.p.

Point 1

「조동사 + have p.p.」의 종류

could have p.p. ~할 수 있었는데 ~하지 못했다 (유감)

must have p.p. ~했음이 틀림없다 (강한 추측)

should have p.p. ~해야 했는데 그렇게 하지 못했다 (후회, 유감)

may[might] have p.p. ~했을지도 모른다 (약한 추측)

would have p.p. ~했(었)을 텐데 (아쉬움, 후회)

Point 2

「조동사 + have p.p.」는 현재가 아닌 과거의 사건을 의미한다.

She **must be** in the classroom. 그녀는 교실에 있는 것이 틀림없어. (현재)

She **must have been** in the classroom. 그녀는 교실에 있었던 것이 틀림없어. (과거)

Our early forefathers **may have used** the fingers of their hands or cut notches like /// on tree branches. 17' 모의

우리의 옛 조상들은 자신들이 손가락이나 칼로 나뭇가지 위에 ///과 같은 빗금을 그었을 것이다.

어법상 가장 적절한 표현을 고르시오.
정답 P.10

1 I missed the bus. I could / should have left home earlier! 12' 수능

2 Nobody is answering the door. They should / must have gone out. 18' 모의

3 It would be / have been nice to see the whole family, but I had a lot of work to do during the holidays. 15' 모의

4 You should apologize to her. She still might be / have been upset. 14' 모의

5 You might / could have helped me but you pretended to be busy. 19' 수능

단어

forefather 조상   notch 표시   branch 나뭇가지   miss ~을 놓치다   whole 전체   apologize 사과하다

upset 화난, 언짢은   pretend ~인 척하다

46

used to + 동사원형

Point 1

「used to + 동사원형」은 지금은 하지 않는 과거의 습관을 나타낼 때 사용한다.

It <u>took</u> some effort. (지금은 알 수 없음)
어느 정도의 노력이 필요했다.

It **used to** <u>take</u> some effort. (지금은 그렇지 않음)
어느 정도의 노력이 필요했다.

Point 2

유사하게 보이는 표현에 주의해야 한다.

be used to + 동사원형 ~하기 위해서 사용되다
be used to + (동)명사 ~하는 것에 익숙하다

It **used to take** some effort to find Holocaust-denying pseudohistory; now it's one click away. [19' 모의]

나치의 유대인 대학살을 부정하는 가짜 역사를 찾으려면 어느 정도의 노력이 필요했으나, 이제 클릭 한 번이면 된다.

어법상 가장 적절한 표현을 고르시오.   정답 P.10

1 The tangible is replaced by intangibles that do the work that more aluminum atoms used to do / doing . [19' 모의]

2 The woman explained that she had made the dress and that she used to being / be a seamstress when she lived in her home country of Jamaica. [18' 모의]

3 Soon, Ricky began to follow his older brother who used to play / be played sandlot ball. [17' 모의]

4 Many political scientists used to assumed / assume that people vote selfishly, choosing the candidate or policy that will benefit them the most. [15' 모의]

5 One explanation for this is that the first words in each list created a first impression that respondents used to interpret / interpreting the remaining adjectives. [15' 모의]

단어

pseudohistory 가짜 역사 tangible 유형의 intangible 무형의 atom 원자 seamstress 재봉사
sandlot ball 동네야구 political scientist 정치학자 selfishly 이기적으로 candidate 후보자 benefit 혜택을 주다
impression 인상 respondent 응답자 interpret 해석하다 remaining 나머지의 adjective 형용사

D-83 be used to + 동사원형

 Point 1
'~하기 위해서 사용되다'라는 의미로 사용된다.
Pigeons **were used** to mail people ~.

 Point 2
'~에 익숙하다'를 뜻하는 「be used to (동)명사」와 굉장히 유사하게 보이기 때문에 주의해야 한다.
They **are used to** a fast-paced life.
그들은 속도가 빠른 삶에 익숙하다.

Pigeons **were used to mail** people the results of the Olympics between cities. 20' 수능

비둘기는 도시들 사이에서 사람들에게 올림픽 경기의 결과를 전해주는 데 사용되었다.

어법상 가장 적절한 표현을 고르시오.
정답 P.10

1 Information is extracted or learned from these sources of data, and this captured information is then transformed into knowledge that is eventually used to trigger / triggering actions or decisions. 19' 모의

2 In this line of work he was necessarily aware of the use of sugar to preserve fruit, and he wondered whether it could be used preserving / to preserve other foods. 17' 모의

3 Today the term artist used to / is used to refer to a broad range of creative individuals across the globe from both past and present. 17' 모의

4 Criteria such as income, age, residence, or the payment of certain taxes or charges used to / are used to determine eligibility to receive benefits. 17' 모의

5 'Fine' can be used to express / expressing satisfaction or disappointment. 15' 모의

단어 ────
extract 추출하다 transform 변형시키다 eventually 결국 trigger 촉발시키다 necessarily 필연적으로
preserve 보존하다 wonder 궁금하다 criteria 기준(criterion의 복수형) income 수입 residence 거주
payment 납부 eligibility 자격 satisfaction 만족 disappointment 실망

be/get used to + (동)명사

 Point 1

to를 전치사로 봐서 뒤에 명사 또는 동명사의 형태를 취한다.

They **got used to** <u>it</u>.
그들은 그것에 익숙해졌다.

They **got used to** <u>working</u> out regularly.
그들은 규칙적으로 운동하는 것에 익숙해졌다.

 Point 2

「be/get accustomed to (동)명사」도 같은 의미로 사용된다.

I'm **getting accustomed to** <u>living</u> in New York.
나는 뉴욕에 사는 것에 익숙해지고 있다.

People who **are temperamentally used to a fast-paced life** quickly discover that a slower-paced life in the country all but drives them crazy. `19' 모의`

속도가 빠른 생활에 기질적으로 익숙해져 있는 사람들은 속도가 더 느린 시골에서의 생활은 그들을 미치게 할 뿐이라는 것을 금방 알게 된다.

어법상 가장 적절한 표현을 고르시오.　　　　　　　　　　　　　　　　정답 P.10

1　We're used to │ be / being │ told all these things by all these experts from the federal government who come in and look at the soil. `17' 모의`

2　Most people who work │ used to / are used to │ setting and pursuing performance goals. `13' 모의`

3　He was obviously hungry, couldn't bear to see anything thrown away, and was used to │ ask / asking │ this question. `12' 모의`

4　In this modern world, people are not used to │ live / living │ with discomfort. `11' 수능`

5　Yet we have become used to │ describe / describing │ machines that portray emotional states or can sense our emotional states as exemplars of "affective computing." `16' 모의`

 단어

temperamentally 기질적으로　**fast-paced** 속도가 빠른　**federal government** 연방 정부　**soil** 토양
pursue 추구하다　**obviously** 분명히　**bear** 참다　**discomfort** 불편　**portray** 묘사하다　**emotional state** 감정 상태
exemplar 전형　**affective** 감성적인

D-82 전치사가 필요 없는 타동사

Point 1

enter가 '~에 들어가다'라는 타동사로 쓰일 때는 목적어 사이에 전치사를 쓸 수 없다.

Human beings do not **enter** the world as competent moral agents.
enter into (X)

Point 2

enter이외의 다음 동사들도 전치사 없이 바로 목적어가 와야 한다.

discuss 논의하다   attend 참석하다   join 참석하다
reach 도달하다   email 이메일을 보내다   text 문자(메시지)를 보내다

Human beings do not **enter** the world as competent moral agents. 20' 수능
인간은 유능한 도덕적 행위자로서 세상에 들어오지 않는다.

어법상 가장 적절한 표현을 고르시오.   정답 P.11

1 In order to further discuss / discuss about your idea, you are required to
   attend / attend in a meeting with the technical team at 2 p.m. on October 8th
   in Meeting Room A. 19' 모의

2 Gödel entered / entered into the University of Vienna, where he studied
   mathematics, physics, and philosophy. 19' 모의

3 Please join in / join our education workshop for parents of preschool-aged
   children! 19' 모의

4 As he reached to / reached my window, I lowered it and tried to force a smile.
   19' 모의

5 To register your booth, please email / email to the festival manager at
   mholden@bbcgrff.org. 17' 모의

단어

competent 유능한   moral agent 도덕적 행위자   mathematics 수학   physics 물리학   philosophy 철학
preschool-aged 미취학의   lower 내리다   force a smile 억지로 미소를 짓다   register 등록하다   booth 부스, 점포

대동사

 Point 1 앞에서 나온 동사를 반복해서 써야 할 때 일반동사는 do/does/did로 대신해서 쓸 수 있다.

People tend to <u>conflate</u> color photography and reality to an even greater extent than they **do[conflate]** with black-and-white photographs.

 Point 2 be동사와 완료형의 have 동사도 대동사로 쓰인다.

He <u>has</u> been to Spain many times, but I **have**n't.
그는 스페인에 많이 가봤지만 나는 그렇지 않았다.

This implies that people tend to conflate color photography and reality to an even greater extent than they **do** with black-and-white photographs. 19' 모의

이것은 사람들이 흑백 사진으로 하는 것보다 훨씬 더 높은 수준으로 컬러 사진술을 현실과 융합하는 경향이 있다는 것을 암시한다.

어법상 가장 적절한 표현을 고르시오.　　　　　　　　　　　　　　　　　정답 P.11

1 Perhaps Aristotle observed similar reactions of dogs to musical instruments and rhythms. Apparently Darwin did / were . 19' 모의

2 If the great Renaissance artists like Ghiberti or Michelangelo had been born only 50 years before they were / did , the culture of artistic patronage would not have been in place to fund or shape their great achievements. 19' 모의

3 This is a time in your life to dig deeper and allow yourself to find out what makes people behave the way they do / are . 18' 모의

4 "Why did you want more money if you already had some?" the father complained. "Because I didn't have enough, but now I am / do ," the little boy replied. 18' 모의

5 Researchers began working on how to develop paints that wash clean in the rain, in much the same way as lotus leaves do / are . 19' 고2 모의

 단어

imply 암시하다　conflate 융합하다　photography 사진술　to a great extent 크게　musical instrument 악기
patronage 후원　dig deep 깊이 파고들다　behave 행동하다　complain 불평하다　lotus leaf 연잎

Essential Pattern #39

D-81 4형식 동사 (수여동사)

Point 1 give, send, pass와 같은 수여동사는 「간접목적어(~에게) + 직접목적어(~을)」의 어순을 사용한다.

You have to **give** <u>yourself</u> <u>permission</u> to improvise ~.
　　　　　　　　간접목적어　　　직접목적어

Point 2 4형식의 문장을 3형식으로 바꿀 때 전치사(to/for/of)를 사용해야 하는 것에 주의해야 한다.

You have to **give** <u>permission</u> **to** <u>yourself</u> ~.

You have to **give yourself permission** to improvise, to mimic, to take on a long-hidden identity. 20' 수능

여러분은 즉흥적으로 하고, 흉내 내고, 오랫동안 숨겨져 있던 정체성을 나타낼 수 있도록 스스로에게 허락해야 한다.

어법상 가장 적절한 표현을 고르시오.　　　　　　　　　　　　　　　정답 P.11

1 I want to know how to operate my wireless speaker set, and my daughter shows the right command me / me the right command . 19' 모의

2 Mouth knowledge taught us / to us the boundaries of our bodies. 19' 모의

3 As long as the trainer gives a food reward the dog / the dog a food reward regularly, the dog can understand its "good" behavior results in rewards. 19' 모의

4 They give you / to you action steps that direct your mind. 19' 모의

5 It teaches for you / you how to think about the problems and issues you will face in the real world. 19' 모의

단어 —

permission 허락　improvise 즉흥적으로 하다　mimic 흉내 내다　identity 정체성　operate 작동하다
wireless 무선의　command 명령어　boundary 경계　as long as ~하는 한　reward 보상　regularly 정기적으로
result in ~의 결과를 초래하다　direct 이끌다　issue 문제　face 직면하다

result from vs. result in

 Point 1 상반되는 의미에 주의한다.

result from ~로부터 기인하다　　　result in ~의 결과를 초래하다

 Point 2 문맥상 사건의 원인과 결과를 파악해서 결정한다.

A resulted from B.
결과　　　　　　원인

A resulted in B.
원인　　　　　결과

They believe that counting the number of children one has could **result in** misfortune and prefer to report fewer children than they have. 20' 수능

그들은 어떤 사람이 가진 아이의 수를 세는 것은 불운을 가져온다고 믿고 있으며, 자신이 가진 것보다 더 적은 수의 아이를 말하기를 선호한다.

어법상 가장 적절한 표현을 고르시오.　　　　　　정답 P.11

1 Tourism and recreation can result | in / from | the transfer of plants and animals to locations where they do not normally occur. 19' 모의

2 The introduction of alien plants can result | in / from | the disruption and impoverishment of natural plant communities. 19' 모의

3 It is postulated that such contamination may result | in / from | airborne transport from remote power plants or municipal incinerators. 18' 수능

4 Maturity, wisdom, patience, and many other strengths can result | in / from | the gradual accumulation of life experiences. 17' 모의

5 Oil and gas resources are not likely to be impacted by climate change because they result | in / from | a process that takes millions of years and are geologically trapped. 14' 수능

 단어

misfortune 불운　alien 외래의　disruption 교란　impoverishment 피폐　postulate 가정하다
contamination 오염　airborne 공기를 통한　municipal 지방 자치 단체의　incinerator 소각로　maturity 성숙
gradual 점진적인　accumulation 축적　climate 기후　geologically 지질학적으로

D-80

would rather A (than B)

Point 1
'B하기보다는 차라리 A를 하겠다'는 의미로 than B가 생략되기도 한다.

Sorry, but I'**d rather** go to Spain by myself (than go there ~).
    'd = would   A   B

Point 2
would rather 다음에 동사원형을 쓴다.

Sorry, but I'**d rather** go to Spain by myself.
                  going (X)

Sorry, but I'**d rather go to Spain** by myself. 〔19' 모의〕

미안하지만, 나는 차라리 혼자 스페인에 가겠어.

어법상 가장 적절한 표현을 고르시오.　　　　　　　　　　　　　　정답 P.12

1 If you'd rather │ save / to save │ your money, try finding pleasure in creating things rather than buying things. 〔17' 모의〕

2 In contrast, people who say "I would rather clean than │ make / making │ dishes." don't share this wide-ranging enthusiasm for food. 〔17' 모의〕

3 You might be surprised to learn that most kids would rather │ have / to have │ parents that are a little too strict than not strict enough. 〔15' 모의〕

4 If you offer me $10 today or $11 tomorrow, I'll probably say I'd rather │ have / having │ the $10 today. 〔13' 모의〕

5 Many home owners looking to sell their houses right now │ would rather / had better │ keep them on the market for an extra year than drop the price to $5,000 less than they paid. 〔12' 모의〕

〔단어〕

pleasure 기쁨　create 만들다　in contrast 대조적으로　wide-ranging 광범위한　enthusiasm 열정　strict 엄격한
drop 낮추다

(a) few vs. (a) little

 Point 1 (a) few는 셀 수 있는 명사(복수 명사)와 결합하고, (a) little은 셀 수 없는 명사(단수 명사)와 결합한다.

little conscious awareness
　　　　단수 명사

 Point 2 a few, a little은 '약간의'라는 긍정의 의미, few, little은 '거의 없는'이라는 부정적 의미를 가진다.

I have **a few** ideas.　　　I have **few** ideas.
나는 아이디어가 좀 있다.　　나는 아이디어가 거의 없다.

Much of what we do each day is automatic and guided by habit, requiring **little** conscious awareness, and that's not a bad thing. 19' 모의

우리가 매일 하는 일의 많은 부분은 자동적이고 습관에 의해 좌우되며, 의식적인 인식을 거의 필요로 하지 않는데, 그것은 나쁜 것이 아니다.

어법상 가장 적절한 표현을 고르시오.　　　　　　　　　　　　　　정답 P.12

1 Humans are so averse to feeling that they're being cheated that they often respond in ways that seemingly make | few / little | sense. 18' 모의

2 *The Review* is marketed toward professional journalists and its | few / little | advertisements are news organizations, book publishers, and others. 18' 수능

3 They believe that counting the number of children one has could result in misfortune and prefer to report | fewer / less | children than they have. 20' 수능

4 Sensory-specific satiety is defined as a decrease in appetite, or the subjective liking for the food that is consumed, with | few / little | change in the hedonics of uneaten food. 18' 수능

5 If at some point they add a nice detail, not really certain of its validity, telling the story with that same detail a | few / little | more times will ensure its permanent place in the story index. 19' 모의

 단어 ─────────

automatic 자동적인　conscious 의식하는　awareness 인식　averse to ~을 싫어하는　satiety 포만　appetite 식욕
subjective 주관적인　consume 먹다, 마시다　hedonics 쾌락　validity 타당성　ensure 확보하다　permanent 영구적인

D-79 · live vs. alive

Point 1

live는 '살아 있는, 생방송의'라는 의미로 명사 앞에 주로 쓰인다. (한정 용법)

a **live** concert 라이브 콘서트   **live** animals 살아 있는 동물들
alive (X)   alive (X)

Point 2

alive도 '살아 있는'이라는 의미로 보어 자리에 쓰인다. (서술 용법)

We don't know whether he is **alive** or not. (be동사 다음 보어로 쓰임)
우리는 그가 살아 있는지 아닌지 모른다.

They're not going to make it if they know a lot about music theory but don't know how to jam in a **live** concert. 20' 수능

음악 이론에 대해 많이 알고 있더라도 라이브 콘서트에서 즉흥 연주하는 법을 모른다면, 그들은 성공하지 못할 것이다.

어법상 가장 적절한 표현을 고르시오.   정답 P.12

1 Search for live / alive bats and meet a bat ecologist. 17' 모의

2 Hannah is an attractive character, and I want to bring her live / alive in the movie. 18' 모의

3 The historian works closely with the stuff that has been left behind — documents, oral testimony, objects — to make the past come live / alive .
16' 모의

4 20 different countries joined the festival and you can listen to live / alive traditional music from all of them. 15' 수능

5 In contrast, mice can move from spot to spot on the globe, adapt to different cultures, diets and weather systems. And most importantly, they stay live / alive . 14' 모의

단어 —

make it 성공하다 **theory** 이론 **jam** 즉흥 연주를 하다 **search for** ~을 찾다 **ecologist** 생태학자 **oral** 구두의
testimony 증언 **traditional** 전통의 **spot** 지점 **globe** 지구 **adapt to** ~에 적응하다 **diet** 음식, 식습관

like vs. alike

 Point 1 like는 '~와 같은, ~처럼'라는 전치사로 명사 앞에 주로 쓰인다. 같은 뜻으로 접속사로 쓰여서 뒤에 절이 올 수도 있다.

The cabbage patch looked **like** a battlefield.
전치사   명사

She acts **like** she is the queen. 그녀는 마치 여왕인 것처럼 행동한다.
접속사   절

 Point 2 alike는 '비슷한, 닮은'이라는 의미의 형용사로 쓰이고 보어 자리에 쓰인다. (서술 용법). 문맥상 '비슷하게, 똑같이'라는 부사로도 쓰인다.

My brother and I look **alike**.   I try to treat them **alike**.
내 동생과 나는 닮았다. (형용사)   나는 그들을 비슷하게 대하려고 노력한다. (부사)

The cabbage patch looked **like** a battlefield. 〔19' 수능〕

양배추밭은 마치 전쟁터처럼 보였다.

어법상 가장 적절한 표현을 고르시오. 정답 P.12

1 Some people surely felt │ like / alike │ they'd wasted weeks, even months, of their lives waiting for answers. 〔18' 모의〕

2 Dress and textiles │ like / alike │ are used as a means of nonverbal communication. 〔14' 모의〕

3 But what about snails and their trails of slime, rats with yellow teeth, or spiders that look │ like / alike │ fierce aliens? 〔18' 모의〕

4 Students and young professionals │ like / alike │ should seek out skills and certifications that will provide more practical credentials in marketing yourself in the career world. 〔19' 모의〕

5 Perhaps your nationality and language and culture and skin color are not the same, but your love of family and strawberries and holiday traditions are undeniably │ like / alike │. 〔17' 모의〕

〔단어〕

patch (좁은) 밭 battlefield 전쟁터 textile 직물 nonverbal 비언어적인 trail 자국 slime 점액 fierce 사나운
seek out ~을 찾아내다 certification 증명, 증명서 practical 실용적인 credentials 자격 undeniably 명백하게

D-78 such ~ 명사

Point 1 such(그렇게 ~한, 너무 ~한)는 「such + a(n) + 형용사 + 단수 명사」, 「such + 형용사 + 복수 명사」처럼 명사 어구와 함께 쓰인다.
Why do humans have **such** <u>big brains</u>?

Point 2 so는 부사로서 뒤에 형용사나 부사를 취한다.
The car was **so** <u>expensive</u> that he couldn't buy it.
그 차는 너무나 비싸서 그는 그것을 살 수 없었다.

Why do humans have **such big brains**? 19' 모의
왜 인간은 그렇게 큰 뇌를 가질까?

어법상 가장 적절한 표현을 고르시오.
정답 P.13

1 What could justify ⌈so / such⌋ a biologically expensive organ? 19' 모의

2 ⌈So / Such⌋ primitive societies tend to view man and beast, animal and plant, organic and inorganic spheres, as participants in an integrated, animated totality. 20' 수능

3 ⌈A such / Such a⌋ small change is barely noticeable at takeoff—the nose of the airplane moves just a few feet—but when magnified across the entire United States, you end up hundreds of miles apart. 19' 모의

4 Most of us would likely grow tired of ⌈so / such⌋ didactic movies and would probably come to see them as propaganda, similar to the cultural artwork that was common in the Soviet Union and other autocratic societies. 20' 수능

5 Photographs did ⌈a such / such a⌋ good job of representing things as they existed in the world. 19' 수능

단어
justify 정당화하다   biologically 생물학적으로   primitive 원시의   organic 유기물의   sphere 영역
integrated 통합적인   animated 살아있는   noticeable 눈에 띄는   magnify 확대하다   didactic 교훈적인
autocratic 독재의   represent 표현하다

so 형용사/부사

Point 1

so는 '매우, 아주'라는 의미의 부사로서 뒤에 형용사나 부사를 취한다.

Weir was **so** <u>successful</u> at pleasing his target audience ~.

Point 2

「so 형용사/부사 + (명사) + (that)」으로 써서 '매우 ~해서 그 결과 ~ 한다'라는 의미로 쓴다.

There were **so** <u>many students</u> **that** we couldn't count them.
매우 많은 학생들이 있어서 우리는 그들의 숫자를 셀 수 없었다.

Weir was **so successful** at pleasing his target audience **that** they shared it widely and enthusiastically. [19' 모의]

Weir는 그의 대상 독자층을 기쁘게 하는 데 매우 성공적이어서 그들이 그것을 널리 그리고 열정적으로 공유했다.

어법상 가장 적절한 표현을 고르시오. 정답 P.13

1 His commanding voice was │ so / such │ full of authority it made me stand up straight like a tin soldier. [19' 모의]

2 However, the noise of barking and yelling from the park at night is so loud and disturbing │ that / which │ I cannot relax in my apartment. [20' 수능]

3 In many cases the donation is │ so / such │ small — $10 or less — that if they stopped to think, they would realize that the cost of processing the donation is likely to exceed any benefit it brings to the charity. [18' 수능]

4 Ordinarily, the sound waves you produce travel in all directions and bounce off the walls at different times and places, scrambling them │ so / very │ much that they are inaudible when they arrive at the ear of a listener forty feet away. [19' 모의]

5 It was a welcome solution to an age-old disease and, by the turn of the century, was becoming so popular │ that / which │ many surgeons in Europe and America made a reasonable amount of money. [19' 모의]

단어

audience 청중   commanding 위엄 있는   authority 권위   tin 양철   disturbing 방해가 되는   process 처리하다
donation 기부   exceed 초과하다   benefit 이익   charity 자선 단체   ordinarily 대개는   scramble 마구 뒤섞다
inaudible 들리지 않는   surgeon 외과 의사   reasonable 합리적인

D-77

비교급 강조

Point 1

다음과 같은 단어들은 비교급 앞에서 '훨씬'이라는 의미로 강조할 수 있다.

much　　even　　far　　a lot　　by far　　still

Point 2

비교급이 아닌 경우에는 앞에 **very**를 써서 의미를 강조한다.

Your help was **very** much appreciated.
　　　　　　　　　원급
도와주셔서 정말 감사합니다.

- -

They provide **even less** guidance in situations where we must make decisions. 20' 수능

그것들은 우리가 결정을 내려야 하는 상황에서는 그야말로 거의 아무런 지침도 제공하지 못한다.

어법상 가장 적절한 표현을 고르시오.

정답 P.13

1 This is a very / much more challenging task than studying snails or sound waves. 19' 수능

2 Painkillers are a relatively recent invention and access to material comfort is now within reach of a very / much larger proportion of the world's population. 19' 모의

3 Once the easily overtaken and killed prey had been hauled aboard, getting its body back to the tribal camp would have been very / far easier by boat than on land. 19' 수능

4 A printing press could copy information thousands of times faster, allowing knowledge to spread very / far more quickly, with full fidelity, than ever before. 19' 수능

5 He wanted to do heroic things, such as hitting a home run or going to University of Norte Dame or, very / even better, playing football there. 11' 모의

단어

guidance 지도, 안내　challenging 도전적인　painkiller 진통제　relatively 비교적　proportion 비율
population 인구　overtake 따라잡다　prey 먹이　haul 끌다　tribal 부족의　fidelity 정확도　heroic 영웅적인

the 비교급, the 비교급

Point 1 '~하면 할수록 더 …하다'라는 의미로 비교급 자리에 원급을 쓰지 않아야 한다.

The More Competitive, the Less Secure.
Much (X)

Point 2 「the 비교급 + 주어 + 동사, the 비교급 + 주어 + 동사」로도 쓸 수 있다.

The higher we go up, the colder the temperature becomes.
주어 동사 　　　　　　　　　　　주어 　　　　　동사

우리가 위로 올라가면 올라갈수록, 온도는 더 차가워진다.

Diversity Dilemma: **The More Competitive, the Less Secure.** 20' 수능

다양성의 딜레마: 더 경쟁력이 있을수록, 덜 안정적이다.

어법상 가장 적절한 표현을 고르시오.　　　　　　　　　　　정답 P.13

1 The much / The more an event is socially shared, the more it will be fixed in people's minds. 19' 수능

2 Sometimes, the long / longer it takes for a work of art to reveal all of its subtleties to us, the more fond of that thing — whether it's music, art, dance, or architecture — we become. 19' 모의

3 The many / more times you prove to yourself that you are there for yourself, and you're enough to handle the situation, the more confident you'll be. 18' 모의

4 Any amount of mass will cause the attraction, but the more mass the strong / stronger the force. 17' 모의

5 The bigger the flock of birds, the little / less time an individual bird devotes to vigilance. 17' 모의

 단어

diversity 다양성　competitive 경쟁적인　fix 고정시키다　work of art 예술 작품　reveal 드러내다　subtlety 미묘함
fond of ~을 좋아하는　handle 처리하다　confident 자신감 있는　mass 질량　attraction 인력
devote to ~에 전념하다　vigilance 경계

D-76 원급 비교

Point 1 「A as 형용사/부사 as B」로 표현하고 A와 B가 비슷한 능력을 가지고 있을 때 사용한다.

Tom <u>runs</u> **as fast as** John. (Tom의 달리기 능력 = John의 달리기 능력)
Tom은 John만큼 빨리 달린다.

Point 2 「as ~ as」 사이에는 반드시 형용사 또는 부사의 원급을 사용한다.

By the mid-1850s, he was spending **as** much time in Europe **as** in Russia.
more (X)

- -

By the mid-1850s, he was spending **as much** time in Europe **as** in Russia.
1850년대 중반 무렵에 그는 러시아에 있었던 것만큼 많은 시간을 유럽에서 보내고 있었다. [19' 모의]

어법상 가장 적절한 표현을 고르시오.   정답 P.14

1 Sovereignty and citizenship require freedom from the past at least as `much / more` as freedom from contemporary powers. [19' 모의]

2 The brain's running costs are about eight to ten times as `high / higher`, per unit mass, as those of the body's muscles. [19' 모의]

3 The dunes stretched as `far / farther` as the eye could see, motionless, on either side of the track. [14' 모의]

4 Bill said it again as `clearly / more clearly` as he could, "Four hundred thousand dollars. Congratulations, Steve." [14' 모의]

5 It felt nice and cool, not as `freezing / more freezing` as when she had first stepped into it. [12' 수능]

단어

sovereignty 자주권 citizenship 시민권 contemporary 현대의 dune 모래 언덕 stretch 늘어지다
motionless 움직이지 않는

최상급

 Point 1 형용사와 부사의 최상급은 단어의 음절에 따라 「the + 형용사/부사 + -est」 또는 「the most/least 형용사/부사」로 나타낸다.

the biggest roadblock (big + -est)
the most expensive roadblock (most + expensive)

 Point 2 최상급은 주로 다음과 같은 형태로 쓰인다.

the 최상급 of 복수 명사 ~중에 가장 …한
the 최상급 (that) 주어 + have ever p.p. 주어가 여태껏 ~한 것 중에 가장 …한

Probably **the biggest** roadblock to play for adults is the worry that they will look silly, improper, or dumb if they allow themselves to truly play. 20' 수능

아마도 어른에게 있어서 노는 것에 가장 큰 장애물은 그들 자신이 진정으로 놀 수 있도록 하면, 자신이 어리석거나, 부적절하거나, 혹은 바보같이 보일 것이라는 걱정일 것이다.

어법상 가장 적절한 표현을 고르시오.
정답 P.14

1 The greatest / most great benefit of the arrival of artificial intelligence is that AIs will help define humanity. 18' 수능

2 In both years, the percentage of the young Americans who posted photos of themselves was the high / highest of all the categories. 16' 수능

3 "This is the better / best food I have ever had! I will never forget this dinner with you," said Nancy, thanking Carol for another surprise gift. 19' 수능

4 A round hill rising above a plain, therefore, would appear on the map as a set of concentric circles, the largest at the base and the small / smallest near the top. 19' 모의

5 A study of food preferences among the Hadza hunter-gatherers of Tanzania found that honey was the most highly / highly most preferred food item, an item that has the highest caloric value. 18' 수능

 단어

roadblock 방어벽   improper 부적절한   benefit 이점   arrival 도착   artificial 인공의   humanity 인류   plain 평지
concentric 중심이 같은   preference 선호   hunter-gatherer 수렵채집인

Essential Pattern #51

D-75 **almost의 수식**

> **Point 1** '거의'라는 부사로 동사나 다음과 같은 단어를 수식할 때 주로 사용된다.
>
> all every entire whole no none always entirely
>
> **Point 2** almost와 자주 비교되는 most는 '대부분의' 라는 형용사로 명사 앞에 주로 쓰인다.
>
> **Most** people don't know that they are affected by the advertisements.
> 대부분의 사람들은 그들이 광고에 의해 영향을 받는다는 것을 모른다.
>
> ---
>
> The romantic couple **almost** always find each other despite the obstacles and difficulties they encounter on the path to true love. 20' 수능
> 낭만적인 커플은 진정한 사랑에 이르는 길에서 만나는 장애물과 어려움에도 불구하고 거의 항상 서로를 만나게 된다.

어법상 가장 적절한 표현을 고르시오.

정답 P.14

1 For example, | most / almost | everyone would agree that the weather is a function of a finite number of variables such as sunspots, high-altitude jet streams, and barometric pressure. 19' 모의

2 By and large, organizations do not have any problem of not having enough data because | most / almost | organizations are rich with data. 19' 모의

3 When the tea tray was being carried across the room to their table, Chloe's eyes rounded and she | most / almost | gasped out loud. 18' 모의

4 Coating items with bitter-tasting material will eventually keep | most / almost | dogs from chewing on them. 18' 모의

5 It is currently shared by | most / almost | historians, who usually begin the story of the development of law in Europe with Roman law. 18' 모의

단어 ──
obstacle 장애물 encounter 마주치다 finite 유한한 variable 변수 altitude (해발) 고도 jet-stream 제트 기류
barometric 기압의 by and large 대체로 gasp out loud 크게 헉 하고 소리를 내다 material 물질 currently 현재

-thing 형용사

 Point 1 다음과 같이 -thing으로 끝나는 명사는 형용사가 뒤에서 수식한다.

learn **something** <u>new</u> 새로운 무언가를 배우다
do **anything** <u>special</u> 특별한 어떤 것을 하다

 Point 2 to부정사의 형용사적 용법도 뒤에서 수식한다.

We needed **something** <u>to drink</u>.
우리는 마실 어떤 것이 필요했다.

To change is to learn **something new**, to think differently, to act differently, and to move in a new direction. 〔19' 모의〕

변화한다는 것은 새로운 무언가를 배우는 것, 다르게 생각하는 것, 다르게 행동하는 것, 그리고 새로운 방향으로 움직이는 것이다.

어법상 가장 적절한 표현을 고르시오. 정답 P.15

1 The program would be a great opportunity for our students to have fun and experience ｜ new something / something new ｜. 〔18' 수능〕

2 However, there is ｜ worse something / something worse ｜ than an inadequately informed public, and that's a misinformed public. 〔18' 모의〕

3 The experimental group of participants then gave as detailed a description of the face as they could for 5minutes while the control group did ｜ a thing / something ｜ unrelated. 〔19' 모의〕

4 In retrospect, it might seem surprising that ｜ as mundane something / something as mundane ｜ as the desire to count sheep was the driving force for an advance as fundamental as written language. 〔20' 수능〕

5 Centuries ago, philosophers regarded memory as a soft wax tablet that would preserve ｜ anything imprinted / imprinted anything ｜ on it. 〔14' 모의〕

〔단어〕

inadequately 불충분하게 inform 알려주다 misinform 잘못된 정보를 주다 experimental 실험적인
description 서술 control group 대조군 retrospect 회상 mundane 세속적인 driving force 원동력
fundamental 근본적인 tablet 명판, 평판 imprint 찍다, 새기다

D-74 arise vs. arouse

 Point 1 arise(-arose-arisen)는 '(문제가) 생기다, 발생하다'라는 자동사로 뒤에 '~을'이라는 목적어가 오지 않는다.

Related issues **arise** in connection ~.
전치사구

 Point 2 arouse는 '(감정)을 불러일으키다, 각성시키다'라는 타동사로 뒤에 '~을'이라는 목적어를 취한다.

The crime **aroused** the whole community.
목적어

그 범죄는 전 지역 주민을 각성시켰다.

Related issues **arise** in connection with current and persistently inadequate aid for these nations. 19' 수능

이 국가들을 위한 현재의 끈질기게 부족한 원조와 관련하여 연계된 문제들이 발생한다.

어법상 가장 적절한 표현을 고르시오.

정답 P.15

1 She reminded me that life is too short to not lend a helping hand when the opportunity arises / arouses . 16' 모의

2 For instance, when issues arise / arouse that touch on women's rights, women start to think of gender as their principal identity. 18' 모의

3 Rather, the dog is trained to become emotionally arisen / aroused by one smell versus another. 19' 모의

4 A more extreme case arises / arouses when one person comprehends things in a peculiar and individual way, for instance, in mistaking the shop for a cinema. 17' 모의

5 Buildings arise / arouse an empathetic reaction in us through these projected experiences, and the strength of these reactions is determined by our culture, our beliefs, and our expectations. 17' 모의

단어

in connection with ~와 관련되어 persistently 끈질기게 inadequate 불충분한 lend a helping hand 도움을 주다
gender 성 principal 주요한 identity 신원, 정체 versus ~에 비해, ~와 대조적으로 peculiar 특이한
mistake A for B A를 B로 오해하다 empathetic 감정 이입의 belief 믿음 expectation 기대, 예상

nothing is 비교급 than

Point 1 「nothing is 비교급 than A」는 'A보다 더 ~한 것은 없다'라는 최상급의 표현이다.

~ nothing is more tempting than <u>a can of soda</u> to relieve thirst.
(탄산음료보다 더 유혹적인 것은 없다 = 탄산음료가 가장 유혹적이다)

Point 2 원급으로 표현한 「nothing is as 형용사/부사 as A」는 'A만큼 ~한 것은 없다'라는 뜻이다.

Nothing is as real as <u>a dream</u>. 꿈처럼 사실적인 것은 없다.

With the summer temperature going up, **nothing is more tempting than** a can of soda to relieve thirst. ⌜12' 모의⌟

여름철 온도가 올라가면서 갈증을 풀어주는 데 있어서 탄산음료보다 더 유혹적인 것은 없다.

어법상 가장 적절한 표현을 고르시오.　　　　　　　　　　　　　　　　정답 P.15

1 Remember, nothing is │important / more important│ than practice, but you also need a break. ⌜11' 모의⌟

2 The attitude that nothing is │easy / easier│ than to love has continued to be the prevalent idea about love in spite of overwhelming evidence to the contrary. ⌜11' 모의⌟

3 But Matilda wants to tell him that nothing is as │important / more important│ as his health. ⌜15' 모의⌟

4 Many people think that nothing is │good / better│ than a short nap after eating a big meal. ⌜17' 모의⌟

5 Nothing is as │important / most important│ as our citizens' safety, so fixing this issue should be made a top priority. ⌜13' 모의⌟

 단어

temperature 온도　tempting 유혹적인　relieve 덜어주다　prevalent 널리 퍼진　in spite of ~에도 불구하고
overwhelming 압도적인　the contrary 정반대　citizen 시민　safety 안전　priority 우선 사항

D-73

many / much

Point 1
many와 much는 '많은'이라는 의미로 명사를 수식하고 그 자체가 '다수, 많음'을 의미하는 명사이기도 하다.

Many of my apartment <u>neighbors</u> also seriously complain ~.
다수   이웃들

Point 2
many는 복수 명사를, much는 단수 명사를 수식한다.

many <u>problems</u> 많은 문제들
much <u>water</u> 많은 물

Many of my apartment neighbors also seriously complain about this noise.
내 아파트의 많은 이웃들도 이 소음에 대해 심하게 불평하고 있다. [20' 수능]

어법상 가장 적절한 표현을 고르시오.

정답 P.15

1 There have been | many / much | attempts to define what music is in terms of the specific attributes of musical sounds. [20' 수능]

2 In fact, | many / much | civilizations never got to the stage of recording and leaving behind the kinds of great literary works that we often associate with the history of culture. [20' 수능]

3 Minorities tend not to have | many / much | power or status and may even be dismissed as troublemakers, extremists or simply 'weirdos'. [19' 수능]

4 But think of how | many / much | times you've lied to a potential romantic partner in order to make the person feel better about himself or herself. [19' 모의]

5 The fragmentation of television audiences during recent decades has caused advertisers | many / much | concern. [20' 수능]

단어

attempt 시도   define 정의하다   in terms of ~의 관점에서   specific 특정한   attribute 속성   civilization 문명
get to ~에 이르다   literary 문학의   associate with ~와 연관 짓다   minority 소수   dismiss 묵살하다
potential 잠재적인   fragmentation 분열

as ~ as possible

Point 1 「as 형용사/부사 as possible」은 '가능한 한 ~한/하게'의 뜻으로 사용된다.

Get the work done **as soon as possible**.
그 일을 가능한 한 빨리 끝내라.

Point 2 be동사 다음이나 목적격 보어 자리에는 형용사를, 문장이나 동사를 수식하면 부사를 사용한다.

I am trying to <u>be</u> **as nice as possible**. (be동사 다음 형용사 사용)
나는 가능한 한 친절하려고 노력 중이다.

She <u>got up</u> **as early as possible** to catch the train. (early가 동사 수식)
그녀는 기차를 잡기 위해 가능한 한 일찍 일어났다.

Make your acceptance of human nature **as radical as possible.** 19' 모의
인간 본성을 가능한 한 급진적으로 받아들여라.

어법상 가장 적절한 표현을 고르시오.　　　　　　　　　　　　　　　정답 P.16

1 The basic aim of a nation at war in establishing an image of the enemy is to distinguish as ⎡sharp / sharply⎤ as possible the act of killing from the act of murder. 19' 수능

2 The early cotton masters wanted to keep their machinery running as ⎡soon / long⎤ as possible and forced their employees to work very long hours. 19' 수능

3 Kindly inform us of your decision ⎡as / very⎤ soon as possible. 17' 모의

4 Writing history, I have always searched for truth, as ⎡honest / honestly⎤ and diligently as possible, but when I finish, I realize that I have written a work of fiction. 17' 모의

5 We have no indication at this time that any user passwords have been used illegally, but we strongly recommend that all users reset their passwords as ⎡soon / sooner⎤ as possible. 17' 모의

 단어

acceptance 수용　radical 급진적인　distinguish 구별하다　murder 살인　machinery 기계류　fiction 허구
indication 징후　recommend 권고하다　reset 다시 맞추다

Essential Pattern #57

D-72 비교급 and 비교급

Point 1
「형용사의 비교급 and 비교급」은 주로 명사 앞에서 쓰이며 '점점 더 ~한'의 의미를 가진다.

~ **more and more** Maasai have given up the traditional life ~.
(명사 Maasai 수식)

Point 2
「부사의 비교급 and 비교급」은 명사를 제외한 다른 성분을 수식한다.

The cheetah <u>ran</u> **faster and faster**.
(동사 ran 수식)

그 치타는 점점 더 빨리 달렸다.

Since the 1970s, **more and more** Maasai have given up the traditional life of mobile herding and now dwell in permanent huts. 18' 모의

1970년대 이래로 점점 더 많은 마사이족은 유목이라는 전통적인 생활을 버리고 지금은 계속 설치되어 있는 오두막에서 거주한다.

어법상 가장 적절한 표현을 고르시오.　　　　　　　　　　　　　정답 P.16

1 The rapid growth of baby-boomer retirees in the decade immediately ahead will mean higher spending levels and | large / larger | and larger deficits for both Social Security and Medicare. 18' 모의

2 We are generally too busy trying to squeeze more and more activities into | little / less | and less time. 10' 모의

3 Do you ever find yourself getting more and more | angry / angrier | and frustrated while trying to explain what is bothering you? 11' 모의

4 Now more and | many / more | elderly people find it difficult to lead a decent life due mainly to financial hardship. 11' 모의

5 The airways divide within each lung into | small / smaller | and smaller air tubes, just like branches of a tree. 17' 모의

단어
traditional 전통의　herd 떼를 지어 가다　dwell 거주하다　rapid 빠른　permanent 영구적인　retiree 은퇴자
deficit 적자　squeeze 짜내다　frustrated 좌절감을 느끼는　elderly 연세가 드신　decent 괜찮은　due to ~ 때문에
financial 재정적인　hardship 고난　airway (코에서 폐까지의) 기도

부분 부정

 Point 1 전체를 나타내는 표현과 부정어 not이 더해져서 ' ~인 것은 아니다'라는 의미를 가진다.

Not all residents attribute environmental damage to tourism.

모든 주민들이 환경 훼손을 관광산업의 탓으로 돌리는 것은 아니다. (○) 부분 부정

모든 주민들이 환경 훼손을 관광산업의 탓으로 돌리지 않는다. (×) 전체 부정

 Point 2 부분 부정을 할 때 not 뒤에 다음과 표현들이 자주 사용된다.

all 모든   every 모든   necessarily 반드시   always 항상   entirely 전적으로

The impacts of tourism on the environment are evident to scientists, but **not all residents** attribute environmental damage to tourism. 17' 수능

관광산업이 환경에 미치는 영향은 과학자들에게는 명확하지만, 모든 주민들이 환경 훼손을 관광산업의 탓으로 돌리지는 않는다.

어법상 가장 적절한 표현을 고르시오.   정답 P.16

1 Not all / every authors trusted that the theater audience would automatically understand their plays in the intended manner. 11' 수능

2 Scientific and professional policy design does not necessarily / necessarily not escape the pitfalls of degenerative politics. 14' 모의

3 But again, not all / every city has taken advantage of these opportunities. 18' 모의

4 The fact that language is not always / always not reliable for causing precise meanings to be generated in someone else's mind is a reflection of its powerful strength as a medium for creating new understanding. 17' 수능

5 We humans share our understanding of "what is out there" in the world, but we are not entirely / entirely not born into it. 14' 수능

 단어

impact 영향   evident 분명한   resident 주민   attribute A to B A를 B의 탓으로 돌리다   author 작가   pitfall 함정
degenerative 퇴행적인   take advantage of ~을 이용하다   precise 정확한   strength 힘   medium 매체

 D-71

the + 형용사

Point 1

「the + 형용사」는 「the + 형용사 + people」과 같아 '~인 사람들'이라는 의미로 사용된다.

the young 어린이들   the rich 부자들

the poor 가난한 자들   the hungry 배고픈 사람들

Point 2

주어에 사용되면 복수 취급한다.

The hungry are going to get some help from the shelter.
           is (X)

배고픈 사람들은 그 노숙자 쉼터에서 도움을 얻을 것이다.

The commonest daily foods for the Nuer are dairy products, especially milk for **the young** and soured milk, like yogurt, for adults. 20' 수능

누에르족에게 가장 일반적인 일상 음식은 유제품으로, 특히 어린이들을 위해서는 우유이고 어른들을 위해서는 요구르트와 같은 산유(酸乳)이다.

어법상 가장 적절한 표현을 고르시오.

정답 P.17

1   The elderly / elderly   did not so much lose their minds as lose their place. 19' 모의

2   However, eventually,   the young / youngest   must locate, identify, and settle in a habitat that satisfies not only survivorship but reproductive needs as well. 20' 수능

3   In a variety of ways and meanings, these are all instruments intended to define or distinguish who is in from who is out, separating the participants from   the ostracized / ostracized .   19' 모의

4   While genetic advancements are often reported as environmentally dependent or modest in effect size in academic publications, these are often translated to the   public / publicly   in deterministic language through the media.   19' 모의

5   The world should be producing more than twice as much grain and agricultural products as at present, but in ways that these are accessible to the   food-insecure / food-insecurity .   19' 모의

 단어

dairy 유제품의   elderly 연세가 드신   not so much A as B A라기보다는 B인   locate 위치를 찾아내다   habitat 서식지
survivorship 생존   reproductive 생식의   as well 또한   ostracize 배척하다   advancement 발전
modest 보통의   publication 출판물   deterministic 결정론적인   accessible 얻기 쉬운   insecure 불안정한

최상급의 강조

Point 1 최상급 표현 앞에 다음과 같은 표현이 와서 '단연코', '참으로'라는 의미로 쓰인다.
much   the very   by far

Point 2 the very는 the를 포함하고 있기 때문에 바로 최상급과 결합한다.
much the fastest   the very fastest

Television remains **much the fastest** way to build up public awareness of a new brand or a new campaign. 20' 수능

텔레비전은 새로운 브랜드나 새로운 캠페인에 대한 대중의 인식을 형성하는 단연코 가장 빠른 방법으로 남아 있다.

어법상 가장 적절한 표현을 고르시오.   정답 P.17

1 Among the students in the class, Joe Brooks was very / by far the best. 19' 모의

2 And then one day, I finally understood what she had tried to show us, that reading was housework of the much / very best kind. 12' 모의

3 At the much / very least, then, we should equip the next generation for the inevitable recessions of the future by encouraging water fights and inviting imaginary friends to join in. 11' 모의

4 Seeing your supervisor regularly is one of the best ways of making sure that your dissertation is of very / the very highest possible standard. 11' 모의

5 Hence it is of very / the very greatest importance that a person be started in the affirmative direction. 11' 모의

단어

remain 계속 ~이다   awareness 인식   at least 최소한   equip 준비를 갖추게 하다   inevitable 불가피한
recession 불황   imaginary 상상의   supervisor 지도교수   dissertation 논문   hence 그런 이유로
affirmative 긍정적인

D-70 like V-ing

Point 1

전치사 like는 '~와 같은/처럼'의 뜻으로 뒤에 (동)명사가 뒤따른다.

interesting activities **like** doing fun experiments and making inventions

즐거운 실험을 하거나 발명품을 만드는 것 같은 재미있는 활동들

Point 2

like가 접속사로 쓰일 때는 (동)명사가 아닌 절이 온다.

He is raising his hand **like** he has a question.

그는 마치 질문이 있는 것처럼 손을 들고 있다.

I'm doing things **like carrying** reusable shopping bags and **traveling** by bicycle. 19' 모의

나는 재사용 가능한 쇼핑백을 들거나 자전거를 타는 것과 같은 일을 하고 있어요.

어법상 가장 적절한 표현을 고르시오.   정답 P.17

1 It was like floating / to float on the ocean, thousands of miles from land, while tiny waves sweep forward in ripples. 14' 모의

2 It's like tell / telling people you only need to eat healthy during the weekends, but during the week you can eat whatever you like. 15' 모의

3 In classic experiments on stress, people performed tasks that required concentration, like solved / solving puzzles. 18' 모의

4 The ones that decide to make it change their focus by analyzing what they need to do to master the first step, like getting / to get through the first mogul on the hill. 15' 수능

5 Indeed, this is just what would happen if some cosmic giant were to peel off the outer layers of the Sun like skin / skinning an orange, for the tremendously hot inner regions would then be exposed. 14' 모의

단어

reusable 재사용할 수 있는   float 뜨다   sweep 휩쓸어 가다   ripple 잔물결   experiment 실험   require 요구하다
concentration 집중력   mogul 모굴(스키의 활주 사면에 있는 단단한 눈 더미)   cosmic 우주의   skin 껍질을 벗기다
tremendously 엄청나게   expose 노출시키다

주어 + 타동사

 Point 1
타동사의 경우 주어와 동사만 분리해서 해석했을 때 '은/는/이/가'로 쓰이면 능동의 동사 표현을 쓴다.

stockholders(주주들) + attend(참가하다) = 주주들이 참가하다 → 능동
Eventually, the <u>stockholders</u> will **attend** the meeting.
결국, 주주들이 그 회의에 참석할 것이다.

 Point 2
타동사의 경우 주어와 동사만 분리해서 해석했을 때 '을/를'로 쓰이면 수동(be동사 + p.p)의 동사 표현을 쓴다.

signature(서명) + print(인쇄하다) = 서명을 인쇄하다 → 수동
The first-place winner's <u>signature</u> will **be printed** on the packaging box.

The first-place winner's signature will **be printed** on the packaging box. 20' 수능
1등 수상자의 서명이 포장 상자에 인쇄될 것이다.

어법상 가장 적절한 표현을 고르시오. 정답 P.17

1 We are now witnessed / witnessing a fundamental shift in our resource demands. 20' 수능

2 As such, early human writing is dominated / dominating by wheeling and dealing: a collection of bets, bills, and contracts. 20' 수능

3 The desire for written records has always accompanied / been accompanied economic activity, since transactions are meaningless unless you can clearly keep track of who owns what. 20' 수능

4 Starting times are judged / judging by starting points, stopping times by stopping points and durations by distance, though each of these errors does not necessitate the others. 20' 수능

5 And the raising of consciousness is often followed / following by a period of hypersensitivity where people are hurt or offended even by tasteful, tactful jokes. 19' 모의

단어

witness 목격하다 fundamental 근본적인 as such 이와 같이 dominate 지배하다 wheel and deal 권모술수를 쓰다
contract 계약 accompany 수반하다 transaction 거래 keep track of ~을 기록하다 duration 지속 기간
necessitate 필연적으로 동반하다 consciousness 의식 hypersensitivity 과민증 tasteful 고상한 tactful 재치 있는

D-69 수동태로 자주 쓰이는 구문

 Point 1

be called(~로 불리다)처럼 자주 수동태로 쓰이는 표현에 주의하자.

The assumption that what is being studied can be understood in terms of causal laws **is called** determinism.

 Point 2

「be동사 + p.p. + 전치사」까지 알아두면 유용한 수동태 표현도 숙지하자.

be absorbed in ~에 몰두하다   be faced with ~에 직면하다

be named after ~의 이름을 따서 짓다   be scheduled for ~에 예정되다

The assumption that what is being studied can be understood in terms of causal laws **is called** determinism. 19' 모의

연구되고 있는 것이 인과 법칙의 관점에서 이해될 수 있다는 가정을 결정론이라고 한다.

어법상 가장 적절한 표현을 고르시오.   정답 P.18

1 She was walking with one of her daughters, and they absorbed / were absorbed in conversation. 18' 모의

2 He was bore / born in 1925 in South Wales, the twelfth child of a poor miner. 18' 모의

3 As a result, using animal images for commercial purposes was facing / faced with severe criticism from animal rights activists. 17' 모의

4 Riccardo, who was named / named after his father, an immigrant from Mexico, learned this lesson at a young age. 17' 모의

5 The opening ceremony of our day care center is scheduled / scheduling for Thursday, July 20, 2017, at 11:00 a.m. 17' 모의

단어

assumption 가정   causal 인과 관계의   determinism 결정론   absorb 몰두시키다   miner 광부
commercial 상업의   criticism 비판   activist 운동가   immigrant 이민자   day care center 보육시설

76

Essential Pattern #64

4형식 수동태

> **Point 1**
>
> 4형식(주어 + 동사 + 간접목적어 + 직접목적어)은 목적어가 2개이기 때문에 보통 2가지의 수동태가 가능하다.
>
> <u>Prizes</u> **will be given** to the top three cakes.
> <u>The top three cakes</u> **will be given** prizes.
>
> **Point 2**
>
> **send/make/write/buy** 등은 간접목적어를 주어로 삼은 수동태를 쓸 수 없다.
>
> He sent <u>me</u> <u>flowers</u>. 그는 나에게 꽃을 보냈다.
>
> → <u>I</u> **was sent** flowers by him. (×)
>   간접목적어 주어
> → <u>Flowers</u> **were sent** to me by him. (○) 꽃이 그에 의해 나에게 보내졌다.
>   직접목적어 주어
>
> -
>
> Prizes will **be given to** the top three cakes. 16' 모의
>
> 상품은 3등 케이크까지 주어질 것이다.

어법상 가장 적절한 표현을 고르시오.   정답 P.18

1 But the wheat was given them / to them on the beach, where it quickly became mixed with sand. 16' 모의

2 His talents were recognized early, and he was sent / sent to Eton College by wealthy sponsors at 15. 15' 모의

3 His first play, *La Princesse Maleine (The Princess Maleine)*, sent / was sent to major French symbolist poet and critic Mallarmé and became an immediate success. 18' 모의

4 Your gift book will have a personalized label inside stating that it gave / was given to Williams Middle School in honor of your child. 14' 모의

5 A gifted student, she was sent to / for college when she was just 14. 14' 모의

단어

wheat 밀   recognize 인정하다   symbolist 상징주의자(의)   critic 비평가   immediate 즉각의
personalize (개인 소유물임을 나타내는) 표시를 하다   state 명시하다   in honor of ~을 기념하여   gifted 재능이 있는

D-68 5형식 수동태

Point 1 encourage/allow/ask와 같은 동사를 쓴 5형식 문장(주어 + 동사 + 목적어 + 목적격 보어)을 수동태로 만들 때 「be동사 + p.p. + to부정사」의 구조로 쓰인다.

We encourage <u>participants</u> **to bring** clothes~.
→ <u>Participants</u> **are encouraged to bring** clothes~.

Point 2 다음과 같은 수동태 구조를 기억하자.
be allowed to부정사 ~하도록 허용되다
be asked to부정사 ~하는 부탁을 받다
be forced[compelled] to부정사 ~하도록 강요받다
be urged to부정사 ~하도록 촉구받다

Participants **are encouraged to bring** clothes to be donated to Hawaii Shelter. 19' 모의

참가자들은 '하와이 쉘터'에 기부될 옷을 가지고 오도록 권장된다.

어법상 가장 적절한 표현을 고르시오. 정답 P.18

1 Aristotle did not think that all human beings should be allowed engaging / to engage in political activity. 19' 모의

2 Joe took a deep breath and said, "I have been asked playing / to play in a concert, and I would like your permission first." 19' 모의

3 Unfortunately, Amy's mother took a turn for the worse and Amy forced / was forced to take more time off. 17' 모의

4 But her father, the king, gives her no choice and she is compelling / compelled to carry out her promise. 14' 모의

5 Through recent decades academic archaeologists have urged / been urged to conduct their research and excavations according to hypothesis-testing procedures. 19' 모의

단어

donate 기부하다 engage in ~에 참여하다 take a deep breath 심호흡을 하다 permission 허락
take a turn for the worse 악화되다 take time off 시간[휴가]를 내다 compel 강요하다 decade 10년
archaeologist 고고학자 urge 촉구하다 excavation 발굴 hypothesis 가설

사역동사의 수동태

 Point 1 사역동사는 수동태로 만들 때 「be동사 + p.p. + to부정사」로 쓴다.

We should **make** <u>problems</u> **go** away.
동사원형

→ <u>Problems</u> should **be made to go** away.

 Point 2 사역동사 let이 사용된 문장을 수동태로 만들 때 「be allowed to부정사」의 형태로 쓴다.

Mr. Park let the students go home.

→ The students **were allowed to go** home by Mr. Park.
were let to go (X)

학생들은 박 선생님에 의해 집에 가도록 허용되었다.

Problems should be denied or made to go away. 16' 모의

문제들은 부정되거나 사라지게 해야 한다.

어법상 가장 적절한 표현을 고르시오. 정답 P.18

1 If you were made sit / to sit at the table until you had cleaned your plate, you are not alone. 15' 모의

2 No one would want to be famous who hadn't also, somewhere in the past, been made feel / to feel extremely insignificant. 18' 모의

3 The point is that the same thing can be made seem / to seem very different, depending on the nature of the event that precedes it. 14' 모의

4 Students who are made to feel / feeling happy before taking math achievement tests perform much better than their neutral peers. 16' 모의

5 This experiment shows even the sane and ordinary people could be made to deny / denying the obvious facts, feeling the pressure to conform. 10' 모의

 단어

extremely 극도로   insignificant 중요하지 않은   nature 성질   precede ~에 앞서다   perform 수행하다

neutral 중립적인   peer 또래, 동료   ordinary 평범한   obvious 분명한   conform 순응하다

D-67 수동태로 쓸 수 없는 동사

Point 1 자동사는 목적어를 취하지 않기 때문에 수동태로 쓸 수 없다.

The truth **lies** in the book. 진실은 그 책 속에 있다.
　　　　is lain (X)

Point 2 수동태로 쓰일 수 없는 대표적인 동사들은 다음과 같다.

happen/occur (일이) 일어나다　　appear 나타나다　　disappear 사라지다
consist of ~로 구성되다　　rise 상승하다, 올라가다

The future of our high-tech goods may **lie** not in the limitations of our minds, but in our ability to secure the ingredients to produce them. 20' 수능

첨단 기술 제품의 미래는 우리 생각의 제한점에 있는 것이 아니라, 그것을 생산하기 위한 재료를 확보할 수 있는 우리의 능력에 있을지도 모른다.

어법상 가장 적절한 표현을 고르시오.

정답 P.19

1 This may happen / be happened when high-density development is carried out without planning. 18' 모의

2 Typically an individual cannot accurately assess the gains and costs likely to occur / be occurred in social interactions. 18' 모의

3 Gas lighting in homes soon disappeared / was disappeared , and the death rate from house fires decreased accordingly. 18' 모의

4 Before the Second World War, agricultural operations in the Western world consisted / was consisted of traditional family-run farms. 18' 모의

5 Projections indicate that the net federal debt will rise / be risen to 90 percent of GDP by 2019, and many believe it will be even higher unless constructive action is taken soon. 18' 모의

단어

secure 확보하다　ingredient 재료　high-density 고밀도의　carry out 수행하다　assess 평가하다
interaction 상호작용　operation 활동　family-run 가족 경영의　projection 추정　net debt 순부채
constructive 건설적인

조동사 수동태

Point 1
수동태 문장의 의미를 풍부하게 만들도록 조동사를 사용할 수 있다.

~ people **should** <u>be allowed</u> to fly drones near people's homes.
　　　　~해야 한다　허용되다

Point 2
다음과 같은 조동사 표현 다음에 「be동사 + p.p.」의 형태로 수동태를 쓰면 된다.

should	need to	have to
must	can/could	may/might

Less than 10% of the respondents said people **should be allowed** to fly drones near people's homes. [19' 모의]

10퍼센트가 채 되지 않는 응답자들이 사람들이 주택가에서 드론을 날리는 것이 허용되어야 한다고 말했다.

어법상 가장 적절한 표현을 고르시오.　　　　　　　　　정답 P.19

1 Capitalism needs to | save / be saved | by elevating the quality of demand.
[19' 모의]

2 An accident implied an unfortunate act of God, not something that could — or should — | prevent / be prevented |. [19' 모의]

3 In order to succeed at change, resistance and the people who resist should | view / be viewed | differently. [19' 모의]

4 First documented in Vietnam in 1992, it is so different from any other known species that a separate genus had to | create / be created | for it. [18' 모의]

5 Thus, individuals of many resident species may | force / be forced | to balance costs in the form of lower nonbreeding survivorship by remaining in the specific habitat where highest breeding success occurs. [20' 수능]

단어 ─────────────

respondent 응답자　capitalism 자본주의　elevate 높이다　imply 암시하다　act of God 불가항력
resistance 저항　species (생물 분류상의) 종　separate 분리된　genus [생물] 속(屬)　individual 개인, 개체
survivorship 생존　specific 특정한　habitat 서식지　breeding 번식

D-66 구동사 수동태

Point 1 구동사는 동사에 새로운 의미를 부여하기 위해 부사나 전치사를 붙여 쓰는 덩어리 표현이다.

turn(돌리다) → turn **on**(켜다) / turn **off**(끄다)

Point 2 구동사는 하나의 덩어리 표현이기 때문에 수동태로 쓰일 때에도 부사나 전치사를 꼭 같이 써야 한다.

The caterpillars wriggled as they **were picked up** ~.

were picked (X)

The caterpillars wriggled as they **were picked up** while Cabbage Whites filled the air around them. 19' 수능

배추흰나비들이 그들 주위의 하늘을 가득 메운 채 애벌레들이 잡히면서 꿈틀거렸다.

어법상 가장 적절한 표현을 고르시오.

정답 P.19

1 The sprinkler system had two defects: it had to be turned / turned on manually, and it had only one valve. 17' 고2 모의

2 Given a sufficient vocabulary, the empty spaces can be filled in / with one by one. 15' 모의

3 On the other hand, the waste that disposed / was disposed of in landfills decreased in amount during the years from 2006 to 2010. 12' 모의

4 A few months ago, a turtle in Thailand was grievously injured when it was run on / over by a truck. 11' 모의

5 Computers may yield important predictions about complex phenomena, but the predictions they make can never be relied / relied on without experimental confirmation. 11' 모의

단어

caterpillar 애벌레 wriggle 꿈틀거리다 sprinkler 스프링클러 defect 결점 manually 손으로 sufficient 충분한
fill in ~을 채우다 dispose of ~을 처리하다 landfill 쓰레기 매립지 grievously 극심히 yield 산출하다
prediction 예측 phenomenon 현상 rely on ~을 의지하다 experimental 실험적인 confirmation 확증

82

by 이외의 전치사 수동태

Point 1 **by 이외에 다양한 전치사를 사용하는 수동태 표현을 알아두자.**

be obsessed with ~에 집착하다   be satisfied with ~에 만족하다

be interested in ~에 흥미가 있다   be concerned with ~에 관심이 있다

be worried[concerned] about ~에 대해 걱정하다

Point 2 **「be known + 전치사」 형태를 띠는 다양한 표현에 주의하자.**

be known for ~로 알려져 있다   be known to ~에게 알려져 있다

be known as ~로서 알려져 있다

Great scientists, the pioneers that we admire, **are** not **concerned with** results but with the next questions. 19' 수능

위대한 과학자들, 우리가 존경하는 선구자들은 결과가 아니라 다음 문제에 관심이 있다.

어법상 가장 적절한 표현을 고르시오.   정답 P.20

1 Are you interested | in / with | participating in an international exchange program?
18' 모의

2 Eventually, most men find they must be satisfied | with / about | "any port in a storm." 18' 모의

3 Just as Hector was known | as / for | his craftsmanship, Sergio could close deals and sell. 14' 모의

4 Meanwhile, German respondents are the least worried | with / about | fake web content among the six countries, at 47 percent overall. 18' 모의

5 Throughout the day Jeremy was obsessed | with / about | how he was going to save enough money to get to the fiftieth coin. 17' 모의

단어

pioneer 선구자   participate in ~에 참여하다   any port in a storm 궁여지책   craftsmanship (장인의) 솜씨

meanwhile 한편, 그 동안에   web content 인터넷 콘텐츠   overall 종합적으로   throughout ~ 내내

Essential Pattern #71

D-65 진행형 수동태

 Point 1 '~가 되어지고 있다'라는 의미를 전달할 때 진행형 수동태(be동사 + being + p.p.)를 사용한다.

Your idea **is** currently **reviewed** by the board. (수동태)
Your idea **is** currently **being reviewed** by the board. (진행형 수동태)

 Point 2 주어와 동사의 관계를 보고 수동일 경우에만 사용 가능하다.

The car **is being fixed** by the mechanic. (자동차가 수리되는 수동 상황)
그 차는 수리공에 의해 수리되어지고 있는 중이다.

Your idea **is** currently **being reviewed** by the board. 〔19' 모의〕
귀하의 의견은 현재 이사회에서 검토되고 있습니다.

어법상 가장 적절한 표현을 고르시오. 정답 P.20

1 And what is being copied can be as important as the fact that it is copying / being copied . 〔19' 모의〕

2 But such galloping is of no advantage to a horse unless it is chasing / being chased by a predator. 〔19' 모의〕

3 Simply knowing they are observing / being observed may cause people to behave differently (such as more politely!). 〔19' 수능〕

4 Unfortunately, for the whole of my time at the Barbados resort, extensive repairs were been / being carried out at the swimming pool and it could not be used. 〔19' 모의〕

5 Every component of wellness, and countless seams of societal fabric, are eroding / being eroded by our costly state of sleep neglect: human and financial alike. 〔18' 모의〕

 단어

review 재검토하다 board 이사회 gallop 질주하다 of no advantage to ~에게 득이 되지 않는 predator 포식자
observe 관찰하다 extensive 광범위한 component 구성 요소 wellness 건강 countless 수많은 seam 이음새
fabric 구조 erode 약화시키다 costly 손실이 큰 neglect 무시

완료형 수동태

 Point 1 완료시제가 수동의 의미로 쓰일 때 완료형 수동태를 사용한다.

현재완료 수동: have/has been + p.p.

과거완료 수동: had been + p.p.

 Point 2 주어와 동사의 관계를 파악하여 능동, 수동의 표현을 한다.

The building **has been repaired** for a long time. (현재완료 수동)

그 건물은 오랫동안 수리되어져 왔다.

She **has been visiting** about 100 countries so far. (현재완료 진행)

그녀는 그 동안 약 100개의 나라를 방문하고 있는 중이다.

The data revealed that the news of the king's death **had been** widely socially **shared**. 19' 수능

그 자료는 왕의 죽음에 대한 소식이 널리 사회적으로 공유되었다는 것을 나타냈다.

어법상 가장 적절한 표현을 고르시오. 정답 P.20

1 The first successful appendectomy was said to have performed / been performed by a British army surgeon in 1735. 19' 모의

2 As a result, most spent fuel has been stored / storing in the nuclear power plants where it was produced. 13' 모의

3 It is the former that give value, either cultural or financial, to the latter and explain why they have selected / been selected from the near infinity of the past. 19' 수능

4 These importation successes have been limited / limiting largely to certain types of ecosystems and/or pest situations such as introduced pests in perennial ecosystems. 18' 모의

5 Numerous biodiversity experiments have conducted / been conducted since Elton's time and several mechanisms have been proposed to explain the often observed negative relationship between diversity and invasibility. 20' 수능

 단어

reveal 드러내다 appendectomy 충수[맹장] 절제술 surgeon 외과의사 fuel 연료 nuclear 핵의 former 전자

latter 후자 infinity 무한성 importation 수입, 이입 largely 대체로 ecosystem 생태계 perennial 다년생의

numerous 수많은 conduct 수행하다 diversity 다양성 invasibility 침입성

 주격 관계대명사 who

>
>
> **Point 1**
> 주격 관계대명사 who 또는 that은 선행사가 사람일 때 사용하며, 관계대명사 다음에 바로 동사가 나온다.
> You get <u>people</u> **who[that]** are great improvisers ~.
> 　　　　선행사(사람)　　　　　　　　동사
>
> **Point 2**
> 주격 관계대명사 who[that] 다음에 오는 동사는 선행사에 수 일치한다.
> You'll see <u>the gentleman</u> **who[that]** <u>is sitting</u> on the bench.
> 너는 벤치에 앉아 있는 그 신사분을 보게 될 것이다.
>
> ----
>
> You get **people who** are great improvisers but don't have depth of knowledge.
> 여러분은 훌륭한 즉흥 연주자이지만 깊이 있는 지식은 없는 사람들을 얻게 된다. 20' 수능

어법상 가장 적절한 표현을 고르시오.

정답 P.20

1 When people who ⟨ resist / resists ⟩ are ignored or pushed aside, they become formidable opposition. 19' 모의

2 Thus, someone ⟨ who / whom ⟩ just heard a piece of bad news often tends initially to deny what happened. 19' 수능

3 Students ⟨ who / whose ⟩ remembered their own unethical behavior were more likely to act as if they felt unclean. 18' 모의

4 Those ⟨ who / which ⟩ copied out unethical stories rated cleansing products much higher than noncleansing products. 18' 모의

5 A popular notion with regard to creativity is that constraints hinder our creativity and the most innovative results come from people who ⟨ have / has ⟩ "unlimited" resources. 18' 모의

단어 ──

improviser 즉흥 연주자　depth 깊이　formidable 어마어마한　initially 처음에는　unethical 비윤리적인
copy out 전부 베끼다　rate 평가하다　cleanse 세정하다　notion 개념　with regard to ~에 관련하여
constraint 제약　hinder 방해하다　innovative 획기적인

목적격 관계대명사 whom

Point 1
관계대명사 뒤에 오는 절의 목적어가 없고 선행사가 사람인 경우 목적적 관계대명사 whom를 쓰고, 이는 who/that으로 대체 가능하다.

I met a guy.　+　Everybody hated the guy.
나는 남자를 만났다.　+　모든 사람들이 그 남자를 싫어했다.

= I met a guy **whom[who/that]** everybody hated.
　나는 모든 사람들이 싫어한 남자를 만났다.

Point 2
「전치사 + 목적격 관계대명사」일 때에는 who, whom, that 중 whom만 가능하다.

John is the friend **with whom** I traveled. John은 내가 같이 여행했던 친구이다.
　　　　　　　　　with who[that] (X)

Andrew, **whom** nobody had noticed before the tournament this year, came to progress to the final match. [17' 모의]
금년의 승자 진출전 이전에는 아무도 알아보지 못했던 Andrew가 결승전에 진출하게 되었다.

어법상 가장 적절한 표현을 고르시오.　　　　　　　　　　　　　　　　　정답 P.21

1 A stranger who was approaching him from behind mistook him for a friend
whose / whom he had not seen for a long time. [13' 모의]

2 Sometimes they may not strike the guilty person himself, but rather one of his relatives or tribesmen, to who / whom responsibility is extended. [18' 수능]

3 If others have good news, Amy is the first one whom / with whom they'll share it. [17' 모의]

4 Scientists used to think that animals would risk their lives like this only for kin with whom / whose they shared common genes. [14' 모의]

5 Further, you should be relatively certain that the third-party individual you choose will be likely to pass along your compliment to the person whom / for whom it was intended. [17' 모의]

단어

progress 진행하다, 나아가다　approach 접근하다　guilty 유죄의　relative 친척　tribesman 종족 구성원　kin 친족
relatively 비교적　third party 제3자　be likely to ~할 것 같다　compliment 칭찬

D-63 소유격 관계대명사 whose

Point 1

두 문장을 연결할 때 소유대명사 대신 사용하는 것을 소유격 관계대명사라고 한다.

I know a lady. + Her name is Nancy.
나는 숙녀를 안다. + 그녀의 이름은 Nancy이다.

= I know a lady **whose** name is Nancy. 나는 이름이 Nancy인 숙녀를 안다.

Point 2

「소유격 관계대명사 + 명사」 다음에 오는 동사의 수는 선행사가 아닌 명사에 일치시킨다.

I know a lady **whose** name **is** Nancy.
         (X)   (O)

The Nuer are a cattle-raising people, **whose** everyday lives revolve around their cattle. [20' 수능]

누에르족은 소를 기르는 민족으로, 그들의 일상생활은 자신들의 소를 중심으로 돌아간다.

어법상 가장 적절한 표현을 고르시오.   정답 P.21

1 Consider, for instance, a teenager │who / whose│ parents are suspicious and distrustful when she goes out at night. [19' 모의]

2 Russian poets whose work │circulate / circulates│ in privately copied typescripts do that, as did Emily Dickinson. [19' 모의]

3 For example, an introvert is far less likely to make a mistake in a social situation, such as inadvertently insulting another person │which / whose│ opinion is not agreeable. [18' 모의]

4 During recess one day, Andrew got involved in a card game of Uno with three other boys: Timmy, Travis, and a fourth boy │his / whose│ name I don't remember. [17' 모의]

5 This data is forwarded online to the manufacturer, whose production technologies │ensure / ensures│ an exact fit. [15' 모의]

단어 ―

revolve 회전하다 suspicious 의심하는 distrustful 의심이 많은 circulate 순환하다 introvert 내향적인 사람
inadvertently 무심코 insult 모욕하다 agreeable 선뜻 동의하는 recess 휴식 시간 forward 전송하다
manufacturer 제조업자 ensure 확실하게 하다

관계대명사 which

Point 1 선행사가 사물일 때 which 또는 that은 주격 또는 목적격 관계대명사로 쓰인다.
Hypothesis is a tool which[that] can cause ~. (주격 관계대명사)

Point 2 주격 관계대명사 which[that] 다음에 오는 동사는 선행사에 수 일치한다.
You'll see the dog which[that] runs along the river.
너는 강을 따라 달리는 개를 보게 될 것이다.

Hypothesis is **a tool which** can cause trouble if not used properly. 18' 모의
가설은 적절하게 사용되지 않으면 문제를 일으킬 수 있는 도구이다.

어법상 가장 적절한 표현을 고르시오. 정답 P.21

1 Science is a branch of knowledge who / which is systematic, testable, and objective—science is what we know. 19' 모의

2 This became the source of inspiration for some of her writings which / of which included *The Yearling* and her autobiographical book, *Cross Creek*. 19' 수능

3 Behaviors which are successful have persisted in the form of customs, while those which is / which are unsuccessful have suffered extinction. 18' 모의

4 The vast store of scientific knowledge which is / is which today available could never have been built up if scientists did not pool their contributions. 18' 모의

5 These countries had suffered from negative public and media image they / which made it challenging for them to compete over tourists with countries with strong and familiar brands. 18' 모의

 단어
hypothesis 가설 inspiration 영감 autobiographical 자서전의 persist 지속하다 extinction 소멸
vast 방대한 pool (정보, 지식을) 공유하다 contribution 기여 challenging 도전적인 compete 경쟁하다

Essential Pattern #77

관계대명사의 계속적 용법 ①

Point 1

콤마 다음에 오는 관계대명사를 계속적 용법이라고 하며, that으로 쓸 수 없다.

They ignore our need to obtain a deep understanding of a subject,
which includes ~.
that (X)

Point 2

「~ of 관계대명사」의 형식으로 쓰일 경우 대명사를 쓰지 않도록 주의해야 한다.

I met a lot of people there, **some of whom** were friendly.
them (X)

- -

They ignore our need to obtain a deep understanding of a subject, **which** includes memorizing and storing a richly structured database. 20' 수능

그들은 풍부하게 구조화된 데이터베이스를 암기하고 저장하는 것을 포함하는, 어떤 주제에 대한 깊은 이해를 얻고자 하는 우리의 욕구를 무시한다.

어법상 가장 적절한 표현을 고르시오.   정답 P.21

1 In 1932 she met her future husband, Floyd Odlum, who / that encouraged her to learn to fly. 18' 모의

2 The participants in the control group, who / whom performed an unrelated task for 5 minutes, picked the correct person from the line up 64% of the time. 19' 모의

3 Some discoveries seem to entail numerous phases and discoverers, none of whom / none of which can be identified as definitive. 20' 수능

4 And the burden falls primarily on women, who / that are typically the guardians not only of their own health, but that of their husbands and children. 18' 모의

5 It is currently shared by most historians, they / who usually begin the story of the development of law in Europe with Roman law. 18' 모의

단어

ignore 무시하다   obtain 얻다   store 저장하다   participant 참가자   entail 수반하다   numerous 수많은
phase 단계   definitive 최종적인   primarily 주로   typically 전형적으로   guardian 수호자   currently 현재

관계대명사의 계속적 용법 ②

> **Point 1** 앞 절 전체의 내용을 이야기하는 경우 it 대신 **which**를 사용한다.
>
> The bubbles in Roman wine glasses made them less durable,
> 　　　　　　　　　　　　　　　　　　　 전체내용
> **which** is related with ~.
>
> **Point 2** 앞 절 전체의 내용을 이야기하는 경우 하나의 사실이기 때문에 단수 취급한다.
>
> The bubbles in Roman wine glasses made them less durable,
> **which** is related with ~.
> 　　　are (X)
>
> ---
>
> The bubbles in Roman wine glasses made them less durable, **which** is related with the number of neighboring atoms absorbing the impact from the outside.
> 로마의 포도주 잔에 있는 기포는 포도주 잔을 덜 튼튼하게 했는데, 이는 외부의 충격을 흡수하는 이웃 원자의 수와 관련 있다. 19' 모의

어법상 가장 적절한 표현을 고르시오. 　　　　　　　　　　정답 P.22

1 It's one thing when citizens don't know something, and realize it, that / which has always been a problem. 18' 모의

2 When the surrounding temperature increases, the activity in the hive decreases, it / which decreases the amount of heat generated by insect metabolism. 18' 모의

3 Suddenly, a boy riding a bicycle slipped on the damp wooden surface, hitting Rita at an angle, this / which propelled her through an open section of the guard rail. 18' 모의

4 The skeletons found in early farming villages in the Fertile Crescent are usually shorter than those of neighboring foragers, which suggest / suggests that their diets were less varied. 19' 모의

5 This swarm phase of the locust is triggered by the build up of locusts as their numbers multiply, threatening food supply, which is / are why they swarm to move to a new location all together. 19' 모의

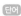 단어

durable 내구성이 있는 　generate 발생시키다 　metabolism 신진대사 　slip 미끄러지다 　damp 축축한
propel 몰고 가다 　skeleton 해골 　forager 수렵채집인 　varied 다양한 　swarm 무리, 무리를 지어 이동하다
locust 메뚜기 　trigger 촉발시키다 　multiply 크게 증가하다

D-61 in + 관계대명사

Point 1

내용상 전치사 in이 필요한 경우 in을 관계대명사 앞으로 이동시켜 함께 쓸 수 있다.

~ the personal circumstances.

+ The event took place **in** the personal circumstances ~.

= ~ the personal circumstances **which** the event took place **in** ~.

= ~ the personal circumstances **in which** the event took place ~.

Point 2

전치사 in과 결합할 때 관계대명사는 that과 바꿔 쓸 수 없다.

~ the personal circumstances **in which** the event took place ~.
                                that (X)

They consolidated their own memory of the personal circumstances **in which** the event took place, an effect known as "flashbulb memory." 19' 수능

그들은 그 사건이 발생했던 개인적 상황에 대한 자신들의 기억을 공고히 했는데, 그것은 '섬광 기억'으로 알려진 효과이다.

어법상 가장 적절한 표현을 고르시오.   정답 P.22

1 This belief in the persistence of Roman law throughout European history was not unique to Goethe or the nineteenth century which / in which he lived. 18' 모의

2 This, psychological studies show, is precisely what to expect from rating systems in that / which you can easily see what choices others are making. 19' 모의

3 The chemical composition of magma does not remain constant over time but varies in response to variations in the environment in it which / which it is located. 18' 모의

4 Heritage is concerned with the ways in how / which very selective material artefacts, mythologies, memories and traditions become resources for the present. 19' 수능

5 He makes the point that big brains seem to be specialized for dealing with problems that must arise out of large groups in them / in which an individual needs to interact with others. 19' 모의

consolidate 공고히 하다 circumstance 상황 psychological 심리학의 chemical 화학의 composition 구성
constant 변함없는 vary 바뀌다 locate (특정 위치에) 두다 heritage 유산 artefact 인공물 mythology 신화
specialized 전문화된 arise 발생하다 interact 상호작용하다

다양한 전치사 + 관계대명사

Point 1

in 이외에도 의미상 다양한 전치사가 관계대명사와 결합할 수 있다.

~ <u>the speed</u>.   +   Information could spread this way **with the speed.**

= ~ <u>the speed</u> **which** information could spread this way **with.**

= ~ <u>the speed</u> **with which** information could spread this way.

Point 2

전치사와 결합할 때는 관계대명사는 that과 바꿔 쓸 수 없다.

~ the speed **with which** information could spread this way.
　　　　that (X)

But the incredible amount of time required to copy a scroll or book by hand limited the speed **with which** information could spread this way. 19' 수능

그러나 손으로 두루마리나 책을 복사하는 데 요구된 엄청난 양의 시간은 이 방식으로 정보가 퍼져 나갈 수 있는 속도를 제한했다.

어법상 가장 적절한 표현을 고르시오.　　　　　　　　　　　　정답 P.22

1 There is a saying attributed to Goethe according to ⃞ that / which ⃞ Roman law was like a diving duck. 18' 모의

2 Feelings may affect various aspects of your eating, including your motivation to eat, your food choices, where and with whom you eat, and the speed at ⃞ who / which ⃞ you eat. 18' 모의

3 When they did, he would say nice things about Phillip, which in turn would form a filter through ⃞ that / which ⃞ the other customers would view Phillip. 19' 수능

4 The human brain's ability to shape itself to the world ⃞ which into / into which ⃞ it's born has allowed our species to take over every ecosystem on the planet and begin our move into the solar system. 19' 모의

5 Iran, Taiwan, and Nigeria were the top three origin countries of international students in 1979-1980, among ⃞ that / which ⃞ only Taiwan was included in the list of the top ten origin countries in 2016-2017. 19' 수능

 단어

incredible 믿기 힘든   scroll 두루마리   attribute to ~에 기인한, ~의 덕분으로 여겨지는   aspect 측면
motivation 동기 부여   view 바라보다   ecosystem 생태계   solar system 태양계   origin 출신   include 포함시키다

Essential Pattern #81

D-60 관계대명사 what

Point 1 관계대명사 what 절이 주어로 오면 단수 취급한다.

<u>What survives these ancient societies</u> **is**, for the most part, a pile of receipts.

Point 2 관계대명사 what은 이미 명사를 포함한 the thing which[that]로 풀어 쓸 수 있기 때문에 선행사와 함께 쓸 수 없다.

She opened <u>the door</u> **which** I had already fixed.
　　　　　선행사　　what[the thing which] (X)

What survives these ancient societies is, for the most part, a pile of receipts.

이런 고대 사회에서 살아남은 것은 대부분 영수증 더미이다. 〔20' 수능〕

어법상 가장 적절한 표현을 고르시오.　　　　　　　　　　　　정답 P.23

1 The philosophy of science seeks to avoid crude scientism and get a balanced view on │ which / what │ the scientific method can and cannot achieve. 〔20' 수능〕

2 Thus, someone who just heard a piece of bad news often tends initially to deny │ which / what │ happened. 〔19' 수능〕

3 Many of │ that / what │ we now regard as 'major social movements (e.g. Christianity, trade unionism or feminism) were originally due to the influence of an outspoken minority. 〔19' 수능〕

4 It often requires great cleverness to conceive of measures that tap into │ that / what │ people are thinking without altering their thinking, called reactivity. 〔19' 수능〕

5 │ That / What │ she found in her paper was scribbled words, half sentences, and a pile of seemingly strange and disjointed ideas. 〔19' 모의〕

〔단어〕

philosophy 철학　crude 투박한, 대충의　scientism 과학만능주의　initially 처음에　trade unionism 노동조합
influence 영향력　outspoken 노골적으로 말하는　minority 소수　cleverness 영리함, 빈틈 없음　conceive 상상하다
alter 바꾸다　reactivity 반응성　scribble 휘갈기다　seemingly 겉보기에　disjointed 일관성이 없는

94

부정대명사 of 관계대명사

Point 1
앞 절 뒤에 콤마로 연결되면서 「부정대명사 of ~」으로 쓰이면(계속적 용법) 반드시 「관계대명사」를 써야 한다.

Some discoveries seem to entail numerous phases and discoverers, **none of which** can be identified ~.
them (X)

Point 2
문장의 시작이나 접속사 다음이 「부정대명사 of ~」인 경우에는 대명사를 사용한다.

Some of them are from the States. 그들 중 몇 명은 미국 출신이다.
which (X)

Some discoveries seem to entail numerous phases and discoverers, **none of which** can be identified as definitive. 20' 수능

몇몇 발견은 무수한 단계와 발견자들을 수반하는 것처럼 보이는데, 그중에서 어느 것도 확정적인 것으로 확인될 수 없다.

어법상 가장 적절한 표현을 고르시오.

정답 P.23

1 Good papers do not merely review literature and then say something like "there are many different points of view, all of which / whom have something useful to say." 18' 모의

2 On January 10, 1992, a ship traveling through rough seas lost 12 cargo containers, one of who / which held 28,800 floating bath toys. 12' 수능

3 Each habitat is the home of numerous species, most of them / which depend on that habitat. 11' 수능

4 The buttons are positioned so that to press both of them / which you must place your arms high and wide like the letter "Y". 11' 모의

5 Building in regular "you time," however, can provide numerous benefits, all of them / which help to make life a little bit sweeter and a little bit more manageable. 18' 모의

단어

numerous 수많은   entail 수반하다   phase 단계   merely 단지   literature 문헌   cargo 화물   habitat 서식지
position 배치하다   press 누르다   benefit 이익   manageable 관리할 수 있는

D-59 관계부사 when

> **Point 1** 시간을 나타내는 선행사가 오면 뒤 절을 연결할 때 관계부사 when을 사용한다.
>
> the years **when** a single spot transmission would be seen ~.
>
> **Point 2** 시간을 나타내는 선행사의 종류는 다음과 같다.
>
> moment 순간   the time 시간(때)   month 달   year 년
>
> ---
>
> Advertisers look back nostalgically to the years **when** a single spot transmission would be seen by the majority of the population at one fell swoop. [20' 수능]
>
> 광고주들은 한 군데에서 전송하는 것을 대부분의 사람들이 한 번에 보게 되었던 시절을 향수에 젖어 회상한다.

어법상 가장 적절한 표현을 고르시오.   정답 P.23

1 This situation comes at a defining moment | when / where | the world is struggling to reduce its reliance on fossil fuels. [20' 수능]

2 There are times | how / when | we hold contradictory views and we know it, at least at one of the deeper levels of consciousness. [19' 모의]

3 We can thus preserve the need to fix noon as the time | which / when | the sun is highest in the sky for each country, and also make it easy to understand times between different zones. [12' 모의]

4 Rediscovered in 1980 | when / where | a fisherman caught a piece of the airship's debris in his net, the wreck was recently surveyed and mapped using sonar and remotely operated robots. [12' 모의]

5 She was the 12th woman to receive the Nobel Prize for Literature and the first German writer to win since 1999, | which / when | the award was presented to Günter Grass. [12' 모의]

단어

look back 회상하다   nostalgically 향수에 젖어   transmission 전송   majority 다수   at one fell swoop 한번에
defining moment 정체가 밝혀지는 결정적 순간   reliance 의존   contradictory 모순되는   consciousness 의식
rediscover 재발견하다   debris 잔해   sonar 수중 음파 탐지기   remotely 멀리서   literature 문학   present 수여하다

관계부사 where

 Point 1 장소를 나타내는 선행사가 오면 뒤 절을 연결할 때 관계부사 **where**를 사용한다.

Gödel entered <u>the University of Vienna</u>, **where** he studied ~.

 Point 2 관계부사 **where**는 뒤에 의미상 완벽한 절이 온다.

where he studied mathematics, physics, and philosophy. (3형식)
　　　　주어　동사　　　　　　　　　목적어

Gödel entered the University of Vienna, **where** he studied mathematics, physics, and philosophy. 19' 모의

Gödel은 비엔나 대학에 입학하여 수학, 물리학, 철학을 공부했다.

어법상 가장 적절한 표현을 고르시오.　　　　　　　　　　　　　정답 P.24

1 In general, people accept offers which / where the monetary compensation is near the amount that they were hoping for. 13' 모의

2 He moved to Arizona in 1913, when / where he and his brother opened car dealerships. 12' 모의

3 He relocated his factory back East to New York in 1933 where / how he designed and manufactured unique aluminum furniture. 12' 모의

4 While there are many places when / where this traditional view of a scientist still holds true, labs aren't the only place where science is at work. 12' 모의

5 They provide even less guidance in situations what / where we must make decisions. 20' 수능

단어

mathematics 수학　physics 물리학　philosophy 철학　monetary 금전적인, 화폐의　compensation 보상
dealership 대리점　relocate 이주시키다　laboratory[lab] 실험실　at work 작용하는　guidance 지도, 안내

Essential Pattern #85

D-58 관계부사 why

 Point 1 이유를 나타내는 선행사가 오면 뒤 절을 연결할 때 관계부사 **why**를 사용한다.

the reason **why** they take the same seat ~.

 Point 2 선행사가 **the reason**인 경우 종종 생략된다.

This is (the reason) **why** she left the office.
이것은 그녀가 사무실을 떠났던 이유이다.

I often explain to my MBA students that the reason **why** they take the same seat in class every week is that we are, at our core, instinctual animals. 19' 모의

나는 종종 나의 MBA 학생들에게 그들이 매주 수업에서 같은 자리에 앉는 이유는 우리가 본질적으로 본능적인 동물이기 때문이라고 설명한다.

어법상 가장 적절한 표현을 고르시오.　　　　　　　　　　　　　　　　　정답 P.24

1　The reason ⎡how / why⎤ even solid physical goods—like a soda can—can deliver more benefits while inhabiting less material is because their heavy atoms are substituted by weightless bits. 19' 모의

2　This swarm phase of the locust is triggered by the build up of locusts as their numbers multiply, threatening food supply, which is ⎡why / when⎤ they swarm to move to a new location all together. 19' 모의

3　The birth of a child in a family is often the reason ⎡how / why⎤ people begin to take up or rediscover photography. 16' 고2 모의

4　This is the reason ⎡why / when⎤ the best hitters in baseball do not necessarily make the best hitting coaches. 12' 고3

5　Good communicators aren't interested in the reason ⎡why / where⎤ something is going wrong. 13' 고2 모의

〔단어〕

instinctual 본능적인　**substitute** 대체하다　**weightless** 무게가 없는　**swarm** 무리　**phase** 단계　**locust** 메뚜기
trigger 유발하다, 촉발시키다　**multiply** 증가시키다　**threaten** 위협하다　**supply** 공급　**take up** (재미로) 배우다
rediscover 재발견하다

98

관계부사 how

 Point 1 관계부사 how는 다음과 같이 절을 연결할 때 사용되고, 선행사 the way를 대신한다.

That is **the way**.
+ We must think about the current state of the world in **that way**.
= That is **how** we must think about the current state of the world.

 Point 2 관계부사 how는 다른 관계부사와 달리 선행사 the way와 같이 쓰일 수 없다.

That is **the way[how]** we must think about the current state of the world.
the way how (X)

- -

That is **how** we must think about the current state of the world. 19' 모의

그것이 우리가 세계의 현 상태에 관해 생각해야 하는 방식이다.

어법상 가장 적절한 표현을 고르시오. 정답 P.24

1 For example, we are currently seeing important changes in the way how / the way agriculture is carried out in Britain. 17' 모의

2 The way how / The way a conversation begins can be a major determinant of where it goes. 16' 모의

3 This is the way / the way how the "thinking" in the "seeing-thinking-doing" is gradually replaced by "seeing-doing". 12' 모의

4 I love how / the way how you created those unique sounds while keeping the spirit of the violin. 19' 모의

5 This is how / the way how many of us unintentionally hinder opportunities in our everyday lives to help our children cultivate their minds. 12' 고2 모의

 단어

current 현재의 agriculture 농업 carry out 시행하다 determinant 결정 요인 gradually 점차적으로
replace 대체하다 spirit 활기 unintentionally 무심코 hinder 방해하다 cultivate 기르다, 재배하다

D-57 복합관계대명사 whoever

Point 1 '누구든지'의 뜻으로 명사절을 이끌 수 있고, anyone who로 바꿔 쓸 수 있다.

Whoever[Anyone who] <u>wants to play basketball</u> can join us. (명사절)
농구를 하고 싶은 사람들은 누구나 우리와 함께할 수 있다.

Point 2 부사절을 이끄는 경우 '누가 ~하더라도'라는 뜻을 가지고, no matter who로 바꿔 쓸 수 있다.

Whoever[No matter who] <u>may break the rules</u>, he or she will be punished. (양보의 부사절)
누가 그 규칙들을 어길지라도, 그 또는 그녀는 처벌받을 것이다.

Perhaps we should say of it what Spinoza said of regret: that **whoever** feels it is "twice unhappy or twice helpless." 17' 수능

아마도 우리는 스피노자가 후회에 대해 이야기한 말, 즉 누구든지 그것을 느끼는 자는 '두 배 불행하거나 두 배 무기력하다'는 말에 대해 이야기해야 할 것이다.

어법상 가장 적절한 표현을 고르시오.

정답 P.24

1 | Whose / Whoever | has ever achieved any degree of success knows that nothing in life worth having comes easily. 14' 고2 모의

2 They were right, as | anyone who / anything that | has ever compared a tomato at room temperature with one from the fridge can confirm. 18' 모의 (힌트: They = 그들은)

3 | Anyone / Anyone who | has ever rushed out of the house only to realize that their keys and wallet are sitting on the kitchen table knows this only too well. 15' 모의

4 These days, looking at sociable robots and digitized friends, one might assume that what we want is to be always in touch and never alone, | no matter who / no matter which | or what we are in touch with. 14' 수능

5 It's believed that | whoever / whatever | finds the almond will receive 12 months of good fortune in the next year. 19' 모의

단어 ─────────
helpless 무기력한 achieve 성취하다 worth -ing ~할 가치가 있는 temperature 온도 fridge 냉장고
confirm 확인하다 sociable 사회의 digitize 디지털화하다 assume 추정하다 in touch with ~와 접촉하여

복합관계대명사 whatever

Point 1
'어떤 것이든지'의 뜻으로 명사절을 이끌 수 있고, **anything that**으로 바꿔 쓸 수 있다.

~ nailing things to **whatever[anything that]** he is doing. (명사절)

Point 2
부사절을 이끄는 경우 '무엇을 ~하더라도'라는 뜻을 가지고, **no matter what**으로 바꿔 쓸 수 있다.

Whatever[No matter what] you want, I can give it to you. (부사절)
당신이 무엇을 원하더라도, 나는 그것을 당신에게 줄 수 있다.

If a carpenter only has a hammer and nails, then he will think about nailing things to **whatever** he is doing. 18' 모의

만약 한 목수가 망치와 못만 가지고 있다면, 그때 그는 자신이 하고 있는 어떤 것에든 물건들을 못으로 박는 것에 대해서 생각할 것이다.

어법상 가장 적절한 표현을 고르시오.

정답 P.25

1 They believe that government and business altruistically give them money to pursue | whenever / whatever | research projects strike their fancy. 17' 모의

2 In our efforts to be the good child, the uncomplaining employee, or the cooperative patient, many of us fall into the trap of trying to please people by going along with | whatever / whoever | they want us to do. 14' 수능

3 "It's like telling people you only need to eat healthy during the weekends, but during the week you can eat | whatever / wherever | you like," he says. 15' 수능

4 | Whenever / Whatever | the benefit to a virus of a long-lived host, there is no guarantee that hosts have mechanisms for increasing longevity that the virus could exploit. 14' 수능

5 The other extreme is that being observed enhances performance, people doing | however / whatever | it might be better when they know that others are watching. 17' 수능

단어

altruistically 이타적으로   pursue 추구하다   strike one's fancy ~의 마음에 들다   cooperative 협조적인
fall into the trap of ~의 함정에 빠지다   guarantee 보장   longevity 장수   exploit 이용[착취]하다   enhance 강화하다

D-56 복합관계부사 whenever

Point 1

'~할 때마다'의 뜻으로 시간, 장소의 부사절을 이끌 수 있고 at any time when으로 바꿔 쓸 수 있다.

That is why we heavily depend on aphorisms **whenever[at any time when]** <u>we face</u> ~. (부사절)

= That is why we heavily depend on aphorisms **at any time when** <u>we face</u> ~.

Point 2

양보의 부사절을 이끄는 경우 '언제 ~하더라도'라는 뜻을 가지고, **no matter when**으로 바꿔 쓸 수 있다.

Whenever[No matter when] <u>you want my help</u>, I'll be there.
네가 내 도움을 언제 원하더라도, 나는 거기에 있을 거야.

That is why we heavily depend on aphorisms **whenever** we face difficulties and challenges in the long journey of our lives. 20'수능

그것이 우리가 삶의 긴 여정에서 어려움과 도전에 직면할 때마다 격언에 매우 의존하는 이유이다.

어법상 가장 적절한 표현을 고르시오.

정답 P.25

1 However, when Nellie continued to make life miserable for Mark whatever / whenever he wore that coat, she began to change her mind. 17' 모의

2 Whenever / Whatever that's true, it's time to rethink what we're doing. 17' 모의

3 Whatever / Whenever you feel yourself triggered by a passing thought, emotion, or sensation, you have a simple choice: to identify or get identified. 17' 모의

4 Whenever / Whoever you feel stuck, spiritually dry, or just plain gloomy, take time to remind yourself that change is on its way. 16' 모의

5 Whatever / Whenever you catch yourself worrying that something dreadful might happen, answer the Piglet in yourself with Pooh's reply: "Supposing it didn't." 15' 모의

단어

aphorism 격언 journey 여정 miserable 비참한 rethink 다시 생각하다 trigger 촉발시키다 sensation 느낌, 감각
stuck 꼼짝 못하는, 막힌 spiritually 정신적으로 gloomy 우울한 dreadful 무시무시한

복합관계부사 wherever

 Point 1

'어디든지'의 뜻으로 장소의 부사절을 이끌 수 있고 **at any place where**로 바꿔 쓸 수 있다.

I will see her **wherever[at any place where]** she wants to come.
나는 그녀가 가기 원하는 어떠한 곳에서라도 그녀를 볼 것이다.

 Point 2

양보의 부사절을 이끄는 경우 '어디서 ~하더라도'라는 뜻을 가지고, **no matter where**로 바꿔 쓸 수 있다.

Wherever[No matter where] there is a bubble or crack, the atoms have fewer neighboring atoms ~.

Wherever there is a bubble or crack, the atoms have fewer neighboring atoms to hold them in place and with which to share the force. 19' 모의
기포나 균열이 있는 곳마다 원자를 제자리에 잡아 두고 그것과 힘을 나누어 가질 이웃 원자가 더 적다.

어법상 가장 적절한 표현을 고르시오. 정답 P.25

1 We will be forced to live with a detailed record beginning with childhood that will stay with us for life whatever / wherever we go. 18' 모의

2 Whoever / Wherever we go and whatever we do the body temperature is maintained at the temperature at which our enzymes work best. 17' 고2 모의

3 Since the imperial vision tends to be universal and inclusive, it was relatively easy for imperial elites to adopt ideas, norms, and traditions from whatever / wherever they found them. 16' 고2 모의

4 Wherever / Whenever we fixate in that view, the things we see before the point of fixation are moving quickly across our retina opposite to the direction we are moving in. 13' 모의 (힌트: 어디에 시선을 고정시키든)

5 In essence, these individuals are entitled to look however / wherever they want. 14' 수능

 단어

enzyme 효소 imperial 제국의 vision 시각 universal 보편적인 inclusive 포괄적인 relatively 상대적으로
elite 지배층 adopt 쓰다, 채택하다 fixate 고정하다, 응시하다 retina 망막 entitled to ~할 권리가 있는

D-55 복합관계부사 however

Point 1

'아무리 ~하더라도'의 뜻으로 쓰이며 양보의 부사절을 이끌며 「however + 형용사/부사 + 주어 + 동사」의 어순에 주의해야 한다.

However much you may remember the past ~.
　　　　　부사　주어　　　　동사

Point 2

양보의 부사절을 이끄는 경우, **no matter how**로 바꿔 쓸 수 있다.

However[No matter how] much you may remember the past ~.

- -

However much you may remember the past or anticipate the future, you live in the present. 19' 모의

여러분이 얼마나 많이 과거를 기억하거나 미래를 예상할지라도, 여러분은 현재에 살고 있다.

어법상 가장 적절한 표현을 고르시오.　　　　　　　　　　　　　　　　정답 P.26

1　Politics cannot be suppressed, whichever policy process is employed and
   whenever / however sensitive and respectful of differences it might be. 17' 모의

2　Teddy bears that had a more baby-like appearance— however / wherever
   slight this may have been initially—were thus more popular with customers.
   17' 모의

3　But, no matter when / no matter how powerful your engine is, you won't get
   very far if you don't have any wheels. 17' 모의

4　One afternoon, however, she was practicing and could not play a few of the
   notes no matter how / no matter where hard she tried. 17' 모의

5　Obviously, we cannot make them move, no matter when / no matter how
   fast we may drive. 13' 모의

선행사가 멀리 떨어져 있는 경우

 Point 1
주어와 동사 사이에 관계대명사 절이 있는 경우 주어(선행사)를 찾아서 단수/복수 여부를 확인한다.

someone (who just heard a piece of bad news) often tends ~.
단수 주어(선행사)　　　　　　　　　　　　　　　　　　　　　　동사

 Point 2
동사 바로 앞에 나오는 명사에 현혹되지 않는다.

Someone who owns many houses is considered rich.
선행사　　　　　　　　　　복수 명사　are (X)

Thus, **someone** who just heard a piece of bad news often **tends** initially to deny what happened. 19' 수능

그래서 방금 어떤 나쁜 소식을 들은 어떤 사람은 발생한 일을 처음에는 흔히 부인하는 경향이 있다.

어법상 가장 적절한 표현을 고르시오. 　　　　　　　　　　　　　　정답 P.26

1 An individual characteristic that moderates the relationship with behavior is / are self-efficacy, or a judgment of one's capability to accomplish a certain level of performance. 18' 모의

2 People who have a high sense of self-efficacy tends / tend to pursue challenging goals that may be outside the reach of the average person. 18' 모의

3 Engaging in acts that would be considered inconsequential in ordinary life also liberate / liberates us a bit, making it possible to explore our capabilities in a protected environment. 18' 모의

4 The creativity that children possess need / needs to be cultivated throughout their development. 17' 수능

5 People who have developed a high degree of communication skills are / is more likely to have the potential for deeper bonds in their personal relationships than non-communicators. 13' 모의

단어

characteristic 특징　moderate 조정하다　self-efficacy 자기 효능감　judgment 판단　capability 능력
pursue 추구하다　engage in ~에 참여하다　inconsequential 중요하지 않은　liberate 해방시키다　possess 지니다
cultivate 육성하다, 기르다　bond 유대감　non-communicator 의사소통을 하지 않는 사람

Essential Pattern #93

D-54 관계사의 생략

Point 1 목적격 관계대명사 who(m), that, which는 생략 가능하다.
My mom is going to meet the girl (**whom**) I love.
나의 엄마는 내가 사랑하는 그 소녀를 만나실 것이다.

Point 2 관계부사 where, when, why 앞의 선행사가 일반적인 장소, 시간, 이유의 경우 생략 가능하다. the way와 관계부사 how는 둘 중에 하나만 써야 한다.
This is the place **where** I met her. 여기가 내가 그녀를 만났던 곳이다.
= This is **where** I met her. (일반적인 장소 생략)

Rather, happiness is often found in those moments (**when**) we are most vulnerable, alone or in pain. 19' 모의

오히려, 행복은 우리가 가장 상처 받기 쉽거나 혼자이거나 고통을 겪는 그런 순간에 자주 발견된다.

어법상 가장 적절한 표현을 고르시오.
정답 P.26

1 Some of the │ things / things where │ we profess to value in the abstract may not, in fact, characterize our actual everyday experiences. 19' 모의

2 I guarantee you'll tell me it was a │ time / time why │ you felt at risk. 18' 수능

3 In your letter you make reference to personal │ conflicts / conflicts whom │ you have had with some of the others in our department. 18' 모의

4 This land is and has long been ours; here is the center of the universe; if we do not claim this land, the │ enemies / enemies where │ you most fear will. 17' 수능

5 Here's │ something / something when │ I learned growing up in a military family and living overseas as a child. 17' 모의

단어

vulnerable 연약한, 취약한   profess 주장하다   value 가치   abstract 관념적인   characterize ~의 특징이 되다
guarantee 확신하다   make reference to ~을 언급하다   conflict 마찰   department 부서   universe 우주
military 군대   overseas 해외에서

동명사를 목적어로 취하는 동사

 Point 1 목적어로 to부정사가 아닌 동명사(V-ing)를 취하는 동사들이 있다.

avoid 피하다   finish 끝내다   enjoy 즐기다   delay 미루다
mind 꺼려하다   give up 포기하다   quit 그만두다

 Point 2 stop은 to부정사와 동명사 둘 다 뒤에 나올 수 있지만, 의미는 다르다.

She **stopped** taking a break. 그녀는 쉬는 것을 멈췄다.
She **stopped** to take a break. 그녀는 쉬기 위해 멈췄다.

Two thousand years later, British letter writers used exactly the same method, not to achieve secrecy but to **avoid paying** excessive postage costs. 19' 모의

2천 년 후에 영국에서 편지 쓰는 사람들은 비밀 유지를 달성하기 위해서가 아니라 과도한 우편 요금 지불을 피하기 위해 정확히 같은 방법을 사용했다.

어법상 가장 적절한 표현을 고르시오.　　　　　　　　　　　　　　　정답 P.26

1 When they finished │ to practice / practicing │, Joe noticed his father standing in the corner. 19' 모의

2 It is not my nature to complain, but I do feel that the use of a pool is very important to an English tourist who cannot enjoy │ swimming / to swim │ in England because of the unpleasant weather. 19' 모의

3 They train for marathons, quit │ smoking / to smoke │, switch fields, write plays, take up the guitar, or learn to tango even if they never danced before in their lives. 16' 수능

4 I gave up │ searching / to search │ online because there was too much information. 12' 모의

5 In other words, people everywhere have a strong motivation to avoid │ to fall / falling │ below the level that will feed themselves and their families. 17' 모의

 단어

secrecy 비밀 유지   excessive 과도한   postage 우편   nature 천성   complain 불평하다   unpleasant 불쾌한
switch 바꾸다   take up ~을 배우다   motivation 자극, 동기 부여

D-53 동명사의 수동태

Point 1 '~되어지는 것'을 의미하며 「being + p.p.」로 쓴다.

being observed enhances performance ~.
관찰하는 것 (X) 관찰되는 것 (O)

Point 2 의미상 수동, 능동 여부를 파악한 뒤 V-ing(능동), 「being + p.p.」(수동)인지 형태를 결정한다.

She was happy about **praising** him. (능동)
그녀는 그를 칭찬하는 것에 대해 행복했다.

She was happy about **being praised**. (수동)
그녀는 칭찬받는 것에 대해 행복했다.

The other extreme is that **being observed** enhances performance, people doing whatever it might be better when they know that others are watching.
반대의 극단적인 예로는 다른 누군가가 지켜보고 있을 때 수행 능력이 높아지는 것인데, 사람들은 다른 사람들이 보고 있다는 것을 알 때 그 일이 무엇이든 더 잘한다. 17' 수능

어법상 가장 적절한 표현을 고르시오.   정답 P.27

1 Once we have chosen a seat and made it through class safely without ⟨ attacking / being attacked ⟩, the part of our brain responsible for our survival tells us that our best option is to repeat that behavior. 19' 모의

2 Instead of ⟨ irritating / being irritated ⟩, Bahati decided to offer a prayer. 19' 고2 모의

3 Your idea is currently ⟨ reviewing / being reviewed ⟩ by the board. 19' 모의

4 Maintaining good social relations depends on two complementary processes: being sensitive to the needs of others and ⟨ motivating / being motivated ⟩ to make amends or pay compensation when a violation does occur. 13' 수능

5 58 percent of customers whose problem had been solved right away remembered that their call had been answered "immediately" or "very quickly," while only 4 percent remembered ⟨ having kept / having been kept ⟩ waiting "too long." 13' 고2 모의

단어 ─
extreme 극단적인   enhance 높이다   review (재)검토하다   complementary 상호 보완적인   amends 배상
compensation 보상   violation 위반

동명사의 시제

 Point 1
문장의 본동사보다 더 이전에 일어난 일을 동명사로 나타낼 때 「having + p.p.」로 쓴다.

Grace <u>felt</u> rather proud of herself for **having known** more than Billy did. (알고 있었다는 것이 자랑스러워한 것보다 이전의 일임)

 Point 2
본동사와 동명사의 시간 차이를 구분할 필요가 없을 때는 V-ing를 쓴다.

My mom <u>is</u> tired of my **making** excuses.
나의 엄마는 내가 변명을 하는 것에 질리셨다.

Grace felt rather proud of herself for **having known** more than Billy did. 19' 모의

Grace는 Billy보다 더 많이 알고 있었다는 것에 자신이 꽤나 자랑스러웠다.

어법상 가장 적절한 표현을 고르시오. 정답 P.27

1 Seldom does a new brand or new campaign that solely uses other media, without | having used / using | television, reach high levels of public awareness very quickly. 20'수능 (힌트: 사용하는 것 없이)

2 They believe that | counting / having counted | the number of children one has could result in misfortune and prefer to report fewer children than they have. 20'수능

3 But without | increasing / having increased | today's limited supplies, we have no chance of developing the alternative green technologies we need to slow climate change. 20'수능 (힌트: 늘리지 않고서는)

4 In aesthetics, criticism of the 'intentional fallacy' holds that interpretation of a work of art cannot claim to be definitive or authoritative by | recovering / having recovered | the author's intentions. 19' 모의 (힌트: '재발견'이 '주장'보다 먼저임)

5 A currently popular attitude is to blame technology or technologists for | bringing / having brought | on the environmental problems we face today. 15'수능 (힌트: 환경 문제 초래가 비난하는 것보다 먼저임)

 단어

solely 오로지, 단지 awareness 인지도 the number of ~의 수 misfortune 불운 supply 공급
alternative 대체의 aesthetics 미학 criticism 비평 intentional 의도적인 interpretation 해석 claim 주장하다
definitive 최종적인 authoritative 권위 있는 blame ~을 탓하다

Essential Pattern #97

동명사의 부정

> **Point 1** 동명사의 앞에 not을 써서 부정한다.
> organizations do not have any problem of <u>not</u> **having** enough data ~.

> **Point 2** 완료동명사를 부정할 때도 having 앞에 not을 써서 부정한다.
> She was sorry for <u>not</u> **having done** the job on time.
> 그녀는 그 일을 제때에 하지 못했다는 것에 대해 미안해했다.

By and large, organizations do not have any problem of **not having** enough data because most organizations are rich with data. 19' 모의

대체로 대부분의 조직은 데이터가 풍부하기 때문에 조직은 충분한 데이터를 가지고 있지 않아도 아무 문제가 없다.

어법상 가장 적절한 표현을 고르시오.   정답 P.27

1 But knowing and telling not / not telling does not give him that feeling of "superiority that, so to say, latently contained in the secret, fully actualizes itself only at the moment of disclosure." 19' 모의

2 That is why getting a basketball through a hoop while using not / not using a ladder or pitching a baseball across home plate while standing a certain distance away becomes an important human project. 18' 모의

3 Not having / Having not to worry about what to wear meant one less decision to make every morning. 12' 모의

4 Being polite by not imposing / imposing not , and respecting Linda's need for independence, Amy said it was really okay if Linda didn't come. 15' 모의

5 Stay motivated and accept no excuses for not increasing / increasing not your efficiency and effectiveness. 16' 모의

단어

organization 조직   superiority 우월감   latently 보이지 않게   actualize 실현하다   disclosure 폭로   hoop 링
pitching 던지다   home plate 본루   decision 결정   impose 강요하다   independence 독립
motivated 동기가 부여된   excuse 변명   efficiency 효율, 능률   effectiveness 효과적임, 유효함

spend 돈/시간/노력 V-ing

 Point 1

spend 돈/시간/노력 다음에는 동명사(V-ing)가 온다.

it also **spends** a considerable part of its <u>energies</u> **educating** people ~.

 Point 2

spend는 다음과 같이 '~을 쓰다/보내다/기울이다'로 해석된다.

spend + (money) 돈을 쓰다   spend + (time) 시간을 보내다

spend + (effort) 노력하다, 기울이다

A good capitalist society doesn't therefore just offer customers choice, it also **spends** a considerable part of its **energies educating** people about how to exercise this choice in judicious ways. 19' 모의

따라서 바람직한 자본주의 사회는 소비자들에게 선택을 제시하는 것만이 아니라 어떻게 이 선택을 분별력 있게 행사할지에 대해 사람들을 교육하는 데 에너지의 상당한 부분을 사용한다.

어법상 가장 적절한 표현을 고르시오.   정답 P.28

1 Parents and children are going to spend time │ to enjoy / enjoying │ outdoor activities and having a picnic lunch. 18' 모의

2 It could spend all of its time │ be / being │ vigilant, looking out for approaching predators. 17' 모의

3 Decide to spend a day │ explore / exploring │ a park or a neighborhood with curiosity as your only guide. 15' 모의

4 Many of us spend time │ find / finding │ faults in the people we deal with in our lives. 13' 모의

5 He then instructed participants to spend forty minutes either │ to walk / walking │ in a local nature preserve, walking in an urban area, or sitting quietly while reading magazines and listening to music. 13' 모의

 단어

capitalist society 자본주의 사회   considerable 상당한   judicious 분별력 있는   vigilant 경계하는
approach 접근하다   predator 포식자   curiosity 호기심   instruct 지시하다   participant 참가자   urban 도시의

Essential Pattern #99

keep A from V-ing

Point 1

「keep 목적어 from (동)명사」는 '목적어가 ~하는 것을 막다'라는 의미로 쓰인다.

stop <u>the falcons</u> **from eating** the terns ~.
　　　목적어

송골매가 제비갈매기를 먹는 것을 막다.

Point 2

keep 대신 다음 단어들로 대체해도 같은 의미로 쓸 수 있다.

prevent/stop/prohibit/hinder + 목적어 + from + (동)명사

The goal of wildlife damage management in this case would be to **stop the falcons from eating** the terns without harming the falcons. 19' 모의

이런 경우에 야생 동물 피해 관리의 목표는 송골매에 해를 끼치지 않고 송골매가 제비갈매기를 잡아먹지 못하게 하는 것일 것이다.

어법상 가장 적절한 표현을 고르시오.　　　　　　　　　　　　정답 P.28

1 The researchers propose that cute aggression may stop us from become / becoming so emotionally overloaded that we are unable to look after things that are super cute. 19' 고2 모의

2 My friend's good intentions of correcting my daughter's error only prevented her from learn / learning something more important on her own. 12' 고2 모의

3 The best reason for acquiring a large vocabulary is that it keeps you from being / to be long-winded. 11' 수능

4 So we do not plan and take precautions to prevent emergencies from arose / arising . 18' 모의

5 Because dogs dislike bitter tastes, various sprays and gels have been designed to keep them from chewing / chewed on furniture or other objects. 18' 모의

단어

wildlife 야생 동물　management 관리　falcons 송골매　harm 해를 끼치다　propose 제시하다　aggression 공격성
overload 과적하다, 과부가가 걸리게 하다　intention 의도　acquire 습득하다　long-winded 장황한　precaution 예방책

have difficulty (in) V-ing

Point 1 '~하는 데 어려움을 겪다'라는 뜻으로 사용된다.

they **have difficulty knowing** what to focus on ~.

Point 2 비슷한 의미로 다음과 같은 표현들을 알아두자.

have trouble (in) V-ing   have a hard time (in) V-ing

When people are overwhelmed with the volume of information confronting them, they **have difficulty knowing** what to focus on. 18' 모의

자신들이 직면해 있는 정보의 양에 압도당할 때, 사람들은 무엇에 초점을 두어야 할지 알기 어렵다.

어법상 가장 적절한 표현을 고르시오.   정답 P.28

1 One factor contributing to students' difficulty in to make / making accurate judgments of their own knowledge is hindsight bias: the tendency to assume once something happens that one knew all along that it was going to happen. 19' 모의

2 As a consequence, a year later, it was necessary to change the door lock, as there was difficulty open / opening the lock with the key. 18' 모의

3 He slips and slips, falls down, has trouble to get / getting up, gets his skis crossed, tumbles again, and generally looks and feels like a fool. 16' 수능

4 One day, when I saw my grandmother on the street by chance, I noticed that she had difficulty in reading / read an English sign. 14' 수능

5 Do you have a hard time relaxed / relaxing if your house is a mess? 14' 모의

---

overwhelm 압도하다, 제압하다   volume 양   confront 직면하다   factor 요인   accurate 정확한   judgment 판단
hindsight bias 사후 과잉 확신 편향   tendency 경향   assume 가정하다   consequence 결과   slip 미끄러지다
tumble 넘어지다, 굴러 떨어지다   by chance 우연히   relax 휴식을 취하다   mess 난장판

D-50

instead of + V-ing

Point 1

「instead of + (동)명사」는 '~하는 대신에'라는 의미로 쓰인다.

Work with what they give you, **instead of** <u>resisting</u> and <u>trying</u> to change them.

Point 2

instead of가 아닌 instead는 부사로서 절을 수식하므로 주의가 필요하다.

Instead, it feels formed and professional.
　　　　　주어 동사

대신, 그것은 격식을 갖추고 전문적으로 느껴진다.

Work with what they give you, **instead of resisting** and trying to change them. [19' 모의]

그들을 거부하거나 변화시키려는 것 대신 그들이 여러분에게 주는 것을 가지고 일하라.

어법상 가장 적절한 표현을 고르시오.　　　　　　　　　　　　　정답 P.28

1 Yet, instead of [questioned / questioning] the system, we judge those who can't keep up with this fierce competition for individual achievement. [19' 수능]

2 But of course a piece of wood tossed into water floats instead of [sink / sinking]. [16' 수능]

3 Some people may indulge fantasies of violence by watching a film instead of [to work / working] out those fantasies in real life. [15' 수능]

4 Instead of [treating / treat] different patients that display similar symptoms with the same drugs, doctors should identify root causes of disease to come up with a personalized treatment. [11' 수능]

5 Instead of [moved / moving] up through the ranks of one organization, they move laterally from company to company in search of what they want. [12' 수능]

단어

resist 거부하다, 저항하다　keep up with ~에 뒤지지 않다　fierce 격렬한　toss 던지다　float 뜨다
indulge 충족시키다　violence 폭력　symptom 증상　identify 찾다, 발견하다　root 근본, 근원
personalized 개별화된　treatment 치료　laterally 수평적으로, 좌우로　in search of ~을 찾아서

by V-ing

 Point 1

'~함으로써'의 by는 전치사이기 때문에 뒤에 (동)명사가 온다.

~ **by being** able to glide over the water's surface ~.
be (X)

 Point 2

「by V-ing」 다음에 동명사의 목적어가 올 수 있다.

We can improve our English **by learning** grammar.
우리는 문법을 배움으로써 우리의 영어를 향상시킬 수 있다.

At some point, a Stone Age genius realized the enormous hunting advantage he would gain **by being** able to glide over the water's surface, and built the first boat. 19' 수능

어느 시점에선가, 석기 시대의 한 천재가 수면 위를 미끄러지듯이 움직일 수 있음으로써 자신이 얻을 엄청난 사냥의 이점을 깨닫고 최초의 배를 만들었다.

어법상 가장 적절한 표현을 고르시오.

정답 P.29

1 By talked / talking about the event, people gradually constructed a social narrative and a collective memory of the emotional event. 19' 수능

2 The human species is unique in its ability to expand its functionality by inventing / invention new cultural tools. 19' 모의

3 You can also print photos from your smartphone without the app by use / using the Bluetooth function. 19' 모의

4 Capitalism needs to be saved by elevate / elevating the quality of demand. 19' 모의

5 Digital technology accelerates dematerialization by haste / hastening the migration from products to services. 19' 모의

 단어

Stone Age 석기 시대 enormous 엄청난 advantage 이점 glide 미끄러지듯 가다 gradually 서서히
narrative 이야기 collective 집단의 functionality 기능성 elevate 높이다 quality 질 accelerate 가속하다
dematerialization 비물질화 haste 서두름 hasten 서둘러 하다. 재촉하다 migration 이동

 D-49

 Essential Pattern #103

when it comes to V-ing

Point 1

'~에 있어서[관해서]'라는 의미로 쓰인다.

When it comes to <u>identifying</u> a target audience, ~.

Point 2

to가 전치사이기 때문에 「when it comes to + 명사」도 가능하다.

When it comes to <u>music</u>, I don't know anything.
음악에 대해서라면, 나는 아무것도 모른다.

When it comes to identifying a target audience, everyone is no one. 19' 모의

광고 타깃(대상자)을 판단하는 데 있어서 '모두'는 '아무도 아니다'.

어법상 가장 적절한 표현을 고르시오.

정답 P.29

1 When it comes to express / expressing their feelings, their physical abilities, and their approach to parenting, more than half of respondents say men and women are basically different. 18' 모의

2 With no bureaucracy, little to lose, and a passion to prove themselves, when it comes to innovate / innovation , small teams consistently outperform larger organizations. 18' 모의

3 When it comes to benefit / benefitting the talk you intend to have with others, this becomes even more important. 17' 모의

4 When it comes to treat / treatment , patients see choice as both a blessing and a burden. 18' 모의

5 When it comes to the extend / extent to which the volume of activity can be multiplied, contributions to political campaigns and causes present a special case. 18' 모의

단어

identify 찾다, 발견하다   target audience 광고 타깃[대상자]   physical 신체의   approach 접근법
parenting 양육, 육아   respondent 응답자   bureaucracy 관료(체제)   consistently 일관되게
outperform 더 나은 결과를 내다   burden 부담   extent 정도   multiply 배가 되다, 크게 증가하다   contribution 기여

116

be used to V-ing

 Point 1
'~하는 데 익숙하다'라는 의미이며 「be used to (동)명사」로 쓰인다. 「get used to (동)명사」는 '~하는 데 익숙해지다'라는 의미이다.

We're used to being told all these things ~.

 Point 2
「be/get accustomed to (동)명사」도 같은 뜻으로 쓰인다.

My grandfather was accustomed to getting up early.
우리 할아버지는 일찍 일어나는 데 익숙하셨다.

We're used to being told all these things by all these experts from the federal government who come in and look at the soil. [17' 모의]

우리는, 동네에 와서 토양을 보는 연방 정부의 이 모든 전문가가 말하는 이 모든 것들을 듣는 일에 익숙해져 있어요.

어법상 가장 적절한 표현을 고르시오.

정답 P.29

1 A person seems to get used to / use to everything, which is both reassuring and depressing. [18' 모의]

2 Consumers are used to buy / buying these seafoods in grocery stores, restaurants, and village markets around the world. [15' 고2 모의]

3 Most people who work are used to set and pursue / setting and pursuing performance goals. [13' 모의]

4 He was obviously hungry, couldn't bear to see anything thrown away, and was used to / used to asking this question. [12' 모의]

5 Shelter dogs are vaccinated and many are used to being / be around people and other dogs. [12' 모의]

 단어

expert 전문가 federal government 연방 정부 reassuring 안심시키는 depressing 우울한
performance goal 성과 목표 bear 참다, 견디다 throw away 버리다 shelter 보호소 vaccinate 주사를 맞히다

D-48 feel like V-ing

Point 1

'~하고 싶다'라는 뜻으로 like 다음에 (동)명사가 온다.

I still don't **feel like** going.

Point 2

feel like가 '~처럼 느끼다'라는 의미로 쓰일 수 있으니 주의가 필요하다.

It was perfectly normal to **feel like** that.

그렇게 느끼는 것은 완벽히 정상이었다.

She slowly pulled on her sweater and said, "I still don't **feel like going**." [14' 수능]

그녀는 천천히 자신의 스웨터를 입고, "저는 여전히 가고 싶지 않아요."라고 말했다.

어법상 가장 적절한 표현을 고르시오.

정답 P.29

1 But when we learn to say no to what we don't feel like done / doing in order to say yes to our true self, we feel empowered, and our relationships with others improve. [14'수능]

2 For example, do you feel like having / to have a child who is a winner proves you're a worthwhile parent? [16' 모의]

3 Lily complained, "Mom, I don't feel like to go / going today. We've volunteered more than five times this year." [14' 수능]

4 Admitting being lost feels like admit / admitting stupidity. [12' 모의]

5 She suddenly feels like follow / following the trail on foot. [11' 수능]

단어

empowered 자율권을 주다   prove 증명하다   worthwhile 가치 있는   volunteer (어떤 일을 하겠다고) 자원하다
admit 인정하다   stupidity 어리석음   trail 오솔길   on foot 도보로

be worth V-ing

 Point 1 **'~할 만한 가치가 있다'라는 뜻으로 쓰인다.**
it**'s worth** emphasizing that much of the time ~.

 Point 2 **「be worth 명사」로도 자주 쓰인다.**
This palace **is worth** a visit.
이 궁전은 방문할 가치가 있다.

Despite all the talk of how weak intentions are in the face of habits, it**'s worth emphasizing** that much of the time even our strong habits do follow our intentions. 18' 고2 모의

습관 앞에서 의도가 얼마나 약한지에 관한 온갖 말에도 불구하고 대부분의 경우에 심지어 우리의 강한 습관조차도 우리의 의도를 정말 따른다는 것은 강조할 만한 가치가 있다.

어법상 가장 적절한 표현을 고르시오.

정답 P.30

1 Respecting your listener's time is the capital letter at the beginning of your sentence—it leads the conversation into a sentence worth listen / listening to if trust is earned and not taken for granted. 19' 고2 모의

2 Socrates said it well when he said, "The unexamined life is not worth to live / living ." 17' 모의

3 So it is worth experimenting / to experiment with adventurous openings. 16' 모의

4 Fundamental to most moral approaches is the idea that human life has a special dignity and value that is worth preserved / preserving even at the expense of self-interest. 14' 모의

5 The smallest child who is capable of any action is capable of making it worth watched / watching , of capturing adult attention for a time. 14' 모의

 단어

take for granted ~을 당연히 여기다   unexamined 반성하지 않는   adventurous 대담한, 용기가 필요한
fundamental 근본적인   moral 도덕적인   approach 접근   dignity 존엄   preserve 보존하다
self-interest 자기 이익   capable of ~을 할 수 있는   capture 사로잡다   for a time 당분간

D-47 replace A with B (substitute B for A)

Point 1

replace A with B는 'A를 B로 대체하다'라는 의미로 'A 대신 B를 사용하다'는 의미이다.

just **replace** <u>our televisions</u> **with** <u>machines</u> ~ . (TV 대신 기계들을 사용함)
            A   B

Point 2

substitute B for A는 'A를 대신해서 B를 사용하다'이다.

substitute <u>margarine</u> **for** <u>butter</u> in this recipe (A 대신 B를 사용하다)
              B   A
이 조리법에서 버터를 마가린으로 대체하다

If we love predictability so much, why don't we, for example, just **replace our televisions with machines** that emit a rhythmic beep twenty-four hours a day, predictably? 〔19' 모의〕

만약 우리가 예측 가능성을 이토록 좋아한다면, 예를 들어, 왜 우리는 예측할 수 있게 우리의 텔레비전을 하루 24시간 규칙적인 소리를 내보내는 기계로 교체하지 않을까?

어법상 가장 적절한 표현을 고르시오.
정답 P.30

1 The term euphemism derives from a Greek word meaning 'to speak with good words' and involves substituting a more pleasant, less objectionable way of saying something │ on / for │ a blunt or more direct way. 〔12' 수능〕

2 At the end of the War, however, a transition began that replaced old-style farming │ at / with │ production systems that were much more intensive. 〔18' 모의〕

3 For example, changes in land cover and use, such as replacing forest │ with / on │ resort buildings and other structures, can modify the local climate. 〔16' 모의〕

4 We're simply substituting labor in the recycling center │ for / with │ energy and huge machines used to extract new materials in remote places. 〔16' 모의〕

5 This is their way of replacing a loss │ with / for │ a gain. 〔14' 모의〕

〔단어〕

predictability 예측 가능성   emit (빛 · 소리 등을) 내다[내뿜다]   rhythmic 규칙적인, 율동적인   beep 소리
euphemism 완곡어법   derive from ~에서 유래하다   objectionable 불쾌한   blunt 직설적인   transition 변화
intensive 집약적인   structure 구조물   modify 변화시키다   labor 노동력   extract 추출하다   remote 먼

in (the) case of

Point 1

in the case of는 '~에 관하여는'이라는 뜻으로 전치사 of 뒤에 (동)명사를 쓴다.

in the case of their physical <u>abilities</u>, ~

Point 2

in case of는 '~의 경우에, ~에 대비하여'라는 뜻으로 (동)명사가 뒤따르고, 절이 올 때는 of를 제거한다.

In case <u>I forget</u>, please remind me of your schedule.
　　　　　주어　동사
내가 잊는 경우에는, 나에게 당신의 스케줄을 상기시켜 주세요.

In the case of their physical abilities, however, the percentage of people who say differences are mostly based on biology is more than four times that of those who say differences are mostly based on society. 〔18' 모의〕

하지만, 신체 능력의 경우에는 차이가 주로 생물학에 기초한다고 말한 사람들의 비율이 차이가 주로 사회에 기초한다고 말한 사람들의 비율보다 4배 이상 크다.

어법상 가장 적절한 표현을 고르시오. 　　　　　　　　　　　　　　　　정답 P.30

1 However, just │ in case / in the case │ there is anything more I need to know, I have come to see if you can add to my knowledge. 〔15' 모의〕

2 │ In case of / In the case of │ women, life expectancy in the Republic of Korea is expected to be the highest among the five countries, followed by that in Austria. 〔18' 모의〕

3 She knows wearing a helmet reduces the risks of serious injuries │ in case of / in the case of │ an accident. 〔18' 모의〕

4 │ In the case of / In the case that │ watermelon, the amount consumed per person in 1970 was below four pounds, but it exceeded four pounds in 2010. 〔16' 모의〕

5 │ In the case that / In the case of │ gold alloys, you might wonder where the silver atoms go. 〔16' 모의〕

단어

biology 생물학　knowledge 지식　life expectancy 기대 수명　reduce 줄이다　risk 위험
consume 소비하다, 먹다　exceed 넘다　alloy 합금　atom 원자

D-46 close vs. closely

Point 1

close[klóus]는 형용사로 쓰이며 '가까운, 긴밀한'이라는 뜻을 가진다. 부사로는 '가까이'라는 의미로 쓰인다.

Mr. Kim is one of the president's **closest** advisers.
Mr. Kim은 대통령의 가장 가까운 자문 가운데 한 사람이다.

Point 2

closely는 부사로 쓰이며 '접근하여, 면밀히, 밀접하게, 자세히'라는 뜻을 가진다.

When the contour lines are positioned **closely** together, ~. (동사 수식)

When the contour lines are positioned **closely** together, the hill's slope is steep; if they lie farther apart, the slope is gentler. [19'수능]

등고선이 서로 가깝게 배치되면 산의 경사가 가파르고, 등고선이 더 멀리 떨어져 있으면 기울기가 더 완만하다.

어법상 가장 적절한 표현을 고르시오.

 정답 P.30

1 This was the beginning of a closely / close friendship that would last until Einstein's death in 1955. [19' 모의]

2 There was a general view within society that the farmers cared for their livestock because they were close / closely tied to the farmers' livelihood. [18' 모의]

3 Thus, habitat selection during these different periods can be quite different for migrants as opposed to residents, even among closely / close related species. [20'수능]

4 When she came closely / close to a body of water, she would try to pull back and seemed emotionally distressed. [18' 모의]

5 A distinct emotional trait of human nature is to watch fellow humans closely / close, to learn their stories, and thereby to judge their character and dependability. [20' 모의]

단어

contour line 등고선   position 배치하다   slope 경사지   steep 가파른   gentle 완만한   livestock 가축
livelihood 생계   habitat 서식지   migrant 철새, 이주자   distressed 고통스러워하는   distinct 뚜렷한   trait 특성
fellow 동료인, 동류인   thereby 그것에 의하여   dependability 신뢰성, 의존성

deep vs. deeply

Point 1 **deep은 형용사로 '깊은', 부사로 '깊게'로 쓰인다.**
There was a **deep** <u>hole</u>. 깊은 구덩이가 하나 있었다.
　　　　　　　형용사 (명사 수식)
They were trapped **deep** <u>underground</u>. 그들은 지하 깊은 곳에 갇혀 있었다.
　　　　　　　　부사 (부사 수식)

Point 2 **deeply는 주로 '대단히, 몹시'로 쓰인다.**
She was **deeply** <u>pained</u> by the accident. 그녀는 그 사고로 몹시 고통스러웠다.
　　　　부사 (형용사 수식)

They ignore our need to obtain a **deep** understanding of a subject, which includes memorizing and storing a richly structured database. `20' 수능`

그들은 풍부하게 구조화된 데이터베이스를 암기하고 저장하는 것을 포함하는, 어떤 주제에 대한 깊은 이해를 얻고자 하는 우리의 욕구를 무시한다.

어법상 가장 적절한 표현을 고르시오. 　　　　　　　　　　　　　　정답 P.31

1 Taking a deep /deeply breath, he picked up his board and ran into the water.
`19' 수능`

2 Denial, for example, may conceal from people how deep / deeply wounded they are by certain jokes. `19' 모의`

3 It could be swimming on the surface or diving deeply / deep in the water, but whether you saw it or not, it was always there. `18' 모의`

4 This data can often be of dubious reliability; it can be false; or it can be true but deeply / deep humiliating. `18' 모의`

5 That some organisms must starve in nature is deep / deeply regrettable and sad. `18' 모의`

 단어

store 저장하다　richly 풍부하게　structured 구조화된　conceal 숨기다　wounded (마음을) 다친　dubious 의심하는
reliability 신뢰성　humiliating 창피한, 굴욕적인　organism 유기체　starve 굶어 죽다　regrettable 유감스러운

Essential Pattern #111

D-45 high vs. highly

Point 1 high는 형용사로 '높은, 많은', 부사로 높이가 '높게, 높이'라는 의미로 쓰인다.

The price was too **high**. (형용사) 그 가격은 너무나 높았다.
Her desk was piled **high** with papers. (부사) 그녀의 책상은 서류로 높게 쌓여 있었다.

Point 2 highly는 부사로 '매우, 아주'라는 의미로 쓰인다.

He is **highly** respected by a lot of people.
그는 많은 사람들에게 매우 존경받고 있다.

Seldom does a new brand or new campaign that solely uses other media, without using television, reach **high** levels of public awareness very quickly.
텔레비전을 이용하지 않고, 다른 미디어만을 이용하는 새로운 브랜드나 새로운 캠페인이 아주 빠르게 높은 수준의 대중 인지도에 도달하는 경우는 거의 없다. 20' 수능

어법상 가장 적절한 표현을 고르시오. 정답 P.31

1 While afloat, it is uniquely vulnerable, moving slowly with its antlers held high / highly as it struggles to keep its nose above water. 19' 수능

2 The interaction between nature and nurture is high / highly complex, and developmental biologists are only just beginning to grasp just how complex it is. 20' 수능

3 Vegetarians in developed countries avoid these fatal symptoms because they have access to many foods that are highly/ high in both iron and vitamin C, such as broccoli and spinach. 19' 모의

4 The highly/ high respected physicist Enrico Fermi told his students that an experiment that successfully proves a hypothesis is a measurement; one that doesn't is a discovery. 19' 수능

5 It is a leading feature of the human-rights field that the governments of the world proclaim human rights but have a high / highly variable record of implementing them. 19' 모의

단어

solely 오직, 단지 afloat (물에) 뜬 antler (사슴의) 가지진 뿔 nurture 양육 grasp 파악하다 vegetarian 채식주의자
fatal 치명적인 spinach 시금치 physicist 물리학자 hypothesis 가설 measurement 측정 feature 특징
field 분야 proclaim 선포하다 variable 가변적인 implement 실행하다

most vs. mostly

 Point 1
most는 형용사로 '대부분의'라는 의미로 쓰인다.
the economic value and political power of **most** humans.
　　　　　　　　　　　　　　　　　　형용사 (명사 수식)

 Point 2
mostly는 부사로 '주로'라는 의미로 쓰인다.
The sauce is **mostly** gochujang.
그 소스는 주로 고추장이다.

The rise of AI might eliminate the economic value and political power of
most humans. 19' 모의

인공 지능의 부상은 대다수 인간의 경제적 가치와 정치적 힘을 소멸시킬 수도 있다.

어법상 가장 적절한 표현을 고르시오.　　　　　　　　　　　　　정답 P.31

1 Today | most / mostly | people prefer color pictures to black-and-white pictures. 19' 모의

2 As for respondents who | most / mostly | purchased Chinese brands, "Good value for money" was the most important consideration. 19' 모의

3 Chloe had already started to eat hers without the cream and jam; in fact, it was | most / mostly | all in her mouth already. 18' 모의

4 | Most / Mostly | people who try to slow down put the proverbial cart before the horse. 19' 모의

5 They are said to travel | most / mostly | in groups of two or three animals. 18' 모의

 단어

AI(artificial intelligence) 인공 지능　eliminate 소멸시키다　economic 경제의　value 가치　as for ~에 관해 말하면
consideration 고려사항　in fact 사실은　put the cart before the horse 수레를 말 앞에 놓다 (앞뒤 순서를 잘못 놓다)
proverbial 속담에도 나오는

Essential Pattern #113

 D-44 **near vs. nearly**

Point 1 near은 형용사로 '근처의, 가까운', 부사로는 '가까이'의 의미를 가진다. '~에서 가까이'라는 의미로 전치사로 쓰이기도 한다.

My house is very **near**. (형용사) 내 집은 아주 가깝다.

There was an accident somewhere **near**. (부사)
어딘가 가까이에서 사고가 있었다.

My mom's birthday is **near** Christmas. (전치사)
엄마의 생일이 크리스마스와 가깝다.

Point 2 nearly는 부사로 '거의'라는 의미로 쓰인다.

The water bottle was **nearly** empty. (부사)
그 물통은 거의 비어 있었다.

- -

More than 10% of the respondents said people should be allowed to fly drones **near** people's homes. [19' 모의]

10퍼센트가 넘는 응답자들은 사람들이 주택가 근처에서 드론을 날리는 것이 허용되어야 한다고 말했다.

어법상 가장 적절한 표현을 고르시오.
정답 P.31

1 Grasses that are eaten by grazing animals grow from the base of the plant
near / nearly the ground rather than from the tips of the branches as many
plants do. [19' 모의]

2 In the 20th century, average life expectancy in the United States rose by
near / nearly 30 years. [19' 모의]

3 Charles Grant Allen was born nearly / near Kingston, Ontario, Canada. [19' 모의]

4 During 2009-2010, nearly / near 40 percent of federal expenditures were
financed by borrowing. [18' 모의]

5 These insects are able to maintain a near / nearly constant temperature in
their hives or mounds throughout the year. [18' 모의]

graze 풀을 뜯다 branch 나뭇가지 life expectancy 기대 수명 expenditure 지출 finance 자금을 대다
borrowing 대출 constant 변함없는 hive 벌집 mound 흙[돌]더미, 언덕 throughout 내내, ~동안

late vs. lately

 Point 1
late는 형용사로 '늦은' 또는 '고인이 된'이라는 뜻으로, 부사로는 '늦게'라는 뜻으로 쓰인다.

in the **late** afternoon (형용사) 늦은 저녁에
the **late** photographer Jim Marshall (형용사) 작고한 사진 작가 Jim Marshall
come home **late** every day (부사) 매일 늦게 집에 오다

 Point 2
lately는 부사로 '요즘, 최근에'라는 뜻으로 쓰인다.

Have you seen the guy **lately**? 최근에 그 남자 본 적이 있나요?

When commercial refrigeration became a possibility in the **late** nineteenth century, it offered great advantages, both to consumers and to industry. 18' 모의

19세기 후반 상업적 냉장이 가능한 일이 되었을 때, 그것은 소비자들과 산업 모두에 큰 이익을 가져다주었다.

어법상 가장 적절한 표현을 고르시오. 정답 P.32

1 Don't order French fries | late / lately | at night because fatty foods take long to digest, which harms the quality of your sleep. 18' 모의

2 She thinks, "I have been feeling more anxious | late / lately |, and maybe I'm not as focused as I thought," and she decreases her coffee intake down to two cups. 14' 모의

3 She had a chance one | late / lately | afternoon when Rita's mother took them to a shopping mall. 18' 모의

4 Honey, my dad doesn't seem to be sleeping well | late / lately |. 11' 수능

5 Those who return books | late / lately | cannot checkout again for the same number of days they were late. 16' 모의

 단어

commercial 상업의 refrigeration 냉장 possibility 가능성 advantage 이익, 이점 consumer 소비자
industry 산업 fatty 기름진, 지방이 많은 digest 소화하다 harm 해를 끼치다 quality 질 anxious 불안해하는
intake 섭취 checkout 대출하다

D-43 hard vs. hardly

Point 1 **hard는 형용사로 '어려운, 단단한', 부사로는 '열심히'로 쓰인다.**

The concrete went **hard**. (형용사) 그 콘크리트는 굳었다.

She studied really **hard** for the exam. (부사)

그녀는 그 시험을 위해 정말로 열심히 공부했다.

Point 2 **hardly는 부사로 '거의 ~않다, 거의 ~할 수가 없다'라는 뜻으로 쓰인다.**

We can **hardly** keep our eyes open in his class.

우리는 그의 수업 시간에 (졸려서) 눈을 제대로 뜨고 있을 수가 없다.

With a bit of unbiased examination of our motives, it is **hard** to deny that we have a strong bias toward our individual interests. 〔19' 모의〕

우리의 동기를 편견 없이 약간만 살펴보면, 우리에게 개인적인 이익을 향한 편향이 강하다는 것을 부인하기 힘들다.

어법상 가장 적절한 표현을 고르시오.

정답 P.32

1 Resistance to change means people are working hard / hardly to protect the status quo. 〔19' 모의〕

2 Furthermore, grasses have hard / hardly materials in their cell walls that make it difficult for animals to crush the cell walls and digest them. 〔19' 모의〕

3 Sometimes it's hard / hardly to listen to your boss or an executive, especially if you don't agree 100 percent of the time. 〔18' 모의〕

4 But this hard / hardly describes the realities of science funding. 〔17' 모의〕

5 The experience of eating a pile of unwanted cabbage until they feel sick is hard / hardly going to make children jump for joy the next time it is served.
〔15' 모의〕

〔단어〕

unbiased 편견 없는 motive 동기, 원동력 individual 개인적인 interest 이익 resistance 저항
status quo 현재 상태 furthermore 뿐만 아니라 cell wall 세포벽 crush 부수다 digest 소화하다
executive 임원 describe 설명하다 funding 자금 지원 pile 더미 cabbage 양배추

to부정사 의미상의 주어

 Point 1
to부정사는 「to 동사원형」인데 그 동사의 주체를 나타내는 것을 의미상의 주어라고 한다.

a good place **for them** to stop (그들이 멈추다)
　　　　　　 stop의 주체

 Point 2
사람의 성격을 나타내는 형용사 다음에는 「of + 목적격」으로 의미상의 주어를 나타낸다.

It was kind **of him** to teach them how to use it.
　　　형용사　 teach의 주체
그가 그들에게 그것을 사용하는 방법을 가르쳐 주는 것은 친절했다.

Marie thought this would be a good place **for them** to stop. 20' 수능

Marie는 이곳이 그들이 멈추기에 좋은 장소라고 생각했다.

어법상 가장 적절한 표현을 고르시오.　　　　　　　　　　　　　　정답 P.32

1 While it is important 〔 for / to 〕 students to use and interact with materials in science class, the learning comes from the sense-making of students' "hands-on" experiences. 20' 수능

2 It would not have taken long 〔 for / of 〕 mankind to apply this advantage to other goods. 19' 수능

3 Ideally (to some) there should exist ancient cultures 〔 for / of 〕 modern consumers to gaze at, or even step into for a while, while travelling or on holiday. 19' 모의

4 I waited 〔 for / to 〕 my father to calculate the severity of punishment. 19' 모의

5 In fact, there was a slight tendency 〔 for / of 〕 players to shoot better after missing their last shot. 19' 모의

 단어

hands-on 직접 해보는　mankind 인류　apply A to B A를 B에 적용하다　goods 물품　ideally 이상적으로
exist 존재하다　ancient 고대의　gaze at ~을 응시하다　calculate 계산하다　severity 엄격함　punishment 벌
slight 약간의　tendency 경향

D-42 to부정사의 부정

Point 1 to부정사를 부정할 때는 to 앞에 not 또는 never를 쓴다.
Minorities tend <u>not</u> **to have** much power or status ~.

Point 2 본동사를 부정하는 것과 to부정사를 부정하는 것은 다른 의미를 가진다.
She didn'<u>t</u> decide **to go** there. (본동사 부정)
그녀는 거기에 가는 것을 결심하지 않았다.
She decided <u>not</u> **to go** there. (to부정사 부정)
그녀는 거기에 가지 않기로 결심했다.

Minorities tend **not to have** much power or status and may even be dismissed as troublemakers, extremists or simply 'weirdos'. 19' 수능

소수 집단은 많은 힘이나 지위를 가지고 있지 않은 경향이 있고 심지어 말썽꾼, 극단주의자, 또는 단순히 '별난 사람'으로 일축될 수도 있다.

어법상 가장 적절한 표현을 고르시오.
정답 P.32

1 And yet, on closer inspection, it turns out │ not to / to not │ be so important, at least not in terms of perception. 19' 모의

2 The letter advised Adams │ not to / to not │ be discouraged if he received early rejections. 18' 수능

3 Breaden, her only child, had always been the focus of her attention and she was cautious │ to not / not to │ lose him in the market. 17' 수능

4 This is │ not to / to not │ say that the accumulation and production of material wealth is in itself wrong. 16' 수능

5 In reality, I just walked that way the first time, completely at random, and saw no reason │ not to / didn't │ do the same the next day. 15' 모의

단어

minority 소수 집단 status 지위 dismiss 일축하다 troublemaker 말썽꾼 extremist 극단주의자
weirdo 별난 사람 inspection 검토 turn out 드러나다 in terms of ~면에서 perception 지각, 인식 rejection 거절
cautious 조심스러운 accumulation 축적 wealth 부 completely 완전히 at random 임의로

to부정사의 시제

Point 1 본동사와 to부정사의 동작 사이에 시간 차이를 고려할 필요가 없을 때는 to 동사원형을 쓴다.

Marie and Nina <u>went</u> down a path **to watch** the falls.

Point 2 문장의 본동사보다 더 이전에 일어난 일을 to부정사로 나타낼 때 「to have p.p.」 (완료부정사)로 쓴다.

Ken <u>is said</u> **to have been** smart. (똑똑했던 것이 사람들이 말하는 것보다 이전의 사실임)
Ken은 똑똑했던 것으로 (사람들이) 말한다.

- -

Marie and Nina went down a path **to watch** the falls. 20' 수능
Marie와 Nina는 폭포를 구경하기 위해 길을 내려갔다.

어법상 가장 적절한 표현을 고르시오. 정답 P.33

1 Television remains much the fastest way │ to build / to have built │ up public awareness of a new brand or a new campaign. 20' 수능

2 Migrants, however, are free │ to choose / to have chosen │ the optimal habitat for survival during the non-breeding season and for reproduction during the breeding season. 20' 수능

3 But in presenting their work they rewrote the script, placing the theory first and claiming │ to test / to have tested │ it against data which they discovered, as in an experiment under laboratory conditions. 19' 모의

4 In the middle of the 19th century, Queen Victoria is supposed │ to ask / to have asked │ physicist Michael Faraday what good his experiments with electricity and magnetism were. 16' 수능

5 Protogenes is said │ to have / to have been │ about seventy years of age when the Satyr was completed. 16' 수능

단어

awareness 인식   migrant 철새   optimal 최적의   habitat 서식지   non-breeding season 비번식기
reproduction 번식   rewrite 다시 작성하다   theory 이론   claim 주장하다   laboratory 실험실   condition 조건
physicist 물리학자   experiment 실험   electricity 전기   magnetism 자성

D-41 to부정사의 수동태

Point 1 to부정사의 동사와 동작의 주체가 능동의 입장일 때, to부정사의 능동태(to 동사원형)를 사용한다.

The students need **to practice** harder. (능동)
그 학생들은 더 열심히 연습해야 한다.

Point 2 to부정사의 동작 주체가 수동의 입장일 때, to부정사의 수동태(to be p.p.)를 사용한다.

Capitalism needs **to be saved** ~. (수동)

Capitalism needs **to be saved** by elevating the quality of demand. 〔19' 모의〕
자본주의는 수요의 질을 높임으로써 구해질 필요가 있다.

어법상 가장 적절한 표현을 고르시오.   정답 P.33

1 For every one thing we think we have done on our own, there are a dozen things that had │ to provide / to be provided │ for us by others. 〔15' 모의〕

2 Directed attention tends │ to be tired / to be tiring │, however, and fatigue affects our ability to make good decisions and control destructive impulses. 〔15' 모의〕

3 Captions (under 50 words) are encouraged │ to submit / to be submitted │ along with the photograph, and will be considered as part of the grading criteria. 〔15' 모의〕

4 While we like to think that our habits follow our intentions, it's possible for intention and habit │ to be / to being │ completely reversed. 〔15' 모의〕

5 Therefore, a retirement plan needs │ to set / to be set │ in motion at an early stage of life to assure that retirement is all that it can be. 〔14' 모의〕

〔단어〕

elevate (정도를) 높이다   quality 질   demand 수요   attention 주의, 집중   fatigue 피로   destructive 파괴적인
impulse 충동   caption 캡션(사진, 삽화 등에 붙인 설명)   criteria 기준   intention 의도   completely 완전히
reverse 뒤바꾸다   retirement 은퇴   set in motion ~에 시동을 걸다   assure 보장하다

enough to부정사

 Point 1 '~할 만큼 충분히 ~한'이라는 의미로 「(형용사/부사) + enough + to부정사」를 사용한다.

<u>old</u> **enough to prepare** ~. (준비할 만큼 충분히 나이를 먹음)

 Point 2 「so 형용사/부사 + that + 주어 + can/could 동사원형」으로 나타낼 수 있다.

She believes Brian is <u>old</u> **enough to prepare** what he needs.
= She believes Brian is **so** <u>old</u> **that he can prepare** what he needs.

However, she believes Brian is old **enough to prepare** what he needs, and she thinks this time is a great opportunity for him to learn to be more independent. 20'수능

하지만, 어머니는 Brian이 자신에게 필요한 것을 준비할 수 있는 충분한 나이가 되었다고 믿고, 이번이 Brian이 보다 자립적이 되는 법을 배울 수 있는 좋은 기회라고 생각한다.

어법상 가장 적절한 표현을 고르시오. 정답 P.33

1 However, reading is not enough make to / enough to make you a good mechanic. 20'수능

2 Villages also produced refuse, which attracted vermin, and their populations were large enough to spread / to spread enough diseases that could not have survived in smaller, more nomadic foraging communities. 19'모의

3 It is not enough to know / enough know to that they see things differently. 14'모의

4 It is not enough to study / study to enough them like beetles under a microscope; you need to know what it feels like to be a beetle. 14'모의

5 Researchers were surprised to discover that shark skin, which is rough enough to be used / enough to use as sandpaper when dried, is one of the animal skins with the least friction. 14'모의

 단어

independent 독립적인 mechanic 기술자 refuse 쓰레기 vermin 해충 nomadic 유목의 foraging 수렵 채집
beetle 딱정벌레 microscope 현미경 rough 거친 sandpaper 사포 friction 마찰

 Essential Pattern #121

 D-40

too ~ to부정사

> **Point 1** '너무 ~해서 …할 수 없다'는 의미로 쓰인다.
> **too scared to make** a move (too + 형용사/부사 + to부정사)
>
> **Point 2** 「so 형용사/부사 that 주어 can't/couldn't ~」로 바꿔 쓸 수 있다.
> He was **too scared to make** a move.
> = He was **so scared that he couldn't make** a move.
> ─────────────────────────────
> His heart started pounding heavily; he was **too scared to make** a move. [19' 모의]
> 그의 심장이 심하게 쿵쾅거리기 시작했고, 그는 너무 무서워서 움직일 수 없었다.

어법상 가장 적절한 표현을 고르시오.   정답 P.33

1 Any falling object fell `so / too` fast for him to measure how long it took. [12' 모의]

2 It is too easy `to drift / to drifting` through school and college, taking the traditional, conventional studies that others take, following the lines of least resistance, electing "snap courses," and going with the crowd. [18' 모의]

3 Since opponents will undoubtedly attack, criticize, and blame, anyway, the advantages of being proactive, airing one's own "dirty laundry," and "telling on oneself" are `so / too` significant to ignore. [17' 모의]

4 This is a category that is too limited and context-specific `encompass / to encompass` all the different cultural products that people in different societies make and use. [17' 모의]

5 It is a term that is also too loaded `to take / to taking` at face value and `to use / to using` naively in study of our own society. [17' 모의]

─── 단어 ───

pound 쿵쾅거리다   object 사물   conventional 관례적인   resistance 저항   elect 선택하다   opponent 상대
undoubtedly 의심할 여지없이   advantage 이점   proactive 상황을 앞서서 주도하는   air 발표하다
significant 중요한   limited 제한적인   encompass 포괄하다   loaded 많은   face value 액면가   naively 순진하게

가목적어 it ~ to부정사

Point 1
보통 「make/think/believe/find/consider + it + 형용사 + to부정사」의
구조로 쓰이고 it을 가목적어, to부정사 이하 부분을 진목적어라고 한다.

ways that <u>make</u> **it** <u>nonsensical</u> **to think** that ~.
　　　　　　가목적어　　　　　　　　진목적어

Point 2
to부정사 앞에 「for+목적격」을 써서 의미상의 주어를 나타낼 수 있다.

I found **it** impossible <u>for him</u> **to finish** the job on time.
　　　　　　　　　　의미상의 주어

나는 그가 그 일을 제 시간에 끝마치는 것이 불가능하다고 생각했다.

Genes and environment interact in ways that **make it nonsensical to think**
that the process of moral development in children, or any other developmental
process, can be discussed in terms of nature versus nurture. 20' 수능

유전자와 환경은 아이들의 도덕적 발달 과정, 또는 다른 어떤 발달 과정이, 천성 '대' 양육이라는 견지에서
논의될 수 있다고 생각하는 것을 무의미하게 만드는 방식으로 상호작용한다.

어법상 가장 적절한 표현을 고르시오. 정답 P.34

1 At the same time, improvements in biotechnology might make it possible
　 translating / to translate economic inequality into biological inequality. 19' 모의

2 Hindsight bias therefore reinforces the feeling that their failure was due to the
　 nature of the assessment rather than the nature of their knowledge — which
　 makes it / that more difficult for them to learn from feedback. 19' 모의

3 Furthermore, grasses have hard materials in their cell walls that make it
　 difficult of animals / for animals to crush the cell walls and digest them. 19' 모의

4 All of these factors are going to make it extremely difficult slow / to slow the
　 growth of federal spending and keep the debt from ballooning out of control. 18' 모의

5 These countries had suffered from negative public and media image which
　 made it challenging / challengingly for them to compete over tourists with
　 countries with strong and familiar brands. 18' 모의

 단어

nonsensical 무의미한　improvement 발전　biotechnology 생명공학　translate 전환하다　inequality 불평등
reinforce 강화하다　assessment 평가　knowledge 지식　material 물질　cell 세포　digest 소화시키다
federal 연방의　debt 부채　suffer 어려움을 겪다　challenging 도전적인　compete over ~을 두고 경쟁하다

D-39 · to부정사를 목적어로 취하는 동사

Point 1 동사 중에 to부정사만을 목적어 취하는 동사들이 있다.

Such primitive societies **tend** to view man and beast, ~.
viewing (X)

Point 2 다음과 같은 동사들은 목적어로 to부정사를 취한다.

seek 찾다　　　　want 원하다　　　　decide 결정하다
intend 의도하다　　fail 실패하다

Such primitive societies **tend to view** man and beast, animal and plant, organic
and inorganic spheres, as participants in an integrated, animated totality. 20' 수능

원시 사회는 인간과 짐승, 동물과 식물, 생물체의 영역과 무생물체의 영역을 통합적이고 살아 있는 총체에
대한 참여자로 여기는 경향이 있다.

어법상 가장 적절한 표현을 고르시오.　　　　　　　　　　　　　　　　　　　　정답 P.34

1 The philosophy of science seeks | avoiding / to avoid | crude scientism and get
   a balanced view on what the scientific method can and cannot achieve. 20' 수능

2 I want | knowing / to know | how to operate my wireless speaker set, and my
   daughter shows me the right command. 19' 모의

3 If a library has not collected much in a subject, and then decides
   | starting / to start | collecting heavily in that area it will take several years for
   the collection to be large enough. 19' 모의

4 The best performers have set highly specific, technique-based goals and
   strategies for themselves; they have thought through exactly how they intend
   | achieving / to achieve | what they want. 19' 모의

5 An employee who realizes she isn't being trusted by her co-workers with
   shared responsibilities at work might, upon reflection, identify areas where
   she has consistently let others down or failed | following / to follow | through
   on previous commitments. 19' 모의

[단어]

primitive 원시의　organic 생물체의　inorganic 무생물체의　sphere 영역　integrated 총체적인　totality 총체
philosophy 철학　crude 투박한　command 명령어　think through 충분히 생각하다　reflection 성찰
let down ~을 실망시키다　commitment 약속

stop + to부정사 vs. stop + V-ing

 Point 1 「stop + to부정사」는 '~하기 위해 (하던 일을) 멈추다'라는 뜻으로 쓰인다.

He **stopped** to take a break. 그는 휴식을 취하기 위해 (가던 길을) 멈추었다.

 Point 2 「stop + V-ing」는 '~하던 것을 멈추다'라는 뜻으로 쓰인다.

the cars started and **stopped** running together ~.
하던 행동을 멈춤

Hence, a child may claim that the cars started and **stopped running** together (correct) and that the car which stopped further ahead, ran for more time (incorrect). 20' 수능

따라서 아이는 그 자동차들이 동시에 달리기 시작해서 동시에 달리는 것을 멈췄고(맞는 사실이다), 앞쪽 더 먼 곳에 멈춘 자동차가 더 오랜 시간 동안 달렸다(틀린 사실이다)고 주장할 수도 있다.

어법상 가장 적절한 표현을 고르시오.

정답 P.34

1 The study authors figure that writing down future tasks uploads the thoughts so you can stop turning / to turn them over in your mind. 19' 모의

2 Over the course of his forty-three-minute performance, more than one thousand people passed within a few feet of him. Among them, only one stopped listening / to listen . 14' 모의

3 It can seem strange, at least at first, to stop praising / to praise ; it can feel as though you're being chilly or withholding something. 17' 모의

4 Immediately, Michael bellowed, "That disgusting phone never stops ringing / to ring ." 18' 모의

5 One day, Grandma Wilson was out working in her yard when a neighbor walked by and stopped admiring / to admire the beautiful irises growing artfully along the edge of her vegetable garden. 18' 모의

 단어

author 저자 task 과업 turn over ~을 곰곰이 생각하다 performance 공연 praise 칭찬하다 chilly 쌀쌀맞은
withhold 주지 않다 immediately 즉시 bellow 고함치다 disgusting 지긋지긋한 admire 감탄하며 바라보다
iris 붓꽃 artfully 기교 있게

D-38 · remember + (to부정사 / V-ing)

 Point 1

아래 동사들 다음에 to부정사가 오면 다음과 같은 뜻을 가진다.

remember/forget + to부정사 ~할 것을 기억하다/잊다

regret + to부정사 ~하게 되서 유감이다

 Point 2

동명사(V-ing)를 목적어로 취하게 되면 다음과 같은 뜻을 가진다.

remember/forget + V-ing ~했던 것을 기억하다/잊다

regret + V-ing ~했던 것을 후회하다

Her roommate leaves her books and clothes on the floor, and she often forgets to lock the door when she leaves the room. 16' 모의

그녀의 룸메이트는 자신의 책과 옷을 바닥에 두고, 방에서 나갈 때 문을 잠가야 하는 것을 종종 잊는다.

어법상 가장 적절한 표현을 고르시오. 정답 P.35

1 Just don't forget | bringing / to bring | the books you'll read. 19' 모의

2 Her teacher, Mrs. Cline, might be angry that she had forgotten | bringing / to bring | it. 17' 모의

3 While he was in his little hut, watching his family care for him, he regretted | being greedy / to be greedy | and realized that there were more important things than being rich. 17' 모의

4 I remember | watching / to watch | my daughter from across the room, her eyes welling with tears. 15' 고2 모의

5 I regret | saying / to say | the machine is no longer working. As we agreed during the meeting, please send a service engineer as soon as possible to repair it. 14' 수능

단어

lock 잠그다 hut 오두막 care for ~을 돌보다 greedy 욕심 많은 well 솟아 나오다, 분출하다

try + (to부정사 / V-ing)

Point 1 「**try to부정사**」는 '~하기 위해 노력하다'라는 뜻으로 쓰인다.
I **tried** <u>to work out</u> every day. 나는 매일 운동하려고 노력했다.

Point 2 「**try V-ing**」는 '(결과가 어떻게 되나 보려고) 시험 삼아 ~해보다'라는 뜻으로 쓰인다.
Try <u>using</u> this earplug if you snore.
당신이 코를 곤다면, 이 귀마개를 한번 사용해보세요.

Try to brush aside the stuff that offends or upsets you to really **try to hear** what they are saying you can do better next time. 「19' 모의」

다음번에 여러분이 더 잘할 수 있는 것이 무엇이라고 그들이 말하는지 정말로 듣기 위해서는 여러분을 불쾌하게 하거나 속상하게 하는 것들을 제쳐놓아라.

어법상 가장 적절한 표현을 고르시오.

정답 P.35

1 My heart was pounding but I tried | putting on / to put on | a brave face as the man from the car emerged and made his way to my side of the van. 「19' 모의」

2 Today, she is an art teacher at Emerson, where she tries | bringing / to bring | the best out of each individual student. 「19' 모의」

3 Work with what they give you, instead of resisting and trying | changing / to change | them. 「19' 모의」

4 My advice is that if you want to do some serious thinking, then you'd better disconnect the Internet, phone, and television set and try | spending / to spend | twenty-four hours in absolute solitude. 「17' 모의」

5 If you want to suck the liquid out of the inner parts of the phone, try | using / to use | a vacuum cleaner. 「16' 모의」

(단어)

snore 코를 골다　brush aside 제쳐놓다, 무시하다　offend 불쾌하게 하다　put on a brave face 자신 있는 척하다
emerge 나오다　bring the best out of ~가 최대한 실력 발휘하도록 하다　absolute 완전한　solitude 고독
suck 빨아들이다　liquid 액체　vacuum cleaner 진공청소기

D-37 to부정사의 용법

Point 1

to부정사가 '~하기'로 해석되어 문장의 주어, 목적어, 보어 자리에 오는 것을 명사적 용법이라고 한다.

It is important **to have** detailed daily plans. (명사적 용법)
가주어   진주어
세분화된 일일 계획을 가지고 있는 것은 중요하다.

Point 2

명사 뒤에서 '~하는, ~할'처럼 해석되어 명사를 수식하는 것을 형용사적 용법, '~하기 위해, ~해서, 그 결과 ~하다'와 같은 것을 부사적 용법이라고 한다.

I want immediate action **to solve** this urgent problem. (형용사적 용법)
                  명사   명사 수식

She went to the library **to return** some books. (부사적 용법)
                         ~하기 위해 (목적)
그녀는 몇 권의 책을 반납하기 위해 도서관에 갔다.

I want immediate action **to solve** this urgent problem. 20' 수능

저는 이 긴급한 문제를 해결할 수 있는 즉각적인 조치를 원합니다.

어법상 가장 적절한 표현을 고르시오.   정답 P.35

1 He had expected seeing / to see some old castles and historical monuments, but now he saw nothing like that awaiting him. 20' 수능

2 As he grew up, he held many odd jobs helping / to help his family. 19' 모의

3 There will be a photographer on site takes / to take family photos. 19' 모의

4 When you begin tell / to tell a story again that you have retold many times, what you retrieve from memory is the index to the story itself. 19' 모의

5 But try to talk when first learning to dance the tango, and it's a disaster — we need our conscious attention focusing on / to focus on the steps. 19' 모의

단어

immediate 즉각적인   urgent 긴급한   monument 기념물   await 기다리다   odd 특이한   on site 현장에서
retrieve 되찾다   disaster 참사, 재난   conscious 의식적인

의문사 + to부정사

Point 1

to부정사의 명사적 용법 중 하나로서 주로 know, tell, ask 등의 목적어로 쓰인다.
but don't know **how to jam** in a live concert ~.
어떻게 ~을 할지

Point 2

「의문사 + to부정사」는 다음과 같은 종류가 있다.

what + to부정사 무엇을 ~할지 · where + to부정사 어디에서 ~할지
how + to부정사 어떻게 ~할지, ~하는 방법 when + to부정사 언제 ~할지
who(m) + to부정사 누구를 ~할지

They're not going to make it if they know a lot about music theory but don't know **how to jam** in a live concert. 〔20' 수능〕

음악 이론에 대해 많이 알고 있지만, 라이브 콘서트에서 즉흥 연주하는 법을 모른다면, 그들은 성공하지 못할 것이다.

어법상 가장 적절한 표현을 고르시오. 정답 P.35

1 I want to know how to solve a problem with my computer, and the helpdesk adviser tells me what / where to find the crucial command in the menu. 〔19' 모의〕

2 As you were mastering the skill of taking curves, you gradually learned what / when to let go of the accelerator and when and how hard to use the brakes. 〔14' 모의〕

3 Most of us make at least three important decisions in our lives: where to live, what to do, and whom / how to do it with. 〔11' 모의〕

4 A good capitalist society doesn't therefore just offer customers choice, it also spends a considerable part of its energies educating people about why / how to exercise this choice in judicious ways. 〔19' 모의〕

5 Timothy, not knowing what / where to do, stayed very still just watching them fight. 〔19' 모의〕

〔단어〕

make it 성공하다 jam 즉흥 연주를 하다 crucial 중요한 command 명령어 master 숙달하다
take a curve 커브를 돌다 let go of ~을 놓다 accelerator 가속 페달 decision 결정 capitalist 자본주의
considerable 상당한 judicious 분별력 있는 still 움직이지 않는

D-36 be likely to부정사

Point 1

'~하기 쉽다, ~하는 경향이 있다'라는 의미로 쓰이고 반대의 뜻으로는 「be unlikely to부정사」라는 표현이 있다.

People **are likely to spend** more time using personal devices.
사람들은 개인용 전자기기를 사용하며 더 많은 시간을 보내는 경향이 있다.

Point 2

유사한 의미로 다음과 같은 표현이 있다.

be apt to부정사   be liable to부정사

If you run the same study again following the same procedures, you will **be very likely to get** the same results. 19' 수능

같은 절차를 따르면서 같은 연구를 다시 진행하면, 같은 결과를 얻을 가능성이 매우 클 것이다.

어법상 가장 적절한 표현을 고르시오.

정답 P.36

1 People who speak your language are your people, whereas someone speaking a different language is apt / adapted to be regarded as a potentially dangerous stranger. 14' 모의

2 Though farmers could produce more food, they were also more likely to starve / to starving , because, unlike foragers, they relied on a small number of crops, and if those crops failed, they were in serious trouble. 19' 모의

3 Physiologically, their blood vessels are more liable / reliable to contract and their blood pressure rises. 11' 모의

4 If we think people perceive us favorably, we're likely to develop / to developing a positive self-concept. 19' 모의

5 As a consequence, those people, organizations, and countries that possess the highest-quality information are likely to prosper / to prospering economically, socially, and politically. 19' 수능

단어

procedure 절차   whereas 반면에   adapt 조정하다, 적응하다   starve 굶주리다   forager 수렵 채집인   crop 작물
physiologically 생리학적으로   blood vessel 혈관   reliable 믿을 수 있는   contract 수축하다   perceive 여기다
favorably 호의적으로   self-concept 자아 개념   consequence 결과   possess 소유하다   prosper 번창하다

seem + to부정사

 Point 2　「seem + to부정사」는 '~처럼 보이다, ~인 것 같다'라는 의미로 쓰인다.

Some discoveries **seem to entail** numerous phases and discoverers, ~.

 Point 2　「seem + to부정사」는 「It seems that 주어 + 동사」로 바꿔 쓸 수 있다.

John **seems to be** happy.　John은 행복해 보인다.
= **It seems that John is** happy.

Some discoveries **seem to entail** numerous phases and discoverers, none of which can be identified as definitive. 〔20' 수능〕

몇몇 발견은 무수한 단계와 발견자들을 수반하는 것처럼 보이는데, 그중에서 어느 것도 확정적인 것으로 확인될 수 없다.

어법상 가장 적절한 표현을 고르시오.　　　　　　　　정답 P.36

1　He makes the point that big brains seem │ to be / being │ specialized for dealing with problems that must arise out of large groups in which an individual needs to interact with others. 〔19' 모의〕

2　At first glance, this seems │ to be / being │ a view that most people would not openly embrace. 〔19' 모의〕

3　Now it │ seems that / seems to be │ this promise might not be fulfilled. 〔19' 모의〕

4　It was as if the butterflies were making fun of Olivia; they seemed │ to be / being │ laughing at her, suggesting that they would lay millions more eggs. 〔19' 수능〕

5　This is apparently not the sort of thing one gives up as one grows up; people born after 1980 seem │ to continue / continuing │ their gaming with more sophisticated and emotionally involved products. 〔18' 모의〕

 단어

discovery 발견　entail 수반하다　numerous 무수한　phase 단계　definitive 확정적인　specialized 특성화된
glance 흘끗 봄　embrace 받아들이다　fulfill 이행하다, 성취하다　make fun of ~을 비웃다　lay (알을) 낳다
sophisticated 정교한　involved 연관된

Essential Pattern #131

D-35 동사 vs. 준동사

Point 1

동사 위치에 준동사(to부정사, 동명사, 분사 등)가 오지 않도록 주의한다.

<u>Keeping a diary when you are free</u> **makes** you think twice.
making (X)

한가할 때 일기를 쓰는 것은 당신을 두 번 생각하게 한다.

Point 2

반대로, 준동사가 주어, 목적어, 보어를 이루는 경우 그 자리에 동사가 와서는 안 된다.

They believe <u>that</u> **counting** the number of children one has <u>could</u>
접속사 주어이므로 count (X)   동사
<u>result</u> in misfortune ~.

They believe that **counting** the number of children one has could result in misfortune and prefer to report fewer children than they have. 20' 수능

그들은 어떤 사람이 가진 아이의 수를 세는 것은 불운을 가져온다고 믿고 있으며, 자신이 가진 것보다 더 적은 수의 아이를 말하기를 선호한다.

어법상 가장 적절한 표현을 고르시오.

정답 P.36

1 The evolved | greet / greeting | behaviors of elephants can serve as an indicator of how much they are socially tied and how long they have been parted. 20' 수능

2 The sanjo music of Korea, for instance, | fluctuates / fluctuating | constantly around the notional pitches in terms of which the music is organized. 20' 수능

3 Many teachers believed that students merely | engage / engaging | in activities and | manipulate / manipulating | objects would organize the information to be gained and the knowledge to be understood into concept comprehension. 20' 수능

4 This positive relationship will enhance a particular plant's capacity | obtain / to obtain | essential nutrients. 19' 모의

5 But knowing and not telling does not give him that feeling of "superiority that, so to say, latently contained in the secret, fully | actualizes / actualizing | itself only at the moment of disclosure." 19' 모의

단어

misfortune 불운   evolved 진화된   indicator 지표   fluctuate 변동하다   notional 관념상의   merely 단지
manipulate 조작하다   comprehension 이해   capacity 능력   nutrient 영양분   superiority 우월감
latently 숨어 있어   actualize 실현하다   disclosure 폭로

접속사 that

Point 1 문장에서 주어, 목적어, 보어로 또 다른 절이 올 때 사용하며 생략 가능하다.

Or they think (**that**) it is irresponsible, immature, and childish ~.
주어 동사 절 = 주어 + 동사 + (보어/목적어)

Point 2 접속사 that은 관계대명사와 달리 완벽한 절이 오고, 앞에 전치사를 쓸 수 없다. 단, 부사절을 이끄는 종속접속사 **in that**(~라는 점에서)으로는 쓰일 수 있다.

He is different from other people **in that** he can think positively.
그는 긍정적으로 생각할 수 있다는 점에서 다른 사람들과 다르다.

Or they think **that** it is irresponsible, immature, and childish to give themselves regularly over to play. 20' 수능

아니면 그들이 노는 것에 자신을 아주 송두리째 맡기는 것은 무책임하고, 미숙하며, 유치하다고 그들은 생각한다.

어법상 가장 적절한 표현을 고르시오. 정답 P.37

1 Developmental biologists now know $\boxed{\text{that / what}}$ it is really both, or nature through nurture. 20' 수능

2 Elton suggests $\boxed{\text{that / what}}$ high diversity increases the competitive environment of communities and makes them more difficult to invade. 20' 수능

3 It would be easy to assume $\boxed{\text{that / what}}$ if you put a group of high-IQ people together, naturally they would exhibit a high collective intelligence. 19' 모의

4 However, where the degree of competition is particularly intense a zero sum game can quickly become a negative sum game, $\boxed{\text{that / in that}}$ everyone in the market is faced with additional costs. 17' 모의

5 Ostensibly, sarcasm is the opposite of deception $\boxed{\text{that / in that}}$ a sarcastic speaker typically intends the receiver to recognize the sarcastic intent; whereas, in deception the speaker typically intends that the receiver not recognize the deceptive intent. 16' 모의

단어

irresponsible 무책임한 immature 미숙한 developmental 발달의 diversity 다양성 competitive 경쟁력 있는 invade 침투하다 collective 집단적인 intelligence 지능 intense 극심한 ostensibly 표면상은 sarcasm 빈정거림 deception 속임 sarcastic 빈정거리는 intent 의도 deceptive 속이려는

because vs. because of

Point 1 **because는 '왜냐하면'이라는 이유를 나타내며 뒤에 절이 온다.**

because they use a broader range of niches than species-poor communities ~.
절

Point 2 **because of도 같은 의미지만 뒤에 명사나 명사구가 온다.**

The flight was delayed **because of** the heavy fog.
그 비행편은 짙은 안개 때문에 연기되었다.
명사구

Further, more diverse communities are believed to be more stable **because** they use a broader range of niches than species-poor communities. 20' 수능

나아가, 더 다양한 군집은 종이 빈약한 군집보다 더 광범위한 생태적 지위를 사용하기 때문에 더 안정적인 것으로 여겨진다.

어법상 가장 적절한 표현을 고르시오.
정답 P.37

1 In the past, Plato and Aristotle both attacked the use of color in painting because / because of they considered color to be an ornament that obstructed the truth. 19' 모의

2 People mask their reactions because / because of politeness or peer pressure. 19' 모의

3 However, she was confined to the house because / because of a broken leg. 19' 모의

4 Perhaps they are bad at giving feedback because / because of no one ever taught them how. 19' 모의

5 You need to bring winter clothes because / because of it can get extremely cold up on the mountain at night. 19' 모의

단어

diverse 다양한 stable 안정적인 niche 생태적 지위 ornament 장식 obstruct 막다, 가리다 politeness 공손함
peer 동일 집단 confine 가두다

although/though vs. despite

 Point 1 although/though는 '비록 ~에도 불구하고'라는 의미를 가지고 뒤에 절이 온다.
Although commonsense knowledge may have merit, ~.
　　　　　　　　　　　절

 Point 2 despite[in spite of]도 같은 의미지만 뒤에 명사나 명사구가 온다.
Despite these solutions, the residents couldn't solve the problem.
　　　　　　명사구
이러한 해결책에도 불구하고, 주민들은 그 문제를 해결할 수 없었다.

Although commonsense knowledge may have merit, it also has
weaknesses, not the least of which is that it often contradicts itself. 20' 수능
상식적인 지식에 장점이 있을 수 있지만, 그것에는 약점도 있는데, 그중에서 중요한 것은 그것이 모순되는
경우가 많다는 것이다.

어법상 가장 적절한 표현을 고르시오.
정답 P.37

1 Starting times are judged by starting points, stopping times by stopping
points and durations by distance, though / despite each of these errors
does not necessitate the others. 20' 수능

2 Although / Despite this is a mere anecdote, it suggests that it is wrong to
claim that animals are incapable of responding to pronounced rhythms. 19' 모의

3 Though / Despite the world of the year 2000 still had its share of hierarchies,
it was nevertheless a far more equal place than the world of 1900. 19' 모의

4 Yet although / despite these extreme hardships, a third of the kids matured
into "competent, confident, and caring young adults" with no record of
delinquency or mental health problems. 19' 모의

5 For example, once racial and ethnic segregation is eliminated and people
come together, they must learn to live, work, and play with each other
although / despite diverse experiences and cultural perspectives. 19' 모의

 단어

commonsense 상식적인　merit 장점　contradict 모순되다　duration 지속 기간　necessitate ~을 필요하게 만들다
anecdote 일화　incapable ~하지 못하는　pronounced 두드러지는　hierarchy 계급제　competent 유능한
delinquency (청소년의) 범죄　ethnic 민족적　segregation 차별　eliminate 제거하다　perspective 시각

D-33 while vs. during

> **Point 1**
> **while은 '~하는 동안에'라는 의미로 뒤에 절이 온다.**
> ~ she remained silent for hours **while** <u>Marie was driving</u>.
> 절

> **Point 2**
> **during도 '~하는 동안에'라는 의미지만 뒤에 명사나 명사구가 온다.**
> My uncle works at night and sleeps **during** <u>the day</u>.
> 명사구
> 내 삼촌은 밤에 일하시고 낮에 주무신다.

This was Nina's favorite season, but she remained silent for hours **while** Marie was driving. `20' 수능`

이때가 Nina가 가장 좋아하는 계절이었지만, 그녀는 Marie가 운전하고 있는 중에 몇 시간 동안 침묵을 지키고 있었다.

어법상 가장 적절한 표현을 고르시오. 정답 P.37

1 While / During Marie and Nina kept watching the salmon, a big one suddenly leapt. `20' 수능`

2 The loss of biodiversity has generated concern over the consequences for ecosystem functioning and thus understanding the relationship between both has become a major focus in ecological research while / during the last two decades. `20' 수능`

3 Migrants, however, are free to choose the optimal habitat for survival during the non-breeding season and for reproduction while / during the breeding season. `20' 수능`

4 One day while / during Grace was in reading class, the teacher called on Billy to read a sentence from the board. `19' 모의`

5 While / During they were enjoying dessert, a server approached them and asked, "Excuse me, who is Nancy Holloway between the two of you?" `19' 모의`

단어

leap 뛰어 오르다 biodiversity 생물 다양성 consequence 결과 ecosystem 생태계 ecological 생태계의
decade 10년 migrant 철새 optimal 최적의 reproduction 번식 breeding season 번식기

even if

 Point 1
'비록 ~일지라도'라는 의미로 가정 상황을 이야기할 때 사용된다.

~ you are not to speak up, **even if** <u>you do know the answer</u>.
가정 상황

 Point 2
'비록 ~에도 불구하고'라는 의미로 사실을 이야기할 때 'even though'가 사용된다.

Even though <u>he told me the truth</u>, I couldn't forgive him.
사실

그가 비록 나에게 사실을 말했지만, 나는 그를 용서할 수 없었다.

After this, you are not to speak up, **even if** you do know the answer. 19' 모의

이번 일 이후로는 크게 소리 내서 말해선 안 돼. 비록 네가 답을 정말로 알고 있다고 해도 말이야.

어법상 가장 적절한 표현을 고르시오.　　　　　　　　　　　정답 P.38

1 You will get more energy from a slow-cooked apple purée than a crunchy raw apple, | if / even if | the calories on paper are identical. 19' 모의

2 Hannah was seated in the fifth row, hallway side, even | if / though | she had wanted a window seat. 16' 수능

3 | Even if / Because | you didn't like someone's question at yesterday's lecture or you thought his outfit was out-of-place for the event, don't immediately write that person off as a potential friend. 18' 모의

4 The red light means 'Do not walk,' even | if / though | there aren't any cars around. 11' 수능

5 Even | if / though | he won many Academy Awards, Miloš Forman was not a U.S. born filmmaker. 17' 수능

단어

purée 퓌레　crunchy 아삭아삭한　identical 동일한　be seated 앉다　hallway 복도, 통로　lecture 강의　outfit 옷
out-of-place 부적절한　write off ~을 단념하다　potential 잠재적인, 미래의　filmmaker 영화 제작자

D-32 even though

Point 1

'비록 ~에도 불구하고'라는 의미로 사실을 이야기할 때 even though가 사용된다.

Even though <u>the brain is metabolically greedy</u>, ~.
사실

Point 2

even though는 (al)though와 바꿔 쓸 수 있다.

Even though <u>the child is fat</u>, he runs fast.
(Al)though

비록 그 아이는 뚱뚱하지만, 그는 빨리 달린다.

Even though the brain is metabolically greedy, it still outclasses any desktop computer both in terms of the calculations it can perform and the efficiency at which it does this. 20' 수능

비록 뇌가 신진대사 작용에서 탐욕스럽기는 해도, 수행할 수 있는 계산과 이를 수행하는 효율 두 가지 면에서 그것은 여전히 어떤 데스크톱 컴퓨터보다도 훨씬 낫다.

어법상 가장 적절한 표현을 고르시오. 정답 P.38

1 Even if / Even though he had not practiced medicine for many years, Virchow stayed in touch with developments in the field. 19' 모의

2 Even if / Although they only account for 2 percent of typical body weight, they use up 20 percent of metabolic energy. 19' 모의

3 In other cases, knowledge of one topic may affect learning a second topic even if / even though the first isn't a necessary condition for the second. 18' 모의

4 It appears that, even at very young ages, children begin to tune in to the adult emphasis on winning, even if / even though they do not yet share it themselves. 18' 모의

5 *Lost* was a monster hit for many years because audiences enjoyed the experience of anticipating answers, even if / even though the writers were just stockpiling riddles without resolutions. 18' 모의

단어

metabolically 신진대사로 outclass 압도하다 efficiency 효율 account for 차지하다 necessary 필수적인
tune in to ~에 맞추다 emphasis 강조 audience 시청자 anticipate 기대하다 stockpile 쌓아두다
riddle 수수께끼 resolution 해답

if vs. whether

 Point 1
'~인지'라는 의미로 명사절을 이끌 때 if나 whether를 쓸 수 있다.

consider **whether/if** <u>other plausible options are being ignored or overlooked</u> ~.
절

 Point 2
명사절 중 동사 뒤의 목적절을 이끌 때만 if가 쓰일 수 있고, 「if ~ or not」과 「whether or not」은 가능하지만 「if or not ~」으로 사용할 수 없다.

Whether <u>he will come</u> is not certain. 그가 올지는 불확실하다.
If (X)

I don't know **if[whether]** <u>he will come or not</u>. 나는 그가 올지 안 올지를 모르겠다.
if or not he will come (X)

Before conceding that the remaining explanation is the correct one, consider **whether** other plausible options are being ignored or overlooked. 20' 수능

남아 있는 그 설명이 옳은 것이라는 것을 인정하기 전에, 타당해 보이는 다른 선택 사항들이 무시되거나 간과되고 있는지를 고려해 보라.

어법상 가장 적절한 표현을 고르시오.
정답 P.38

1 People are often simply wrong about │ even if / whether │ a joke is acceptable or hateful. 19' 모의

2 Often the difference between feeling fulfilled at work and feeling empty, lost, annoyed, and burned out is all about │ if / whether │ or not you're learning anything. 18' 모의

3 I would like to see │ if / although │ there is some way we can address your concerns. 18' 모의

4 │ If / Whether │ such women are American or Iranian or │ if / whether │ they are Catholic or Protestant matters less than the fact that they are women. 18' 모의

5 In a second experiment, students were told that the study was to determine │ if / even if │ handwriting was linked to personality. 18' 모의

단어

concede 인정하다 plausible 타당한 것 같은 overlook 간과하다 acceptable 용인되는 hateful 혐오스러운
fulfilled 성취감을 느끼는 burned out 지친 address 고심하다, 다루다 concern 문제 Protestant 개신교도의
experiment 실험 handwriting 필적 personality 성격

D-31 this is (because / why)

Point 1 this/that is because는 '이것/그것은 ~때문이다'라는 의미로 앞에서 나온 내용의 '이유'가 온다.

This is because <u>most parents put more value on discipline than on blind love</u>, ~.
　　　　　　　　　　　　　　　　　　　　　이유

Point 2 this/that is why는 '이것/그것 때문에 ~한다'라는 의미로 이것이 이유가 되고 why 이하의 내용은 결과가 된다.

This is why <u>we are starting all over again</u>.　이것 때문에 우리는 전부 다시 시작하는 중이다.
이유　　　　　　결과

This is because most parents put more value on discipline than on blind love, and thus honest conversations rather than well-intentioned lies are the better tool for establishing solid relationship between parents and their kids. 19' 모의

이것은 대부분의 부모가 맹목적 사랑보다 훈육에 더 가치를 두기 때문이고, 그러므로 선의의 거짓말보다는 정직한 대화가 부모와 자녀 사이의 견고한 관계 형성에 더 나은 도구이다.

어법상 가장 적절한 표현을 고르시오.　　　　　　　　　　　　　　　　정답 P.38

1 Some people observe that great sprinters start to pull away from other runners toward the finishing line — this is why / because these athletes are not slowing down as fast as their opponents. 13' 모의

2 Sometimes, she complains that her portions are too small, but this is why / because she only eats from the right half of the plate — it does not occur to her that it has a left half as well. 17' 모의

3 The sense of taste is related to the sense of smell and that is why / because we can't detect tastes well when we have a runny nose. 14' 모의

4 This is why / because — no matter how much you enjoyed watching the World Series — you aren't going to be satisfied watching that same game over and over. 19' 고2 모의 (힌트: 앞에 '친숙함은 무관심을 키운다'는 내용이 나왔음)

5 Therefore, this is why / because people's attempts to tell jokes to foreigners are so often met with blank stares. 11' 모의

단어

discipline 훈육　well-intentioned 선의의　solid 견고한　opponent 상대　complain 불평하다　portion 몫
occur to ~에게 생각이 떠오르다　detect 감지하다　have a runny nose 콧물이 흐르다　satisfied 만족하는
over and over 반복해서　attempt 시도　a blank stare 멍한 눈으로 빤히 봄

so that ~

Point 1
'~하도록, ~하기 위하여'라는 의미로 목적을 나타내며 that 뒤에 완벽한 절이 온다.
~, **so that** <u>it doesn't actually happen again</u>.
　　　　　　　완벽한 절

Point 2
「so 형용사/부사 that ~」은 '너무 ~해서 ~하다'라는 의미로 「so that ~」과 구분된다.
Jason is **so humble that** <u>everyone likes him</u>.
Jason은 너무나 겸손해서 모든 사람들이 그를 좋아한다.

- -

And if they only tell you things like, "don't let that happen again," then work to figure out what you can do better next time, **so that** it doesn't actually happen again. 19' 모의

그리고 만약 그들이 여러분에게 단지 "그런 일이 다시는 일어나지 않게 하시오."와 같은 말을 말한다면, 그런 일이 실제로 다시는 일어나지 않도록 다음번에 여러분이 무엇을 더 잘할 수 있을지 알아내도록 노력하라.

어법상 가장 적절한 표현을 고르시오.

정답 P.39

1 However, the noise of barking and yelling from the park at night is │ **so / too** │ loud and disturbing that I cannot relax in my apartment. 20' 수능

2 The baby's health status is extremely bad and her breathing, heart rate, and other important signs are tracked constantly │ **that / so that** │ changes for better or worse can quickly be seen. 19' 모의

3 In the step-by-step training process, the trainer attaches an "emotional charge" to a particular scent │ **that / so that** │ the dog is drawn to it above all others. 19' 모의

4 Weir was │ **so / too** │ successful at pleasing his target audience that they shared it widely and enthusiastically. 19' 모의

5 One is to create an image of sunlight and shadow │ **that / so that** │ wrinkles of the topography are alternately lit and shaded, creating a visual representation of the shape of the land. 19' 수능

단어

humble 겸손한　figure out 알아내다　breathing 호흡　heart rate 심장박동 수　track 추적하다　scent 냄새
please 기쁘게 하다　enthusiastically 열정적으로　topography 지형　alternately 번갈아
light(-lit-lit) 빛을 비추다　shade 그늘지게 하다　visual 시각적인　representation 표현

D-30 등위접속사

Point 1 문법적으로 명사와 명사, 형용사와 형용사, 절과 절 등 같은 것들을 연결해 준다.

The fields were vast, **but** (the fields) hardly appealed to him.
　　　　　절　　　　　　　　　　　　　　　　　절

Point 2 등위접속사에는 다음과 같은 것들이 있다.

and 그리고　　but 그러나　　or 또는　　so 그래서

The fields were vast, **but** hardly appealed to him. 20' 수능

들판은 광대했지만 그에게는 전혀 매력적이지 않았다.

어법상 가장 적절한 표현을 고르시오.　　　　　　　　　　　정답 P.39

1 The Swiss psychologist Jean Piaget frequently analyzed children's conception of time via their ability to compare [or / but] estimate the time taken by pairs of events. 20' 수능

2 The "biodiversity-invasibility hypothesis" by Elton suggests that high diversity increases the competitive environment of communities [or / and] makes them more difficult to invade. 20' 수능

3 This effort assumes that people can understand the resulting numbers [and / but] act on them appropriately. 19' 수능

4 To help societies prevent [or / but] reduce damage from catastrophes, a huge amount of effort and technological sophistication are often employed to assess and communicate the size and scope of potential or actual losses. 19' 수능

5 He had tried more than ten times to stand up [so / but] never managed it. 19' 수능

단어

appeal 매력적이다　psychologist 심리학자　conception 개념　estimate 추정하다　biodiversity 생물 다양성
appropriately 적절하게　catastrophe 재앙, 재해　sophistication 정교한 지식　scope 범위

시간/조건절의 현재 시제

 Point 1
시간이나 조건을 나타내는 문장에서 미래를 표현할 때는 현재 시제로 쓴다.
If you <u>don't like</u> it, I will cancel.
will not (X)

 Point 2
시간과 조건을 이끄는 표현은 다음과 같다.
if 만약 ~ 한다면   when ~할 때   until[till] ~까지   by the time ~할 무렵에

If you **don't like** it, I will cancel. 19' 모의
마음에 안 들면, 취소할게요.

어법상 가장 적절한 표현을 고르시오.   정답 P.39

1 If that is done without the involvement of properly qualified engineers then, later, when the project ⎢ gets / will get ⎢ underway, there will inevitably be practical problems. 19' 모의

2 If a pilot leaving from LAX (Los Angeles International Airport) ⎢ adjusts / will adjust ⎢ the heading just 3.5 degrees south, you will land in Washington, D.C., instead of New York. 19' 모의

3 When the seeker ⎢ presses / will press ⎢ the green button on the Detector, Sayley will start to respond as the seeker looks for her. 19' 모의

4 If there ⎢ is / will be ⎢ a problem, the blue light will flash. 19' 수능

5 But for all of these difficulties for psychology, the payoff of the scientific method is that the findings are replicable; that is, if you ⎢ run / will run ⎢ the same study again following the same procedures, you will be very likely to get the same results. 19' 수능

단어

involvement 관여   qualified 자격을 갖춘   underway 진행 중인   inevitably 필연적으로   adjust 조정하다
head ~을 향하다   land 착륙하다   psychology 심리학   payoff 이점   finding 결과   replicable 반복 가능한
procedure 절차

Essential Pattern #143

현재완료

Point 1 현재완료(have + p.p.)는 과거에 일어난 일이 현재에 영향을 미칠 때 쓰고, 다음과 같은 표현을 참고하여 완료, 경험, 결과, 계속 용법으로 해석할 수 있다.

완료: just, already, yet

경험: once, twice, ~ times, ever, never

계속: since, for, over the past/last

Point 2 과거와 현재라는 두 가지 시제를 이야기하기 때문에 다음과 같이 한 가지 시제를 나타내는 표현과 같이 쓸 수 없다.

ago ~ 전에   last 지난 ~   yesterday 어제

There **have been** many attempts to define what music is in terms of the specific attributes of musical sounds. [20' 수능]

악음(樂音)의 특정 속성이라는 견지에서 음악이 무엇인가를 정의하고자 하는 많은 시도가 있었다.

어법상 가장 적절한 표현을 고르시오.

정답 P.39

1 The check has never 〔arrive / arrived〕, although I've made three follow-up calls to his office. [19' 모의]

2 When you begin to tell a story again that you 〔retelling / have retold〕 many times, what you retrieve from memory is the index to the story itself. [19' 모의]

3 We 〔found / have found〕 over the past few years that text messages are the most reliable form of communication, so we are asking for your permission to contact your child. [19' 모의]

4 She 〔called / has called〕 yesterday and asked us to prepare this celebration for you. [19' 모의]

5 Last week I 〔returned / have returned〕 to Chipchester after ten relaxing days on your 'Barbados Escape Tour'. [19' 모의]

attribute 속성   check 수표   follow-up 뒤따라 행하는, 추가의   retrieve 되찾다   index 지표   reliable 신뢰할 만한
permission 허락   contact 연락하다   celebration 축하

현재완료진행 vs. 현재완료수동

 현재완료진행은 「have/has + been + V-ing」로 사용하며, '~해오고 있는 중이다'로 해석한다.

We **have been learning** English since 10.
우리는 10살 이후로 영어를 배우는 중이다.

 현재완료수동은 「have/has + been + p.p.」로 사용하며, '~되어져 왔다'로 해석한다.

The castle **has been repaired** for about 30 years.
그 성은 약 30년 동안 수리되어져 왔다.

- -

The reality of the situation is that nothing significant has been accomplished yet. 18' 모의

이 상황의 현실은 아직 중요한 것이 아무것도 달성되지 않았다는 것이다.

어법상 가장 적절한 표현을 고르시오.   정답 P.40

1 Evolutionary psychologist Robin Dunbar have been pushing / pushed another answer—one that has to do with being sociable. 19' 모의

2 These remedies have been thinking / thought out of fashion, but medical experts say they may actually work. 19' 수능

3 It is the former that give value, either cultural or financial, to the latter and explain why they have been selecting / selected from the near infinity of the past. 19' 수능

4 I know you have been having / had a hard time lately, and you aren't feeling really good or positive about your life. 15' 수능

5 After you said that positive thing, it helped me see one good quality in myself, and I have been holding / held onto those words. 15' 수능

단어

reality 현실   evolutionary 진화의   sociable 사교적인   remedy 치료(약), 처치   out of fashion 유행에서 뒤떨어진
former 전자   financial 재정적인   latter 후자   infinity 무한함   hold onto ~을 붙잡다, ~을 의존하다

D-28 과거완료

> **Point 1**
>
> **과거보다 더 이전의 사건을 말할 때 과거완료(had p.p.)를 사용한다.**
>
> He **had expected** to see ~, but now he <u>saw</u> nothing like that
> 　　　과거보다 더 이전　　　　　　　　　　　　　　　　　과거
> awaiting him.
>
> **Point 2**
>
> **과거완료도 수동의 형식으로 쓰이면 과거완료수동(had been p.p.)을 사용한다.**
>
> My parents <u>brought</u> some food that **had been prepared** for my
> 　　　　　　과거　　　　　　　　　　　　　　　과거보다 더 이전
> birthday.
> 내 부모님은 내 생일을 위해 준비되었던 약간의 음식을 가져오셨다.
>
> ---
>
> He **had expected** to see some old castles and historical monuments, but
> now he saw nothing like that awaiting him. 20' 수능
>
> 그는 몇몇 오래된 성들과 역사적인 기념물들을 보기를 기대했었지만, 이제 그를 기다리고 있는 그러한
> 것은 어떤 것도 보이지 않았다.

어법상 가장 적절한 표현을 고르시오.　　　　　　　　　　　　　　　　정답 P.40

1　The children were then asked to judge whether the cars │ have run / had run │
　for the same time and to justify their judgment. 20' 수능

2　One day, Amy learned that her mother had been │ diagnosed / diagnosing │
　with a serious illness, so she took a one-week leave of absence to be with her.
　19' 모의

3　Her brother, Justin, reported to Mom what │ has happened / had happened │.
　19' 모의

4　Nancy thanked her daughter for this special trip that she │ has prepared /
　had prepared │ in secret. 19' 모의

5　Their trip to France was Carol's surprise gift for the sixtieth birthday of her
　mother — a woman who │ has sacrificed / had sacrificed │ all her life for her
　only daughter. 19' 모의

단어 ─────────────────────────────────────

castle 성　historical 역사적인　monument 기념물　justify 정당화하다　judg(e)ment 판단　diagnose 진단하다
leave of absence 휴가　report to ~에게 보고하다　sacrifice 희생하다

시제 일치

 Point 1 주절의 시제가 과거인 경우에 종속절에는 과거, 과거완료를 쓰는 것이 일반적이다.

Many teachers **believed** that students merely engaging in activities and manipulating objects **would** organize ~.

will (X)

 Point 2 주절의 시제가 현재인 경우에는 종속절의 시제는 비교적 자유롭다.

I think that he **is** right. 나는 그가 괜찮다고 생각해.
I think that he **was** right. 나는 그가 괜찮았다고 생각해.
I think that he **will be** right. 나는 그가 괜찮을 것이라고 생각해.

- -

Many teachers **believed** that students merely engaging in activities and manipulating objects **would** organize the information to be gained and the knowledge to be understood into concept comprehension. 20' 수능

많은 교사들은 학생들이 단지 활동에 참여하고 사물을 조작하는 것만으로 얻게 되는 정보와 이해하게 되는 지식을 개념 이해로 체계화할 것이라고 믿었다.

어법상 가장 적절한 표현을 고르시오.

정답 P.40

1 The next step was to figure out that heavy objects can / could be moved by rolling them on three logs, keeping two logs under the load and shifting the log that rolled out the back up to the front. 17' 모의

2 The next thing I knew was that we are / were dancing, staring into each other's eyes. 19' 모의

3 So people expected that the egalitarian process continues / would continue and even accelerates / would accelerate . 19' 모의

4 As we left the airport, the driver began talking to me; he told me that I am / was the last of the new students he had to pick up that day. 19' 모의

5 Joe thought that he will / would play just one last time before telling them that he might pull out of the concert. 19' 모의

단어

engage in ~에 참여하다 manipulate 조작하다 comprehension 이해 log 통나무 load 짐, 화물
stare into ~을 응시하다 egalitarian 인류 평등주의 accelerate 가속화되다 pick up ~을 태우다
pull out of ~에서 철수하다, 손을 떼다

Essential Pattern #147

시제 일치의 예외

Point 1 주절의 시제가 과거라도 종속절이 일반적 사실, 진리, 현재의 습관을 표현할 경우 종속절에 현재 시제를 사용한다.

~ researchers **observed** that <u>expert chess players have a much greater aptitude</u> ~.
일반적 사실

Point 2 속담이 종속절에 오는 경우에도 현재 시제를 사용한다.

Mr. Park **said** that <u>blood is thicker than water</u>. (속담)
박 선생님은 피는 물보다 더 진하다고 말씀하셨다

It was not surprising, then, when researchers **observed** that expert chess players **have** a much greater aptitude to remember chess-board patterns compared to test subjects who do not play chess. 19' 모의

따라서 연구원들이 숙련된 체스 선수들이 체스를 하지 않는 실험 대상자와 비교하여 체스판 패턴을 기억하는 데 있어 훨씬 더 뛰어난 소질을 보이는 것을 관찰했을 때 그것은 놀라운 일이 아니었다.

어법상 가장 적절한 표현을 고르시오.   정답 P.41

1 She reminded me that life | is / was | too short to not lend a helping hand when the opportunity arises. 16' 모의

2 Not many years ago, schoolchildren were taught that carbon dioxide | is / was | the naturally occurring lifeblood of plants, just as oxygen is ours. 14' 모의

3 A wise person once told me that what's important | is / was | not so much the path you're on as the direction you're headed. 14' 모의

4 An executive recruiter said she never | uses / using | email to check references. 12' 모의

5 Coates realized that negative comments | create / created | a loop: they poison the atmosphere, chasing off productive posters. 16' 모의

단어

aptitude 소질   compared to ~와 비교하여   carbon dioxide 이산화탄소   lifeblood 생명선, 혈액   oxygen 산소
executive 간부, 중역   recruiter 채용자   reference 추천서   loop 순환 고리

재귀대명사

Point 1
주어와 같은 대상이 목적어로 오면 재귀대명사(-self, -selves)를 사용한다.
You have to give **yourself** permission to improvise ~. (같은 대상)
= you

Point 2
재귀대명사는 주어, 목적어, 보어와 동격이 되어 생략이 가능한 강조 용법과, 재귀대명사가 목적어로 쓰여 생략이 불가능한 재귀 용법으로 나누어진다.
Tom (**himself**) made cookies. (강조 용법) Tom은 자신이 직접 쿠키를 만들었다.
생략 가능
She talked about **herself**. (재귀 용법) 그녀는 그녀 자신에 대해 이야기했다.
생략 불가

You have to give **yourself** permission to improvise, to mimic, to take on a long-hidden identity. 20' 수능

즉흥적으로 하고, 흉내 내고, 오랫동안 숨겨져 있던 정체성을 나타낼 수 있도록 당신 스스로를 허락해야 한다.

어법상 가장 적절한 표현을 고르시오.   정답 P.41

1 It threw | it / itself | up and over the rushing water above, but in vain. 20' 수능

2 Or they think that it is irresponsible, immature, and childish to give | them / themselves | regularly over to play. 20' 수능

3 While up until now they have only been able to buy little more than status symbols, soon they might be able to buy life | it / itself |. 19' 모의

4 "Congratulations!" That was the first word that Steven saw when he opened the envelope that his dad handed to | him / himself |. 20' 모의

5 Moreover, people are sometimes unaware of how they, | them / themselves |, are affected. 19' 모의

 단어

permission 허가 improvise 즉흥으로 하다 mimic 흉내 내다 take on (성질, 기운을) 띠다 identity 정체성
in vain 헛되이 immature 미숙한 childish 유치한 symbol 상징물 hand 건네주다 unaware of ~을 알지 못하는

D-26 재귀대명사의 관용적 용법

Point 1 의미에 따라 관용적 표현으로 꼭 재귀대명사를 써야 할 경우가 있다.

It is time to define your personal expectations for yourself.
여러분의 개인적인 기대를 스스로 정할 때이다.

Point 2 재귀대명사의 관용적 용법으로 다음과 같은 것들이 있다.

by oneself 혼자서	beside oneself 제정신이 아닌
for oneself 자기 힘으로	enjoy oneself 즐겁게 지내다
of oneself 저절로	help oneself 마음껏 먹다

But we have rarely stepped back and taken the time to ask people to define, **for themselves**, what they consider the good life to be! 18' 모의

그러나 우리가 한 걸음 물러나 시간을 들여 사람들에게 좋은 삶을 무엇이라고 여기는지 스스로 정의해 보라고 요청한 적은 드물다!

어법상 가장 적절한 표현을 고르시오. 정답 P.41

1 Parents are quick to inform friends and relatives as soon as their infant holds her head up, reaches for objects, sits by her / herself , and walks alone. 17' 모의

2 Although such questions can be important social lubricants, in them / themselves they generally fail to spark an engaging and enriching empathic exchange. 16' 모의

3 For people in our studies who live by them / themselves , Sunday mornings are the lowest part of the week, because with no demands on attention, they are unable to decide what to do. 16' 모의

4 When we want something badly for our children, so badly that we behave in ways that aren't helpful for our kids, it can mean we're trying to fulfill a need for us / ourselves . 16' 모의

5 Material wealth in and of it / itself does not necessarily generate meaning or lead to emotional wealth. 16' 수능

단어

step back 한 걸음 물러나 생각하다 inform 알리다 relative 친척 infant 유아 lubricant 윤활유 spark 촉발하다 enrich 질을 높이다, 강화하다 empathic 감정 이입의 demand 요구 fulfill 충족시키다 material 물질적 necessarily 반드시 generate 발생시키다 emotional 감정적인

it vs. them

 it은 '그것'이라는 의미로 하나의 대상이나 사실을 지칭할 수 있다.

A: Where is <u>the police station</u>? 경찰서는 어디에 있나요?

B: **It**'s next to the library. 그것은 도서관 옆에 있습니다.
    <u>the police station</u>

 them은 '그들, 그것들'이라는 의미로 복수의 대상을 지칭한다.

A: I've just seen <u>the actors</u> upstairs. 나는 방금 위층에서 그 배우들을 보았어.

B: Really? I want to meet **them** now. 정말이야? 나도 그들을 지금 만나고 싶어.
    <u>the actors</u>

But somewhere in between, most people acquire a bit of decency that qualifies **them** for membership in the community of moral agents. 20' 수능

하지만 (태어나서 죽는) 그 사이의 어딘가에서, 대부분의 사람들은 그들에게 도덕적 행위자 공동체의 구성원 자격을 주는 얼마간의 예의를 습득한다.

어법상 가장 적절한 표현을 고르시오. 정답 P.41

1 So, there was a social pressure for art to come up with some vocation that both distinguished it / them from science and, at the same time, made it equal in stature to science. 19' 모의

2 This is so difficult to do because we never want to see our children suffer, but these little learning experiences actually make it / them feel more empowered. 19' 모의

3 When you understand resistance, you can learn to expect it / them and even use it / them to your advantage. 19' 모의

4 The poet either has to reproduce and circulate his work himself or not have it / them circulated. 19' 모의

5 It has been argued that we should construct our general theories, deduce testable propositions and prove or disprove it / them against the sampled data. 19' 모의

단어

qualify 자격을 주다　moral 도덕적인　agent 행위자　vocation 소명　distinguish 구별하다　stature 위상
empower 권한을 부여하다　resistance 저항　reproduce 복제하다　circulate 유통하다　construct 구축하다
deduce 추론하다　testable 검증할 수 있는　proposition 명제　disprove 틀렸음을 입증하다

D-25 one vs. it

Point 1 앞에서 언급된 대상 중 임의의 하나를 언급할 때, 혹은 일반적인 사람을 말할 때 **one**을 쓴다.

~ though <u>poets</u> do depend on printers and publishers, **one** can produce ~.

= one of the poets

Point 2 앞에서 언급된 사물 자체를 지칭할 때 **it**을 쓴다.

They like to talk about <u>the issue</u>, but I don't like to talk about **it**.

= the issue

그들은 그 이슈에 대해 이야기하는 것을 좋아하지만, 나는 그것에 대해 이야기하는 것을 좋아하지 않아.

Thus, though poets do depend on printers and publishers, **one** can produce poetry without them. 19' 모의 .

그러므로 시인들이 인쇄업자와 출판업자에 의지하기는 하지만, 어떤 이는 그들 없이도 시를 창작할 수 있다.

어법상 가장 적절한 표현을 고르시오.

정답 P.42

1 As a result, a reliance on schemata will inevitably make the world seem more "normal" than one / it really is and will make the past seem more "regular" than it actually was. 19' 수능

2 I spent about five minutes curled up with the rock close to my eyes before passing one / it to Farish for his expert opinion. 18' 모의

3 It is easier to drop the old hypothesis if one / it can find a new one to replace it. 18' 모의

4 The elastic band of sleep deprivation can stretch only so far before one / it snaps. 18' 모의

5 Therefore, one / it should not evaluate the tea's drinkability or taste merely because its leaves are not tightly rolled. 17' 모의

단어

publisher 출판업자 poetry 시 reliance 의존 schemata 도식 hypothesis 가설 elastic band 고무 밴드
deprivation 부족 only so far 어느 정도까지만 snap 끊어지다 evaluate 평가하다 drinkability 음용 가능성

one / another / the other

 Point 1 여러 개의 대상 중에 불특정한 하나를 지칭할 때 one, 그 이후 또 다른 임의의 하나를 지칭할 때 another라고 한다.

~ information flows from **one** <u>child</u> to **another** in diffusion chains.
= another child

 Point 2 마지막에 하나[한 명] 남은 것은 the other라고 한다.

There are <u>two books</u> on the shelf. Mike will read **one** and I will read **the other**. 책장에 책 두 권이 있다. Mike가 하나를 읽을 것이고, 내가 나머지를 읽을 것이다.
최후의 하나

- -

Many studies of social learning in children focus on the fidelity with which information flows from **one** child to **another** in diffusion chains. 19' 모의

아동의 사회적 학습에 대한 많은 연구는 확산 사슬 속에서 한 아이로부터 다른 아이로 정보가 흘러가는 정확도에 초점을 맞춘다.

어법상 가장 적절한 표현을 고르시오.

정답 P.42

1 One / The other sets a baseline of at least not causing harm; one / the other points toward aspirational or idealized beneficent behavior. 19' 모의

2 In 2003, scientists at Kyushu University in Japan fed hard food pellets to one / the other group of rats and softer pellets to another group. 19' 모의

3 One neural system is under voluntary control and another / the other works under involuntary control. 18' 모의

4 And at some level, they were right, as anyone who has ever compared a tomato at room temperature with one from the fridge can confirm: one / another is sweetly fragrant and juicy; the other is metallic and dull. 18' 모의

5 Suppose a child throws a ball to one / another child intending to start a game of catch. The other child is not watching and the ball hits the child on the head. 17' 모의

 단어

fidelity 정확도   diffusion 확산   aspirational 염원하는   idealized 이상화된   beneficent 선행을 베푸는
pellet 알갱이   neural 신경의   voluntary 자발적인   fragrant 향기가나는   metallic 금속성의   dull 밍밍한

both vs. either

 Point 1

'양쪽의, ~ 둘 다'라는 의미로 주어를 복수 취급한다.

Both tasks are possible, but ~.
　　　　　is (X)

 Point 2

either A or B는 'A 또는 B 중 하나'라는 의미로 B에 수 일치를 한다.

Either you or she has to take the opportunity.
　　　　　　　　have (X)

당신 또는 그녀가 그 기회를 잡아야 한다.

Both tasks are possible, but only one is an efficient and productive use of resources and therefore the more feasible. `19' 모의`

두 가지 일 모두 가능하지만, 오직 하나만이 효율적이고 생산적인 자원 활용이며 그래서 더 실현성이 있는 일이다.

어법상 가장 적절한 표현을 고르시오.

정답 P.42

1 Both versions [insist / insists] on caring for others, whether through acts of omission, such as not injuring, or through acts of commission, by actively intervening. `19' 모의`

2 [Both / Either] the budget deficit and federal debt have soared during the recent financial crisis and recession. `18' 모의`

3 For example, a person may derive intrinsic satisfaction from helping others; so if the recipient reciprocates favor for favor, [both / either] intrinsic and extrinsic satisfaction derive from the profitable interaction. `18' 모의`

4 Both humans and rats [has / have] evolved taste preferences for sweet foods, which provide rich sources of calories. `18' 수능`

5 It seems paradoxical that both freedom and belonging [is / are] strong values of a single culture. `17' 모의`

단어

feasible 실현성 있는 omission 부작위 commission 작위 intervene 개입하다 deficit 적자 financial 재정적인
recession 경기 침체 intrinsic 내적의 recipient 받는 사람 reciprocate 보답하다 extrinsic 외적인
profitable 유익한 preference 선호 paradoxical 역설적인 belonging 소속

some / others

 Point 1

some ~ others로 쓰일 때 some은 '몇몇 사람들, 몇몇의'라는 의미로 쓰이고 복수 취급하거나 뒤에 복수 명사가 온다.

Some <u>schools and workplaces</u> <u>emphasize</u> a stable~.
　　　　　복수 명사

 Point 2

others는 '다른 사람[것]들'이라는 의미로 복수 취급하고, other는 '다른'이라는 의미로 뒤에 복수 명사가 주로 온다.

Others <u>emphasize</u> creative usage of a database, ~.
Other <u>teachers</u> were there. 다른 선생님들은 거기에 계셨다.
　　　teacher (X)

Some schools and workplaces emphasize a stable, rote-learned database. ...... **Others** emphasize creative usage of a database, without installing a fund of knowledge in the first place. 20' 수능

일부 학교와 직장에서는 안정적이고, 기계적으로 암기한 데이터베이스를 강조한다. ...... 다른 학교와 직장에서는 애초에 지식의 축적을 정착시키지 않고 창의적인 데이터베이스의 사용을 강조한다.

어법상 가장 적절한 표현을 고르시오.　　　　　　　　　　　정답 P.43

1 One / Some philosophers of science such as Bronowski claim that science cannot be practiced in authoritarian regimes. 18' 모의

2 Some were cleansing products and other / others were not. 18' 모의

3 Psychologists who study giving behavior have noticed that some people give substantial amounts to one or two charities, while others / the other give small amounts to many charities. 18' 수능

4 The characteristics of an object such as its geometric configuration and mass distribution may demand that all / some fingers apply greater force than others to maintain stability. 16' 모의

5 We can use our resources to satisfy only some of our wants, leaving many other / others unsatisfied. 16' 모의

 단어

---

rote-learned 기계적으로 암기한　authoritarian 권위주의적인　regime 체제　substantial 상당한　charity 자선 단체
geometric 기하학적인　configuration 구성　mass 질량　distribution 분포　apply force 힘을 가하다　stability 안정감

D-23 some vs. any

 Point 1

some은 '조금, 약간의, 몇몇의'라는 의미로 '평서문, 권유문' 등에 주로 쓰인다.

Would you like to have **some** wine? 와인 좀 드시겠습니까?
　　　　　　　　　　　any (X)

 Point 2

any는 '어떤, 좀'이라는 의미로 '의문문, 조건문, 부정문' 등에 주로 쓰인다.

She doesn't recite or answer **any** question during class. (부정문)

- -

She doesn't recite or answer **any** question during class. 〔19' 모의〕

그녀는 수업 중에 낭독하지도 않고 어떤 질문에 대답하지도 않습니다.

어법상 가장 적절한 표현을 고르시오.　　　　　　　　　　　　　　　정답 P.43

1 It used to take ⸤some / any⸥ effort to find Holocaust-denying pseudohistory; now it's one click away. 〔19' 모의〕

2 Average performers believe their errors were caused by factors outside their control: My opponent got lucky; the task was too hard; I just don't have ⸤some / any⸥ natural ability for this. 〔19' 모의〕

3 In the same way, one of the basic principles of early modernist architecture was that every part of a building must be functional, without ⸤some / any⸥ unnecessary or fancy additions. 〔19' 모의〕

4 I couldn't see ⸤some / any⸥ information about changing recipes. 〔19' 수능〕

5 Hardly ⸤some / any⸥ discovery is possible without making use of knowledge gained by others. 〔18' 모의〕

〔단어〕

recite 낭독하다　Holocaust 홀로코스트　deny 부인하다　pseudohistory 가짜 역사　factor 요인　opponent 상대방
modernist 근대주의　functional 기능적인　unnecessary 불필요한　fancy 화려한　addition 부가물
make use of ~을 이용하다

other vs. another

Point 1

other는 '다른'이라는 의미로 뒤에 주로 복수 명사가 온다.

~, I am very happy to let my dogs run around and safely play with
other <u>dogs</u> from the neighborhood.

Point 2

**another는 「an + other」의 구조로 '또 다른 하나, 또 다른 하나의'로 해석하고
단수 취급하거나 뒤에 단수 명사가 온다.**

She came up with **another** <u>idea</u>. 그녀는 또 다른 생각을 떠올렸다.

As I live with three dogs, I am very happy to let my dogs run around and
safely play with **other** dogs from the neighborhood. 20' 수능

세 마리의 애완견과 함께 살고 있기에, 저는 제 애완견들이 뛰어다니고 이웃의 다른 애완견들과 함께
안전하게 놀 수 있게 해줄 수 있어 매우 기쁩니다.

어법상 가장 적절한 표현을 고르시오.   정답 P.43

1 This is particularly true for people who have been valued for performance
   standards set by parents or the educational system, or measured by
   | another / other | cultural norms that are internalized and no longer questioned.
   20' 수능

2 | Another / Other | way I can allow myself to hold on to statements that
   contradict the facts is deliberately to refrain from examining the facts to which
   the statements refer. 19' 모의

3 My dogs in fact responded to | another / other | musical features beside the
   regular jingling of my jewelry. 19' 모의

4 Competition is basically concerned with how the availability of resources,
   such as the food and space utilised by various organisms, is reduced by
   | another / other | organisms. 19' 모의

5 As the sky grew dark, Carol hurried because she had prepared | another / other |
   secret surprise for Nancy. 19' 모의

단어

norm 일반적 규범 internalized 내면화된 contradict 모순되다 deliberately 고의로 refrain from ~을 삼가다, 자제하다
jingle 딸랑거리다 jewelry 보석류 availability 유용성, 이용할 수 있음 resource 자원, 재원 utilise[utilize] 활용하다
organism 유기체

D-22 · every vs. each

Point 1

each는 '각각, 각각의'라는 뜻을 가지며 「each + 단수 명사」, 「each + of + 복수 명사」, 또는 부사로 단독으로 쓰인다.

For **each of** the three <u>locations</u>, the proportion of the respondents ~.

Point 2

every는 '모든'이라는 뜻을 가지며 「every + 단수 명사」의 형태로 주로 쓰인다.

He knows **every** student in the school. 그는 학교의 모든 학생을 안다.
　　　　　　　students (X)

For **each** of the three locations, the proportion of the respondents who chose "It depends" is above 30%. 19' 모의

세 장소 각각에 대해 '상황에 따라 다르다'를 선택한 응답자의 비율은 30퍼센트가 넘는다.

어법상 가장 적절한 표현을 고르시오. 　　　　　　　　　　　　　　　　　정답 P.43

1 I often explain to my MBA students that the reason they take the same seat in class │ all / every │ week is that we are, at our core, instinctual animals. 19' 모의

2 What │ each / every │ of them will remember is selective and coloured by their family's constructs system. 18' 모의

3 We offer a trail tour │ all / every │ Saturday from June to September. 17' 모의

4 For almost │ every / each of │ location in the world, there is an "optimal" temperature at which deaths are the lowest. 17' 모의

5 We must assume that we had one chance │ each / every │ for *The Divine Comedy* and *King Lear*. 16' 모의

단어 ————

location 장소　proportion 비율　respondent 응답자　MBA 경영학 석사　instinctual 본능적인
selective 선택적인　trail 숲길　optimal 최적의

기본적인 분사구문 V-ing

 Point 1 종속절의 「접속사 + 주어 + 동사 ~」의 주어가 주절의 주어와 같을 때 접속사와 주어를 생략하고 동사를 현재분사(V-ing)으로 쓰는 것을 분사구문이라고 한다.

When he looked out the bus window, <u>Jonas</u> could not stay calm.
= **Looking** out the bus window, <u>Jonas</u> could not stay calm.

 Point 2 주절과 종속절의 주어가 다를 경우, 주어를 생략할 수 없고 분사 앞에 놓아야 한다.

As the sign was written in Japanese, <u>I</u> couldn't read it.
= **The sign being** written in Japanese, <u>I</u> couldn't read it.
표지판이 일본어로 쓰여 있어서 나는 읽을 수가 없었다.

Looking out the bus window, Jonas could not stay calm. 20' 수능
버스 창밖을 내다보면서 Jonas는 차분히 있을 수가 없었다.

어법상 가장 적절한 표현을 고르시오.
정답 P.44

1 Walk / Walking up the path and back to the car, they could still hear the fish splashing in the water. 20' 수능

2 Watching / Watched the salmon, Marie noticed Nina fixing her eyes on their continuing challenge. 20' 수능

3 Taking / It taking a deep breath, he picked up his board and ran into the water. 19' 수능

4 Walking / Walked out of the water joyfully, he cheered, "Wow, I did it!" 19' 수능

5 To feel / Feeling exhausted and discouraged, she asked Grandma, "Why don't we just get rid of all the butterflies, so that there will be no more eggs or caterpillars?" 19' 수능

 단어

splash 첨벙거리다　fix one's eyes on ~의 시선을 …에 고정시키다　joyfully 기쁘게　exhausted 지친
discouraged 낙담한　get rid of ~을 없애다　caterpillar 애벌레

D-21 과거분사로 시작되는 분사구문

Point 1 분사구문을 만들 때 be동사는 being으로 바꾼다.

Since she was surprised, she looked at her smiling daughter.
= Being surprised, she looked at her smiling daughter.

Point 2 being과 have been은 생략할 수 있어 과거분사로 시작하는 구문이 생긴다.

Being surprised, she looked at her smiling daughter.
= Surprised, she looked at her smiling daughter.

Surprised, she looked at her smiling daughter. 〔19' 모의〕

깜짝 놀라, 그녀는 미소 짓는 자신의 딸을 바라보았다.

어법상 가장 적절한 표현을 고르시오.

정답 P.44

1 Pressing / Pressed for time and stuck in a deadlock, she had no idea how to finish the paper. 〔19' 모의〕

2 Concerning / Concerned about Jean idling around, Ms. Baker decided to change her teaching method. 〔19' 모의〕

3 Relieving / Relieved , she and Ellie started on the first cabbage. 〔19' 수능〕

4 Surrounding / Surrounded by cheering friends, she enjoyed her victory full of joy. 〔18' 모의〕

5 Facing / Faced with a group of spear-wielding adversaries, we needed to know instantly whether there were more of them than us. 〔18' 모의〕

 단어

press 압박을 가하다 deadlock 교착 상태, 막다른 상태 idle 빈둥거리다 relieve 완화하다 cabbage 양배추
surround 둘러싸다 face 직면하다 spear 창 wield 휘두르다 adversary 적

명사 + 분사

 Point 1 명사 뒤에서 현재분사(V-ing) 또는 과거분사(p.p.)가 의미에 맞게 수식할 수 있다.

the improvisatory <u>instincts</u> **drilled** into us for millions of years
명사 수식

 Point 2 명사 다음에 「관계대명사 + be동사」가 생략된 형태라고 볼 수 있다.

The scientists removed <u>the cement</u> (which was) **used** inside the temple.
그 과학자들은 사원 내부에서 사용되었던 시멘트를 제거했다.

They ignore the improvisatory instincts **drilled** into us for millions of years.
그들은 수백만 년 동안 우리에게 주입되어온 즉흥적인 직감을 무시한다. 20' 수능

어법상 가장 적절한 표현을 고르시오.
정답 P.44

1 Without the context providing / provided by cells, organisms, social groups, and culture, DNA is inert. 20' 수능

2 They have various terms relating / related to cattle, so they can distinguish between hundreds of types of cows, based on color, markings, and shape of horns. 20' 수능

3 Speculations about the meaning and purpose of prehistoric art rely heavily on analogies drawing / drawn with hunter-gatherer societies. 20' 수능

4 The only things giving / given off light were the moon and the stars. 19' 모의

5 An individual neuron sending a signal in the brain uses as much energy as a leg muscle cell running / run a marathon. 19' 모의

 단어

improvisatory 즉흥적인 drill A into B A를 B에 주입시키다 inert 기력이 없는 based on ~에 근거하여
marking 무늬 horn 뿔 speculation 고찰 prehistoric 선사 시대의 analogy 유사점 neuron 뉴런, 신경 세포

D-20 절 뒤에 오는 분사구문

Point 1

하나의 절 뒤에 「and S + V ~」가 올 때 의미상 주어가 같으면 접속사와 주어를 생략하고 동사를 V-ing로 쓴다.

The Nuer are one of the largest ethnic groups in South Sudan, **and they primarily reside** ~.

= The Nuer are one of the largest ethnic groups in South Sudan, primarily **residing** ~.

Point 2

동사의 병렬과는 다른 구조이니 주의하자.

The young must <u>locate</u>, <u>identify</u>, and <u>settle</u> in a habitat.

settling (X)

그 어린 것은 서식지를 찾고, 확인하고, 거기에 정착해야 한다.

The Nuer are one of the largest ethnic groups in South Sudan, primarily **residing** in the Nile River Valley. 20' 수능

누에르족은 남수단의 가장 큰 민족 집단 중 하나로, 주로 나일강 계곡에 거주한다.

어법상 가장 적절한 표현을 고르시오. 정답 P.45

1 Hundreds of fish tails were flashing and catching light from the sun, moving / moved upstream. 20' 수능

2 On completing his undergraduate degree he started graduate work in mathematics, earning / earned his doctorate at age twenty-four. 19' 모의

3 In a variety of ways and meanings, these are all instruments intended to define or distinguish who is in from who is out, separate / separating the participants from the ostracized. 19' 모의

4 A printing press could copy information thousands of times faster, allowing / allowed knowledge to spread far more quickly, with full fidelity, than ever before. 19' 수능

5 We'll spend the next three decades — indeed, perhaps the next century — in a permanent identity crisis, continually to ask/asking ourselves what humans are good for. 18' 수능

ethnic 민족의   flash 번쩍이다   upstream 상류로   undergraduate 학부생, 대학생   degree 학위
doctorate 박사 학위   intend 의도하다   distinguish 구별하다   ostracize 추방하다, 배척하다   fidelity 정확도, 충실도
permanent 영구[영속]적인   identity 정체성   continually 계속해서

with + 명사 + 분사구문

Point 1
'~한 채, ~하는 상황'을 뜻하며 with 다음의 명사와 동사 사이의 의미 관계가 능동이면 V-ing를 쓴다.

~, **with its advocates slipping** into scientism (능동)
　　　　　옹호자들이　　　빠지다

Point 2
with 다음의 명사와 동사 사이의 의미 관계가 수동이면 p.p.를 쓴다.

She didn't say anything, **with her legs crossed**. (수동)
　　　　　　　　　　　　　　　　다리가　　꼬아지다

그녀는 다리를 꼰 채로 아무 말도 하지 않았다.

The role of science can sometimes be overstated, **with its advocates slipping** into scientism. 20' 수능

과학의 역할은 때때로 과장될 수 있고, 그것의 옹호자들은 과학만능주의에 빠진다.

어법상 가장 적절한 표현을 고르시오.　　　　　　　　　　　정답 P.45

1 With my eyes | blindfolding / blindfolded |, I was wondering to what fantastic place she was taking me. 19' 모의

2 With the industrial society | evolving / evolved | into an information-based society, the concept of information as a product, a commodity with its own value, has emerged. 19' 수능

3 Both the pop song and the art song tend to follow tried-and-true structural patterns. And both will be published in the same way — with a vocal line and a basic piano part | writing / written | out underneath. 17' 모의

4 With the phone number of a professional surfer from her flight | folding / folded | in her pocket, she felt the promise of an exciting new life. 17' 모의

5 In the "snake" condition, the chimps all entered the enclosure with the fur on their backs | spiking / spiked | up and approached the danger zone with extreme caution, poking at the leaf bed with sticks rather than with their hands. 17' 모의

단어

blindfold 눈을 가리다　industrial 산업의　evolve 진화하다　commodity 상품　emerge 등장하다, 나타나다
tried-and-true 유효성이 증명된, 신뢰할 수 있는　underneath ~의 밑에　promise 기대감, 징조
enclosure 울타리를 친 장소　spike up 곤두세우다　extreme 극도의　poke 쿡 찌르다

D-19 감정동사의 분사형

Point 1 감정동사의 V-ing 형태는 '~하게 만드는'이라는 능동적인 의미이다.

The novel is very **interesting**. (소설이 사람을 흥미롭게 만듦)
~~interested (X)~~

그 소설은 아주 흥미롭다.

Point 2 감정동사의 p.p. 형태는 '~되어진'이라는 수동적인 의미이다.

She felt **ashamed** to be looking at them. (그녀가 부끄러운 감정을 느끼게 됨)
~~ashaming (X)~~

She felt **ashamed** to be looking at them. 20' 수능

그녀는 그것들을 바라보고 있는 것에 창피함을 느꼈다.

어법상 가장 적절한 표현을 고르시오.　　　　　　　　　　　정답 P.45

1 Although photocopiers are made for easy use by anyone, their complicated features and interfaces can make them ｜ frustrating / frustrated ｜. 19' 모의

2 She turned on the TV but nothing was ｜ interesting / interested ｜. 19' 모의

3 About fifteen months later, he was ｜ surprising / surprised ｜ to receive yet another letter from Cassady, especially since he hadn't thanked him for his original advice. 18' 수능

4 I was ｜ fascinating / fascinated ｜ by the beautiful leaves and flowers of the mangroves. 18' 수능

5 He became ｜ interesting / interested ｜ in art when he became friends with future artist William Glackens in high school. 17' 모의

단어

photocopier 복사기　complicated 복잡한　interface 인터페이스, 접속 장치　frustrate 좌절시키다, 좌절감을 주다
especially 특히　original 최초의, 원래의　fascinate 사로잡다, 매료하다　mangrove 맹그로브(열대나무의 일종)

Essential Pattern #164

분사구문의 부정

> **Point 1** 분사구문을 부정할 때 분사 앞에 부정어 Not 또는 Never를 쓴다.
> <u>Not</u> **following** Cassady's advice, he became discouraged, ~.

> **Point 2** 문장 뒤에 분사구문이 오는 경우에도 분사 앞에 부정어를 써서 부정한다.
> She went to Canada in 2010, <u>not</u> **knowing** what to do.
> 그녀는 2010년에 캐나다에 갔고, 무엇을 할지도 몰랐다.

Not following Cassady's advice, he became discouraged, put his materials away, and decided to forget cartooning as a career. 18' 수능

Cassady의 조언을 따르지 않고, 그는 낙심했으며, 자신의 자료들을 치웠고, 만화 제작을 직업으로 삼는 것을 잊기로 했다.

어법상 가장 적절한 표현을 고르시오. 정답 P.45

1 Timothy, [not knowing / knowing not] what to do, stayed very still just watching them fight. 19' 모의

2 He worked the remainder of the year away from us, [not returning / returning not] until the deep winter. 15' 모의

3 At Harvard many students are so impatient to shine that they try to peak before their full growth, [not having / having not] time to ponder deeply 18' 모의

4 He approached one of the boys on the field and asked if Shay could play, [didn't expect / not expecting] much. 11' 모의

5 [Not knowing / Knowing not] what to do, she handed the coin to her and asked nervously, "Want to buy a fresh red rose?" 10' 모의

 단어

material 자료 remainder 나머지 impatient 안달하는, 못 견디는 shine 뛰어나게 잘하다 peak 절정에 달하다
ponder 숙고하다 approach 다가가다 field 운동장 hand 건네주다 nervously 불안하게, 초조하게

Essential Pattern #165

분사구문의 시제

Point 1

다른 문장의 사건보다 이전에 일어난 것을 표현할 때, 완료분사구문(having p.p.)을 쓴다.

~ but <u>is secondarily adapted</u>, **having passed** from ocean ~.
　　　　나중에 일어난 일　　　　　　　먼저 일어난 일

Point 2

완료분사구문에서 having been은 생략 가능하다.

<u>As I had been deceived by my friends</u>, I couldn't trust them again.
= **(Having been) deceived by my friends**, I couldn't trust them again.
내 친구들에게 속은 적이 있었기 때문에, 나는 그들을 다시 믿을 수 없었다.

Having returned to France, Fourier began his research on heat conduction.
프랑스로 돌아온 후에 푸리에는 열전도에 관한 자신의 연구를 시작했다. 〔14' 수능〕

어법상 가장 적절한 표현을 고르시오. 　　　　　　　　　　　　　정답 P.46

1 It appears that most freshwater life did not originate in fresh water, but is secondarily adapted, │ has passed / having passed │ from ocean to land and then back again to fresh water. 〔17' 모의〕

2 Henri Matisse came late to painting, │ training / having trained │ to be a lawyer to please his father. 〔12' 모의〕

3 │ Missing / Having missed │ breakfast we turned eagerly to lunch, breaking out peanut butter sandwiches, apples, and cookies. 〔12' 모의〕

4 │ Reminding / Having reminded │ her students many times that composers like Wagner depended on the listeners' remembering the earlier theme to recognize its later use, she was determined to make her students understand that themes recur throughout a piece. 〔12' 수능〕

5 │ Saying / Having said │ positive things, they also then liked the person more themselves. 〔11' 모의〕

〔단어〕

deceive 속이다　heat conduction 열전도　originate 유래하다, 비롯되다　please 즐겁게[기쁘게] 하다
eagerly 열심히　break out 꺼내다　remind 상기시키다, 일깨우다　composer 작곡가　depend on ~에 의존하다
theme 주제　recognize 인식하다　be determined to ~하기로 각오하다　recur 다시 일어나다, 반복되다

접속사를 생략하지 않은 분사구문

 Point 1 분사구문을 만들 때 의미를 분명히 하기 위해 접속사를 그대로 두기도 한다.

When considered in this light, the visual preoccupation of early humans ~.

 Point 2 이때 주어는 생략하고, 동사는 분사의 형태 중 하나를 쓴다.

After he finished his homework, he turned off the computer.
= **After finishing** his homework, he turned off the computer.
그의 숙제를 끝낸 다음 그는 컴퓨터를 껐다.

When considered in this light, the visual preoccupation of early humans with the nonhuman creatures inhabiting their world becomes profoundly meaningful. 20' 수능

이런 측면에서 고려될 때, 초기 인류가 자신들의 세계에 살고 있는 인간 이외의 생명체들에 대하여 시각적으로 집착한 것은 깊은 의미를 띠게 된다.

어법상 가장 적절한 표현을 고르시오. 정답 P.46

1 When | face / facing | a choice that entails risk, which guideline should we use — "Nothing ventured, nothing gained" or "Better safe than sorry"? 20' 수능

2 It's not so much that your memory of last week's lunch has disappeared; if | provide / provided | with the right cue, like where you ate it, or whom you ate it with, you would likely recall what had been on your plate. 18' 수능

3 More than half of Americans age 18 and older derive benefits from various transfer programs, while | paying / paid | little or no personal income tax. 19' 모의

4 After | seen / seeing | the frightened looks on the children's faces and feeling the aftermath of the hurricane that just overtook her, she drives to the movies in a state of shock and disbelief. 19' 모의

5 When | considering / considered | in terms of evolutionary success, many of the seemingly irrational choices that people make do not seem so foolish after all. 17' 모의

 단어

entail 수반하다   venture 모험하다, 위험을 무릅쓰고 ~하다   cue 신호, 단서   recall 기억해내다
derive A from B B에서 A를 얻다   aftermath 여파, 후유증   overtake 덮치다   in terms of ~의 관점에서
seemingly 겉보기에   irrational 비이성적인   foolish 어리석은

Essential Pattern #167

D-17 관용적 분사구문

Point 1 부사절의 주어가 we, you, they, people 등과 같이 일반인일 경우 주절과 주어가 다르다 할지라도 생략하여 분사구문을 만들 수 있다.

A gene that is lethal in an older body may still be successful in the gene pool, **provided** its lethal effect does not show ~.

Point 2 관용적 분사구문은 다음과 같다.

frankly speaking 솔직히 말해서   generally speaking 일반적으로 말해서
roughly speaking 대강 말해서   judging from ~로 판단해 보면
strictly speaking 엄격하게 말해서   considering ~을 고려하면
providing[provided] 만약 ~하면   given ~임을 고려해볼 때

A gene that is lethal in an older body may still be successful in the gene pool, **provided** its lethal effect does not show itself until after the body has had time to do at least some reproducing. 17' 모의

나이 든 사람의 몸에 치명적인 유전자는 그 몸이 최소한 어느 정도 자식을 낳는 시기가 지난 후까지 그 치사 효과를 나타내지 않는다면 유전자 공급원에서 여전히 성공적일 수 있다.

어법상 가장 적절한 표현을 고르시오.

정답 P.46

1 In fact, doing so may be depressing, | giving / given | that they may not have the opportunity to get to know the person better in future interactions. 13' 모의

2 | Giving / Given | that music appears to enhance physical and mental skills, are there circumstances where music is damaging to performance? 13' 모의

3 Taking a stand for the Yasuni oilfield's protection is a bold move, | considering / considered | that about seventy percent of Ecuador's income is from oil. 12' 모의

4 | Considering / Considered | the habitat of these trees, such as rocky areas where the soil is poor and precipitation is slight, it seems almost incredible that they should live so long or even survive at all. 12' 수능

5 | Provide / Provided | those benefiting from your gift could possibly repay your generosity in the future, that was the best thing you could do with excess meat. 11' 모의

단어

lethal 치명적인   depressing 우울하게 만드는   interaction 상호작용, 교제   enhance 향상시키다
circumstance 상황, 환경   take a stand ~한 입장[태도]를 취하다   bold 대담한   habitat 서식지
rocky 바위[돌]투성이의   precipitation 강수, 강수량   repay 보답하다, 갚다   generosity 관대함   excess 여분의, 잉여의

가정법 과거

Point 1
현재사실의 반대를 가정할 때 가정법 과거를 쓰며, 다음과 같은 구조를 따른다.

If 주어 + 과거동사 ~, 주어 + would/should/could/might + 동사원형 ~.
　　~라면　　　　　　　　　　　　　　　　　　　　~할 텐데

Point 2
단순 조건과 우리말 해석은 비슷하지만, 의미상 큰 차이를 보인다.

If he is athletic, I will play soccer with him. (단순 조건: 가능성 있음)
그가 운동을 잘하면, 나는 그와 축구를 할 것이다.

If he were athletic, I would play soccer with him. (가정법 과거: 가능성 없음)
그가 운동을 잘한다면, 나는 그와 축구를 할 텐데. (평소 운동을 잘 못함)

- -

If it weren't for the commercial enterprises that produced those records, we **would know** far, far less about the cultures that they came from. 20' 수능

만약 그런 기록을 만들어내는 상업적 기업이 없다면 우리는 그런 기록이 생겨난 문화에 대해 아주 훨씬 더 적게 알 것이다.

어법상 가장 적절한 표현을 고르시오.
정답 P.47

1 No state could | be / have been | sovereign if its inhabitants lacked the ability to change a course of action adopted by their forefathers in the past, or even one to which they once committed themselves. 19' 모의

2 The determinist, then, assumes that everything that occurs is a function of a finite number of causes and that, if these causes were known, an event could | be predicted / have been predicted | with complete accuracy. 19' 모의

3 But if we | know / knew | that, then we'd have no need to use hypnosis in the first place! 19' 모의

4 In many cases the donation is so small — $10 or less — that if they | stopped / have stopped | to think, they would realize that the cost of processing the donation is likely to exceed any benefit it brings to the charity. 18' 수능

5 If it did so, it would certainly significantly | reduce / have reduced | the chance that it would be taken by surprise, but it would also starve. 17' 모의

단어

enterprise 기업　sovereign 자주적인　adopt 채택하다　commit oneself to ~에 전념하다　determinist 결정론자
assume 가정하다　finite 유한한　accuracy 정확성　hypnosis 최면　in the first place 애초에　exceed 초과하다
significantly 상당히　reduce 줄이다　chance 가능성　take by surprise 기습하다　starve 굶주리다

Essential Pattern #169

가정법 과거완료

Point 1 과거사실의 반대를 가정할 때 가정법 과거완료를 쓰며, 다음과 같은 구조를 따른다.

If 주어 + had + p.p. ~, 주어 + would/should/could/might + have + p.p. ~.
~했더라면   ~했을 텐데

Point 2 가정법 과거와 가정법 과거완료는 다음과 같이 구분된다.

If I saved enough money, I would live happily. **(가정법 과거)**
내가 충분한 돈을 저축한다면, 행복하게 살 텐데. (현재 저축을 못하고 있음)

If I had saved enough money, I would have lived happily. **(가정법 과거완료)**
내가 충분한 돈을 저축했다면, 행복하게 살았을 텐데. (과거에 저축을 못했음)

By giving *Apocalypse Now* a setting that was contemporary at the time of its release, audiences were able to experience and identify with its themes more easily than they **would have** if the film **had been** a literal adaptation of the novel. 18' 수능

Apocalypse Now에 그것이 개봉될 당시와 같은 시대적 배경을 제공함으로써, 관객들은 영화가 소설을 원문에 충실하게 각색한 것이었다면 그들이 그랬을 것보다 더 쉽게 그것의 주제를 경험하고 그것과 동질감을 느낄 수 있었다.

어법상 가장 적절한 표현을 고르시오.

정답 P.47

1 If the great Renaissance artists like Ghiberti or Michelangelo were / had been born only 50 years before they were, the culture of artistic patronage would not have been in place to fund or shape their great achievements. 18' 모의

2 Consider also individual astronomers: Their discoveries could not happen / have happened unless centuries of technological development of the telescope and evolving knowledge of the universe had come before them. 18' 모의

3 It would not have spread so far and so quickly, if our firefighters were / had been able to arrive at the scene in time. 13' 수능

4 If the fleeing Nazis destroyed / had destroyed it during World War II, she would have never seen it. 17' 모의

5 If Dante and Shakespeare died / had died before they wrote those works, nobody ever would have written them. 16' 모의

단어

artistic 예술의 patronage 후원 fund 자금[기금]을 대다 achievement 업적 astronomer 천문학자
telescope 망원경 evolve 진화하다 universe 우주 scene 현장 in time 제 시간에 flee 도망가다, 달아나다
Nazis 나치 work 작품

182

if가 생략된 가정법

 Point 1 가정법에서 if가 생략되면 도치가 일어난다.

~ **if there were** a Nobel Prize in mathematics ~.

= ~ **were there** a Nobel Prize in mathematics ~.

 Point 2 다음과 같은 가정법 표현은 관용적으로 쓰이므로 알아두자.

Were it not for ~ ~가 없다면   Had it not been for ~ ~가 없었다면

Were it not for water, we couldn't survive.

= If it weren't for

물이 없다면, 우리는 생존할 수 없을 것이다.

Some thought it likely that, **were there** a Nobel Prize in mathematics, he would have received it. 〔19' 모의〕

어떤 이들은 만일 수학 부문에 노벨상이 있다면, 그가 그것을 받았을 일이 일어날 법하다고 생각했다.

어법상 가장 적절한 표현을 고르시오. 정답 P.47

1 Had / Has the woman lawyer insisted on participating, she would have spoiled the deal and destroyed her credibility. 〔16' 모의〕

2 When asked by a friend if he would do / have done the same had there been no religious dictum or philosophical principle about helping the needy, Hobbes replied that he would. 〔12' 모의〕

3 The man turned to her and replied, "Because Michael would have easily won has / had he had two arms!" 〔11' 모의〕

4 That in itself would not be / have been so bad had it not been for the mice. 〔11' 모의〕

5 Had we let the friend borrow the camper, she would discover / have discovered the boxes before the mice did. 〔11' 모의〕

 단어

insist on ~을 고집[요구]하다   spoil 망치다   deal 거래   credibility 신뢰도   religious 종교적인   dictum 금언, 격언
philosophical 철학적인   the needy 가난한 사람들   in itself 그것 자체가   camper 캠핑용 자동차

D-15

without 가정법

> **Point 1**
> **'~가 없다면, ~가 없었더라면'이라는 가정법 표현은 without으로 쓸 수 있다.**
> Were it not for the influence of minorities, we would have ~.
> = Without the influence of minorities, we would have ~.
>
> **Point 2**
> **가정법 과거와 가정법 과거완료에서 둘 다 쓰일 수 있다.**
> Without his help, we wouldn't finish the job. (가정법 과거)
> 그의 도움 없이, 우리는 그 일을 마칠 수 없을 것이다.
>
> Without his help, we wouldn't have finished the job. (가정법 과거완료)
> 그의 도움 없이, 우리는 그 일을 마칠 수 없었을 것이다.
>
> -
>
> **Without** the influence of minorities, we would have no innovation, no social change. 19' 수능
> 소수 집단의 영향 없이는 우리에게 어떤 혁신, 어떤 사회 변화도 없을 것이다.

어법상 가장 적절한 표현을 고르시오.   정답 P.48

1 How could they create / have created without the collective constructions of mathematics, language, and art? 19' 모의

2 Think of Charles Darwin, who might not have come up with his theory of evolution with / without the thousands of sketches he made of his trip to the Galápagos Islands. 12' 모의

3 Would one not then be better off without / unless it altogether? 17' 수능

4 If / Without that involvement, the republic would die. 16' 모의

5 Without / As if someone to feed us, change our diapers, or carry us from place to place, we would never survive to grow up. 15' 모의

단어 ───

collective 집단의   construction 구성, 구조   come up with ~을 생각해내다   evolution 진화
be better off (마음이나 처지가) 더 낫다[잘 살다]   altogether 전적으로, 완전히   involvement 참여, 개입
republic 공화국   diaper 기저귀   from place to place 이곳저곳   survive 생존하다

I wish 가정법

 Point 1 현재에 이루어질 수 없는 소망을 바랄 때 「I wish 가정법 과거」를 쓴다.

I wish he <u>could be</u> on time. 그가 제시간에 올 수 있으면 좋을 텐데.

 Point 2 과거에 이루어질 수 없었던 소망을 바랄 때 「I wish 가정법 과거완료」를 쓴다.

I wish he <u>could have been</u> on time. 그가 제시간에 올 수 있었으면 좋았을 텐데.
I wish I <u>had seen</u> the movie star. 내가 그 영화배우를 봤으면 좋았을 텐데.

I wished the night would last forever. 19' 모의

나는 그 밤이 영원히 지속되기를 바랐다.

어법상 가장 적절한 표현을 고르시오. 정답 P.48

1 I wish I could camp in the wild and │ enjoy / enjoyed │ the company of mosquitos, snakes, and spiders. 16' 수능

2 She wished all the memories │ remains / would remain │ in her mind forever. 16' 수능

3 "Enjoy the game, Justin! I wish I could │ be / have been │ there to see you score the winning goal!" 15' 모의

4 In most cases, Tabarrok points out, we wish the gift giver would │ buy / buys │ us something less ordinary. 12' 모의

5 How many times do you finish something even though you wish you had never │ start / started │ it? 12' 모의

단어

last 지속하다   company 함께 있음, 동행   mosquito 모기   score 득점하다   winning goal 결승골
point out 지적하다, 가리키다   ordinary 보통의, 평범한

Essential Pattern #173

as if 가정법

Point 1
'마치 ~인 것처럼'이라는 의미로 「as if[though] + 주어 + 동사의 과거형」을 사용한다.

She acts **as if** she **were** smart. (사실은 똑똑하지 않음)
그녀는 똑똑한 것처럼 행동한다.

Point 2
'마치 ~였던 것처럼'이라는 의미로 「as if[though] + 주어 + had p.p.」를 사용한다.

She talks **as if** she **had seen** the car accident. (사실은 사고를 목격하지 않았음)
그녀는 마치 그 자동차 사고를 봤던 것처럼 말한다.

Material goods infused with bits increasingly act **as if** they **were** intangible services. 19' 모의
비트가 주입된 물질적 상품들은 점점 마치 그것들이 무형의 서비스인 것처럼 행동한다.

어법상 가장 적절한 표현을 고르시오.
정답 P.48

1 It was as if the butterflies were / have been making fun of Olivia; they seemed to be laughing at her, suggesting that they would lay millions more eggs. 19' 수능

2 It was almost as if she drains / drained my energy and enthusiasm. 18' 수능

3 Yet I couldn't stop playing, as though my hands were / been bewitched. 17' 모의

4 They have no memories about what the aged once were and greet them as if they are / were children. 17' 수능

5 That day was unusually foggy as if something mysterious is / were ahead. 16' 수능

단어

infuse 주입하다   bit 비트 (컴퓨터 이용 정보량의 최소 단위)   intangible 무형의   make fun of ~을 놀리다
laugh at ~을 비웃다   lay (알을) 낳다   drain 빼내다, 소모시키다   enthusiasm 열정   bewitch 마법을 걸다
aged 고령의, 연로한   greet 맞다, 환영하다   foggy 안개가 낀   mysterious 불가사의한

It is time to부정사

Point 1 지금 하고 있지 않을 일에 대해 '~할 때이다'라고 할 때 「it is time to부정사」를 쓴다.

it's time <u>to rethink</u> ~.

Point 2 to부정사 대신 「주어 + 동사의 과거형」으로도 표현할 수 있다.

It is time <u>you went</u> to bed. 네가 잠자리에 들 시간이다.
= for you to go

Whenever that's true, it'**s time to rethink** what we're doing. 17' 모의

그것이 사실일 때는 언제든지 우리가 하고 있는 것을 다시 생각해야 할 때이다.

어법상 가장 적절한 표현을 고르시오.　　　　정답 P.48

1 If you are stuck in a pattern of doing the same things every day and you feel as though you are becoming dull, perhaps it is time to stop and sharpen / sharpening your axe. 16' 모의

2 I've got a simple message for you today: It's time to let / letting go of your perfectionism. It becomes a stumbling block that keeps you stuck. 14' 모의

3 Is it time to keep / keeping making what you are making? Or is it time to create a new niche? 11' 모의

4 So it was time to give / giving the game away and tell her about Lisa, my partner in crime and her devilish ways. 11' 모의

5 But if you habitually carry these devices to bed late at night, it's time you gave / giving it a second thought. 14' 모의

단어

stuck 고착된, 꼼짝 못하는　dull 무뎌진　sharpen 날카롭게 하다　axe 도끼　let go of ~을 놓다
perfectionism 완벽주의　stumbling block 걸림돌, 장애물　niche 틈새　give away 그만두다, 내주다
devilish 사악한　habitually 습관적으로　device 장치, 장비　give a second thought ~에 대해 다시 숙고하다

D-13 · should 가정법

if절에 should를 써서 가정법을 나타낼 수 있다.
If it should rain, we would put off the business trip. (비가 올 확률이 희박함)
만약 비가 온다면, 우리는 그 출장을 연기할 것이다.

if가 생략되면, should를 주어 앞으로 도치시킨다.
If two ideas should directly ⌐ontradict one another, ~.
= **Should two ideas** directly **contradict** one another, ~.

Should two ideas directly **contradict** one another, "resistance occurs" and "concepts become forces when they resist one another." 17' 모의
두 생각이 서로 직접적으로 모순될 경우에는 '저항이 발생하고' '서로에 저항할 때 개념은 힘이 된다'.

어법상 가장 적절한 표현을 고르시오.

정답 P.49

1 Should the fig trees | disappear / disappeared |, most of the fruit-eating vertebrates would be eliminated. 15' 모의

2 However, should those conditions | change / to change | — as a result of nature or, more commonly, an outside force — specialist species often become extinct. 14' 모의

3 Should chaos | rear / rears | its ugly head, the leader was expected to restore normality immediately. 13' 모의

4 | The student should / Should the student | receive positive feedback about their exam, their achievement is enhanced by the fact that they succeeded, despite the handicap. 11' 모의

5 Also, the contract should cancel automatically, | if / should | the personality bring discredit to the product advertised. 10' 모의

단어

contradict 모순되다   fig 무화과   vertebrate 척추동물   eliminate 제거하다   condition 조건, 상태   extinct 멸종하다
chaos 혼란   rear one's (ugly) head 고개를 들다, 나타나다   restore 되돌리다, 복구하다   normality 정상 상태
enhance 향상시키다   handicap 난관, 장애   contract 계약   automatically 자동적으로   discredit 불신, 불명예

형용사구의 도치

Point 1 형용사구가 문장 앞으로 가면 주어와 동사의 위치가 바뀐다.

The fact that ~ was less well known at that time ~.
　　주어　　　　　動詞　　　　　형용사구

= Less well known at the time was the fact that, ~.

Point 2 주어를 파악해서 동사와 수일치를 한다.

Less well known at the time was the fact that Freud had found out, ~.
　　　　　　　　　　　　　　단수 주어

Less well known at the time was the fact that Freud had found out, almost by accident, how helpful his pet dog Jofi was to his patients. `19' 고2 모의`

프로이트가 자신의 애완견 Jofi가 그의 환자들에게 매우 도움이 되었다는 것을 거의 우연하게 발견했다는 사실은 당시에 덜 알려졌다.

어법상 가장 적절한 표현을 고르시오.
정답 P.49

1 Related to the control of gases and moisture is / are the need for some circulation of air among the stored foods. `18' 고2 모의`

2 As remarkable as our ability to see or hear is / are our capacity to disregard. `17' 모의`

3 Standing next to him was / were an eleven-year-old boy dressed in shabby clothes. `14' 모의`

4 So imprudent is / are we that we wander about in times that are not ours and do not think of the one that belongs to us. `12' 모의`

5 As striking as the Greeks' freedom and individuality is / are their sense of curiosity about the world. `14' 모의`

 단어

moisture 수분, 습기　circulation 순환　remarkable 놀라운, 주목할 만한　capacity 능력　disregard 무시[묵살]하다
shabby 허름한　imprudent 경솔한, 무례한　wander 방황하다, 헤매다　striking 놀라운, 눈에 띄는　individuality 개성
curiosity 호기심

D-12

부사구의 도치

Point 1

부사구가 문장 앞으로 가면 주어와 동사의 위치가 바뀐다. 조동사가 있는 경우 조동사가 주어 앞으로 나간다.

We have used more elements, ~ at no point in human history.
= At no point in human history have we used more elements ~.

Point 2

주어를 파악해서 동사와 수 일치를 한다.

At no point in human history have we used more elements ~.
1인칭 복수

At no point in human history have we used more elements, in more combinations, and in increasingly refined amounts. 20' 수능

인류 역사의 어느 지점에서도, 우리는 (지금보다) '더 많은' 조합으로, 그리고 점차 정밀한 양으로, '더 많은' 원소를 사용한 적은 없었다.

어법상 가장 적절한 표현을 고르시오.

정답 P.49

1 Among the most fascinating natural temperature-regulating behaviors
is / are those of social insects such as bees and ants. 18' 모의

2 In neither case was / were it necessary to enumerate every enemy or every fruit individually. 18' 모의

3 Behind virtually all criticism is / are the sentence "If only you were more like me, and living life as I see it, you would be a lot better off." 17' 모의

4 Along the coast of British Columbia lies / lying a land of forest green and sparkling blue. 19' 모의

5 In the terminal stood / standing a young father waiting for his family to return from baby's first visit to far away grandparents. 20' 모의

단어

element 원소   refine 정제하다, 개선하다   fascinating 흥미로운, 매력적인   temperature 온도, 체온
regulate 조절하다, 규제하다   enumerate 일일이 세다[열거하다]   individually 개별적으로, 따로   virtually 거의, 사실상
criticism 비판   coast 해안   sparkle 반짝이다   far away[faraway] 멀리 떨어진

부정어구의 도치

Point 1
seldom/rarely/hardly(거의 ~하지 않다), no sooner(~하자마자)와 같은 부정어구가 문두로 나오면 「조동사 + 주어 + 동사」의 어순으로 도치가 일어난다.

Nor does everyone leave the world in that state.
부정어 조동사   주어   동사원형

Point 2
일반동사의 경우 do/does/did, 완료시제는 have/has/had가 조동사로 쓰인다.

I have **never** seen the old man since then.
= **Never** have I seen the old man since then.
나는 절대 그 노인을 그날 이후로 본 적이 없었다.

Nor does everyone leave the world in that state. 20' 수능
또한 모든 이가 그 상태로 세상을 떠나지도 않는다.

어법상 가장 적절한 표현을 고르시오. 정답 P.50

1 Nor | do / does | the traditional view recognise the role that non-intellectual factors, especially institutional and socio-economic ones, play in scientific developments. 20' 수능

2 Seldom does a new brand or new campaign that solely uses other media, without using television, | reach / to reach | high levels of public awareness very quickly. 20' 수능

3 Never before and never since | has / have | the quality of monumentality been achieved as fully as it was in Egypt. 19' 수능

4 No sooner | did / had | the play begun than she started to doze off, falling forward. 12' 모의

5 Rarely | do / does | they stay standing in the middle—even though roughly a third of all balls land there. 14' 모의

 단어

intellectual 지적인 institutional 제도적인 socio-economic 사회 경제적인 solely 오로지, 단지
awareness 인식, 인지도 monumentality 기념비적임 no sooner A than B A하자마자 B하다 doze off 잠이 들다
roughly 대략 land 떨어지다

D-11 only + 부사(구) 도치

Point 1

only는 '단지, 오로지'라는 뜻으로 전체가 아닌 부분으로 제한한다는 의미에서 부정어구로 볼 수 있고, 문두에 올 경우 도치가 일어난다.

Only after he broke up with his girlfriend <u>did he</u> <u>realize</u> that she really loved him.
　　　　　　　　　　　　　　　　조동사주어　동사원형

그가 여자친구와 헤어진 후에야 그는 그녀가 자신을 사랑했다는 것을 깨달았다.

Point 2

일반동사의 경우 do/does/did, 완료시제는 have/has/had가 조동사로 쓰인다.

Only recently <u>have</u> <u>the teachers</u> <u>started</u> to notice my talents.
　　　　　　　조동사　　주어　　　　과거분사

요즘에서야 선생님들의 나의 재능을 알아보기 시작하셨다.

Only within the rules of the game of, say, basketball or baseball **do the activities** of jump shooting and fielding ground balls **make** sense and **take** on value.

예컨대 농구나 야구 경기의 규칙 내에서만 오로지 점프 슈팅과 땅볼을 잡아서 처리하는 행위가 의미가 통하고 가치를 지닌다. [18' 모의]

어법상 가장 적절한 표현을 고르시오.　　　　　　　　　　　　　　　　　　　정답 P.50

1　For instance, only after a good deal of observation [do / does] the sparks in the bubble chamber become recognizable as the specific movements of identifiable particles. [15' 수능]

2　The only problem was that this mirror could only be found in the woods early in the morning at sunrise and then only for a few minutes did its magic [work / worked]. [16' 모의]

3　Quite simply, the models are born attractive, and only for this reason [is / are] they candidates for cosmetics advertising. [16' 모의]

4　Only through a balanced program of team, dual, and individual sports [is / are] it possible to develop well-rounded individuals. [15' 모의]

5　Only after some time and struggle does the student [begin / begins] to develop the insights and intuitions that enable him to see the centrality and relevance of this mode of thinking. [15' 수능]

단어

a good deal of 다량의　observation 관찰　chamber 상자, 공간[방]　recognizable 인식할수있는　specific 구체적인 identifiable 확인가능한　particle 미립자　work 발휘되다, 작용하다　candidate 후보　well-rounded 균형잡힌, 다재다능한 struggle 노력　insight 통찰력　intuition 직관력　centrality 구심점, 중요성　relevance 타당성

not only A but also B

 Point 1　「not only A but also B」는 'A뿐만 아니라 B도'라는 뜻으로 사용된다. 이때 but이나 also는 생략되기도 한다.

~, animals are **not only** <u>good to eat</u>, they are **also** <u>good to think about</u>, ~.

A　　　　　　　　　　　　　　　　　　　　　　B

 Point 2　A와 B는 병렬로서 상응하는 표현이 와야 한다.

My father loves **not only** <u>gardening</u> **but also** <u>taking a walk</u>. (A=B)
우리 아빠는 정원 가꾸기뿐만 아니라 산책하는 것을 좋아하신다.

Among hunter-gatherers, animals are **not only** good to eat, they are **also** *good to think about*, as Claude Lévi-Strauss has observed. 20' 수능

인류학자인 Claude Lévi-Strauss가 말했듯이 수렵 채집인들에게 동물은 먹기 좋은 대상일 뿐만 아니라, '생각해 보기에도 좋은' 대상이다.

어법상 가장 적절한 표현을 고르시오.

정답 P.50

1 Now it is true that in most of the world's musical cultures, pitches are not only fixed, but organizing / organized into a series of discrete steps. 20' 수능

2 Sovereignty and citizenship thus require not only borders in space, but also borders / bordered in time. 19' 모의

3 Industrial capitalism not only created work, it also creating / created 'leisure' in the modern sense of the term. 19' 수능

4 Exercising leadership not only requires you to challenge the organizational status quo but also requires / to require you to challenge your internal status quo. 18' 수능

5 These contacts normally were not only violent but brief / briefly , and they occurred only occasionally. 17' 모의

 단어

pitch 음의 높이　discrete 별개의　sovereignty 자주권, 통치권　citizenship 시민권　border 경계　industrial 산업의 capitalism 자본주의　leisure 여가　term 용어, 말　organizational 조직의　status quo 현재 상태　internal 내적인 violent 폭력적인　brief 짧은, 간결한　occasionally 가끔

D-10 not until 구문

> **Point 1** not until A that B는 'A해서야 비로소 B하다'라는 의미이고, not A until B는 'B하고 나서야 비로소 A하다'라는 뜻이다.
>
> It wasn't until later that evening, ~, that Dave said apologetically, ~.
>   　　　　　A　　　　　　　　　　　　　　　B
>
> I didn't know the fact until today. 오늘이 되어서야 비로소 나는 그 사실을 알았다.
>   　　　　A　　　　　　B
>
> **Point 2** until 뒤에 명사(구), 절이 다 올 수 있다.
>
> It wasn't until the 2010s, ~. 2010년대가 되어서야 ~.
>   　　　　　명사구
>
> It wasn't until he announced it ~. 그가 그것을 발표하고 나서야 ~.
>   　　　　　　절
>
> ----
>
> **It wasn't until** later that evening, on the way home, **that** Dave said apologetically, "I'm so sorry, Steve! This election hasn't damaged our friendship, has it?"
>
> 그날 저녁 늦게 집으로 가는 길에서야 비로소 Dave는 사과를 하면서 "정말 미안해, Steve! 이번 선거가 우리의 우정을 해친 건 아니지, 그렇지?"라고 말했다. 〔18' 수능〕

어법상 가장 적절한 표현을 고르시오.　　　　　　　　　　　정답 P.51

1　It wasn't until the 1880s [what / that] the procedure was described in medical journals and taught in medical schools. 〔19' 모의〕

2　My barely-five-year-old son couldn't go to bed one night [by / until] he wrote "I love you Mom" on a piece of paper. 〔16' 모의〕

3　The concept of humans doing multiple things at a time has been studied by psychologists since the 1920s, but the term "multitasking" didn't exist [since / until] the 1960s. 〔15' 수능〕

4　At first the manager didn't seem to grasp what I was saying [by / until] I had him demonstrate the posture himself. 〔11' 모의〕

5　It wasn't [for / until] 1974 that another American scientist, Dr. Virginia Collings, reexamined the original theory. 〔14' 모의〕

〔단어〕

apologetically 사과를 하면서, 변명하여　**damage** 손상을 주다　**procedure** 수술　**barely** 겨우　**concept** 개념
multiple 많은, 다수의　**at a time** 한 번에　**psychologist** 심리학자　**grasp** 이해하다　**demonstrate** 보여주다
posture 자세　**reexamine** 재검토하다

than 도치

 Point 1   **than 뒤의 절에서 보어가 문두에 오는 경우에는 도치가 일어날 수 있다.**

Peter is more worried about you **than** John is worried about you.
= Peter is more worried about you **than** (worried about you) is John.
= Peter is more worried about you **than** is John.
Peter는 John이 너를 걱정하는 것보다 더 많이 너를 걱정한다.

 Point 2   **than 다음에 대동사 do가 사용되는 경우에도 도치가 일어날 수 있다.**

She spends more time working out **than** does her mom.
그녀는 그녀의 엄마가 운동에 시간을 보내는 것보다 더 많은 시간을 보낸다.

Infants who are able to sit alone are granted an entirely different perspective on the world **than are those** who spend much of their day on their backs or stomachs.
혼자서 앉을 수 있는 유아는 하루의 많은 부분을 눕거나 엎드려 보내는 유아들에 비해 세상에 대한 완전히 다른 시각을 부여받게 된다. 〔17' 모의〕

어법상 가장 적절한 표현을 고르시오.   정답 P.51

1 However, if you put a thermometer in direct sunlight, the red-colored alcohol absorbs more sunlight than ⃞ do / does ⃞ the transparent air. 〔17' 모의〕

2 This kind of measurement would help explain why one eighty-year-old has so many more youthful qualities than ⃞ do / does ⃞ another eighty-year-old, who may be biologically eighty or even ninety years old. 〔16' 수능〕

3 We know that students introduced to their teachers as "intellectual bloomers" often do better on achievement tests than ⃞ do / does ⃞ their counterparts who lack such a positive introduction. 〔14' 모의〕

4 The results showed that "groups were more likely to endorse an inferior option after discussion than ⃞ was / were ⃞ their individual members before discussion." 〔13' 모의〕

5 When a fish lives in salt water, the ocean water contains more salt than ⃞ do / does ⃞ the liquid in the fish. 〔11' 모의〕

 단어

grant 허락하다   thermometer 온도계   absorb 흡수하다   transparent 투명한, 맑은   measurement 측정
youthful 젊은   biologically 생물학적으로   intellectual 지적인   bloomer 재능을 발휘하는 사람
counterpart 상대, 대응 관계에 있는 사람   lack 부족하다   endorse 지지하다   inferior 열등한   contain 포함하다

D-9 as 도치

Point 1

as가 '~하듯이'라는 뜻으로 사용되어 주절의 내용과 같은 내용을 담고 있을 때 as 뒤에서 도치가 일어난다.

The sound of a siren would set them to howling, as the sound of my husband's saxophone would set them to howling.
　　　　　　　　주어　　　　　　　　　　조동사
= The sound of a siren would set them to howling, **as** would the sound of my husband's saxophone. (조동사 이하 내용 생략)

Point 2

as 이하 주어가 대명사인 경우는 도치가 일어나지 않는다.

They went to the concert, **as** he did. 그들은 그처럼 콘서트에 갔다.
　　　　　　　　　　　　　　did he (X)

The sound of a siren would set them to howling, **as would the sound of my husband's saxophone.** 19' 모의

남편의 색소폰 소리가 그랬던 것처럼 사이렌 소리가 그것들을 (긴 소리로) 짖게 했다.

어법상 가장 적절한 표현을 고르시오.　　　　　　　　　　　　　　　정답 P.51

1 Russian poets whose work circulates in privately copied typescripts do that, as did / was Emily Dickinson. 19' 모의

2 The horse-drawn carriage was itself a technological innovation, as was / were the horseless carriage and later automobiles. 16' 모의

3 We are programmed to be afraid. It is a survival need, as is / are stability, which is another force of nature that can limit the capacity to change. 16' 모의

4 Salad vegetables like lettuce, cucumbers, and tomatoes also have a very high water content, as do / does broth-based soups. 16' 모의

5 Translating sound, for example, demands imaginative solutions — as indeed do / does working with visual material. 16' 모의

단어 ————————————————

circulate 유통되다　privately 개인적으로　typescript 타자기로 친 인쇄물　carriage 마차　technological 기술적인
innovation 혁신　programmed 프로그램화된, 내재된　stability 안정　capacity 능력　lettuce 상추
content 함유량　broth 국, 육수　translate 번역하다　imaginative 상상력이 풍부한　visual 시각적인

it ~ that 강조구문

Point 1 it과 that 사이에 강조하고 싶은 내용을 넣는 것이 「it ~ that 강조구문」이다.

Tom broke the window last night. Tom은 어젯밤에 창문을 깼다.
= **It** was <u>Tom</u> **that[who]** broke the window last night. (주어 강조)
= **It** was <u>the window</u> **that[which]** Tom broke last night. (목적어 강조)
= **It** was <u>last night</u> **that[when]** Tom broke the window. (부사 강조)

Point 2 주어가 강조되는 강조구문에서 that 뒤에 동사는 '주어'에 맞춰 수 일치를 해야 한다.

It is <u>the book</u> that **helps** you understand my idea.
　　　단수 명사　　　help (X)

No doubt **it** is this utopian aspect of movies **that** accounts for why we enjoy them so much. 20' 수능

우리가 왜 그렇게 많이 영화를 즐기는지 설명해 주는 것은 바로 영화의 이 이상적인 측면임이 틀림없다.

어법상 가장 적절한 표현을 고르시오.　　　　　　정답 P.52

1 It is of course possible to live out a lie or fantasy logically and consistently, and it is on this principle | when / that | the games in virtual worlds operate and the nicknamed people in chatgroups interact. 19' 모의

2 In fact, it might actually be people's beliefs in the power of hypnosis that | lead / leads | them to recall more things. 19' 모의

3 It is only when a political issue affects the welfare of those in a particular group | what / that | identity assumes importance. 18' 모의

4 This was the first time he realized that | it / what | was this pair of hands that washed clothes every day to enable him to study. 18' 모의

5 It is these sorts of unexpected complexities and apparent contradictions that | make / makes | ecology so interesting. 17' 모의

단어

logically 논리적으로　consistently 일관되게　virtual 가상의　nicknamed 별칭을 쓰는　interact 상호작용하다
hypnosis 최면　recall 기억해내다　political 정치적인　welfare 행복　identity 정체성　enable ~을 할 수 있게 하다
unexpected 예기치 못한　complexity 복잡성　apparent 명백한　contradiction 모순

D-8 동사의 병렬구조

 Point 1 등위접속사 and, but, or, 콤마 등을 사이에 두고 동사가 나열되는 방식이다.

They <u>may</u> <u>look</u> like jazz musicians **and** <u>have</u> the appearance of
　　　조동사　동사　　　　　　　　　　접속사　동사
jamming, ~.

 Point 2 병렬구조에 있는 동사들은 시제나 형태가 같아야 한다.

They <u>may</u> <u>look</u> like jazz musicians **and** <u>have</u> the appearance of
　　　동사원형　　　　　　　　　　「조동사 + 동사원형」이므로 having (X)
jamming, ~.

They may **look** like jazz musicians **and have** the appearance of jamming,
but in the end they know nothing. 20′ 수능

그들은 재즈 뮤지션처럼 보이고 즉흥 연주를 하는 모습을 지니고 있을지 모르지만, 결국 그들은 아무것도
모른다.

어법상 가장 적절한 표현을 고르시오.　　　　　　　　　　　　　　　　　　정답 P.52

1　The "biodiversity-invasibility hypothesis" by Elton suggests that high diversity
increases the competitive environment of communities and │ make / makes │
them more difficult to invade. 20′ 수능

2　They believe that counting the number of children one has could result in
misfortune and │ prefer / prefers │ to report fewer children than they have. 20′ 수능

3　More generally, when we are presented with a list of alternative explanations
for some phenomenon, and │ is / are │ then persuaded that all but one of those
explanations are unsatisfactory, we should pause to reflect. 20′ 수능

4　She stopped me suddenly and │ playing / played │ my all-time favorite song:
When the Stars Go Blue. 19′ 모의

5　They both can change our behavior, alter the course of events, or │ enable /
enables │ future inventions. 19′ 모의

 단어

biodiversity-invasibility 다양성 침입성　hypothesis 가설　competitive 경쟁력 있는　invade 침입하다
result in 초래하다, 야기하다　misfortune 불운　present 제공하다　alternative 대안의　phenomenon 현상
persuade 설득하다　unsatisfactory 만족스럽지 못한　pause 잠시 멈추다　reflect 숙고하다　alter 바꾸다

to부정사의 병렬구조

 Point 1 등위접속사 and, but, or, 콤마 등을 사이에 두고 to부정사가 나열되는 방식이다.

You have to give yourself permission <u>to improvise</u>, <u>to mimic</u>, <u>to take</u> on ~.
    C   A   B

 Point 2 to부정사가 오는 병렬구조에 다른 형태가 오면 안 된다.

You have to give yourself permission <u>to improvise</u>, <u>to mimic</u>, <u>to take</u> on ~.
taking (X)

The thing is this: You have to give yourself permission **to improvise, to mimic, to take** on a long-hidden identity. [20' 수능]

중요한 것은 이것이다. 즉흥적으로 하고, 흉내 내고, 오랫동안 숨겨져 있던 정체성을 나타낼 수 있도록 스스로에게 허락해야 한다는 것이다.

어법상 가장 적절한 표현을 고르시오.   정답 P.52

1 The philosophy of science seeks to avoid crude scientism and get / gets a balanced view on what the scientific method can and cannot achieve. [20' 수능]

2 The children were then asked to judge whether the cars had run for the same time and justifying / to justify their judgment. [20' 수능]

3 Movies may be said to support the dominant culture and served / to serve as a means for its reproduction over time. [20' 수능]

4 Indeed, large numbers have been found to lack meaning and to be / been underestimated in decisions unless they convey affect (feeling). [19' 수능]

5 It is a term that is also too loaded to take at face value and to use / used naively in study of our own society. [17' 모의]

 단어

philosophy 철학   crude 투박한, 대충의   scientism 과학만능주의   judge 판단하다   justify 옳음을 보여주다
dominant 지배적인   reproduction 재생산   underestimate 과소평가하다   affect 정서, 감정   loaded 가득 찬
face value 액면가   naively 순진하게

D-7 V-ing의 병렬구조

Point 1 **동명사(V-ing)가 병렬로 나열되는 경우 같은 동명사가 온다.**

~, which includes <u>memorizing</u> **and** <u>storing</u> a richly structured database. (동명사 병렬)

Point 2 **동명사와 형태가 같은 현재분사(V-ing)도 마찬가지로 반복해서 나열할 수 있다.**

He was <u>working</u> out, <u>listening</u> to music, **and** <u>singing</u>. (현재분사 병렬)
그는 운동하며, 음악을 듣고, 노래하고 있었다.

They ignore our need to obtain a deep understanding of a subject, which includes **memorizing and storing** a richly structured database. 20' 수능

그들은 풍부하게 구조화된 데이터베이스를 암기하고 저장하는 것을 포함하는, 어떤 주제에 대한 깊은 이해를 얻고자 하는 우리의 욕구를 무시한다.

어법상 가장 적절한 표현을 고르시오. 정답 P.52

1 They were standing without a word and watch / watching the fish struggling.
20' 수능

2 Jokes can also be termites or time bombs, lingering unnoticed in a person's subconscious, gnawing on his or her self-esteem or exploded / exploding it at a later time. 19' 모의

3 As East Africa's human population grows, Maasai people are subdividing their lands and settled / settling down, for fear of otherwise losing everything. 18' 모의

4 But when you whisper at a focus, the reflected waves all arrive at the same time at the other focus, thus reinforcing one another and allowing / to allow your words to be heard. 19' 모의

5 For instance, deciding whether to spend Saturday afternoon relaxing with your family or exercising / to exercise will be determined by the relative importance that you place on family versus health. 16' 모의

단어

struggle 고투하다　termite 흰개미　linger 남다, 오래 머물다　subconscious 잠재의식　gnaw 갉아먹다
self-esteem 자존감　explode 폭발시키다　subdivide 세분하다　otherwise 그렇지 않으면　whisper 속삭이다
reinforce 강화하다　relative 상대적인　place 두다

from A to B 병렬

Point 1 「from A to B」는 'A에서 B로(A에서 B에 이르는)'라는 의미로 쓰인다.

from <u>bilateral visual areas</u> to <u>the parietal quantity area</u>
　　　　 A 　　　　　　　　　　　　　　 B

Point 2 「from A to B」에서 A와 B는 동등한 것이 나열되어야 한다.

from <u>bilateral visual areas</u> to <u>the parietal quantity area</u>
　　　　 명사(구) 　　　　　　　　　　　 명사(구)

Likewise, when we learn Arabic numerals we build a circuit to quickly convert those shapes into quantities — a fast connection **from bilateral visual areas to the parietal quantity area**. 19' 수능

마찬가지로, 우리가 아라비아 숫자를 배울 때 우리는 그러한 모양들을 빠르게 수량으로 변환하는 회로를 만드는데, 이것은 양측의 시각 영역을 정수리 부분의 수량 영역과 빠르게 연결하는 것이다.

어법상 가장 적절한 표현을 고르시오. 　　　　　　　　　　　　　　　정답 P.53

1 Perceptions of forest use and the value of forests as standing timber vary considerably from indigenous peoples │ to / for │ national governments and Western scientists. 18' 모의

2 Then Tammy and her family moved from the woodlands of New York State │ to / and │ an urban city outside of Los Angeles, California. 17' 모의

3 In a penalty situation in soccer, the ball takes less than 0.3 seconds to travel from the player who kicks the ball │ by / to │ the goal. 14' 모의

4 In the twentieth century, advances in technology, from refrigeration │ or / to │ sophisticated ovens to air transportation that carries fresh ingredients around the world, contributed immeasurably to baking and pastry making. 14' 모의

5 I would like to compare the shift from analog to digital film-making to the shift from fresco and tempera │ to / on │ oil painting in the early Renaissance. 14' 모의

단어

perception 인식　timber 수목　vary 다르다　considerably 상당히　indigenous 토착의　penalty (축구의)페널티킥
travel 이동하다　advance 진보　refrigeration 냉장　sophisticated 고성능의, 수준 높은　transportation 수송
contribute to ~에 기여하다　immeasurably 헤아릴 수 없을 정도로　shift 변화

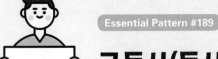

구동사(동사 + 대명사 + 부사)

Point 1 구동사의 목적어로 대명사가 나올 경우 동사와 부사 사이에 '대명사'가 위치한다.

I'll be able to **put** it **out** with our fire extinguisher.
put out it (X)

Point 2 구동사의 목적어로 명사가 나올 경우 「동사 + 부사 + 명사」도 가능하다.

Take your shoes **off**. 네 신발을 벗어라.
= **Take off** your shoes.

If there's a fire at home, I'll able to **put it out** with our fire extinguisher. 18' 모의

만약 집에서 화재가 발생하면, 제가 우리의 소화기로 불을 끌 수 있을 거예요.

어법상 가장 적절한 표현을 고르시오.

정답 P.53

1 Food etiquette had become a sign of social barriers and of the impossibility of breaking it / them down. 19' 모의

2 Write it down / Write down it , however, and you can see it, feel it, hold it, keep it forever. 16' 모의

3 How much further could he fly before shutting it down / down it ? 16' 모의

4 As she was drinking, Scott spilled his milk and Anderson had to help him clean it / them up. 15' 모의

5 You will see how much better it feels to praise yourself rather than put yourself down / put down yourself . 15' 모의

단어

put out (불을) 끄다   fire extinguisher 소화기   etiquette 예절   barrier 장벽   impossibility 불가능, 불가능한 일
break down 부수다   write down 기록하다, 적어놓다   shut down 정지시키다, 닫다   spill 쏟다, 흘리다
clean up 치우다   praise 칭찬하다   put down 깎아내리다

명령문

 Point 1

문장의 첫머리에 주어 없이 동사원형으로 시작하면 '~해라'는 명령문이 된다.

~, **consider** whether other plausible options are being ignored ~.
동사원형

 Point 2

주어 you가 생략되었다고 생각하고 동사 자리에 명령문을 쓴다.

To master English, (you) **practice** speaking in English as often as
possible. practicing (X)

영어를 마스터하기 위해서는 가능한 자주 영어로 말하는 연습을 해라.

Before conceding that the remaining explanation is the correct one, **consider** whether other plausible options are being ignored or overlooked. 20' 수능

남아 있는 그 설명이 옳은 것이라는 것을 인정하기 전에, 타당해 보이는 다른 선택 사항들이 무시되거나 간과되고 있는지를 고려해 보라.

어법상 가장 적절한 표현을 고르시오.   정답 P.53

1 To break out of this neural rut, │ train / to train │ yourself to acknowledge when things go right. 19' 모의

2 │ Seek / Seeking │ out internships and take electives like statistics, programming, or business to give your liberal arts education some "teeth." 19' 모의

3 Whenever you feel stuck, spiritually dry, or just plain gloomy, │ take / taking │ time to remind yourself that change is on its way. 16' 모의

4 │ To clarify / Clarify │ that the notice of harmful chemicals is a warning, not just a characteristic of the clay. 16' 모의

5 Don't let these comments rock your self-belief. Always │ question / questions │ the person's reason for the comment. 14' 모의

단어

plausible 타당한 것 같은   break out of ~에서 벗어나다   neural 신경의   rut 고정된 틀   seek out 찾아내다
elective 선택 과목   give teeth ~을 탄탄하게 하다   liberal arts 인문학, 교양과목   plain 분명히
on one's way 다가오는, 진행 중인   clarify 분명히 하다   clay (점토로 만든) 그릇   rock 흔들다   self-belief 자기 확신

D-5 명령문, + and/or

Point 1 명령문 다음에 오는 ', and'는 '그러면'이라고 해석한다.
Think of having piles ~, **and** you ~.
　　　　　　　　　　　그러면

Point 2 명령문 다음에 오는 ', or'는 '그렇지 않으면'이라고 해석한다.
Study harder, **or** you will fail the test.
더 열심히 공부해라, 그렇지 않으면 너는 시험에 떨어질 것이다.

Think of having piles and piles of papers, sticky notes, and spreadsheets strewn about your desk, **and** you get a picture of what's going on inside the brain. 〔17' 모의〕

수많은 더미의 서류, 접착용 쪽지 및 계산표가 책상 여기저기에 흩어져 있는 것을 생각하면, 두뇌 내부에서 무슨 일이 진행되고 있는지를 대략 이해하게 된다.

어법상 가장 적절한 표현을 고르시오.

정답 P.54

1 Hurry up, │ and / or │ you'll be late for school. 〔20' 모의〕

2 If you have questions about this matter, please leave a message at (212) 555-5612, │ and / or │ either my wife or I will call you back as soon as we can. 〔12' 모의〕

3 Examine your thoughts, │ and / or │ you will find them wholly occupied with the past or the future. 〔12' 모의〕

4 Keep these in mind, │ and / or │ you'll enjoy having the new member at home.
〔11' 모의〕

5 So be careful when gossiping about a co-worker, │ and / or │ you might be seen as what you describe. 〔13' 고2 모의〕

〔단어〕

strew(-strewed-strewn) 흩뿌리다　late for ~에 늦은　examine 점검하다　wholly 완전히　occupied 사로잡힌
keep in mind ~을 명심하다　gossip 험담하다　co-worker 동료　describe 묘사하다

204

간접의문문

Point 1 문장의 구성 요소로 의문문이 들어가는 경우 「의문사 + 주어 + 동사」의 어순으로 간접의문문을 쓴다.

She didn't tell me **what she liked** about the concert.
　　　　　　　　　　의문사　주어　동사
그녀는 그 콘서트에 대해 무엇이 마음에 들었는지 나에게 말하지 않았다.

Point 2 「의문사 + 명사/형용사/부사 + 주어 + 동사」로 쓰이기도 한다. 그리고 의문사가 주어의 역할을 할 경우 다음에 바로 동사가 나오기도 한다.

~ grasp just **how complex it is** ~.
　　　　　　의문사　　형용사　주어 동사
We still don't know **who wrote** it. 우리는 아직도 누가 그것을 썼는지 모른다.
　　　　　　　　　　의문사(주어)　동사

The interaction between nature and nurture is highly complex, and developmental biologists are only just beginning to grasp just **how complex it is.** 20' 수능
천성과 양육 사이의 상호작용은 매우 복잡하며, 발달 생물학자들은 그저 그것이 얼마나 복잡한지를 간신히 이해하기 시작하고 있을 뿐이다.

어법상 가장 적절한 표현을 고르시오.　　　　　　　　　　　　　　정답 P.54

1 There have been many attempts to define | what music is / what is music | in terms of the specific attributes of musical sounds. 20' 수능

2 But one may ask why | would audiences find / audiences would find | such movies enjoyable if all they do is give cultural directives and prescriptions for proper living. 20' 수능

3 The evolved greeting behaviors of elephants can serve as an indicator of how much | are they / they are | socially tied and how long they have been parted. 20' 수능

4 Competition is basically concerned with how the availability of resources, such as the food and space utilised by various organisms, | is / are | reduced by other organisms. 19' 모의

5 We know that it is not Mary, but such a typical response acts as a vivid reminder of | how we expect / how do we expect | photography to duplicate our reality for us. 19' 모의

단어
in terms of ~의 면에서　specific 구체적인, 특정한　attribute 속성　enjoyable 즐거운　directive 지시, 명령
prescription 처방　proper 적절한　indicator 지표　parted 헤어진, 갈라진　availability 이용 가능성
utilise[utilize] 활용하다　organism 유기체　photography 사진술　duplicate 복제하다

D-4 상관접속사 병렬구조

Point 1

상관접속사 「B as well as A」는 'A뿐만 아니라 B'도 라는 뜻으로 쓰이며 A와 B는 문법적으로 대등하게 연결된다.

The genre film simplifies <u>film watching</u> **as well as** <u>filmmaking</u>.
　　　　　　　　　　　　　　　　　B　　　　　　　　　　　　　　A

Point 2

다음과 같은 상관접속사도 주의해야 한다.

both A and B A와 B 둘 다　　　　　　　either A or B A와 B 중 하나

neither A nor B A와 B 둘 다 아닌

The genre film simplifies film watching **as well as** filmmaking. 20' 수능

장르 영화는 영화 제작뿐만 아니라 영화 시청도 단순화한다.

어법상 가장 적절한 표현을 고르시오.　　　　　　　　　　　　　　　　　정답 P.54

1 Food unites as well as distinguish / distinguishes eaters because what and how one eats forms much of one's emotional tie to a group identity, be it a nation or an ethnicity. 19' 모의

2 Emotional eating is a popular term used to describe eating that is influenced by emotions, both positive and negative / negatively . 18' 모의

3 Houses in a dispersed settlement form are located on farmland, and neither air or / nor water provides much focus of contagion for the scattered population. 18' 모의

4 From an evolutionary perspective, fear has contributed to both fostering and to limit / limiting change, and to preserving the species. 16' 모의

5 Food is neither good nor bad / badly in the absolute, though we have been taught to recognize it as such. 15' 모의

단어

simplify 단순화하다　unite 결속하다　distinguish 구별하다　tie 유대(감)　ethnicity 민족성　dispersed 분산된
settlement 정착　contagion 전염, 감염　scattered 흩어진　evolutionary 진화의　perspective 관점
foster 조성하다　preserve 보존하다　absolute 절대적인

부정어 강조

Point 1 **at all**을 쓰면 '전혀'라는 뜻으로 부정어(not/no/never)를 강조할 수 있다.

~ when the observer is**n't** a person **at all**.
　　　　　　　부정어　　　　　　부정어 강조

Point 2 **at all**은 주로 문장의 끝이나 부정어 바로 뒤에 위치한다. 단, **no**와 **at all**은 붙여 쓰지 않는다.

This method is **not** automatic for most people. + **at all**
= This method is **not at all** automatic for most people.
이 방법은 대부분의 사람들에게는 결코 자동적이지 않다.

This kind of effect can even occur when the observer is**n't** a person **at all**. [19' 모의]
이런 종류의 효과는 관찰자가 사람이 아닐 때조차도 발생할 수 있다.

어법상 가장 적절한 표현을 고르시오.　　　　　　　　　　　　　정답 P.55

1 On the other hand, a gene that made young adult bodies develop cancer would not be passed on to very many offspring, and a gene that made young children develop fatal cancer would not be passed on to any
| at all offspring / offspring at all |. [17' 모의]

2 If she woke up every time one of them screamed for food, she might get no
| sleep at all / at all sleep |. [16' 모의]

3 One reason many people keep delaying things they should do is that they fear they will do them wrong or poorly, so they just don't do | at all them / them at all |.
[14' 모의]

4 Imagine a friend who had just lost her home and job simultaneously, but was
| not at all / at all not | anxious or in any way emotional about it: in such a case we would doubt her rationality, her grasp of reality. [14' 모의]

5 On the other hand, certain animals that are by nature solitary hardly appear to be | at all affected / affected at all |. [16' 모의]

단어 ──────────────────────────────────────

observer 관찰자　gene 유전자　cancer 암　offspring 자손　fatal 치명적인　scream for ~을 필사적으로 구하다
imagine 상상하다　simultaneously 동시에　rationality 이성　grasp 이해　by nature 천성[선천]적으로
solitary 혼자서 잘 지내는　affect 영향을 미치다

D-3 강조의 do

Point 1

일반동사를 강조하고 싶을 때 「do/does/did + 동사원형」으로 쓰고 '정말로'라고 해석한다.

~ if Paula's fear really **does** concern either snakes or spiders ~.
　　　　　　　　　　　동사 강조　　동사원형

Point 2

주어의 수, 시제를 고려하여 do/does/did 중에 하나를 쓴다.

~ if Paula's fear really **does** concern either snakes or spiders.
　　3인칭 단수

However, our conclusion is reasonable only if Paula's fear really **does concern** either snakes or spiders. 20' 수능

그러나 우리의 결론은 실제로 Paula의 두려움이 뱀이나 거미 둘 중 하나와 관계가 있는 경우에만 타당하다.

어법상 가장 적절한 표현을 고르시오.　　　　　　　　　　　　　　　정답 P.55

1 Children do / does get advice, instruction, and other informational head starts from others, but they get this support while engaged in exploratory learning in their environment. 19' 모의

2 Thus, though poets do / does depend on printers and publishers, one can produce poetry without them. 19' 모의

3 Prior to low-cost printing, ideas could and does / did spread by word of mouth. 19' 수능

4 These reconstructed memories can become very powerful, to a point where each partner may become confused even about the simple factual details of what actually did happen / happened in their past. 18' 모의

5 Like many people, he didn't need hours of uninterrupted time, but he do / did need some! 18' 모의

단어

reasonable 타당한　head start 우위, 유리함　engage in ~에 참여하다　exploratory 탐구의　prior to ~전에
word of mouth 구전　reconstructed 재구성된　confused 혼란스러워 하는　factual 사실의, 사실에 입각한
uninterrupted 방해받지 않는

the very 강조

 Point 1 '바로 그/이'라는 의미로 명사를 강조할 때 'the very'를 사용한다.

~ a horse was standing at **the very** <u>front</u>.
명사 강조　　명사

 Point 2 지시형용사(this/that)와 쓸 때는 the를 쓰지 않는다.

We need to manage <u>this</u> **very** problem. 우리는 바로 이 문제를 처리해야 한다.
this the (X)

Marvin rushed over to it and saw that the entire back of the barn was coated in flames, but a horse was standing at **the very** front. 19' 모의

Marvin이 그곳으로 황급히 달려가 마구간 뒷면 전체가 화염에 휩싸인 것을 보았는데, 말이 바로 그 앞에 서 있었다.

어법상 가장 적절한 표현을 고르시오.　　　　　　정답 P.55

1 This is true for peers to your left and right as well as | very team / the very team | you lead. 18' 모의

2 However, since 30 percent of all commercial robots are manufactured in Japan, there is another possibility: robots will be designed to become helpful playmates and workers from | the very beginning / beginning the very |. 17' 모의

3 The philosophy of "friendly AI" is that inventors should create robots that, from | so / the very | first steps, are programmed to be beneficial to humans. 17' 모의

4 | So / The very | trust that this apparent objectivity inspires is what makes maps such powerful carriers of ideology. 17' 수능

5 This is | the very reason / reason the very | professionals such as accountants, lawyers and nurses are required to continuously learn what's new in the profession in order to remain up-to-date and useful in their professions. 16' 모의

 단어

flame 불길, 불꽃　commercial 상업적인　manufacture 제조하다　possibility 가능성　playmate 놀이 친구
philosophy 철학　beneficial 유익한, 이로운　apparent 외관상의　objectivity 객관성　inspire 불어넣다
carrier 전달자　ideology 이데올로기, 이념　accountant 회계사　profession 직종　up-to-date 최신의

감탄문

Point 1

what 감탄문은 「what + (a/an) + 형용사 + 명사 + 주어 + 동사」이다. 뒤에 따라오는 주어, 동사는 의미상 생략 가능하다.

What a wonderful adventure (it is)! 정말 멋진 모험이야!

Point 2

how 감탄문은 「how +형용사/부사 + 주어 + 동사」이다. 뒤에 따라오는 주어, 동사는 의미상 생략 가능하다.

How lovely (she is)! 그녀가 얼마나 사랑스러운지!

But best of all, I was charmed by the native birds, monkeys, and lizards moving among the branches. "**What a wonderful adventure!**" I exclaimed.

그러나 무엇보다도 나는 나뭇가지 사이에서 움직이는 토종의 새, 원숭이 및 도마뱀들에게 매혹되었다. "정말 멋진 모험이야!" 하고 나는 외쳤다. 18' 수능

어법상 가장 적절한 표현을 고르시오. 정답 P.56

1 Carol was speechless. All the weird thoughts she'd had, and │ what / how │ a beautiful gift she'd received! 16' 모의

2 They had done it without a storm by letting him save face. How important, │ what / how │ vitally important that is! And how few of us ever stop to think of it! 15' 고2 모의

3 And │ what / how │ a fashionable snowman! He's wearing sunglasses and a striped muffler. 16' 모의

4 "│ What / How │ an amusing story! I must tell this story to my colleagues when I return to Vienna." 13' 모의

5 I watched the beautiful stretch of the shoreline as it floated into view. │ What / How │ wonderful it was! 13' 수능

단어

charm 매료하다 exclaim 외치다 speechless 말문이 막힌 save face 체면을 지키다 vitally 극도로, 매우 중대하게
fashionable 패션 감각이 있는, 멋있는 striped 줄무늬가 있는 muffler 목도리 amusing 재미있는 colleague 동료
stretch 펼쳐져 있는[뻗어있는] 구간 shoreline 해안선 float into view 시야에 들어오다

that vs. those

 Point 1 앞에 나온 명사를 반복해서 쓰는 것을 피하기 위해 지시대명사 that, those를 사용한다.

~ <u>birds</u> (of species that flock together) have comparatively larger brains than **those** that are isolated.
= birds

 Point 2 단수 명사를 지칭할 때는 that, 복수 명사를 지칭할 때는 those를 사용한다.

<u>The temperature</u> here is higher than **that** of Daegu.
= the temperature

여기의 온도는 대구의 그것[온도]보다 더 높다.

For example, birds of species that flock together have comparatively larger brains than **those** that are isolated. 19' 모의

예를 들면, 무리 짓는 종의 새들은 고립되어 있는 새들보다 비교적 더 큰 뇌를 가진다.

어법상 가장 적절한 표현을 고르시오. 정답 P.56

1 In each of the five selected countries, it is predicted that the life expectancy of women will be higher than that / those of men. 18' 모의

2 Organic farmers grow crops that are no less plagued by pests than that / those of conventional farmers; insects generally do not discriminate between organic and conventional as well as we do. 13' 모의

3 As a result, the energy intake for cells in orbit is on average about ten times greater than that / those of terrestrial ones. 17' 모의

4 This may be particularly relevant for warm-blooded animals (mammals and birds) that must expend a lot of energy to maintain a body temperature higher than that / those of their surroundings. 15' 모의

5 Basketball and soccer teams with the greatest proportion of elite athletes performed worse than that / those with more moderate proportions of top level players. 16' 모의

 단어

flock 떼 짓다 life expectancy 기대 수명 organic 유기농의 plague 괴롭히다, 성가시게 하다
conventional 전통적인, 재래식의 discriminate 식별[구별]하다 intake 흡수 orbit 궤도 terrestrial 지상의, 육지의
relevant 관련된 warm-blooded 온혈의 proportion 비율 moderate 보통의, 중간 정도의

D-1 no more than vs. no less than

Point 1

「no more than」은 '기껏해야, 겨우'라는 뜻으로 쓰이며 only, nothing but과 같은 의미를 가진다.

I have **no more than** 2,000 won.
= I have **only[nothing but]** 2,000 won. 나는 기껏해야 2천원을 가지고 있다.

Point 2

「no less than」은 '~만큼'이라는 뜻으로 쓰이며 「as many/much as」와 같은 의미를 가진다.

I have **no less than** 2,000 won.
= I have **as much as** 2,000 won. 나는 2천원만큼 가지고 있다.

No less than 29 percent of the recalled grades were wrong. 10' 모의

(학생들이) 회상한 성적의 29%만큼이 틀렸다.

어법상 가장 적절한 표현을 고르시오.

정답 P.56

1 What one often gets is no | more / less | than abstract summaries of lengthy articles. 17' 모의

2 Interviewing is no | more / less | than expressing yourself. 15' 모의

3 Much of the confusion and disorientation in contemporary ethics may be traced to just this refusal to recognize that ethics, no | more / less | than physics, is concerned with actually existent situations and with energies that cause clearly demonstrable effects. 19' 모의

4 Some people believe that you can't change human nature, and thus they see the idea of an evolving human consciousness as no | more / less | than unwarranted idealism. 14' 모의

5 By processing 1 ton of corn, producers can make 100 gallons of ethanol, whereas 1 ton of sugarcane yields no | more / less | than 20 gallons. 12' 모의

단어

abstract 추상적인 summary 요약 lengthy 긴 disorientation 방향 상실 be traced to ~이 원인이다
existent 존재하는 demonstrable 증명할 수 있는 nature 본성 evolving 진화하는 consciousness 의식
unwarranted 보증되지 않은 idealism 이상주의 gallon 갤런(약 3.79리터) sugarcane 사탕수수 yield 생산하다

212

not so much A as B

Point 1 **'A라기보다는 B인'이라는 의미로 A, B는 동등한 형태로 써야 한다.**

The elderly did **not so much** <u>lose their minds</u> **as** <u>lose their place</u>.
 A B

Point 2 **다음과 같은 표현들도 알아두자.**

B rather than A   A라기보다는 B인
more B than A   A라기보다는 B인

The elderly did **not so much** lose their minds **as** lose their place. `19' 모의`
그 노인들은 그들의 정신을 잃었다기보다는 그들의 위치를 잃었다.

어법상 가장 적절한 표현을 고르시오. 정답 P.56

1 Absolute simplicity, in most cases, remained an ideal rather as / than a reality. `19' 모의`

2 Mental operations of these kinds are not so much instances of reasoning as / than evasion of reasoning. `19' 모의`

3 Salespeople have a genius for doing what's compensated rather as / than what's effective. `19' 모의`

4 Why do meteorologists measure temperature in the shade, rather as / than in the Sun? `17' 모의`

5 While you may find 24 / 7 connectivity useful initially, you feel it more distracting as / than helpful over time. `11' 모의`

단어

elderly 나이가 지긋한 absolute 절대적인 simplicity 간단함, 단순함 operation 작용, 작동 instance 사례
reasoning 추론 evasion 회피 genius 재능 compensate 보상하다 effective 효과적인
meteorologist 기상학자 shade 그늘 connectivity 연결 initially 처음에 distracting 집중을 방해하는

Pattern Review
#1 ~ #200

A. 밑줄 친 부분을 올바른 형태로 고쳐 쓰시오.

1 One of the most urgent things to do now <u>are</u> to reduce the use of plastic.

   ➡

2 One of the <u>more</u> common fears among people is about public speaking.

   ➡

3 One of the most curious <u>painting</u> of the Renaissance is a careful depiction of a weedy patch of ground by Albrecht Dürer.

   ➡

4 One of the <u>better</u> ways to promote this type of integration is to help retell the story of the frightening or painful experience.

   ➡

5 One of the best <u>advantage</u> about my job is that it allows me to take a long holiday twice a year.

   ➡

6 One of the most memorable moments in my life <u>are</u> when I got the first prize in a piano competition.

   ➡

B. 어법상 가장 적절한 표현을 고르시오.

1 Individuals can reserve their flight either on the phone | or / and | online.

2 In mapping from one region to another, either digital or analog processing | is / are | used.

3 Neither I nor she | plan / plans | to go to the school reunion which will be held on March 23rd.

4 Neither the science department nor the music department at Saint University | require / requires | that the students should write thesis.

5 Either applying the ointment directly or mixing it with saliva | help / helps | to fight bacteria.

6 Neither criminal evidence nor science theory | support / supports | this consequence.

A. 다음 문장의 밑줄 친 부분이 부사적 용법이면 '부', 명사적 용법이면 '명'을 써 넣으시오.

1 <u>To stop</u> the spread of fake news, read stories before you share them. (　)

2 Our brains comfortably change our perceptions of the physical world <u>to suit</u> our needs. (　)

3 <u>To study</u> for a short time just before the test was not helpful. (　)

4 <u>To feel</u> that you're not alone, you don't need a whole crowd to join you. (　)

5 It can be hard <u>to tell</u> the difference between apparent movement and real movement. (　)

6 <u>To make</u> good friends is much more important than to get good grades in our life. (　)

7 Madeleine uses her tablet <u>to take</u> notes in class. (　)

8 It's important <u>to present</u> ourselves in a way that appeals to other people. (　)

B. 어법상 가장 적절한 표현을 고르시오.

1 Altering or adding to jewellery │ is / are │ not a new or eco-friendly phenomenon.

2 Basically, counselling on foreigners of regional matters │ is / are │ always welcome.

3 Protecting or rescuing world heritage sites │ is / are │ an urgent task that requires everyone's help and cooperation.

4 Jamie's refusing our invitation │ take / takes │ us completely by surprise.

5 │ Find / Finding │ an affordable way to get a reliable connection when traveling overseas is very challenging.

6 │ Participate / Participating │ in A Day to Express Gratitude makes me realize there are unseen people who help me every day.

A. 어법상 가장 적절한 표현을 고르시오.

1 What is commonly known as "average life expectancy" is / are technically "life expectancy at birth."

2 What we need in education is / are not measurement, accountability, or standards.

3 What brings me joy is / are when I can be the listener when someone is hungry for connection.

4 What he found was / were that the 'lucky' people were good at spotting opportunities.

5 What differed in both of these situations was / were the price context of the purchase.

6 What you may not appreciate is / are that the quality of light may also be important.

B. 우리말에 맞게 밑줄 친 단어를 알맞은 형태로 고쳐 쓰시오.

1 Whether she had a car or not <u>were</u> not important to me.
그녀가 차를 가지고 있었는지 아닌지는 나에게 중요하지 않았다.

➡

2 Whether the CEO will quit over the issue <u>remain</u> to be seen.
CEO가 그 문제로 그만둘지는 두고 봐야 한다.

➡

3 Whether you win or lose <u>do</u> not matter to the majority of members in the room.
당신이 이기든 지든 그 방에 있는 대다수의 구성원들에게는 중요하지 않다.

➡

4 Whether Peter goes swimming or shopping <u>are</u> his choice.
Peter가 수영을 하든지 쇼핑을 하든지는 그의 선택이다.

➡

5 Whether employees themselves feel the news coverage is accurate or not <u>matter</u> to their boss.
직원들 스스로가 뉴스 보도에 대해 정확하다고 느끼는지 아닌지는 그들의 상사에게 중요하다.

➡

218

A. 어법상 가장 적절한 표현을 고르시오.

1 For example, one of the primary tensions in American culture │ is / are │ the one between freedom and prohibition.

2 One of the ways to identify your values │ is / are │ to look at what frustrates or upsets you.

3 One of his │ responsibility / responsibilities │ is to see that employees wear their hard hats whenever they are on the job in the field.

4 A willingness to pay higher prices │ is / are │ due to a desire to advertise wealth rather than to acquire better quality.

5 The competition to sell manuscripts to publishers │ is / are │ fierce.

B. 밑줄 친 단어를 알맞은 형태로 고쳐 쓰시오.

1 The overabundance of options in today's marketplace <u>give</u> you more freedom of choice.

➡

2 Salespeople and other forms of promotion <u>is</u> used to create demand for a firm's current products.

➡

3 The difference between selling and marketing <u>are</u> very simple.

➡

4 The limiting factor for many species of fish <u>are</u> the amount of dissolved oxygen in the water.

➡

5 At that time, knowledge about letter sounds <u>were</u> specific to the domain of reading.

➡

6 Yet the lack of micronutrients <u>lead</u> to their children developing blindness, iron deficiency, and other growth disorders.

➡

A. 어법상 가장 적절한 표현을 고르시오.

1 The cultural ideas spread by empire was / were seldom the exclusive creation of the ruling elite.

2 Teams make / made up of diverse specialists are infamous for their inability to get things done.

3 They found that the slang used by first-year students was / were very different from their own.

4 People live / living in high altitudes are able to breathe normally because their bodies have become used to the shortage of oxygen.

5 But yogurt tasted / tasting with that spoon was also rated as less sweet than when eaten with heavier or larger spoons.

B. 밑줄 친 단어를 알맞은 형태로 고쳐 쓰시오.

1 Those who had fewer choices <u>was</u> happier with the tasting.
   ➡

2 The most significant component of agriculture that contributes to climate change <u>are</u> livestock.
   ➡

3 Animals that are regularly disturbed by visitors <u>is</u> more likely to tolerate your intrusion than those that have had little previous contact with humans.
   ➡

4 Any manuscript that contains errors <u>stand</u> little chance at being accepted for publication.
   ➡

5 The truth that has been merely learned <u>stick</u> to us like an artificial limb, a false tooth, or a nose of wax.
   ➡

6 People who don't communicate openly <u>is</u> private individuals who may have difficulty discovering themselves fully.
   ➡

A. 밑줄 친 단어를 알맞은 형태로 고쳐 쓰시오.

1 People of Northern Burma, who think in the Jinghpaw language, <u>has</u> eighteen basic terms for describing their kin.

➡

2 Caves, like the Pech Merle in southern France, <u>is</u> adorned with paintings of white horses with black spots.

➡

3 Because all people, regardless of their culture, <u>shares</u> common experience, many of the same proverbs appear throughout the world.

➡

4 The completed tunnel, which is 30,583 feet long, 10 feet wide, and 10 feet deep at the sides, <u>are</u> still in operation.

➡

5 The memory the rats had of the maze <u>were</u> spread throughout their brains.

➡

B. 어법상 가장 적절한 표현을 고르시오.

1 When you buy that tomato at a supermarket, however, there are a number of | cost / costs | that result in you paying much more than you would pay the farmer.

2 A number of studies | has / have | shown that the body weight and attitudes of a patient's spouse can have a major impact on the amount of weight lost and on success in weight maintenance.

3 The number of natural disasters in Oceania | was / were | the smallest and less than a third of that in Africa.

4 On the other hand, the number of Chinese | tourist / tourists | drastically increased between 2006 and 2011.

5 For the past two years, the village had witnessed that the number of street crimes | was / were | rapidly increasing.

6 The number of blogs out there | is / are | amazing, and it seems that almost everyone has a blog or is thinking about starting one.

A. 어법상 가장 적절한 표현을 고르시오.

1 It is easy ⟨ fall / to fall ⟩ into the habit of criticizing others, even those we love most.

2 It is easier for right-handed people ⟨ pushing / to push ⟩ buttons on the right through holes on the left.

3 It is harmful ⟨ use / to use ⟩ the same reading speed to handle different types of books.

4 It is natural for words ⟨ changing / to change ⟩ their meaning over time and with new circumstances.

5 It is nearly impossible for us ⟨ imagining / to imagine ⟩ a life without emotion.

6 Thus, it is very important for medical centers ⟨ fighting / to fight ⟩ this growing health-security issue.

B. 어법상 가장 적절한 표현을 고르시오.

1 As muscle temperature ⟨ rises / raises ⟩, oxygen breaks away from the hemoglobin more rapidly and more completely.

2 The secret ⟨ lies / lays ⟩ in a dye used in the dressing, which reacts to changing pH levels in the skin.

3 They caused alarm among the Germans and ⟨ rose / raised ⟩ the morale of the British troops.

4 She ⟨ lied / lay ⟩ there, sweating, listening to the empty thunder that brought no rain, and whispered, "I wish the drought would end."

5 When a fall in the price of one good ⟨ rises / raises ⟩ the demand for another good, the two goods are called complements.

6 Accepting your role in your problems means that you understand the solution ⟨ lies / lays ⟩ within you.

A. 밑줄 친 단어를 알맞은 형태로 고쳐 쓰시오.

1 World War Ⅰ had begun and many young soldiers came to the studio to have their pictures <u>take</u>.

   ➡

2 When such things happen, you should be prepared to make your vision <u>to conform</u> to the new reality.

   ➡

3 The researchers had two dogs <u>to sit</u> next to each other and asked each dog in turn to give a paw.

   ➡

4 Slowly dropping her hands a little lower, she let the little creature <u>felt</u> the refreshing touch of the sea.

   ➡

5 In a new study, researchers found that using smiley faces makes you <u>looking</u> incompetent.

   ➡

B. 어법상 가장 적절한 표현을 고르시오.

1 This approach can help you ｜ escape / escaping ｜ uncomfortable social situations and make friends with honest people.

2 The Blue Books were a series of management training manuals that told how GE managers were to get tasks ｜ to do / done ｜ in the organization.

3 And my mother, like most other parents, did not get me ｜ realize / to realize ｜ the benefits for myself.

4 Starting at $200, these toilets are affordable and can help the average consumer ｜ save / saving ｜ hundreds of gallons of water per year.

5 As children grow, musical training continues to help them ｜ developing / to develop ｜ the discipline and self-confidence needed to achieve in school.

A. 어법상 가장 적절한 표현을 고르시오.

1 When the boy saw the trainer to pass / passing by, he asked why the beast didn't try to escape.

2 The people in the elevator have to notice the actor to pick / picking up the coins and pencils on the floor.

3 At the age of five, he could play all of the songs he had heard his mother play / to play on the violin.

4 When Amy heard her name call / called , she stood up from her seat and made her way to the stage.

5 Many times I have noticed coaches and parents choose / to choose the wrong time to explain concepts to children.

B. 밑줄 친 단어를 알맞은 형태로 고쳐 쓰시오.

1 Mary wanted the interior of the house <u>looking</u> attractive.

➡

2 Impressionist paintings are probably most popular; it is an easily understood art which does not ask the viewer <u>to working</u> hard to understand the imagery.

➡

3 Therefore, if you want your writing <u>being</u> stronger and more effective, try not to use clichés.

➡

4 He asked a group of volunteers <u>count</u> the number of times a basketball team passed the ball.

➡

5 In one study, researchers asked students <u>arrange</u> ten posters in order of beauty.

➡

A. 밑줄 친 단어를 알맞은 형태로 고쳐 쓰시오.

1 Do you advise your kids <u>keep</u> away from strangers?

➡

2 Experts advise people to "<u>taking</u> the stairs instead of the elevator" or "walk or bike to work."

➡

3 He then went on to list his experiences of road rage and advised me <u>driving</u> very cautiously.

➡

4 Counselors often advise clients <u>to getting</u> some emotional distance from whatever is bothering them.

➡

5 Many scientists and doctors advise people <u>drink</u> water from glass or stainless steel containers.

➡

B. 어법상 가장 적절한 표현을 고르시오.

1 The study suggests that drinking at least three cups a day significantly improve / improves attention and memory.

2 They insist that parents stimulate / stimulated their children in the traditional ways through reading, sports, and play—instead of computers.

3 New research conducted recently suggests that social isolation lead / leads people to make risky financial decisions.

4 A nurse on the floor repeatedly suggested that the twins be / were kept together in one incubator.

5 Scientists have suggested that intelligence change / changes and modifies as one progresses through life.

A. 우리말에 맞게 괄호 안에 주어진 단어를 빈칸에 알맞은 형태로 고쳐 쓰시오.

1 As a result, people used _____ more when food was available since the availability of the next meal was questionable. (eat)

그 결과, 사람들은 다음번 식사의 가능성이 확실치 않았기 때문에 음식이 있을 때 더 많이 먹곤 했다.

2 The profits from reselling the shoes will be used _____ schools in Africa. (build)

신발을 재판매한 수익금은 아프리카에 학교를 짓는 데 쓰일 것입니다.

3 Shelter dogs are vaccinated and many are used to _____ around people and other dogs. (be)

보호소 개들은 백신 접종을 받고, 다수는 사람들과 다른 개들과 어울리는데 익숙하다.

4 For instance, thousands of dolphins used _____ killed in tuna fishing nets, but consumer pressure helped to change this practice. (be)

예를 들어, 수천 마리의 돌고래가 참치 잡이 그물에 걸려 죽곤 했지만, 소비자의 압력이 이러한 관행을 바꾸는 데 도움을 주었다.

5 Consumers are used to _____ these seafoods in grocery stores, restaurants, and village markets around the world. (buy)

소비자들은 이러한 해산물을 전 세계의 식료품점, 식당, 그리고 마을 시장에서 사는 데 익숙하다.

6 In India, debate was used _____ religious controversies and was a very popular form of entertainment. (settle)

인도에서 토론은 종교적인 논란을 해결하는 데 사용되었고 매우 인기 있는 오락의 한 형태였다.

B. 어법상 가장 적절한 표현을 고르시오.

1 We are social animals who need to | discuss / discuss about | our problems with others.

2 Their comments included much about the relative merits of the detergents, but none | mentioned / mentioned about | the box.

3 By the time we | reach / arrive | employment age, there is a finite range of jobs we can perform effectively.

4 I never dreamed of pursuing a career in medicine until I | entered / entered into | the hospital for a rare disease.

5 In high school, she | joined / joined to | the theater department and played the leading role in almost every musical production.

A. 어법상 가장 적절한 표현을 고르시오.

1 Similarly, other groups of humans with lifestyles and diets more similar to our ancient human ancestors have more varied bacteria in their gut than we Americans do / are .

2 In short, flexibility does not have to disappear with age, but it often is / does because of a simple lack of exercise.

3 Employers are expected to interact with employees in a certain way, as do / are doctors with patients.

4 If you are ill or under tremendous stress, you will probably need to sleep longer than you usually do / are .

5 We frequently overestimate agreement with others, believing that everyone else thinks and feels exactly like we do / are .

6 So, the modern school library is no longer the quiet zone it once was / did .

B. 문맥상 가장 적절한 표현을 고르시오.

1 When children are allowed to develop their language play, a range of benefits result in / from it.

2 Such skilled workers may have used simple tools, but their specialization did result in / from more efficient and productive work.

3 It is obvious that a collision at a lower speed is less likely to result in / from death or serious injury.

4 The behavioral intention that could result in / from this is to support a wolf control program and actual behavior may be a history of shooting wolves.

5 Insufficient use of jaw muscles in the early years of modern life may result in / from their underdevelopment and in weaker and smaller bone structure.

6 All of the zoo's animals need special diets to stay healthy and the wrong food can make them sick. Feeding the animals may result in / from removal from the zoo.

A. 어법상 가장 적절한 표현을 고르시오.

1 It has been determined that it takes only ☐ a few / a little ☐ seconds for anyone to assess another individual.

2 But Joshua trees are hard to eat by today's standards, and have ☐ few / little ☐ possibility of ever becoming a commercial food crop because they are protected by law.

3 But, African farmers cannot help but grow those crops because they are one of only ☐ a few / a little ☐ sources of income for them.

4 Fred, a very effective public speaker, began his presentation with ☐ a few / a little ☐ humorous jokes to set a relaxed atmosphere.

5 Let's say that you are training for a certain race and your schedule calls for a 10 percent increase in mileage this week, yet you're feeling ☐ a few / a little ☐ pain in your legs.

6 It has very ☐ few / little ☐ natural predators, and has legal protection in the United States under the Migratory Bird Treaty Act of 1918.

B. 어법상 가장 적절한 표현을 고르시오.

1 According to him, however, entertainers who are ☐ live / alive ☐ are not included.

2 Everybody seemed content with this definition until a philosopher burst into the lecture hall with a ☐ live / alive ☐ featherless chicken.

3 By the end of the five-hour trip, my heart was fully ☐ live / alive ☐.

4 Change can be scary, but remember: Friends, even best friends, don't have to be exactly ☐ like / alike ☐.

5 But the hard-boiled egg has no fluid ☐ like / alike ☐ the raw egg, so it doesn't shake.

6 A turtle doesn't have automatic body temperature control ☐ like / alike ☐ birds and mammals.

A. 어법상 가장 적절한 표현을 고르시오.

1 That is one reason storytelling is [so / such] a persuasive medium.

2 If a dolphin is wounded [so / such] severely that it cannot swim to the surface by itself, other dolphins group themselves under it, pushing it upward to the air.

3 Years ago, before electronic resources were [so / such] a vital part of the library environment, we had only to deal with noise produced by people.

4 She had fallen [so / such] often that she sprained her ankle and had to rest for three months before she was allowed to dance again.

5 The rich man thought that the slave was [so / such] a great person that the lion didn't kill him.

6 This tree is poisonous and grows [so / such] full and thick that it kills all plants growing beneath it.

B. 어법상 가장 적절한 표현을 고르시오.

1 On stage, focus is [very / much] more difficult because the audience is free to look wherever they like.

2 Animals that pulled plows to turn the earth over for planting were [very / far] more efficient than humans.

3 However, as adults, chickens have very limited hunting skills whereas crows are [very / much] more flexible in hunting for food.

4 Europe still has 45 languages, and [very / even] greater cultural diversity.

5 What's more, they are [very / far] less likely to seek or accept critical feedback from their employees.

6 But [very / even] more people will buy that product if that same label includes information about the risks of ingesting such dyes.

A. 밑줄 친 단어를 알맞은 형태로 고쳐 쓰시오.

1 The bigger the team, the <u>many</u> possibilities exist for diversity.
➡

2 The more active you are today, <u>more</u> energy you spend today and the more energy you will have to burn tomorrow.
➡

3 The older the age group was, the <u>low</u> the percentage of those who listened to both was.
➡

4 The more enthusiastic the dance is, the <u>happiest</u> the scout is with his spot.
➡

5 The more frequently these bacteria get new resources, the <u>most</u> acid they produce.
➡

6 The <u>young</u> they are when they start using a brand or product, the more likely they are to keep using it for years to come.
➡

B. 어법상 가장 적절한 표현을 고르시오.

1 He ran as │ fast / faster │ as he could and launched himself into the air.

2 You also learn that driving slowly on the highway is as │ dangerous / dangerously │ as racing in the cities.

3 Debating is as │ old / older │ as language itself and has taken many forms throughout human history.

4 The guide shows him rare objects from Brazil and a meteorite in a glass case that he claims is as │ ancient / more ancient │ as the solar system itself.

5 Productivity improvements are as │ important / importantly │ to the economy as they are to the individual business that's making them.

6 To a quoll, these toads look as │ tasty / tastier │ as they are poisonous, and the quolls who ate them suffered fatal consequences at a speedy rate.

A. 어법상 가장 적절한 표현을 고르시오.

1 For ⟨ most / almost ⟩ all things in life, there can be too much of a good thing.

2 ⟨ Most / Almost ⟩ folk paintings, on the other hand, were done by people who had little formal artistic training.

3 While ⟨ most / almost ⟩ experts say eight hours of sleep is ideal, the truth is it all depends on how you feel.

4 For example, identical twins ⟨ most / almost ⟩ always have the same eye color, but fraternal twins often do not.

5 Unlike ⟨ most / almost ⟩ animals, warthogs can survive in dry areas without drinking water for several months.

6 In high school, she joined the theater department and played the leading role in ⟨ most / almost ⟩ every musical production.

B. 어법상 가장 적절한 표현을 고르시오.

1 Deafness does not mean that you can't hear, only that there is ⟨ wrong something / something wrong ⟩ with the ears.

2 Studies show that people all over the world imagine time as ⟨ spatial something / something spatial ⟩.

3 The assumption that competition is the opposite of cooperation is missing ⟨ crucial something / something crucial ⟩.

4 For example, by seeing disgust on someone's face when presented with moldy food, we were able to avoid eating something ⟨ dangerous / dangerously ⟩.

5 One interesting way to start conversations in your social networking site is to post something ⟨ controversial / controversially ⟩.

6 Ironically, it's usually when we try to do everything right that we wind up doing ⟨ wrong something / something wrong ⟩.

A. 어법상 가장 적절한 표현을 고르시오.

1 There seem now to be as many tribes, and as [many / much] conflict between them, as there have ever been.

2 There are [many / much] methods for finding answers to the mysteries of the universe, and science is only one of these.

3 It can be tough to settle down to study when there are so [many / much] distractions.

4 We must balance too [many / much] information versus using only the right information and keeping the decision-making process simple.

5 Such perfect order does not exist in nature; there are too [many / much] forces working against each other.

B. 밑줄 친 단어를 알맞은 형태로 고쳐 쓰시오.

1 Fast fashion refers to trendy clothes designed, created, and sold to consumers as <u>quick</u> as possible at extremely low prices.
   ➡

2 If your potential boss strongly prefers that you start as <u>sooner</u> as possible, that's a valuable piece of information.
   ➡

3 As part of a research project, a group of undergraduate students watched a film, after which they were asked to describe it as <u>full</u> as possible to other students.
   ➡

4 Therefore they tend to move as <u>less</u> as possible—and when they do move, they often look as though they're in slow motion.
   ➡

5 The only way to avoid ambiguity is to spell things out as <u>explicit</u> as possible.
   ➡

6 The grandmother called to all the children to run as <u>faster</u> as possible for home.
   ➡

A. 밑줄 친 단어를 알맞은 형태로 고쳐 쓰시오.

1 As you climb higher and <u>high</u>, the amount of oxygen in the atmosphere decreases.

➡

2 As globalization marches forward, the world gets <u>small</u> and smaller and collaboration technology gets better and better.

➡

3 But there is more and <u>many</u> evidence that some animals use symbolic tools in much the same way.

➡

4 Glaciers, wind, and flowing water help move the rocky bits along, with the tiny travelers getting smaller and <u>small</u> as they go.

➡

5 Most plastics break down into smaller and <u>smallest</u> pieces when exposed to ultraviolet (UV) light, forming microplastics.

➡

6 As he made better and <u>good</u> spy-glasses, which were later named telescopes, Galileo decided to point one at the Moon.

➡

B. 어법상 가장 적절한 표현을 고르시오.

1 Caesar's will called for games for the entertainment of | public / the public |.

2 When buttons first came to be used, they were very expensive and were worn primarily by the | rich / richest |.

3 To be successful in anything today, we have to keep in mind that in the land of | blind / the blind |, a one-eyed person can accomplish the seemingly impossible.

4 If the price falls so much that it is no longer high enough to exclude the less well off, | rich / the rich | will stop buying it.

5 In such a circumstance, most people would regard it as fair for the government to tax the super-rich in order to provide basic resources for the | poor / poorly |.

A. 밑줄 친 단어를 알맞은 형태로 고쳐 쓰시오.

1 Vision is like <u>shoot</u> at a moving target.

➡

2 It's like <u>line</u> up a series of dominoes.

➡

3 Learning about life is a little like <u>to learn</u> to fly an airplane.

➡

4 However, just in the last decade we have acquired the ability to do amazing things with computers, like <u>to develop</u> robots.

➡

5 Have you ever done something absent-minded like <u>throw</u> the peeled potato into the bin and the peelings into the pot?

➡

6. When you have incomplete paradigms about yourself or life in general, it's like <u>to wear</u> glasses with the wrong prescription.

➡

B. 어법상 가장 적절한 표현을 고르시오.

1 Psychologist John Bargh did an experiment showing human perception and behavior can be | influenced / influencing | by external factors.

2 The Earth has more mass than tables, trees, or apples, so almost everything in the world is | pulled / pulling | towards the Earth.

3 He told a bunch of healthy undergraduates that he was | tested / testing | their language abilities.

4 He reminded the men in a pleasant tone of voice that the hat | was / had | designed to protect them from injury.

5 These medicines | called / are called | "antibiotics," which means "against the life of bacteria."

6 In one experiment, subjects | observed / were observed | a person solve 30 multiple-choice problems.

A. 어법상 가장 적절한 표현을 고르시오.

1 He had only become a dog-lover in later life when Jofi was given
[him / to him] by his daughter Anna.

2 The members of an audience at a concert are made [take / to take] turns
pedaling electricity generating bikes.

3 A recording of your presentation will be [given / giving] to you on a memory stick.

4 The knitted hats in this season will [send / be sent] to Mali, Africa.

5 Prior to the checkup, some participants were made [feeling / to feel] good
about themselves while others were not.

B. 밑줄 친 단어를 알맞은 형태로 고쳐 쓰시오.

1 It is hard to get a constructive dialogue going when the participants are only
allowed <u>speak</u> in a fixed order.

➡

2 Because we cannot have as much of everything as we would like, we are
forced <u>choosing</u> among alternatives.

➡

3 In Europe, people with the same symptoms would not be encouraged <u>taking</u>
medicine.

➡

4 Participants in a laboratory study were asked <u>listen</u> to a pair of very loud,
unpleasant noises played through headphones.

➡

5 The people who were told to <u>resisting</u> the cookies had used up their reserve
for the day.

➡

6 When there are multiple witnesses to an event, they are not allowed
<u>discussing</u> it before giving their testimony.

➡

A. 어법상 가장 적절한 표현을 고르시오.

1 The native people of Nauru │ consist of / are consisted of │ 12 tribes and are believed to be a mixture of Micronesian, Polynesian, and Melanesian.

2 Something similar │ happens / is happened │ with light waves as well as other electromagnetic radiation such as X-rays and microwaves.

3 Dragons │ appear / are appeared │ in Greek myths, legends about England's King Arthur, Chinese New Year parades, and in many tales throughout human history.

4 It was John Cage's 4'33", the famous musical composition that │ consists / is consisted │ of silence.

5 The turtle was once distributed across China, India, Thailand, Malaysia, etc., but it is now regarded as endangered, and │ is disappeared / has disappeared │ from much of its range.

6 Because the same kind of accident │ occurred / was occurred │ again, we were quite prepared to see it.

B. 어법상 가장 적절한 표현을 고르시오.

1 Research should │ evaluate / be evaluated │ by other members of the scientific profession before it is applied or made public.

2 Children must │ teach / be taught │ not to chase the family dog or cat, or the wild birds and rabbits at the park.

3 To build a hydroelectric dam, a large area must be │ flooded / flooding │ behind the dam.

4 The reason for special caution at the time of an eclipse is simply that more people are interested │ by / in │ looking at the Sun during this time.

5 She was known │ to / as │ the "Barefoot Diva" because she always performed without shoes.

6 In 1926, he built his first telescope, but he was dissatisfied │ by / with │ the result.

A. 어법상 가장 적절한 표현을 고르시오.

1 This method is now [using / being used] all over the world to provide
   drinking water for some four million people.

2 Fatigue and pain are your body's ways of saying that it is in danger and is
   [overworking / being overworked].

3 If the system is imbalanced, one population can increase because it is not
   [preying / being preyed] upon by another.

4 Its survival was [being / been] threatened by the cane toad, an invasive
   species introduced to Australia in the 1930s.

5 I was [pulling / being pulled] out the door, hanging tightly to Jules Verne.

B. 밑줄 친 부분을 올바른 형태로 고쳐 쓰시오.

1 For example, some older people <u>who</u> brain function is fine at home can
   become confused when hospitalized where artificial light is always on.
   ➡

2 She was working for "The Hunger Project" <u>whom</u> goal was to bring an end to
   hunger around the world.
   ➡

3 He was an economic historian <u>who</u> work has centered on the study of
   business history and, in particular, administration.
   ➡

4 Among the three platforms <u>whom</u> usage increased between the two years,
   cell phones showed the smallest increase.
   ➡

5 So a patient <u>whom</u> heart has stopped can no longer be regarded as dead.
   ➡

6 Obviously, self-esteem can be hurt when someone <u>who</u> acceptance is
   important (like a parent or teacher) constantly puts you down.
   ➡

A. 어법상 가장 적절한 표현을 고르시오.

1 She had, moreover, being / been brought up with great care by her aunt, Katrin.

   ➡

2 Since early Roman times some grain has been associating / associated with the wedding ceremony.

   ➡

3 First, traffic death rates have been greatly reducing / reduced .

   ➡

4 Whenever the subgroups have being / been identified, we will use the more specific terms.

   ➡

5 Promising advances have been making / made in the area of human genetics.

   ➡

6 The stuffing has been pulling / pulled out, and small pieces of it are everywhere.

   ➡

B. 밑줄 친 부분을 올바른 형태로 고쳐 쓰시오.

1 Touring caravans are mobile homes <u>who</u> are connected to the back of your family car and towed to where you want to go.

2 The above chart shows the percentage of global energy <u>who</u> was consumed in 2020.

3 We purchased two tickets <u>whom</u> came to a total of $44.

4 This story is a good example of a legend <u>whom</u> native people invented to make sense of the world around them.

5 'Fish where the fish are' is a maxim <u>whom</u> applies to all areas of marketing.

6 In a classic study, people were asked to assess the value of coffee cups <u>whom</u> had been gifted to them.

A. 어법상 가장 적절한 표현을 고르시오.

1 She received a call from Robby, who / which offered to take part in the concert.

2 When I smile at people who is / are not expecting it, some blush, and others are surprised and smile back.

3 You should refill it because you were the one who / whose emptied the paper in the machine.

4 People who / whom consider themselves a valuable person are more likely to agree to know about their health.

5 Do you see a young parent, who need / needs a lot of money for her daughter's education?

B. 밑줄 친 부분을 올바른 형태로 고쳐 쓰시오.

1 The rate of biofuels is 0.6 percent, <u>that</u> is smaller than that of nuclear energy.

   ➡

2 Then, the clever mother tore out a page of a magazine, <u>that</u> contained a picture of the world.

   ➡

3 Sociologists found that the happiness of young love can become an unreal standard by <u>that</u> all future romances are judged.

   ➡

4 Monday is overloaded with meetings to "get things moving," <u>that</u> aren't very productive.

   ➡

5 Indonesia achieved the most remarkable increase during this period, <u>that</u> is about one million tons.

   ➡

6 Korowai families have their own gardens nearby, in <u>that</u> they cultivate sweet potatoes and vegetables.

   ➡

A. 어법상 가장 적절한 표현을 고르시오.

1 And one day, I realized that which / what I used for my password became a part of me, due to repetition.

2 It was what / that I put a lot of time and effort in, and it was what I did most outside of work.

3 It turned out that I had a bad spyware, and that's which / what was causing my computer's breakdown.

4 What / That interferes with this peaceful feeling is our expectation of receiving something in return.

5 That / What we paid for in the store and brought home was a treasure, a stylish dress, or the latest cell phone.

6 Pay attention to which / what you like most about your drawings.

B. 밑줄 친 부분을 올바른 형태로 고쳐 쓰시오.

1 But there will be times in your life <u>where</u> there is no one around to stand up and cheer you on.

➡

2 Also, a long downward road without cross streets could be the perfect area <u>when</u> you practice basic skills.

➡

3 She trained for months to reach new heights with her voice, and to prepare for the moment <u>where</u> all eyes and ears in the audience would focus entirely on her.

➡

4 As the emperor's soldiers invaded, the unprepared northern tribes fled to places <u>when</u> Qin's army could not reach.

➡

5 There may have been days <u>where</u> you hadn't had time to warm up, and the first ten minutes of jogging got you out of breath.

➡

A. 어법상 가장 적절한 표현을 고르시오.

1 More than 35 models of high-efficiency toilets are on the U.S. market today, some of which / whom use less than 1.3 gallons per flush.

2 In some respects it has, but it has simultaneously given voice and organizational ability to new cyber tribes, some of which / whom spend their time spreading blame and division across the World Wide Web.

3 Every day, you rely on many people, most of them / whom you do not know, to provide you with the goods and services that you enjoy.

4 Moreover, a complex hormonal regulation directs the growth of hair and nails, none of which / whom is possible once a person dies.

5 These special effects are similar in principle to 3-D art, motion pictures, or visual illusions, none of which / whom have been around long enough for our brains to have evolved special mechanisms to perceive them.

B. 밑줄 친 부분을 올바른 형태로 고쳐 쓰시오.

1 John Ray, the English naturalist, believed there was a good reason <u>how</u> birds reproduce by laying eggs.
➡

2 Here lies the reason <u>when</u> natural control is chosen more than pesticide use.
➡

3 Good communicators aren't interested in the reason <u>where</u> something is going wrong.
➡

4 This is one reason <u>how</u> Detroit fans mourned when Tiger Stadium, named for the team, gave way to Comerica Park, named for a bank.
➡

5 This cycle is the fundamental reason <u>which</u> life has thrived on our planet for millions of years.
➡

A. 어법상 가장 적절한 표현을 고르시오.

1 I'm not exactly sure ⟨ how / the way how ⟩ I got it, but Neil removed it.

2 When he found the rumor to be false, he went to the person he had offended to ask ⟨ the way how / how ⟩ he could make up for telling it.

3 After the concert, the teacher asked Robby ⟨ how / the way how ⟩ he managed to play so brilliantly.

4 Astonished, the mother asked her ⟨ the way how / how ⟩ she managed to do it so quickly.

5 A legend from the Hawaiian island of Kauai explains ⟨ the way / the way how ⟩ the naupaka flower got its unusual shape.

B. 우리말에 맞게 밑줄 친 부분을 올바른 형태로 고쳐 쓰시오.

1 Today, smart competitors collaborate <u>whoever</u> they can.
오늘날 똑똑한 경쟁자들은 가능할 때면 언제나 협력한다.
➡

2 <u>Whatever</u> you go on this globe, you can get along with English.
당신은 이 지구상 어디를 가든지, 영어로 살아갈 수 있다.
➡

3 They established a point system, where he got points <u>whichever</u> he watched less TV.
그들은 포인트 시스템을 만들었는데, 그 시스템에서 그는 TV를 보다 적게 시청할 때마다 포인트를 획득했다.
➡

4 <u>However</u> the answer is, this area of research demonstrates one thing clearly
답이 무엇이든지 간에 이 분야의 연구는 한 가지를 분명하게 증명한다.
➡

5 We can contact people instantly, <u>whoever</u> they are.
우리는 사람들이 어디에 있든지 그들과 즉각 연락할 수 있다.
➡

6 They live off <u>whenever</u> nature provides in their immediate surroundings.
그들은 바로 인접한 주변 환경에서 자연이 무엇을 제공하든 그것에 의존하여 살아간다.
➡

A. 우리말에 맞게 밑줄 친 부분을 올바른 형태로 고쳐 쓰시오.

1 No matter how much you have, no matter <u>when</u> much you have accomplished, you need help too.

여러분이 아무리 가진 것이 많아도, 여러분이 아무리 많이 이루었더라도, 여러분 역시 도움이 필요하다.

➡

2 No matter <u>where</u> little you have, no matter how loaded you are with problems, even without money or a place to sleep, you can give help.

여러분이 아무리 가진 것이 없어도, 여러분이 아무리 골칫거리가 많다고 하더라도, 심지어 돈이나 잠잘 곳이 없더라도, 여러분은 도움을 줄 수 있다.

➡

3 No matter what anyone asks of you, no matter <u>what</u> much of an inconvenience it poses for you, you do what they request.

어떤 사람이 여러분에게 무엇을 요청하더라도, 그것이 여러분에게 아무리 많은 불편함을 주더라도 여러분은 그들이 요구하는 것을 한다.

➡

4 Doing the dishes day after day can be a tiring job, but no matter <u>what</u> much we hate it, it must be done sooner or later.

날마다 설거지를 하는 것은 지루한 일일 수 있지만, 우리가 그 일을 아무리 매우 싫어한다고 할지라도, 그 일은 조만간에는 행해져야만 한다.

➡

B. 어법상 가장 적절한 표현을 고르시오.

1 What I learned from a man who runs a nonprofit organization | is / are | "Free advice, free upgrade, and free entry. None are valued."

2 The subjects who had their self-esteem raised | was / were | more likely to want to be tested for it.

3 Managers who offer something very small but do so with courtesy | show / shows | their employees more than just politeness.

4 The percentage of people who bought e-books in the USA | was / were | four times higher than that in France.

5 India showed the lowest percentage of awareness, while the percentage of people who bought e-books | was / were | the highest.

A. 어법상 가장 적절한 표현을 고르시오.

1 I keep checking / to check e-mails over and over.

2 I had just finished to write / writing a TV script and was rushing to print it when my computer froze up.

3 When people say bad things about you, you should avoid responding / to respond to what is said about you.

4 But, the girl kept ask / asking her to read now.

5 His brother, Robert, enjoyed pointing / to point out the errors in Simon's e-mails.

6 They have employees who absolutely do not mind go / going the extra mile for their boss.

B. 우리말에 맞게 밑줄 친 부분을 올바른 형태로 고쳐 쓰시오.

1 If gases were used up instead of <u>exchanging</u>, living things would die.

기체가 교환되는 대신에 소모된다면, 생명체는 죽을 것이다.

➡

2 Among the six typical dreams, "<u>Chasing</u>" was the most frequently reported dream.

여섯 가지 전형적인 꿈 가운데, '(무언가에) 쫓기는 것'이 응답 빈도수가 가장 높았다.

➡

3 The percentages of "<u>Locking</u> up" and "Finding money" were the same.

'(어딘가에) 갇히는 것'과 '돈을 발견하는 것'의 비율은 같았다.

➡

4 However, the actual chance of <u>attacking</u> by a shark is very small.

하지만, 상어에 의해 공격을 받을 실질적인 가능성은 아주 낮다.

➡

5 To protect your original songs from <u>stealing</u> and copied, you as an artist can license what you have made and then sell the right to use your work to others.

도용과 복제로부터 당신의 원곡을 보호하기 위하여, 예술가로서 당신이 만든 작품을 등록하여 다른 사람이 사용할 수 있도록 허가해줄 수 있고, 다른 사람에게 당신의 작품을 사용할 권리를 팔 수 있다.

➡

A. 어법상 가장 적절한 표현을 고르시오.

1 They are good swimmers and spend much of their lives ⌈ to float / floating ⌉ on open water.

2 Unfortunately, the economy soon grew worse quickly and I spent months ⌈ looking / to look ⌉ for another job.

3 The researchers started off by getting the help of Boy Scouts and spent three weeks ⌈ training / to train ⌉ them for the study.

4 So I spent the rest of the party ⌈ to watch / watching ⌉ the other kids enjoying their gifts.

5 Even if you end up spending money ⌈ making / to make ⌉ things yourself, you're at least building a skill rather than a collection of stuff that's quickly decreasing in value.

B. 밑줄 친 부분을 올바른 형태로 고쳐 쓰시오.

1 That rope kept me from <u>take</u> thousand-foot falls to my death two times.
➡

2 If you are getting sufficient sleep, you should feel refreshed and not have trouble <u>gotten</u> out of bed in the morning.
➡

3 A fallen elephant is likely to have difficulty <u>to breathe</u> because of its own weight, or it may overheat in the sun.
➡

4 They never learn how to bounce back from failure or how to recover from mistakes because their parents prevented them from <u>made</u> poor choices.
➡

5 West Africans believe that one must leave a pair of shoes at the door to prevent a ghost from <u>enter</u> the house.
➡

6 This stops the wheel from <u>spin</u>, and the bicycle comes to a stop.
➡

A. 어법상 가장 적절한 표현을 고르시오.

1 It has been called 'the river that never finds the sea' because it ends in Botswana instead of to flow / flowing into the ocean.

2 Instead of insisting / insist on finding the best possible decision, we will often accept one that seems good enough.

3 Instead of learn / learning how to survive in just one or two ecological environments, we took on the entire globe.

4 From my experience, there is a lot to be said for seizing opportunities instead of to wait / waiting for someone to hand them to you.

5 Instead of becoming / become afraid of the lion and running away, he went close to the lion.

B. 밑줄 친 부분을 올바른 형태로 고쳐 쓰시오.

1 In general, they eat out less than the average person except for when it comes to <u>eat</u> at fast food restaurants.
➡

2 When it comes to <u>fed</u> your body and mind, nothing is superior to preparing your food at home.
➡

3 By helping each other and <u>trust</u> in the ropes, we finally reached the top safely.
➡

4 But when it comes to <u>watch</u> television, many of us seem to follow the buy-something-from-every-aisle plan.
➡

5 When it comes to <u>taken</u> care of children when they're sick, the percentage of "mother does more" households is the same as that of "share equally" households.
➡

6 In other words, you will find that, by <u>say</u> the word between, you will get disadvantaged without getting anything in return.
➡

A. 어법상 가장 적절한 표현을 고르시오.

1 Yet we have become used to describe / describing machines that portray emotional states or can sense our emotional states as exemplars of "affective computing."

2 And yet for many potential subjects, cooperating with journalists is still a bargain worth striking / strike .

3 Anyone who has ever achieved any degree of success knows that nothing in life worth having / have comes easily.

4 People with low self-esteem often see themselves as inadequate or feel like victimizes / victims .

5 Despite all the talk of how weak intentions are in the face of habits, it's worth emphasizing / to emphasize that much of the time even our strong habits do follow our intentions.

B. 밑줄 친 부분을 올바른 형태로 고쳐 쓰시오.

1 In the case that the mother tongue, the child gets sufficient scope for this practice in his daily environment.

➡

2 In the case that "Actor," it influenced more than 70 percent of the respondents in both years.

➡

3 Just as there is division of labor in the case that individuals, countries also adopt this principle at the international level.

➡

4 In the case that vegetarian pizza, the number of no votes wasn't three times larger than that of yes votes.

➡

5 In case that nearing tornados or hurricanes, people can seek safety with the help of the data gathered by drones.

➡

A. 어법상 가장 적절한 표현을 고르시오.

1 Years of research show that it is close / closely linked to almost everything that we say we want for our children.

2 Chances of actually hitting Earth are very unlikely, but scientists keep a close / closely watch on asteroids as there are so many of them in orbit.

3 We are close / closely to Yosemite and Sequoia national parks, a number of mountain lakes and rivers, and the Pacific Ocean is easily accessible.

4 The experience was fantastic, and she and I grew close / closely in a short time.

5 In April 1997, the U.S. Food and Drug Administration ruled that toothpaste manufacturers weren't adhering close / closely enough to voluntary safety guidelines.

6 Shouting to the children not to stop running, she turned around and saw that the bear was very close / closely to her.

B. 밑줄 친 부분을 올바른 형태로 고쳐 쓰시오

1 According to the report, they "can connect people more <u>deep</u> to the world and open them to new ways of seeing," creating the foundation to build up social bonds.
  ➡

2 H. Mephisto is a kind of roundworms living <u>deeply</u> underground on Earth.
  ➡

3 However, massaging the teenager's shoulders after he comes home from a game may <u>deep</u> communicate love.
  ➡

4 The desire to have a fulfilling job — a career that provides a <u>deeply</u> sense of purpose, and reflects our values, passions and personality — is a modern concept.
  ➡

5 The people trust each other more <u>deep</u>, and coordination becomes easier.
  ➡

A. 어법상 가장 적절한 표현을 고르시오.

1 The students, of course, may be happy because they received | high / highly | grades.

2 Consumers are generally uncomfortable with taking | high / highly | risks.

3 But it is one of those things that reminds you that weather is | high / highly | unpredictable.

4 Second, it has been proved that less fuel is consumed at low speeds than at | high / highly | speeds.

5 Many people enjoy hunting wild species of mushrooms in the spring season, because they are excellent edible mushrooms and are | high / highly | prized.

6 He was indispensable - and | high / highly | sensitive.

B. 밑줄 친 부분을 올바른 형태로 고쳐 쓰시오.

1 According to a report, the best way to make sure long-term happiness in a relationship is to not stick to your first love.
➡

2 My son told him to not worry about it.
➡

3 It is common sense to fishermen to go where the fish are, or they won't catch anything.
➡

4 The aim of natural control is to not eradicate pests and diseases.
➡

5 The match finished over an hour ago and there is no need to me to feel especially under pressure.
➡

6 You begin to not care about consistency within a given habitat, because such consistency isn't an option.
➡

A. 어법상 가장 적절한 표현을 고르시오.

1 We are ｜ most / mostly ｜ doing what we intend to do, even though it's happening automatically.

2 The addax is ｜ most / mostly ｜ active at night due to the heat of the desert.

3 ｜ Most / Mostly ｜ garment workers are paid barely enough to survive.

4 When asked by psychologists, ｜ most / mostly ｜ people rate themselves above average on all manner of measures including intelligence, looks, health, and so on.

5 As for people who ｜ most / mostly ｜ watch news videos on news sites, Finland shows the highest percentage among the five countries.

6 When people gossip, they generally criticize other people, ｜ most / mostly ｜ for breaking social and moral codes.

B. 밑줄 친 부분을 올바른 형태로 고쳐 쓰시오.

1 In Ontario, there is an old-growth forest <u>nearly</u> Temagami.
➡

2 This makes it <u>near</u> impossible to stick to the goal.
➡

3 During the summer, they feed on plankton <u>nearly</u> the surface in more coastal waters.
➡

4 The left engine starts losing power and the right engine is <u>near</u> dead now.
➡

5 For example, being exposed to fine wine or Pavarotti changes one's later appreciation of wine and music, even if encountered in <u>lately</u> adulthood.
➡

6 Still, the probability of a hit in baseball does not increase just because a player has not had one <u>late</u>.
➡

A. 어법상 가장 적절한 표현을 고르시오.

1 While these can be useful tools for improvement, they should hard / hardly occupy center stage.

2 At that time, she hard / hardly felt any pain in her knee and none of the depression she had been experiencing.

3 No matter how hard / hardly we try, we are unable to make ourselves laugh.

4 From that moment on she was determined to work hard / hardly and find a way to become a teacher.

5 For example, many people once played badminton in their backyards but this activity was hard / hardly considered a sport.

6 Clearly there is no shortage of bacteria in our gut, which can make this next statement a little hard / hardly to believe.

B. 우리말에 맞게 밑줄 친 부분을 올바른 형태로 고쳐 쓰시오.

1 People want to treat as important.

   사람들은 중요한 존재로 대접받기를 원한다.

   ➡

2 These individuals were more likely to find jobs, passed their exams, or successfully recovered from their surgery.

   이 사람들은 직업을 구하고, 시험에 합격하고, 수술에서 성공적으로 회복한 가능성이 더 높았다.

   ➡

3 Napoleon is known to lose the battle of Waterloo because of his painful disease.

   Napoleon은 고통스런 질병 때문에 Waterloo 전투에서 패배했다고 알려져 있다.

   ➡

4 It takes 90 minutes for the battery to be fully charging.

   배터리가 완전히 충전되는 데 90분이 소요됩니다.

   ➡

5 There are times when you feel generous but there are other times when you just don't want to bother.

   여러분이 관대하다고 느낄 때도 있지만 그저 방해받고 싶지 않은 그런 때도 있다.

   ➡

A. 어법상 가장 적절한 표현을 고르시오.

1 Modern-day men tend │ to spend / spending │ a lot of time and money on their appearance.

2 We can empathize with others and feel sad for them and often want │ helping / to help │ them.

3 When faced with a problem—a conflict—we instinctively seek │ finding / to find │ a solution.

4 You must decide │ forgetting / to forget │ and let go of your past.

5 We often fail to look after or nurture ourselves, and we may not even recognize that we need │ becoming / to become │ more inwardly caring.

B. 우리말에 맞게 밑줄 친 부분을 올바른 형태로 고쳐 쓰시오.

1 The turtle stops <u>to breathe</u> air through its nose and mouth.
거북은 코와 입으로 숨 쉬는 것을 멈춘다.

➡

2 Right after New York City stopped <u>to run</u> elevated trains, people called the police in the middle of the night claiming that something woke them up.
뉴욕 시가 고가 철도 열차의 운행을 멈춘 직후, 사람들은 무언가가 그들을 깨웠다고 주장하면서 한밤중에 경찰에 전화했다.

➡

3 He could choose to spend his time elsewhere, yet he has stopped <u>respecting</u> your part in a conversation.
그는 다른 어딘가에 자신의 시간을 보내는 걸 선택할 수 있었지만, 그는 대화에서 여러분의 파트를 존중하기 위해 멈추었다.

➡

4 Perhaps as a child you remember <u>to go</u> to your mother when you broke that garage window with a baseball.
아마도 어릴 때 당신이 야구공으로 차고의 창문을 깼을 때 당신은 어머니에게 갔던 것을 기억할 것이다.

➡

5 Don't forget <u>bringing</u> a lunch and wear walking boots.
점심 준비해 오는 것과 워킹화 신는 것을 잊지 마라.

➡

252

A. 어법상 가장 적절한 표현을 고르시오.

1 Because they don't try ⟨ recreating / to recreate ⟩ the strong passion they once shared with a past lover.

2 Often people try ⟨ talking / to talk ⟩ you into responding to their bad words, and in your attempt to match them word for word, you fall to their level.

3 If they are even remotely right about what they are saying, then try ⟨ doing / to do ⟩ a little bit of reflection over this.

4 Try ⟨ experimenting / to experiment ⟩ with working by a window or using full spectrum bulbs in your desk lamp.

5 So he tried ⟨ putting / to put ⟩ the card in with the magnetic strip face up and was pleased to discover that it worked.

6 If they didn't, their hands would get terribly hurt every time they tried ⟨ stopping / to stop ⟩.

B. 다음 문장의 밑줄 친 부분이 명사적 용법이면 '명', 형용사적 용법이면 '형', 부사적 용법이면 '부'를 써 넣으시오.

1 When Mom decided <u>to marry</u> Dad, her father didn't like him. (　)

2 A language gap is a great opportunity for good manners <u>to shine</u>. (　)

3 Making an effort <u>to communicate</u> in another person's language shows your respect for that person. (　)

4 I had the habit of telling my sons what they wanted <u>to hear</u> in the moment and making a promise in order to avoid a fight. (　)

5 <u>To solve</u> this problem, they need to learn how to change their focus after the negotiation is complete. (　)

6 The simplest way <u>to define</u> the role of the media agency is to take an analogy from fishing. (　)

A. 우리말에 맞게 가장 적절한 표현을 고르시오.

1 Ann was the very person who had taught her [how / what] to surf when she was little.

Ann은 그녀가 어렸을 때 그녀에게 파도 타는 법을 가르쳐 주었던 바로 그 사람이었다.

2 For example, expert committees in Europe and the United States set different guidelines about [what / when] to treat high blood pressure.

예를 들어, 유럽과 미국의 전문가 위원회는 고혈압을 언제 치료할지에 대해 서로 다른 지침을 마련했다.

3 However, he would know how to track a wounded bush buck that he has not seen for three days and [when / where] to find groundwater.

그러나, 그는 3일 동안 본 적이 없는 상처 입은 부시벅을 어떻게 추적하는지와 어디에서 지하수를 찾을 수 있는지를 알 것이다.

4 I stared and stared at those words until suddenly I figured out [how / what] to do.

무엇을 해야 할지를 갑자기 알게 될 때까지 나는 그 단어들을 바라보고 바라보았다.

5 For example, general knowledge about [how / why] to read or write or use a computer is useful both in and out of school.

예를 들어, 읽거나 쓰거나 컴퓨터를 사용하는 방법에 관한 일반적 지식은 학교의 안팎 모두에서 유용하다.

B. 밑줄 친 부분을 올바른 형태로 고쳐 쓰시오.

1 If farther along the trail you notice a dark, slender, curved branch on the ground, an object you would normally ignore, you might now momentarily be likely <u>viewing</u> it as a snake, triggering a feeling of fear.

➡

2 It's why those with the right habits seem <u>doing</u> better than others.

➡

3 Unless the circumstances are unique, such baring of your soul would be likely <u>scaring</u> potential partners away rather than bring them closer.

➡

4 However, stay in the room for a few minutes, and the smell will seem <u>disappearing</u>.

➡

5 This seems <u>saying</u> that most dentists prefer Smiley Toothpaste to other brands.

➡

A. 밑줄 친 부분을 올바른 형태로 고쳐 쓰시오.

1 I also admit <u>what</u> my lifestyle is not as colorful or exciting as other people's, but at least it gives me a sense of security.

➡

2 Napoleon is known to have lost the battle of Waterloo <u>because</u> his painful disease.

➡

3 Staying open so late at night wasn't such a big deal <u>because of</u> we made good money.

➡

4 She gave up music in the 1970s <u>because of</u> she was unable to make a living.

➡

5 But research shows <u>what</u> you can take a tasty route to improvement.

➡

6 It was an extraordinary deal <u>because</u> some rare circumstances.

➡

B. 어법상 가장 적절한 표현을 고르시오.

1 ┃ Although / Despite ┃ it was raining and the room was leaking, 75 people were waiting for her.

2 She held her close ┃ while / during ┃ Mary cried endless tears.

3 ┃ While / During ┃ summer, their coat gets lighter, and is almost completely white.

4 Thus, ┃ although / despite ┃ scientists make many errors, science can be self-correcting.

5 When Angela was young, she was always disappointed about her performance ┃ although / despite ┃ her efforts.

6 All normal library services will still be available ┃ while / during ┃ those hours.

A. 어법상 가장 적절한 표현을 고르시오.

1 Thus, one of the best reasons for ⎡ study / studying ⎤ languages is to find out about ourselves, about what makes us persons.

2 Like this, many marriage partners hesitate to tell their mates what they would like romantically, ⎡ think / thinking ⎤ 'If I have to tell, it's no fun!'

3 One thing that tells me a company is in trouble ⎡ is / being ⎤ when they tell me how good they were in the past.

4 ⎡ Save / Saving ⎤ just one dog won't change the world, but surely it will change the world for that one dog.

5 Global agriculture must produce more food ⎡ feed / to feed ⎤ a growing population.

B. 우리말에 맞게 가장 적절한 표현을 고르시오.

1 David and Mark were best buddies at school ⎡ even if / even though ⎤ they belonged to different economic strata of society.
David와 Mark는 비록 그 사회의 서로 다른 경제적 계층에 속해 있었지만 학교에서 가장 친한 친구였다.

2 ⎡ Even if / Even though ⎤ Fred thought he had done his cultural homework, he made one particular error.
비록 Fred는 자기가 문화에 관해서 철저히 대비했다고 생각했지만 그는 한 가지 특정한 실수를 저질렀다.

3 But ⎡ even if / even though ⎤ they feature in stories created today, they have always been the products of the human imagination and never existed.
그러나 비록 그들이 오늘날 만들어진 이야기에서 중요한 역할을 한다 해도, 항상 인간 상상의 산물이었으며 결코 존재하지 않았다.

4 They walked the earth for a very long time, ⎡ even if / even though ⎤ human beings never saw them. 비록 인간이 그들을 보지는 못했지만, 그들은 오랫동안 지구에 살았다.

5 You freeze up and can't remember it ⎡ even if / even though ⎤ you knew it well the night before.
당신은 설령 그 전날 밤에는 그것을 잘 알고 있었다 하더라도 얼어붙어서 그것을 기억할 수 없다.

6 ⎡ Even if / Even though ⎤ it's not what they want to hear, I try to be honest and say it anyway.
비록 아이들이 듣고 싶어 하는 말이 아닐지라도 나는 어쨌든 정직하게 그 말을 하려 한다.

A. 어법상 가장 적절한 표현을 고르시오.

1 If / Whether or not he is aware of it, a candlelit dinner is a fantastic way to influence a person's mood.

2 For example, you may not care about if / whether you start your new job in June or July.

3 But when I drove out of the parking lot, I doubted if / whether I could make it.

4 If / Whether I actually liked living in a messy room or not was another subject altogether.

5 But staring at the Sun when it is high in the sky is harmful if / whether or not an eclipse occurs.

6 To figure out which one is correct, take out "John' and see if / whether "I' or "me' sounds right.

B. 우리말에 맞게 가장 적절한 표현을 고르시오.

1 This is because / This is why , they say, breakfast provides essential energy to both your body and brain throughout the day.
그들은 아침 식사가 하루 종일 당신의 몸과 두뇌에 필수적인 에너지를 제공하기 때문이라고 말한다.

2 This is because / This is why trying to stop an unwanted habit can be an extremely frustrating task.
이러한 이유로 원하지 않는 습관을 멈추려 노력하는 것은 매우 좌절감을 주는 일이 될 수 있다.

3 This is because / This is why the raw egg is fluid inside, whereas the hard-boiled egg is solid.
이는 날달걀 내부가 유동체이고, 반면에 완숙으로 삶은 달걀은 고형이기 때문이다.

4 This is because / This is why the paints were mixed together so that their effects on light interfered with each other.
이것은 물감들이 함께 섞여 빛에 주는 그것들의 효과가 서로 간섭했기 때문이다.

5 This is because / This is why the Great Wall was built.
이것이 바로 만리장성이 세워진 이유이다.

6 This is because / This is why "mixed signals" can be so confusing.
이것은 '혼합된 신호들'이 매우 혼란스러울 수 있는 이유이다.

A. 어법상 가장 적절한 표현을 고르시오.

1 In turn, the farmer offered him lamb meat │ but / and │ cheese he had made.

2 Which would you rather have for a neighbor, a friend │ or / and │ an enemy?"

3 The farmer asked his neighbor to keep his dogs in check, │ and / but │ his words fell on deaf ears.

4 Our brain consumes only 20% of our energy, │ or / so │ it's a must to supplement thinking activities with walking and exercises that spend a lot of energy.

5 Crying and hugging her son, she gave him clothes to change into │ and / but │ some food.

6 These buildings may be old and genuine, │ but / or │ they may be recent reproductions, the equivalent of an assumed rather than a native accent.

B. 밑줄 친 단어를 알맞은 형태로 고쳐 쓰시오.

1 Unless you <u>will be</u> unusually gifted, your drawing will look completely different from what you are seeing with your mind's eye.

➡

2 If the pioneer <u>will survive</u>, everyone else will follow suit.

➡

3 When you <u>will be suppressed</u> emotionally and constantly do things against your own will, your stress will eat you up faster than you can count to three.

➡

4 Trade will not occur unless both parties <u>will want</u> what the other party has to offer.

➡

5 If we <u>will not take</u> the time to sharpen the "axe," we will become dull and lose our effectiveness.

➡

6 In addition, we will leave the cups untouched unless they <u>will need</u> to be cleaned.

➡

A. 어법상 가장 적절한 표현을 고르시오.

1 It ⎡has been determining / has been determined⎤ that it takes only a few seconds for anyone to assess another individual.

2 I ⎡have been using / have been used⎤ your coffee machines for several years.

3 This concept ⎡has been discussed / have been discussing⎤ at least as far back as Aristotle.

4 Upon further investigation, the farmer discovers that the weaver ⎡has been wanting / has been wanted⎤ an omelet for the past week.

5 Suppose you see a friend who is on a diet and ⎡has been lost / has been losing⎤ a lot of weight.

6 People ⎡have been told / have been telling⎤ that praise is vital for happy and healthy children.

B. 어법상 가장 적절한 표현을 고르시오.

1 The second student arrived at the finish feeling tired and regretting the path he ⎡has chosen / had chosen⎤.

2 Remarkably, most participants accepted this photo as their own choice and then proceeded to give arguments for why they ⎡have chosen / had chosen⎤ that face in the first place.

3 The results revealed that those who ⎡have engaged / had engaged⎤ in fantasizing about the desired future did worse in all three conditions.

4 When the boy learned that he ⎡had misspelled / has misspelled⎤ the word, he went to the judges and told them.

5 He was even imprisoned in the Bastille in Paris because he ⎡has insulted / had insulted⎤ a powerful aristocrat.

6 More recently, in 2000, the Clay Mathematics Institute named seven mathematical problems that ⎡have not been solved / had not been solved⎤ with the hope that they could be solved in the twenty-first century.

A. 어법상 가장 적절한 표현을 고르시오.

1 This time, only 29% of the persons said that they will / would get the cheaper jacket.

2 It is often believed that Shakespeare does not / did not always write alone, and many of his plays are considered collaborative.

3 They feared that weight lifting and building large muscles would / will cause players to lose flexibility and interfere with quickness and proper technique.

4 The respondents were also told that the same product is / was available in a store 20 minutes away and cost $120 there.

5 Our parents would be horrified if they were told / are told they had to participate in the culture of their grandchildren.

B. 밑줄 친 단어를 알맞은 형태로 고쳐 쓰시오.

1 After listening carefully to his story, the judge said, "I could punish the hunter and instruct him to keep his dogs chained or lock it up.

➡

2 There seem now to be as many tribes, and as much conflict between it, as there have ever been.

➡

3 These expectations are so powerful that not meeting it may make the parents vulnerable to charges of negligence or abuse.

➡

4 You can say that information sits in one brain until they can be communicated to another, unchanged in the conversation.

➡

5 Using a clever trick inspired by stage magic, when participants received the photo, they had been switched to the photo not chosen by the participant — the less attractive photo.

➡

A. 어법상 가장 적절한 표현을 고르시오.

1 Both the total number of trips and the total expenditures ┃ was / were ┃ higher in 2017 compared to those in 2015.

2 Trade will not occur unless both parties ┃ want / wants ┃ what the other party has to offer.

3 Both of these devices ┃ allows / allow ┃ Alexandra to access online services when she is away from her desktop computer.

4 When done well, when done by an expert, both reading and skiing ┃ is / are ┃ graceful, harmonious activities.

5 Both the male and female adult unemployment rates ┃ was / were ┃ highest in Finland, which was followed by Sweden.

6 Both smartphones and tablets ┃ fulfills / fulfill ┃ more or less the same function in Alexandra's life.

B. 어법상 가장 적절한 표현을 고르시오.

1 Non-verbal communication will help you get the message across to him or her to give you ┃ any / some ┃ time off the conversation to be comfortable again.

2 As the silence between them widened, Kevin asked, "Do you need ┃ some / any ┃ help?"

3 Crying and hugging her son, she gave him clothes to change into and ┃ any / some ┃ food.

4 "I hope the old man doesn't ask me for ┃ any / some ┃ money," he thought.

5 While ┃ some / any ┃ people are natural humorists, being funny is a set of skills that can be learned.

6 ┃ Any / Some ┃ students even walked with their shoulders bent forwards, dragging their feet as they left, as if they were 50 years older than they actually were.

A. 어법상 가장 적절한 표현을 고르시오.

1 It has simultaneously given voice and organizational ability to new cyber tribes, [one / some] of whom spend their time spreading blame and division across the World Wide Web.

2 This method is now being used all over the world to provide drinking water for [some / one] four million people.

3 In addition, showing the soles of one's feet to [others / other] people is unacceptable, even though many people go barefoot.

4 They tend to be well-liked and respected by [other / others] because they make it clear that they value what other people bring to the table.

5 Seen from your perspective, one hill appears to be three hundred feet high, and [others / the other] appears to be nine hundred feet.

6 From multiple physiological studies, we know that encounters with members of [others / other] ethnic-racial categories, even in the relatively safe environment of laboratories, trigger stress responses.

B. 어법상 가장 적절한 표현을 고르시오.

1 [Other / Another] advantage of non-verbal communication is that it offers you the opportunity to express emotions and attitudes properly.

2 It has been determined that it takes only a few seconds for anyone to assess [other / another] individual.

3 Put [another / other] way, it's the difference between being a realistic optimist, and an unrealistic optimist.

4 One group of subjects saw the person solve more problems correctly in the first half and [other / another] group saw the person solve more problems correctly in the second half.

5 [Another / Other] quolls copied these constructive behaviors through a process of social learning.

6 Knowledge relies on judgements, which you discover and polish in conversation with [another / other] people or with yourself.

A. 어법상 가장 적절한 표현을 고르시오.

1 After listened / listening carefully to his story, the judge said, "I could punish the hunter and instruct him to keep his dogs chained or lock them up."

2 We call people we haven't spoken to in ages, hoping / hoped that one small effort will erase the months and years of distance we've created.

3 Proceeded / Proceeding with his study, Turner earned a doctorate degree in zoology, the first African American to do so.

4 We work hard to manage the perceptions of others, ignored / ignoring our own needs, and in the end we give up the very thing that will enable us to live meaningful lives.

5 Traveled / Traveling by train across northern Ontario, A. Y. and several other artists painted everything they saw.

B. 어법상 가장 적절한 표현을 고르시오.

1 The key feature that distinguishes predator species from prey species isn't the presence of claws or any other feature relating / related to biological weaponry.

2 Upon hearing the call the members of the group will scan the sky to locate the threat and then make a dash for the cover provided / providing by dense vegetation.

3 People lived / living in neighborhoods with safe biking and walking lanes, public parks, and freely available exercise facilities use them often—their surroundings encourage physical activity.

4 Interactions within a relationship are functions not only of the individual personalities of the people involving / involved but also of the role requirements associated with the statuses they have.

5 I heard something moving / moved slowly along the walls.

6 Social relationships benefit from people giving / given each other compliments now and again because people like to be liked and like to receive compliments.

A. 어법상 가장 적절한 표현을 고르시오.

1 Glaciers, wind, and flowing water help move the rocky bits along, with the tiny travelers ⬚ gotten / getting ⬚ smaller and smaller as they go.

2 Therefore, it is your responsibility to communicate with your body ⬚ regarding / regarded ⬚ the new environment of food abundance and the need to change the inborn habit of overeating.

3 From 2013, China and India took opposite paths, with China's smartphone average price ⬚ going / gone ⬚ up and India's going down.

4 Some students even walked with their shoulders ⬚ bent / bending ⬚ forwards, dragging their feet as they left, as if they were 50 years older than they actually were.

5 Steinberg and Gardner randomly assigned some participants to play alone or with two same age peers ⬚ looked / looking ⬚ on.

6 They danced in circles making joyful sounds and shaking their hands with arms ⬚ raised / raising ⬚ over their heads.

B. 어법상 가장 적절한 표현을 고르시오.

1 The ⬚ surprising / surprised ⬚ executive just stood there.

2 Such individuals are more likely to feel ⬚ frustrated / frustrating ⬚ and to have conflicts with others and themselves.

3 After this, the salesperson asks you if you are ⬚ interesting / interested ⬚ in buying any cruelty-free cosmetics from their store.

4 His father owned an extensive library where Turner became ⬚ fascinated / fascinating ⬚ with reading about the habits and behavior of insects.

5 This is why trying to stop an unwanted habit can be an extremely ⬚ frustrated / frustrating ⬚ task.

6 Linda wrote how she suffered from a poor self-image in high school and was ⬚ shocking / shocked ⬚ that Rebecca would consider her a candidate for the contest.

A. 어법상 가장 적절한 표현을 고르시오.

1 ⬚ Hearing / Having heard ⬚ the judge's solution, the farmer agreed.

2 ⬚ Having watched / Watching ⬚ the older children opening their gifts, I already knew that the big gifts were not necessarily the nicest ones.

3 ⬚ Achieving / Having achieved ⬚ such a huge success, even changing the landscape of America, remembering WHY they started doing this business stopped being important to them.

4 ⬚ Never doing / Having never done ⬚ anything like this before, Cheryl hadn't anticipated the reaction she might receive.

5 ⬚ Studying / Having studied ⬚ your case, it seems that your cancellation request was sent to us after the authorized cancellation period.

6 ⬚ Having spent / Spending ⬚ that night in airline seats, the company's leaders came up with some "radical innovations."

B 어법상 가장 적절한 표현을 고르시오.

1 ⬚ When face / When faced ⬚ with perceived threats — the financial crisis, terrorism, violent conflict, refugees and immigration, the increasing gap between rich and poor — people cling more tightly to their groups.

2 ⬚ After engaged / After engaging ⬚ in several such cooperative activities, the boys started playing together without fighting.

3 ⬚ When putting / When put ⬚ together a new team or hiring team members, we need to look at each individual and how he or she fits into the whole of our team objective.

4 ⬚ While traveled / While traveling ⬚ overseas Barton learned of an organization called the International Red Cross.

5 ⬚ After graduating / After graduated ⬚, he joined the United States Marine Corps, where he captured scenes from the Korean War as a combat photographer.

6 ⬚ When depriving / When deprived ⬚ of regular intervals of dark and light, the mind can lose its bearings.

A. 어법상 가장 적절한 표현을 고르시오.

1 [Giving / Given] the fact that most people agree to the prior request to sign the petition, they will be more likely to purchase the cosmetics.

2 [Considering / Considered] this need for library surroundings, it is important to design spaces where unwanted noise can be eliminated or at least kept to a minimum.

3 [Given / Giving] the way we've been working up to this deadline, I'm afraid I can't accept your request.

4 [Considered / Considering] the immense benefits, don't hesitate to give reconsuming a try.

5 Words like 'near' and 'far' can mean different things [depending on / depended on] where you are and what you are doing.

6 [Giving / Given] this latter information, only 50% of the physicians recommended surgery.

B. 어법상 가장 적절한 표현을 고르시오.

1 If you were at a zoo, then you [might have said / might say] you are 'near' an animal if you could reach out and touch it through the bars of its cage.

2 If teenagers [didn't build up / hadn't built up] a fairly major disrespect for and conflict with their parents or carers, they'd never want to leave.

3 If you were telling someone how to get to your local shop, you [might have call / might call] it 'near' if it was a five-minute walk away.

4 If it had not been for the formation and maintenance of social bonds, early human beings probably [would not be / would not have been] able to cope with or adapt to their physical environments.

5 If you [had copied / copied] the picture many times, you would find that each time your drawing would get a little better, a little more accurate.

6 If you tried to copy the original rather than your imaginary drawing, you [might have found / might find] your drawing now was a little better.

A. 가정법 문장을 만들기 위해 어법상 가장 적절한 표현을 고르시오.

1 │ With / Without │ money, people could only barter.

2 Without eustress, you │ will / would │ never get this head start.

3 Can you imagine what life │ will / would │ be like without them?

4 │ With / Without │ friends, the world would be a pretty lonely place.

5 Without such passion, they would │ achieve / have achieved │ nothing.

6 Without the formation and maintenance of social bonds, early human beings probably would not │ be / have been │ able to cope with or adapt to their physical environments.

B. 어법상 가장 적절한 표현을 고르시오.

1 Walk, talk, and act as if you │ are / were │ already that person.

2 Many of us live day to day as if the opposite │ is / were │ true.

3 Too many companies advertise their new products as if their competitors │ do / did │ not exist.

4 And then slowly, one by one, as if someone │ is / were │ dropping pennies on the roof, came the raindrops.

5 Some students even walked with their shoulders bent forwards, dragging their feet as they left, as if they │ are / were │ 50 years older than they actually were.

6 At the doctor's explanation, the stomach pains that the man had been feeling disappeared and he went home as if nothing │ happened / had happened │.

A. 어법상 가장 적절한 표현을 고르시오.

1 Behind the table │ was / were │ lovely white curtains.

2 On this │ rest / rests │ the distinction between the thinker and the mere scholar.

3 Here │ lie / lies │ the reason why natural control is chosen more than pesticide use.

4 Here │ is / are │ two things you may have heard about bad breath that are not true.

5 So powerful │ is / are │ this sense of obligation to return the favor that it affects our daily lives very much.

6 He took out a bill, saying, "Here │ is / are │ the ten-dollar fine which I will now pay off for her."

B. 어법상 가장 적절한 표현을 고르시오.

1 Nor │ is / are │ some government agency directing them to satisfy your desires.

2 Never before │ these subjects had / had these subjects │ been considered appropriate for artists.

3 Nor │ it did / did it │ much matter how a lonely American frontiersman disposed of his waste.

4 Not only │ do / did │ academic painters study with trained artists, but they were also part of the local art community.

5 Not only │ do / does │ science fiction help students see scientific principles in action, but it also builds their critical thinking and creative skills.

6 Not until I got home and reached for the house key │ I did / did I │ realize that I had left my purse on the bench at the bus stop.

A. 어법상 가장 적절한 표현을 고르시오.

1 Only then she did / did she turn and retrace her steps to the shore.

2 Only after much trial and error do / does they realize that the eagle call must be used only for eagles.

3 Only by conceiving what we ourselves would feel in the situation we can / can we understand how they feel.

4 Only after the fact did / does the commander realize that the fire had been unusually quiet and that his ears had been unusually hot.

5 Only when you operate from a combination of your strengths and self-knowledge you can / can you achieve true excellence.

6 Only recently has / have humans created various languages and alphabets to symbolize these "picture" messages.

B. 밑줄 친 단어를 알맞은 형태로 고쳐 쓰시오.

1 These are found not only in sweet foods like ice cream and candy, <u>and</u> also in healthy vegetable and fruit juices.

➡

2 Verbal and nonverbal signs are not only relevant but also <u>significance</u> to intercultural communication.

➡

3 As it turns out, conflict is not only unavoidable but actually <u>crucially</u> for the long-term success of the relationship.

➡

4 For example, they forget that the solution to a social problem requires not only <u>knowledgeable</u> but also the ability to influence people.

➡

5 Motivation not only <u>driving</u> the final behaviors that bring a goal closer but also creates willingness to expend time and energy on preparatory behaviors.

➡

A. 어법상 가장 적절한 표현을 고르시오.

1 But I never dreamed of pursuing a career in medicine by / until I entered the hospital for a rare disease.

2 It was not until a year later that / what tanks actually achieved great success.

3 It wasn't until after 9 a.m. who / that an airplane started to run down the runway toward the ocean for takeoff.

4   Until not / Not until I got home and reached for the house key did I realize that I had left my purse on the bench at the bus stop.

5 The solution to what is now known as Fermat's Last Theorem was not established by / until the late 1990s by Andrew Wiles.

6 Thomas Edison was indeed a creative genius, but it was not until he discovered some of the principles of marketing that / which he found increased success.

B. 어법상 가장 적절한 표현을 고르시오.

1 Many schools have a counselor that may be available to help, as do / does many churches and places of worship.

2 Employers are expected to interact with employees in a certain way, as is / are doctors with patients.

3 Selfish adults or kids do not make sound decisions as well as do / does grateful people.

4 The modern adult owes less to his direct experience and more to the experience of his culture than do / does primitive man.

5 Women who are heavy coffee drinkers find more errors in the study than do / does less caffeinated women.

6 Students who have relatively accurate perceptions regarding their progress in learning tend to perform better on tests than do / does those with more error-prone views of their knowledge.

A. 밑줄 친 단어를 알맞은 형태로 고쳐 쓰시오.

1 It is tolerance that <u>protect</u> the diversity which makes the world so exciting.

➡

2 It <u>is</u> then that Bahati finally realized the meaning of the words of the poor old woman.

➡

3 It was his newfound self-confidence that <u>enables</u> him to achieve anything he went after.

➡

4 I see these limits as elements that actually help me; it is the limitations that <u>helps</u> me free my creative imagination.

➡

5 Even if people told him that it was his thinking that <u>is</u> depressing him, he would say, "No, it isn't. I'm depressed because I made the mistake."

➡

B. 밑줄 친 단어를 알맞은 형태로 고쳐 쓰시오.

1 Educated by private tutors at home, she enjoyed reading and <u>write</u> early on.

➡

2 Silence is viewed as a time to learn, <u>thinking</u> about, and to review what the speaker has said.

➡

3 His artwork helps you see the world differently and <u>remind</u> you there are alternative ways of using shape, objects, and colors.

➡

4 For the most part, people who live or work in cities walk throughout the day — to go from the parking lot to the office, <u>shop</u>, and to run errands.

➡

5 If you start collecting and <u>analyze</u> data without first clarifying the question you are trying to answer, you're probably doing yourself more harm than good.

➡

A. 어법상 가장 적절한 표현을 고르시오.

1 Laughter started to pass through the auditorium from front to / for back.

2 They were educational tools, passing knowledge from one generation and / to the next.

3 Fast-forward another billion years to our world, which is full of social animals, from ants to wolves to / until humans.

4 Moreover, this group is more likely than the average person to enjoy eating diverse kinds of food: from salads and seafood by / to hamburgers and hot chips.

5 After running back and forth from one coast of / to the other two and a half times, he feels better and is finally able to sort his life out.

6 Remedies range from keeping active and reducing excess weight to / by steroid injections and even surgery.

B. 어법상 가장 적절한 표현을 고르시오.

1 What's more, you can turn on it / it on instantly!

2 After carefully considering the opportunity, I decided to turn down it / it down.

3 She offered to pick up her / her up on the corner of 34th Street and Fifth Avenue at 11:30 a.m.

4 Reality TV programs are products, just like T-shirts or coffee, and consumers can't seem to turn off them / them off.

5 Now she was sorry that she read for such a long time, but the book was so absorbing she could not put it down / down it.

6 There are always white spaces ready to be filled and golden nuggets of opportunities lying on the ground waiting for someone to pick them up / up them.

A. 어법상 가장 적절한 표현을 고르시오.

1 It's similar to "Smile, or / and the whole world smiles with you."

2 Focus on one task at a time, or / and you'll accomplish each task better, and probably faster.

3 Milo screamed again. "Come back here, or / and I'll send my dog after you!"

4 Keep working on one habit long enough, or / and not only does it become easier, but so do other things as well.

5 So be careful when gossiping about a coworker, or / and you might be seen as what you describe.

6 Study the lives of the great people who have made an impact on the world, or / and you will find that in virtually every case, they spent a considerable amount of time alone thinking.

B. 어법상 가장 적절한 표현을 고르시오.

1 Then, in turn, ask their friends how many friends do they have / they have .

2 Have you ever thought about how can you / you can tell what somebody else is feeling?

3 If I asked you to tell me where are the eggs / the eggs are , would you be able to do so?

4 She was very thankful and by the look on her face I could tell how grateful was she / she was .

5 Since laughter is seen as a social cue that we send to others, it can also help explain why does it spread / it spreads to others.

6 When you reach the end and look back at the road, however, you'll realize how much more valuable, colorful, and meaningful it was / was it than you anticipated it to be in the moment.

A. 어법상 가장 적절한 표현을 고르시오.

1 Antibiotics either kill bacteria or ⎜ stop / to stop ⎜ them from growing.

2 One day, they were both caught and ⎜ took / taken ⎜ to the judge.

3 This physical reaction prepares the body either to fight the danger or
⎜ to escape / to escaping ⎜ it.

4 He felt sorry because he neither recognized him nor
⎜ remember / remembered ⎜ his name.

5 When humans either fought or ⎜ run / ran ⎜ away, the physical activity would
use up the hormones, and the body chemistry would quickly return to
normal.

6 DNA left behind at the scene of a crime has been used as evidence in court,
both to prosecute criminals and ⎜ setting / to set ⎜ free people who have been
wrongly accused.

B. 어법상 가장 적절한 표현을 고르시오.

1 She saw him and said, "You sure ⎜ do / does ⎜ look depressed."

2 It was a little difficult at first and he ⎜ did / does ⎜ end up falling a few times.

3 The restaurant with the fullest parking lot usually ⎜ do / does ⎜ have the best
food.

4 Some easily spoiled drugs ⎜ do / does ⎜ require refrigeration, but these should
be labeled as needing to be kept in the refrigerator.

5 In a survey of more than 3,700 languages, he found that those with complex
tones ⎜ do / does ⎜ occur less frequently in dry areas than in humid ones.

6 They do relatively little developmental coaching and when employees
⎜ do / does ⎜ improve, they may fail to take notice, remaining stuck in their
initial impression.

A. 어법상 가장 적절한 표현을 고르시오.

1 The rank of Iris was lower than │ that / those │ of Daisy in 2000.

2 Their voices were soon joined by │ that / those │ of all the players, on both teams.

3 The role of humans in today's ecosystems differs from │ that / those │ of early human settlements.

4 Of all energy sources, the percentage of fossil fuels is the largest, which is about four times as high as │ that / those │ of renewables.

5 Thus, probably most of the consumer behavior patterns initially learned by children are copies of │ that / those │ of their parents, particularly their mom.

6 Her clothes were worn; her hands were │ that / those │ of a person who'd worked hard for what she had.

B. 어법상 가장 적절한 표현을 고르시오.

1 It is better that you make your mistakes early on rather │ as / than │ later in life.

2 If you'd rather save your money, try finding pleasure in creating things rather than │ buy / buying │ things.

3 The story of Kaldi might be more fable than │ fact / factual │ , but at least some historical evidence indicates that coffee did originate in the Ethiopian highlands.

4 Yet only a handful of these advancements like international conference calls and video chats allow people to speak rather │ as / than │ to write.

5 If you start collecting and analyzing data without first clarifying the question you are trying to answer, you're probably doing yourself more harm │ as / than │ good.

6 On the rare occasions when the mothers put their infants on the ground, they held them up in a sitting position, rather │ as / than │ placing them down on their stomachs.

MEMO

수능 영어 100일의 기적

정답 및 해설

NEXUS Edu

1일 2구문으로 끝내는 수능 영어 **D-100**

수능 영어 100일의 기적

정답 및 해설

NEXUS Edu

Pattern #1
pg. 14

1. is   2. is   3. is
4. most   5. best

해석

1 정유(식물에서 추출하여 정제한 방향유)를 의료와 미용을 위해 사용하는 가장 만족스러운 측면 중 하나는 그것이 독소를 남기지 않고 매우 효율적으로 신체로 들어오고 배출된다는 점이다.
2 많은 성공한 사람들이 하는 가장 힘들어하는 것 중 하나가 그들 자신의 믿음에 도전하는 것이다.
3 아이들의 공감 능력을 길러줄 수 있는 가장 간단하고도 효과적인 방법 중 하나는 스스로 더 놀도록 내버려 두는 것이다.
4 예를 들어, 시험을 치를 때 가장 손해를 끼치는 전략 중 하나는 한 개의 주어진 문제에 너무 오랜 시간을 소비하는 것이다.
5 예를 들어, 책을 쓰는 가장 좋은 방법 중의 하나는 문제는 고려하지 않고 여러분의 생각을 종 이 위에 쏟아 놓으면서 가능한 한 빨리 책을 쓰는 것이다.

해설

1 One of ~ and cosmetically에서 주어가 one이기 때문에 단수 동사인 is가 와야 한다.
2 One of ~ people do에서 주어가 one이기 때문에 단수 동사인 is가 와야 한다.
3 One of ~ in children에서 주어가 one이기 때문에 단수 동사인 is가 와야 한다.
4 one of 최상급이기 때문에 most가 와야 한다.
5 one of 최상급이기 때문에 best가 와야 한다.

Pattern #2
pg. 15

1. has   2. is   3. was
4. is   5. takes

해석

1 각 기업은 유사한 문제와 요구사항을 가지고 있으며, 각각은 공유된 사업 기회에 대한 기술적인 지원부터 간단한 격려에 이르는 다양한 도움을 필요로 한다.
2 그러므로 우리가 내리는 각각의 결정은 윤리학의 사례 연구인데, '좋은 삶'의 성격에 대한 결정이다.
3 이 시점에서 각각의 CEO들은 가치, 힘, 그리고 야망에 기초한 지도력의 정체성을 다시 세울 준비가 되어 있었다.
4 우리 뇌 속에 있는 천억 개의 뉴런 각각은 칠천 개의 다른 뉴런에 신경 섬유 조직의 빽빽한 망으로 연결되어 있다.
5 이러한 각각의 활동은 모두 당신의 작업 메모리를 차지한다.

해설

1 주어가 each이기 때문에 단수 동사 has가 와야 한다.
2 주어가 each이기 때문에 단수 동사 is가 와야 한다.
3 주어가 each이기 때문에 단수 동사 was가 와야 한다.
4 주어가 each이기 때문에 단수 동사 is가 와야 한다.
5 주어가 each이기 때문에 단수 동사 takes가 와야 한다.

Pattern #3
pg. 16

1. is   2. jump   3. or
4. was   5. are

해석

1 검찰이나 변호인 모두 그들 각각의 주장을 약화시킬 수 있는 것을 인정할 의무가 없다.
2 Double Dutch는 참가자 두 명이 두 개의 줄을 돌리는 동안 한두 명의 참가자가 그 줄을 통과해 뛰어넘는 줄넘기의 한 방법이다.
3 제 아내나 저나 둘 중 한사람이 가능한 빨리 전화를 드리겠습니다.
4 하지만 집안에 이용할수 있는 우산도 우비도 없었다.
5 뇌와 귀가 손상되지 않는 한 듣기는 무의식적이다.

해설

1 or 뒤에 있는 defender에 주어와 동사의 수 일치를 하기 위해 is가 와야 한다.
2 nor 뒤에 있는 participants에 주어와 동사의 수 일치를 하기 위해 jump가 와야 한다.
3 Either와 어울리는 상관접속사 or가 와야 한다.
4 nor 뒤에 있는 a raincoat에 주어와 동사의 수 일치를 하기 위해 was가 와야 한다.
5 nor 뒤에 있는 your ears에 주어와 동사의 수 일치를 하기 위해 are가 와야 한다.

Pattern #4
pg. 17

1. does   2. means   3. to conduct
4. requires   5. is

해석

1 '예술 작품이 최종적으로 존재하는 모습대로 존재하기 위해' 예술가가 다른 사람들의 협력을 가져야 한다고 말하는 것은 그가 그 협력 없이는 작업할 수 없다는 것을 의미하지 않는다.
2 뭔가를 적는다는 것은 공간과 시간 면에서 멀리 떨어져 있는 사람들이 그것을 재창조할 수 있다는 것을 의미한다.
3 인간을 대상으로 어떤 형태의 통제된 실험을 수행하는 것은 실제로 가능하지 않다.
4 모든 상황에서 용감하게 되는 것은 강한 결단력을 필요로 한다.
5 가식을 포기하는 것이 만족감을 느끼게 하는 것만큼이나 행복한 위안이 된다.

해설

1 주어가 To say(to부정사)로 시작하기 때문에 단수 동사인 does가 와야 한다.
2 주어가 To write(to부정사)로 시작하기 때문에 단수 동사인 means가 와야 한다.
3 가주어 it에 상응하는 진주어는 to conduct(to부정사)가 와야 한다.
4 주어가 To be(to부정사)로 시작하기 때문에 단수 동사인 requires가 와야 한다.
5 주어가 To give up(to부정사)로 시작하기 때문에 단수 동사인 is가 와야 한다.

Pattern #5 pg. 18

1. feels   2. is   3. was
4. is   5. helps

해석

1 다음번에 문제를 풀 준비를 하는 것은 우리가 그것을 이번에 해결하지 못한 것에 대해 속상해하는 것보다 기분이 더 좋다.

2 여러분의 이야기를 듣는 사람의 시간을 존중하는 것이 여러분의 문장 맨 앞의 대문자(시작점)이다.

3 Ricky에게는 그와 함께 야구를 하는 것이 그의 고난을 잊을 수 있는 방법이었다.

4 세상을 항해하는 것은 여기저기로 이동하는 것과 많은 지력을 사용하는 것을 필요로 하는 어려운 일이다.

5 샌드위치부터 고급 자동차까지 모든 것에 여러분의 이용권을 제한하는 것이 여러분의 활기온도계를 재설정하도록 돕는다.

해설

1 주어가 Preparing(동명사)로 시작하기 때문에 단수 동사인 feels가 와야 한다.

2 주어가 Respecting(동명사)로 시작하기 때문에 단수 동사인 is가 와야 한다.

3 주어가 playing(동명사)로 시작하기 때문에 단수 동사인 was가 와야 한다.

4 주어가 Navigating(동명사)로 시작하기 때문에 단수 동사인 is가 와야 한다.

5 주어가 Limiting(동명사)로 시작하기 때문에 단수 동사인 helps가 와야 한다.

Pattern #6 pg. 19

1. was   2. is   3. is
4. is   5. was

해석

1 그녀가 자신의 논문에서 발견한 것은 휘갈겨 쓴 단어, 불완전한 문장, 겉보기에 이상하고 일관성이 없는 생각의 무더기였다.

2 그들 각자가 기억하게 될 것은 선택적이고 그들 가족의 구성 개념 체계에 의해 채색된다.

3 이것이 보여주는 것은, 여러분이 공을 던져 주는 대상인 사람이 공을 잡는 것이, 여러분이 공을 잡을 수 있는 것만큼 그 훈련에 똑같이 중요하다는 것이다.

4 우리가 흔히 얻게 되는 것은 긴 글을 추상적으로 요약해 놓은 것에 지나지 않는다.

5 그가 알고 있지 못했던 것은 관리 직원들이 요청받았던 Bosendorfer 피아노를 발견할 수 없었고, 그래서 대신에 그들이 상태가 좋지 않았던 아주 작은 Bosendorfer를 설치했다는 것이었다.

해설

1 주어가 what절로 시작하기 때문에 단수 동사인 was가 와야 한다.

2 주어가 what절로 시작하기 때문에 단수 동사인 is가 와야 한다.

3 주어가 what절로 시작하기 때문에 단수 동사인 is가 와야 한다.

4 주어가 what절로 시작하기 때문에 단수 동사인 is가 와야 한다.

5 주어가 what절로 시작하기 때문에 단수 동사인 was가 와야 한다.

Pattern #7 pg. 20

1. whether   2. is   3. Whether
4. depends   5. is

해석

1 로봇은 우리가 실험실에서 만드는 기계적 창조물이어서, 우리가 살상용 로봇을 가질지, 이로운 로봇을 가질지는 인공 지능 연구의 방향에 달려 있다.

2 인간이 느끼는 외로움과 유사한 어떤 것을 동물이 느낄 수 있는지 말하기는 어렵다.

3 그것이 오른쪽이든 왼쪽이든지는 중요한 것이 아니라 중요한 것은 그것이 다수의 암묵적인 의지라는 것이다.

4 전문가가 직관적인 전문 기술을 터득할 기회를 가지느냐 그렇지 않느냐는 본질적으로 연습할 충분한 기회뿐만 아니라 피드백의 질과 신속성에 달려 있다.

5 어떤 사람이 기업가가 되느냐 되지 않느냐 하는 것에는 환경, 인생 경험, 그리고 개인적인 선택이 작용한다.

해설

1 접속사 or과 어울리면서 문맥상 '~인지 아닌지'에 해당하는 것은 whether이다.

2 주어가 whether절로 시작하기 때문에 단수 동사인 is가 와야 한다.

3 접속사 or과 어울리면서 문맥상 '~인지 아닌지'에 해당하는 것은 whether이다.

4 주어가 Whether절로 시작하기 때문에 단수 동사인 depends가 와야 한다.

5 주어가 Whether절로 시작하기 때문에 단수 동사인 is가 와야 한다.

Pattern #8 pg. 21

1. misleads   2. does   3. involves
4. is   5. makes

해석

1 잘못된 선택의 오류는 명백한 것으로 밝혀진 선택 사항들이 합리적인 대안을 고갈시키도록 오도한다.

2 게다가, 현재의 기준에 따라 과거의 발견과 발견자들을 평가하는 것은 그것이 당시에 얼마나 중요했을지를 우리가 알 수 없게 한다.

3 이것의 한 가지 흥미로운 예는 캘리포니아의 멸종 위기에 처한 송골매들이 멸종 위기에 처한 또 다른 종인 캘리포니아 먹이(제비갈매기)를 잡아먹는 것을 포함한다.

4 큰 재해를 정의하는 요소 하나는 그 해로운 결과의 거대한 규모이다.

5 베타카로틴의 첨가는 마가린을 더 버터처럼 보이게 만들고, 그것(마가린)은 실제로 그런 것보다 더 크림 맛이 나는 것처럼 보인다.

해설

1 주어가 The fallacy이기 때문에 단수 동사인 misleads가 와야 한다.

2 주어가 the evaluation이기 때문에 단수 동사인 does가 와야 한다.

3 주어가 One interesting example이기 때문에 단수 동사인 involves가 와야 한다.

4 주어가 A defining element기 때문에 단수 동사인 is가 와야 한다.

5 주어가 The addition이기 때문에 단수 동사인 makes가 와야 한다.

Pattern #9
pg. 22

1. suggests 2. are 3. is
4. is 5. parent

해석

1 모든 증거는 창의성이 유전자에 암호화되어 있지 않다는 점을 시사한다.
2 이러한 모든 요인들은 연방 정부의 재정 지출 증가를 늦추고 부채가 통제 불능 상태로 불어나지 않도록 막는 것을 대단히 어렵게 만들 것이다.
3 거의 모든 과학은 모델들을 자료에 맞춰가는 것이다.
4 이런 효과는 대륙의 대부분이 북반구에 있기 때문에 남반구의 반대 효과에 의해 상쇄되지 않는다.
5 우리들 대부분은 아마도 우리가 양육된 방식으로 자녀를 양육할 것이다.

해설

1 비율을 나타내는 all of 다음에 단수 명사 evidence에 맞춰 단수 동사인 suggests가 와야 한다.
2 비율을 나타내는 all of 다음에 복수 명사 these factors에 맞춰 복수 동사 are가 와야 한다.
3 비율을 나타내는 almost all of 다음에 단수 명사 science에 맞춰 단수 동사 is가 와야 한다.
4 비율을 나타내는 most of 다음에 단수 명사 the landmass에 맞춰 단수 동사 is가 와야 한다.
5 비율을 나타내는 most of 다음에 복수 명사 us에 맞춰 복수 동사 parent가 와야 한다.

Pattern #10
pg. 23

1. is, is 2. mature 3. are
4. is 5. are

해석

1 뇌의 절반이 넘는 부분이 우리가 보는 것을 처리하는 데 관여하는 반면, 대뇌 피질의 고작 1퍼센트 정도만이 맛을 지각하는 데 직접 관여한다.
2 하지만 이러한 극심한 역경에도 불구하고 이 아이들의 3분의 1은 범죄 기록이나 정신 건강의 문제없이 '유능하고 자신감 있으며 배려하는 청년'으로 성장한다.
3 그중 어떤 것은 유용하고 어떤 것은 그다지 유용하지 않다.
4 휴식을 취하는 동안 혈류의 대략 80퍼센트는 위, 간, 창자, 뇌, 그리고 신장을 포함한 주요 장기로 향한다.
5 그러나 우리가 하는 것들 중 일부는 의식적으로 통제가 되지 않는다는 것을 우리는 알고 있다.

해설

1 비율을 나타내는 more than half of와 1% of 다음에 단수 명사 the brain, the cerebral cortex에 맞춰 각각 단수 동사 is가 와야 한다.
2 비율을 나타내는 a third of 다음에 복수 명사 kids에 맞춰 복수 동사 mature가 와야 한다.
3 비율을 나타내는 some of 다음에 복수 명사 them에 맞춰 복수 동사 are가 와야 한다.
4 비율을 나타내는 80% of 다음에 단수 명사 blood flow에 맞춰 단수 동사 is가 와야 한다.
5 비율을 나타내는 some of 다음에 복수 명사 things에 맞춰 복수 동사 are가 와야 한다.

Pattern #11
pg. 24

1. was 2. is 3. was
4. is 5. strengths

해석

1 같은 방식으로, 초기 근대주의 건축의 기본 원칙 중 하나는 건물의 모든 부분이 어떠한 불필요하거나 멋진 추가물이 없이 기능적이어야 한다는 것이다.
2 예민한 사람들의 공통된 문제점들 중 하나는 (뇌파의) 델타파의 과도함이다.
3 수면에 올라온 민감한 주제 중 하나는 고위 관리자들이 자신들에게, 다른 어떤 직원들에게도 주지 않을 보너스인, 연말 보너스를 줄 것인지 아닌지였다.
4 우리가 위험 상황에 맞닥뜨릴 때 자주 저지르는 실수 중의 하나는 마지막 결과에 초점을 맞추는 우리의 경향이다.
5 미 흑인 사회의 많은 강점 중 하나는 미 흑인 소녀들과 여성들의 운동 경기 노력에 대한 본질적인 지지이다.

해설

1 one이 주어이므로 단수 동사 was가 와야 한다.
2 One이 주어이므로 단수 동사 is가 와야 한다.
3 One이 주어이므로 단수 동사 was가 와야 한다.
4 One이 주어이므로 단수 동사 is가 와야 한다.
5 One of 다음에 복수 명사가 와야 한다.

Pattern #12
pg. 25

1. are 2. rely 3. is
4. was 5. is

해석

1 누에르족에게 가장 일반적인 일상 음식은 유제품으로, 특히 어린이들을 위해서는 우유이고 어른들을 위해서는 요구르트와 같은 산유(酸乳)이다.
2 선사 시대 예술의 의미와 목적에 대한 고찰은 현대의 수렵 채집 사회와의 사이에서 끌어낸 유사점에 많은 것을 의존한다.
3 이 질문에 대한 간단한 답은 영화가 책임 있는 행동에 관한 두 시간짜리 국민 윤리 교육이나 사설을 제시하는 것 이상을 한다는 것이다.
4 그들의 프랑스 여행은 하나밖에 없는 딸을 위해 자신의 일생을 바친 여인인, 엄마의 60번째 생신을 위한 Carol의 깜짝 선물이었다.
5 윤리학을 과학에 포함시키는 데 대한 반대 이유는 과학에서는 현재 존재하는 것을 다루는 반면, 윤리학은, 일컬어지기를, 마땅히 되어야 하는 것(당위)과 관련이 있다는 것이다.

해설

1 The commonest daily foods가 주어이므로 복수 동사 are가 와야 한다.
2 Speculations가 주어이므로 복수 동사 rely가 와야 한다.
3 The simple answer가 주어이므로 단수 동사 is가 와야 한다.
4 Their trip이 주어이므로 단수 동사 was가 와야 한다.
5 The objection이 주어이므로 단수 동사 is가 와야 한다.

1. means   2. was   3. permits

4. has   5. is

해석

1 변화에 대한 저항은 사람들이 현재 상태를 지키려고 열심히 노력하고 있음을 뜻한다.

2 이 선수들이 가진 체스 특유의 시각적 정보를 기억할 수 있는 놀라운 재능은 사진적 기억과 동일한 것이 아니었다.

3 체스판에 대한 정확한 머릿속 이미지를 간직하는 능력은 이 선수들이 한 번에 여러 체스판에서 체스를 두는 것을 가능케 한다.

4 자신이 태어난 세상에 맞춰 자신을 형성해 가는 인간 뇌의 능력은 인간이 지구상의 모든 생태계를 점령하고 태양계로 나아가기 시작하는 것을 가능하게 했다.

5 정유를 사용하는 가장 효과적인 방법은 사람들이 생각할 수 있듯 복용하는 것이 아니라 외부에 바르거나 흡입하는 것이다.

해설

1 Resistance가 주어이므로 단수 동사인 means가 와야 한다.

2 The remarkable capacity가 주어이므로 단수 동사인 was가 와야 한다.

3 ability가 주어이므로 단수 동사인 permits가 와야 한다.

4 The human brain's ability가 주어이므로 단수 동사인 has가 와야 한다.

5 The most effective way가 주어이므로 단수 동사인 is가 와야 한다.

1. was   2. have   3. are

4. ignore   5. has

해석

1 그는 '음정이 맞지 않는 한 음(音)이 콘서티나로 연주되었을 때 항상 낑낑 울던' 개를 목격했다고 전한다.

2 소와 같은 다른 동물은 미생물이 대부분의 소화 작용을 하게 하는 복잡한 소화관을 가지고 있다.

3 위대한 과학자들, 우리가 존경하는 선구자들은 결과가 아니라 다음 문제에 관심이 있다.

4 힌디어, 만다린어와 같은 언어들에 의해 지배되는 이러한 문화적 장소들은 영어의 확산을 무시하고 저항한다.

5 예산이 감축된 이후, 오후 시간 동안 Central 초등학교에서 교통 지도 근무를 하는 경찰관의 수가 2명에서 1명으로 줄었습니다.

해설

1 when절에서 one note가 주어이므로 단수 동사 was가 와야 한다.

2 Others가 주어이므로 복수 동사 have가 와야 한다.

3 Great scientists가 주어이므로 복수 동사 are가 와야 한다.

4 These cultural spaces가 주어이므로 복수 동사 ignore가 와야 한다.

5 the number of police officers가 주어이므로 단수 동사 has가 와야 한다.

1. is   2. is   3. is

4. highest   5. were

해석

1 학생들이 자신의 지식에 대해 정확한 판단을 내리는 것을 어려워하는 것의 원인이 되는 하나의 요인은 사후 과잉 확신 편향이다.

2 여러분의 습관 변화에 의해 만들어지는 영향은 비행기의 경로를 단지 몇 도 정도 바꾸는 것의 효과와 비슷하다.

3 지식에 대한 이러한 사고방식을 기술하기 위해 사용되는 말은 지식이 사회적으로 구성된다는 것이다.

4 남성 그룹 중 20~39세의 그룹은 설탕이 들어간 음료에서 가장 높은 평균의 킬로칼로리를 섭취했다.

5 원시적인 무기로만 무장한 사냥꾼들은 화난 매머드의 실제 적수가 되지 못했다.

해설

1 one factor가 주어이므로 단수 동사 is가 와야 한다.

2 The impact가 주어이므로 단수 동사 is가 와야 한다.

3 The term이 주어이므로 단수 동사 is가 와야 한다.

4 「the + 최상급」의 형태가 와야 하므로 highest가 와야 한다.

5 The hunters가 주어이므로 복수 동사 were가 와야 한다.

1. has   2. are   3. do

4. grow   5. struggle

해석

1 사람들은 도덕적이도록 '유전적으로 프로그램이 짜여 있다'고 말하는 누구든 유전자가 작동하는 방식에 대한 지나치게 단순화된 견해를 가지고 있다.

2 저항하는 사람들이 무시당하거나 배제될 때, 그들은 감당할 수 없는 반대파가 된다.

3 Emily Dickinson이 그랬던 것처럼, 자신들의 작품이 개인적으로 옮겨 적어진 타자 인쇄물로 유통되는 러시아 시인들도 그렇게 한다.

4 풀을 뜯는 동물이 먹는 풀은 많은 식물이 그러하듯 나뭇가지의 끝에서부터 자라기보다 땅 근처에 있는 식물의 기저부에서 자란다.

5 힘겨운 감정과 씨름하는 많은 사람들은 또한 섭식 문제와 씨름한다.

해설

1 주어가 Anyone이므로 단수 동사 has가 와야 한다.

2 When절의 주어가 people이므로 복수 동사 are가 와야 한다.

3 주어가 Russian poets이므로 복수 동사 do가 와야 한다.

4 주어가 Grasses이므로 복수 동사 grow가 와야 한다.

5 주어가 Many people이므로 복수 동사 struggle이 와야 한다.

Pattern #17 pg. 30

1. was 2. is 3. are
4. is 5. are

해석

1 그다음 내가 알게 된 것은 우리가 서로의 눈을 응시하며 춤을 추고 있다는 것이었다.
2 내가 사실과 모순되는 진술을 계속 유지하는 것을 스스로 가능하게 할 수 있는 또 다른 방식은 그 진술이 가리키는 사실을 고의로 검토하지 않는 것이다.
3 만약 우리가 정직하다면, 희생적으로 또는 단지 옳은 일이기 때문에 한다고 주장하는 많은 것들이 우리에게 개인적인 이익을 가져다주는 것과 정확히 동일한 행동이라는 것을 우리는 인정할 것이다.
4 그래서 여러분이 할 수 있는 유일한 것은 다음 아이디어로 이동할 수 있도록 더 빨리 실패하려고 하는 것이다.
5 그러나 우리가 하는 것들 중 일부는 의식적으로 통제가 되지 않는다는 것을 우리는 알고 있다.

해설

1 The next thing이 주어이므로 단수 동사인 was가 와야 한다.
2 Another way가 주어이므로 단수 동사인 is이 와야 한다.
3 many things가 주어이므로 복수 동사인 are가 와야 한다.
4 the only thing이 주어이므로 단수 동사인 is가 와야 한다.
5 some of the things가 주어이므로 복수 동사인 are가 와야 한다.

Pattern #18 pg. 31

1. suggests 2. is 3. was
4. reflects 5. is

해석

1 강렬함이 친밀도뿐만 아니라 떨어져 있었던 시간의 길이도 반영한다는 사실은 코끼리들에게도 시간적 감각이 있다는 것을 암시한다.
2 연구되고 있는 것이 인과 법칙의 관점에서 이해될 수 있다는 가정을 결정론이라고 한다.
3 예술이 감정의 표현을 전문으로 한다는 개념은 이런 관점에서 특히 매력적이었다.
4 최면이 뇌를 기억력이 보통보다 훨씬 더 좋은 특별한 상태로 만들 수 있다는 생각은 쉽게 끌어내어지는 잠재력의 한 형태에 대한 믿음을 반영한다.
5 다른 종들이 핵심종에 의존하거나 크게 영향을 받는다는 사실은 핵심종이 제거되었을 때 드러난다.

해설

1 동격절을 이끄는 주어가 The fact이므로 단수 동사 suggests가 와야 한다.
2 동격절을 이끄는 주어가 The assumption이므로 단수 동사 is가 와야 한다.
3 동격절을 이끄는 주어가 The notion이므로 단수 동사 was가 와야 한다.
4 동격절을 이끄는 주어가 The idea이므로 단수 동사 reflects가 와야 한다.
5 동격절을 이끄는 주어가 The fact이므로 단수 동사 is가 와야 한다.

Pattern #19 pg. 32

1. was 2. was 3. was
4. has 5. has

해석

1 한국 화장품 브랜드를 주로 구매한 응답자의 수는 중국 브랜드를 주로 구매한 응답자의 수보다 더 많았다.
2 인도 출신 학생 수는 1979~1980학년도보다 2016~2017학년도에 20배 넘게 많았으며, 인도는 2016~2017학년도에 중국보다 순위가 더 높았다.
3 일본 출신 학생의 수는 1979~1980학년도보다 2016~2017학년도에 더 많았으나, 일본은 1979~1980학년도보다 2016-2017학년도에 순위가 더 낮았다.
4 우리가 결정을 내리는 데 근거가 되는 정보 원천의 수가 폭발적으로 증가해왔다.
5 그 결과, 나는 어떤 특정한 과학 논문의 다운로드 횟수가 그 전체 논문이 처음부터 끝까지 읽힌 횟수와 관련성이 거의 없는 건 아닌가 하고 생각한다.

해설

1 주어가 The number이므로 단수 동사 was가 와야 한다.
2 주어가 The number이므로 단수 동사 was가 와야 한다.
3 주어가 The number이므로 단수 동사 was가 와야 한다.
4 주어가 The number이므로 단수 동사 has가 와야 한다.
5 주어가 The number이므로 단수 동사 has가 와야 한다.

Pattern #20 pg. 33

1. were 2. have 3. were
4. suggest 5. have

해석

1 Tony Gwynn은 4할의 타율을 누리고 있었으며, 많은 야구 선수들이 아주 성공적인 해를 보내고 있었다.
2 많은 수의 '젊은이 친화적인' 정신 건강 웹 사이트들이 개발되어 왔다.
3 그러나 그가 살아있을 때, 아인슈타인은 이러한 꿈을 결코 실현하지 못했는데 주로 많은 본질적인 물질의 특징과 자연의 힘이 알려지지 않았거나 기껏해야 미흡하게 이해됐기 때문이다.
4 많은 연구가 당신의 책상의 상태가 어떻게 당신이 일하는지에 영향을 끼칠지도 모른다는 것을 시사하는데, 무질서한 환경이 창조성을 만들어 낸다는 생각에서부터 너무 많은 어질러진 물건이 집중을 방해할 수 있다는 생각에 이르기까지.
5 많은 연구들은 환자 배우자의 체중과 태도가 체중 감량 및 체중 유지 성공에 있어 대단한 영향을 끼칠 수 있다는 것을 보여주었다.

해설

1 주어가 a number of ballplayers이므로 복수 동사 were가 와야 한다.
2 주어가 A number of ~ websites이므로 복수 동사 have이 와야 한다.
3 주어가 a number of essential features이므로 복수 동사 were가 와야 한다.
4 주어가 A number of studies이므로 복수 동사 suggest가 와야 한다.
5 주어가 A number of studies이므로 복수 동사 have가 와야 한다.

Pattern #21

pg. 34

1. to build	2. to use	3. to claim
4. to inform	5. to see	

해석

1 광고주들은 자신들의 목표 시장의 점유 범위를 시간을 두고 구축하는 것이 필요하다.

2 과학 수업에서 학생들이 재료를 사용하고 상호작용하는 것이 중요하다.

3 동물이 두드러지는 리듬에 반응하지 못한다고 주장하는 것은 잘못이다.

4 저는 투숙에 부정적으로 영향을 미칠 수 있는 수리에 대해 손님에게 공지하는 것이 귀사의 책임이라고 생각합니다.

5 산업 시대에는 세상을 이런 식으로 보는 것이 쉬웠다.

해설

1 가주어가 it이기 때문에 진주어는 to부정사인 to build가 와야 한다.

2 가주어가 it이기 때문에 진주어는 to부정사인 to use가 와야 한다.

3 가주어가 it이기 때문에 진주어는 to부정사인 to claim이 와야 한다.

4 가주어가 it이기 때문에 진주어는 to부정사인 to inform이 와야 한다.

5 가주어가 it이기 때문에 진주어는 to부정사인 to see가 와야 한다.

Pattern #22

pg. 35

1. raises	2. rose	3. has risen
4. raised	5. rose	

해석

1 그것은 사회적 관계, 수면, 집중력, 행복 그리고 건강을 아이들로부터 빼앗아가면서 극적으로 스트레스 수준을 높인다.

2 20세기 미국에서 평균 수명은 거의 30년이 늘어났다.

3 비디오와 컴퓨터 게임 하드웨어와 소프트웨어의 세계 시장이 오늘날 연간 약 100억 달러의 규모이며 지난 몇 년 동안 계속 증가해 왔다는 것을 통계는 보여준다.

4 Jacqueline Cochran은 플로리다주의 가난한 도시에서 위탁 부모 밑에서 자랐다.

5 그러나 그들이 예상되는 전류의 강도를 증가시킬 것이라고 발표했을 때, 두 집단 모두의 불안 수준은 또다시 같은 정도로 상승했다.

해설

1 동사 뒤에 목적어 their stress levels가 있어서 타동사인 raises가 와야 한다.

2 동사 뒤에 목적어가 없기 때문에 자동사인 rose가 와야 한다.

3 동사 뒤에 목적어가 없기 때문에 자동사인 has risen가 와야 한다.

4 수동태의 문장이 되려면 타동사 raised가 와야 한다.

5 동사 뒤에 목적어가 없기 때문에 자동사인 rose가 와야 한다.

Pattern #23

pg. 36

1. lied	2. lie	3. lies
4. laid	5. lies	

해석

1 하지만 여러분이 잠재적 연인에게 그 사람이 자신에 대해 기분이 더 좋을 수 있도록 얼마나 여러 번 거짓말했는지에 대해 생각해 보라.

2 학생이 학업을 마칠 무렵에 그들은 기진맥진하고 연약하고 외로우며, 결국 그들에게 약속되었던 성공과 행복이 저 무지개의 끝에 놓여 있지 않았다는 것을 알게 될 뿐이다.

3 참신함의 주요한 원천이 개인의 뇌 속에 있는 정보를 재조합하는 데에 있다는 것을 부정할 수는 없다.

4 Phillip은 처음 카페를 방문했을 때 음료수를 시켰고, 구슬을 펼쳐 놓은 다음, 확대경으로 그것들을 하나하나 살펴보았다.

5 환경 과학 특유의 한 가지 난제는 주관성에 의해 제기되는 딜레마에 있다.

해설

1 동사 뒤에 목적어가 없고 문맥상 '거짓말하다'가 자연스럽기 때문에 자동사인 lied가 와야 한다.

2 동사 뒤에 목적어가 없고 문맥상 '놓여있다'라는 뜻을 가진 자동사 lie가 와야 한다.

3 동사 뒤에 목적어가 없고 문맥상 '놓여있다'라는 뜻을 가진 자동사 lies가 와야 한다.

4 문맥상 '놓다, 두다'라는 뜻을 가진 타동사 lay의 과거형인 laid가 와야 한다.

5 동사 뒤에 목적어가 없고 문맥상 '놓여있다'라는 뜻을 가진 자동사 lies가 와야 한다.

Pattern #24

pg. 37

1. dumb	2. meaningful	3. apparent
4. tired	5. blind	

해석

1 아마도 어른에게 있어서 노는 것에 가장 큰 장애물은 그들이 진정으로 놀 수 있도록 하면, 그들 자신이 어리석거나, 부적절하거나, 혹은 바보같이 보일 것이라는 걱정일 것이다.

2 이런 측면에서 고려될 때, 초기 인류가 자신들의 세계에 살고 있는 인간 이외의 생명체들에 대하여 시각적으로 집착한 것은 깊은 의미를 띠게 된다.

3 하지만 1950년대 중반에, 역사에 대한 이러한 관점에서 많은 결함이 분명해 졌다.

4 우리 중 대부분은 그러한 교훈적인 영화에 싫증이 나게 될 것이고, 아마도 그것들을 선전으로 보게 될 것이다.

5 하지만 가장 중요한 것은, 전통적인 과학 사학자가 과거를 구상하기 위해 자신이 사용하는 개념, 질문, 기준 자체가 역사적 변화의 영향 하에 있다는 사실을 알지 못하는 것처럼 보인다는 것이다.

해설

1 2형식 동사 look 뒤의 보어 자리에는 형용사가 와야 하기 때문에 dumb이 오는 것이 적절하다.

2 2형식 동사 becomes 뒤의 보어 자리에는 형용사가 와야 하기 때문에 meaningful이 오는 것이 적절하다. profoundly는 형용사 meaningful을 수식하는 부사이다.

3 2형식 동사 became 뒤의 보어 자리에는 형용사가 와야 하기 때문에 apparent가 오는 것이 적절하다.

4 2형식 동사 grow 뒤의 보어 자리에는 형용사가 와야 하기 때문에 tired가 오는 것이 적절하다.

5 2형식 동사 seems 뒤의 보어 자리에는 형용사가 와야 하기 때문에 blind가 오는 것이 적절하다.

Pattern #25　　　　　　pg. 38

1. think　　2. efficient　　3. follow
4. pleasant　　5. experience

[해석]

1 그것은 내게 재즈 기타리스트가 생각나게 한다.
2 이번 업데이트는 분명 우리 관리 시스템이 장기적으로 비용 효과가 더 높을 뿐만 아니라 더욱 효율적이도록 해 줄 것입니다.
3 Mary는 내 손을 잡고 그녀를 따라가도록 했다.
4 밝고 다정스러운 소리를 들으며 그녀는 기운이 북돋워졌고 하루가 더욱 즐거워졌다.
5 유감스럽게도, 때때로, 그 계획이 의도된 대로 되지 않을 수도 있지만, 여러분은 여러분의 자녀가 그 당연한 결과들을 경험하고 이 작은 실수들로부터 배우도록 해야 한다.

[해설]

1 사역동사 makes의 목적어가 능동이므로 목적격 보어는 동사원형(think)이 와야 한다.
2 목적격 보어로 부사를 쓸 수 없기에 형용사(efficient)가 와야 한다.
3 사역동사 made의 목적어가 능동이므로 목적격 보어는 동사원형(follow)이 와야 한다.
4 목적격 보어로 부사를 쓸 수 없기에 형용사(pleasant)가 와야 한다.
5 사역동사 let의 목적어가 능동이므로 목적격 보어는 동사원형(experience)이 와야 한다.

Pattern #26　　　　　　pg. 39

1. done　　2. done　　3. fixed
4. to understand　　5. to open

[해석]

1 이 간단한 제안은 Michael이 긴장을 풀도록 도와주었을 뿐만 아니라 더 많은 일도 또한 완수하도록 도와주었다는 것이 밝혀졌다.
2 우리는 우리가 가지고 있는 쉽게 이용할 수 있는 도구들, 즉 우리가 실제로 사용하는 방법을 배웠던 도구들만을 사용하는 것과 자신의 일을 완수하기 위해 그것들을 어떻게 사용할 수 있는지를 고려하는 경향이 있다.
3 타이어에 바람이 빠지는 당황스러운 경험을 하기 전에 그는 '시간이 있을 때 그것을 수리할 계획이었다'고 나중에 나에게 말했다.
4 감정적인 말을 사용하는 것은 청중이 당신의 주장을 이해할 뿐만 아니라, 그것을 느끼도록 만드는 방법이다.
5 하지만 사람들이 마음을 터놓게 만드는 것은 그 어떤 특정한 말이나 기술이 아니다.

[해설]

1 준사역동사 get의 목적어가 수동일 때 목적격 보어는 과거분사(done)가 와야 한다.
2 준사역동사 get의 목적어가 수동일 때 목적격 보어는 과거분사(done)가 와야 한다.
3 준사역동사 getting의 목적어가 수동일 때 목적격 보어는 과거분사(fixed)가 와야 한다.
4 준사역동사 get의 목적어가 능동일 때 목적격 보어는 to부정사(to understand)가 와야 한다.
5 준사역동사 get의 목적어가 능동일 때 목적격 보어는 to부정사(to open)가 와야 한다.

Pattern #27　　　　　　pg. 40

1. appreciate　　2. to get　　3. to distinguish
4. to feel　　5. with

[해석]

1 즉, 어떤 것에 여러분이 항상 이용권을 가질 수는 없다는 것을 아는 것이 여러분이 이용권을 가질 때 그것에 대해 더 감사하도록 도울 것이다.
2 그것은 여러분이 매일 아침 행복하게 그리고 새로운 하루를 최대한 활용하려는 단호한 상태로 일어나게 도와준다.
3 어떤 면에서 누군가는 그것이 우리가 영양이 있는 것과 독성이 있을지도 모르는 것을 구분하는 데 도움을 주어 우리의 감각 중 가장 중요한 것으로 생각할지도 모른다.
4 이 현상은 여러 번에 걸쳐 실험되었고 확인되었으며, 이를 기억하는 것은 여러분이 당혹스럽거나 창피한 순간에 기분이 나아지도록 도와줄 수 있다.
5 우리의 디지털 자료가 당신의 학습에 얼마나 많은 도움을 줄 수 있는지 놀랄 것입니다.

[해설]

1 준사역동사 help의 목적격 보어 자리에는 to부정사(to appreciate) 또는 동사원형이 와야 한다.
2 준사역동사 helps의 목적격 보어 자리에는 to부정사(to get) 또는 동사원형이 와야 한다.
3 준사역동사 helping의 목적격 보어 자리에는 to부정사(to distinguish) 또는 동사원형이 와야 한다.
4 준사역동사 help의 목적격 보어 자리에는 to부정사(to feel) 또는 동사원형이 와야 한다.
5 '~가 …하는 것을 돕다'라는 의미로 「help + 목적어 + with + 명사」를 쓰므로 your studies 앞에 전치사 with가 와야 한다.

Pattern #28　　　　　　pg. 41

1. moving　　2. reading　　3. suffer
4. swimming　　5. tell

[해석]

1 자신들 발밑 물속에서, 그들은 연어들이 천천히 몸을 움직이고 있는 것을 보았다.
2 그녀는 Grace가 집에서 책을 읽는 것을 들었고, 그녀의 오빠는 그녀가 잘 알 때까지 계산을 반복해서 연습시켰다.
3 우리는 우리의 자녀가 고통받는 것을 결코 보고 싶어 하지 않기 때문에, 이렇게 하는 것은 참으로 어렵지만, 이 작은 배움의 경험들은 사실상 그들이 더 권한을 부여받았다고 느끼게 한다.
4 부엌 창문을 통해서 그녀는 집 뒤에 있는 호수에서 자신의 어린 딸이 수영하는 것을 보았다.
5 그들이 다가오자 할머니는 그 여자가 자신의 딸에게 "이 꽃들 보이니? 내 거란다."라고 말하는 것을 들었다.

[해설]

1 지각동사 saw의 목적어가 능동이면 목적격 보어는 동사원형 또는 진행(moving) 형태가 와야 한다.
2 지각동사 heard의 목적어가 능동이면 목적격 보어는 동사원형 또는 진행(reading) 형태가 와야 한다.
3 지각동사 see의 목적어가 능동이면 목적격 보어는 동사원형(suffer) 또는 진행 형태가 와야 한다.

4 지각동사 saw의 목적어가 능동이면 목적격 보어는 동사원형 또는 진행(swimming) 형태가 와야 한다.

5 지각동사 heard의 목적어가 능동이면 목적격 보어는 동사원형(tell) 또는 진행 형태가 와야 한다.

Pattern #29

pg. 42

1. to know   2. to help   3. to do
4. to join   5. to do

1 저는 귀하가 Northstar Plumbing에게 얼마나 소중한 존재인지를 알았으면 합니다.

2 "하지만 나는 네가 조교로 나를 도와주기를 원해."라고 Ms. Baker는 말했다.

3 이것은 아이들에게 오프라인 세계에서도 가르치는 기본 원칙인 '남들이 여러분에게 하지 않았으면 하는 일을 남들에게 하지 말라'와 관계가 있다.

4 비록 그가 그의 모든 아들들이 가업에 참여하기를 원했지만, 그는 마침내 Ricky를 자랑스럽게 되었고 그의 성취를 존경하게 되었다.

5 여러분이 직원, 잔디 깎는 사람, 여러분의 십 대 자녀, 또는 다른 누구에게도, 여러분이 그들이 하기를 바라는 일이 무엇인지 말하고 있을 때, 명령과 지시를 여러 차례 반복해야만 할 수도 있다.

1 5형식 동사 want의 목적격 보어는 to부정사(to know)가 와야 한다.

2 5형식 동사 want의 목적격 보어는 to부정사(to help)가 와야 한다.

3 5형식 동사 want의 목적격 보어는 to부정사(to do)가 와야 한다.

4 5형식 동사 wanted의 목적격 보어는 to부정사(to join)가 와야 한다.

5 5형식 동사 want의 목적격 보어는 to부정사(to do)가 와야 한다.

Pattern #30

pg. 43

1. to prepare   2. to define   3. to recall
4. to memorize   5. to show

1 따님이 어제 전화해 저희에게 손님을 위해 이 축하 행사를 준비하도록 부탁했습니다.

2 그러나 우리가 한 걸음 물러나 시간을 들여 사람들에게 좋은 삶을 무엇이라고 여기는지 스스로 정의해 보라고 요청한 적은 드물다!

3 실험에서 그들은 학생들에게 과거의 윤리적인 혹은 비윤리적인 행동 둘 중 하나를 회상하도록 요청했다.

4 2006년 Missouri 대학의 연구자들은 28명의 학부생들을 데려다가 그들에게 단어 목록들을 암기하고 나서 나중에 이 단어들을 기억해 낼 것을 요청했다.

5 이사는 젊은이에게 그의 손을 보여 달라고 요청했다.

1 5형식 동사 asked의 목적격 보어는 to부정사(to prepare)가 와야 한다.

2 5형식 동사 ask의 목적격 보어는 to부정사(to define)가 와야 한다.

3 5형식 동사 asked의 목적격 보어는 to부정사(to recall)가 와야 한다.

4 5형식 동사 asked의 목적격 보어는 to부정사(to memorize)가 와야 한다.

5 5형식 동사 asked의 목적격 보어는 to부정사(to show)가 와야 한다.

Pattern #31

pg. 44

1. not to be   2. to go   3. to find
4. to keep   5. to accept

1 편지에서 Cassady는 Adams에게 초기에 거절을 당하더라도 낙심하지 말라고 조언했다.

2 다른 교사들이 다른 것으로 진행하라고 충고했지만, 그녀는 계속해서 해결책을 찾았다.

3 많은 전문가들은 그들에게 머리카락이 빠지고 있는 이유를 찾아보라고 조언한다.

4 당신은 당신의 아이들에게 낯선 사람을 멀리 하라고 조언하는가?

5 그는 아직 18세밖에 되지 않았고, 로마제국 권력 정치의 위험성에 대해 대처할 준비가 되지 않았기 때문에 카이사르의 유지를 받아들이지 말라는 조언을 받았다.

1 5형식 동사 advised의 목적격 보어를 부정하기 위해 「not + to부정사」의 어순을 쓴다.

2 5형식 동사 advised의 목적격 보어는 to부정사(to go)가 와야 한다.

3 5형식 동사 advise의 목적격 보어는 to부정사(to find)가 와야 한다.

4 5형식 동사 advise의 목적격 보어는 to부정사(to keep)가 와야 한다.

5 5형식 동사 advised의 목적격 보어는 to부정사(to accept)가 와야 한다.

Pattern #32

pg. 45

1. have   2. passed   3. was
4. should be   5. not

1 그는 그들에게 저녁을 먼저 먹고 게임을 하자고 제안했다.

2 Jamie는 자신이 운전 시험을 매우 쉽게 통과했다고 주장했다.

3 그는 이번 달 초에 있었던 청문회에서 Tom이 부사장으로 진급하기에 충분히 능력이 있다고 주장했다.

4 아버지는 내게 밤 10시까지 귀가해야 한다고 주장하셨다.

5 그 페미니스트 단체는 남성에 의해 불공평한 차별을 받으면 안 된다고 주장한다.

1 주절에 제안을 의미하는 suggest가 쓰여 that절의 동사는 「(+ should) + 동사원형」으로 쓴다. 뒤따르는 동사 play도 같은 맥락으로 원형으로 쓰였음을 확인할 수 있다.

2 that절에서 '꼭 ~해야 한다'는 당위성이 없으므로 주절과 시제에 맞춰 과거 시제로 써야 옳다.

3 that절에서 '꼭 ~해야 한다'는 당위성이 없으므로 주절과 시제에 맞춰 과거 시제로 써야 옳다.

4 주절에 주장을 의미하는 insisted가 쓰여 that절의 동사는 「(+ should) + 동사원형」으로 쓴다.

5 주절에 주장을 의미하는 insists가 쓰였고 that절은 부정문이므로 동사는 「(+ should) + not + 동사원형」으로 쓴다.

Pattern #33

1. should
2. must
3. have been
4. be
5. could

해석

1 나는 버스를 놓쳤다. 내가 집에서 더 일찍 떠났어야 했는데.
2 아무도 문을 안 열어주네. 그들은 외출한 것이 분명해.
3 가족 모두를 봤으면 좋았겠지만 나는 연휴 동안에 할 일이 많았어.
4 너는 그녀에게 사과해야 해. 그녀는 여전히 언짢아 있을지도 몰라.
5 너는 나를 도와줄 수도 있었지만 바쁜 척을 했어.

해설

1 과거에 대한 후회를 나타내므로「should + have p.p.」
2 과거에 대한 강한 추측을 나타내므로「must + have p.p.」
3 과거에 대한 아쉬움을 나타내므로「would + have p.p.」
4 현재에 대한 약한 추측을 나타내므로「might + 동사원형」
5 과거에 대한 유감을 나타내므로「could + have p.p.」

Pattern #34
pg. 47

1. do
2. be
3. play
4. assume
5. interpret

해석

1 유형의 것들은 더 많은 알루미늄 원자들이 하던 일을 하는 무형의 것들에 의해 대체된다.
2 그 여자는 그녀가 그 드레스를 만들었고 그녀가 자신의 모국인 자메이카에서 살 때 재봉사였다고 설명했다.
3 곧, Ricky는 동네야구를 하곤했던 그의 형을 따라하기 시작했다.
4 많은 정치학자들은 사람들이 그들에게 가장 많은 혜택을 주는 후보자나 정책을 선택하면서 이기적으로 투표를 한다고 가정하곤 했다.
5 이것에 대한 한 가지 설명은 각 목록의 첫 단어들이 응답자들이 나머지 형용사들을 해석하기 위해 사용하는 첫인상을 만들어냈다는 것이다.

해설

1 문맥상 '~하곤 했다'의 의미를 가진「used to + 동사원형(do)」이 와야 한다.
2 문맥상 '~하곤 했다'의 의미를 가진「used to + 동사원형(be)」이 와야 한다.
3 문맥상 '~하곤 했다'의 의미를 가진「used to + 동사원형(play)」이 와야 한다.
4 문맥상 '~하곤 했다'의 의미를 가진「used to + 동사원형(assume)」이 와야 한다.
5 문맥상 '~하기 위해'의 의미를 가진 to부정사(부사적 용법의 목적)가 와야하므로 interpret이 옳다. used to 와 동사원형이 붙어 '~하곤 했다'처럼 해석하지 않도록 주의가 필요하다.

Pattern #35
pg. 48

1. to trigger
2. to preserve
3. is used to
4. are used to
5. express

해석

1 정보는 이러한 데이터의 출처로부터 추출되거나 습득되며, 이 획득된 정보는 결국 행동이나 결정을 촉발하는 데 사용되는 지식으로 변형된다.
2 이런 계통의 일을 하면서 그는 설탕을 사용하여 과일을 보존하는 것을 필연적으로 알고 있었고, 그것이 다른 식품을 보존하는 데 쓰일 수 있을지가 궁금했다.
3 오늘날 예술가라는 용어는 과거와 현재의 전 세계에 퍼져있는 광범위한 창의적 개인들을 언급하기위해 사용되고 있다.
4 수입, 나이, 거주, 또는 특정 세금이나 요금의 납부와 같은 기준이 혜택을 받기 위한 자격을 결정하기 위해 사용된다.
5 'Fine'은 만족이나 실망을 표현하는 데 사용될 수 있다.

해설

1 문맥상 수동 표현인 be used(사용되다)와 목적(~하기 위해)을 나타내는 to부정사가 함께 와야 한다.
2 문맥상 수동 표현인 be used(사용되다)와 목적(~하기 위해)을 나타내는 to부정사가 함께 와야 한다.
3 문맥상 수동 표현인 be used(사용되다)와 목적(~하기 위해)을 나타내는 to부정사가 함께 와야 한다.
4 문맥상 수동 표현인 be used(사용되다)와 목적(~하기 위해)을 나타내는 to부정사가 함께 와야 한다.
5 문맥상 수동 표현인 be used(사용되다)와 목적(~하기 위해)을 나타내는 to부정사가 함께 와야 한다.

Pattern #36
pg. 49

1. being
2. are used to
3. asking
4. living
5. describing

해석

1 우리는 동네에 와서 토양을 보는 연방 정부의 이 모든 전문가가 말하는 이 모든 것들을 듣는 일에 익숙해져 있어요.
2 일을 하는 대부분의사람들은 성과 목표를 세우고 추구하는 데익숙하다.
3 그는 분명히 배가 고팠고, 아무 것도 버려지는 것을 차마 볼 수 없었고, 이런 질문을 하는 것에 익숙했다.
4 이 현대 세계에서, 사람들은 불편하게 사는 것에 익숙하지 않다.
5 하지만 우리는 감정 상태를 표현하거나 우리의 감정 상태를 알아챌 수 있는 기계들을 'affective computing(감성 컴퓨팅)'의 전형으로 묘사하는 것에 익숙해져 왔다.

해설

1 문맥상 be used to(~에 익숙하다)는 전치사 to를 쓰기 때문에 뒤에 명사 또는 동명사가 와야 한다.
2 동명사(setting)가 나왔으므로 앞에는 be used to(~에 익숙하다)가 와야 한다.
3 문맥상 be used to(~에 익숙하다)는 전치사 to를 쓰기 때문에 뒤에 명사 또는 동명사가 와야 한다.
4 문맥상 be used to(~에 익숙하다)는 전치사 to를 쓰기 때문에 뒤에 명사 또는 동명사가 와야 한다.
5 문맥상 become used to(~에 익숙해지다)는 전치사 to를 쓰기 때문에 뒤에 명사 또는 동명사가 와야 한다.

Pattern #37
pg. 50

1. discuss, attend   2. entered   3. join
4. reached   5. email

해석

1 귀하의 의견을 추가로 논의하기 위해, 10월 8일 오후 2시 A 회의실에서 있을 기술 팀과의 회의에 참석해 주십시오.
2 괴델은 Vienna 대학에 입학하여 수학, 물리학, 철학을 공부했다.
3 미취학 자녀를 둔 부모들을 위한 교육 워크숍에 참여해주세요!
4 그가 창문으로 다가왔을 때, 나는 창문을 내렸고 억지로 미소를 지으려 애썼다.
5 부스를 등록하시려면, 축제 매니저에게 mholden@bbcgrff.org로 이메일을 보내주세요.

해설

1 동사 discuss와 attend는 모두 타동사이기 때문에 전치사가 필요 없다.
2 동사 entered(~에 입학했다)는 타동사이기 때문에 전치사가 필요 없다. enter into는 '~을 시작하다, ~에 관여하다'라는 다른 의미로 쓰이니 주의가 필요하다.
3 동사 join은 타동사이기 때문에 전치사가 필요 없다.
4 동사 reached는 타동사이기 때문에 전치사가 필요 없다.
5 동사 email은 타동사이기 때문에 전치사가 필요 없다.

Pattern #38
pg. 51

1. did   2. were   3. do
4. do   5. do

해석

1 아마도 아리스토텔레스는 악기와 리듬에 대한 개들의 유사한 반응을 보았을 것이다. 다윈도 그랬던 것으로 보인다.
2 기베르티나 미켈란젤로와 같은 르네상스 시대의 위대한 예술가들이 그들이 태어난 시기보다 단지 50년 전에 태어났다면, 그들의 위대한 업적에 자금을 제공하거나 구체화해 줄 예술 후원의 문화는 자리를 잡지 않았을 것이다.
3 지금은 인생에서 더 깊이 파고들어, 무엇이 사람들이 자기들의 방식대로 행동하게 하는지 여러분 스스로 알아가도록 해 줘야 할 때이다.
4 "넌 이미 얼마의 돈이 있는데도 왜 돈을 더 원한 거니?"라고 아버지가 불평했다. "충분히 가지고 있진 않았거든요, 하지만 지금은 있어요."라고 그 어린 소년이 답했다.
5 연구자들은 연꽃잎이 하는 것과 거의 동일한 방식으로 비가 올 때 깨끗하게 되는 페인트를 어떻게 개발할지에 대한 연구를 시작했다.

해설

1 문맥상 observed를 받는 대동사 did가 와야 한다.
2 문맥상 '태어났다'는 의미이므로 they were born이라는 맥락에서 were가 와야 한다.
3 문맥상 behave를 받는 대동사 do가 와야 한다.
4 문맥상 have를 받는 대동사 do가 와야 한다.
5 문맥상 wash를 받는 대동사 do가 와야 한다.

Pattern #39
pg. 52

1. me the right command   2. us
3. the dog a food reward   4. you   5. you

해석

1 내가 무선 스피커 세트를 작동하는 방법을 알고 싶어 하고, 내 딸이 나에게 적절한 명령어를 알려 준다.
2 구강 지식은 우리에게 우리 몸의 경계를 가르쳐 주었다.
3 조련사가 정기적으로 개에게 먹이를 주는 한, 개는 자신의 '좋은' 행동이 보상을 초래한다는 것을 이해할 수 있다.
4 그것들은 여러분의 머리를 이끄는 행동 단계들을 여러분에게 제공한다.
5 그것은 여러분이 현실 세계에서 직면할 문제와 사안에 대해 생각하는 방법을 가르쳐 준다.

해설

1 4형식 동사 뒤에는 「간접목적어(~에게) + 직접목적어(~을)」순으로 와야 한다.
2 4형식 동사 뒤에 「간접목적어(~에게) + 직접목적어(~을)」가 오므로 전치사를 쓰지 않는다.
3 4형식 동사 뒤에는 「간접목적어(~에게) + 직접목적어(~을)」순으로 와야 한다.
4 4형식 동사 뒤에 「간접목적어(~에게) + 직접목적어(~을)」가 오므로 전치사를 쓰지 않는다.
5 4형식 동사 뒤에 「간접목적어(~에게) + 직접목적어(~을)」가 오므로 전치사를 쓰지 않는다.

Pattern #40
pg. 53

1. in   2. in   3. from
4. from   5. from

해석

1 관광과 여가 활동으로 인해 식물과 동물을 그것들이 일반적으로 존재하지 않는 장소로 옮기는 결과가 생겨날 수 있다.
2 외래 식물의 도입은 자연 식물 군락을 교란하고 피폐하게 하는 결과를 가져올 수 있다.
3 그러한 오염이 멀리 떨어진 발전소 혹은 지방자치단체의 소각로로부터 공기를 통해 전파된 결과로 발생할 수 있다는 것이 가정된다.
4 성숙, 지혜, 인내, 그리고 다른 많은 장점은 삶의 경험이 조금씩 축적되는 것에서 나올 수 있다.
5 석유와 가스 자원은 수백만 년이 걸리는 과정에 의한 결과로 생성되어 지질학적으로 묻혀 있는 것이므로 기후 변화에 영향을 받지 않을 것이다.

해설

1 문맥상 '결과를 초래하다'의 의미를 가진 result in이 와야 한다.
2 문맥상 '결과를 초래하다'의 의미를 가진 result in이 와야 한다.
3 문맥상 '~로부터 기인하다'의 의미를 가진 result from이 와야 한다.
4 문맥상 '~로부터 기인하다'의 의미를 가진 result from이 와야 한다.
5 문맥상 '~로부터 기인하다'의 의미를 가진 result from이 와야 한다.

1. save   2. make   3. have
4. have   5. would rather

해석

1 여러분이 다소 돈을 절약하고 싶다면, 물건을 사기보다는 무언가를 만드는 데서 즐거움을 찾도록 노력해라.

2 반대로, "나는 요리하기보다는 차라리 청소를 하겠다."라고 말하는 사람들은 음식에 대한 이러한 광범위한 열정을 공유하지 않는다.

3 대부분의 아이들은 부모님이 충분히 엄하지 않은 것보다 약간 엄격하기를 바란다는 것을 알면 여러분은 놀랄지도 모른다.

4 만일 당신이 나에게 오늘 10달러 아니면 내일 11달러를 준다면, 아마도 나는 오늘 10달러를 갖겠다고 말할 것이다.

5 지금 당장 집을 매매하고자 하는 많은 집주인들은 자신들이 지불했던 가격보다 5천 달러 싸게 가격을 내리느니 일 년 더 시장에 내놓은 상태로 두려고 한다.

해설

1 I'd rather는 I would rather의 축약형으로 조동사 would rather 다음에 오는 일반동사는 원형으로 쓰는 것이 적절하다.

2 would rather A than B는 'B하느니 차라리 A하겠다'를 나타내는 표현으로, A와 B자리에 모두 일반동사의 원형으로 쓰는 것이 적절하다.

3 조동사 would rather 다음에 오는 일반동사는 원형으로 쓰는 것이 적절하다.

4 I'd rather는 I would rather의 축약형으로 조동사 would rather 다음에 오는 일반동사는 원형으로 쓰는 것이 적절하다.

5 would rather는 선택의 상황에서 쓰는 표현으로 would rather A than B는 'B하느니 차라리 A하겠다'를 의미한다.

1. little   2. few   3. fewer
4. little   5. few

해석

1 인간은 속고 있다고 느끼는 것을 매우 싫어해서 흔히 겉보기에는 거의 말이 되지 않는 방식으로 반응한다.

2 예를 들어, *The Review*는 전문 언론인들을 대상으로 마케팅을 하며 그 잡지의 몇 안 되는 광고는 뉴스 기관, 출판사 등이다.

3 그들은 어떤 사람이 가진 아이의 수를 세는 것은 불운을 가져온다고 믿고 있으며, 자신이 가진 것보다 더 적은 수의 아이를 말하기를 선호한다.

4 감각 특정적 포만이란 먹지 않은 음식이 주는 쾌락에는 변화가 거의 없는 가운데 섭취, 즉 먹고 있는 음식에 대한 주관적 애호가 감소하는 것으로 정의된다.

5 만약, 그것의 타당성에 대해 정말로 확신하지 못한 채 어떤 시점에 그들이 멋진 세부 사항을 덧붙인다면, 동일한 그 세부 사항과 함께 몇 번 더 그 이야기를 말하다보면 그것은 이야기 지표에서 영구적인 위치를 확보할 것이다.

해설

1 셀 수 있는 명사 앞에는 few가 올 수 있고, 셀 수 없는 명사 앞에는 little이 올 수 있으므로, sense 앞에는 little을 쓰는 것이 적절하다.

2 셀 수 있는 명사 앞에는 few가 올 수 있고, 셀 수 없는 명사 앞에는 little이 올 수 있으므로, 복수 명사 advertisements앞에는 few를 쓰는 것이 적절하다.

3 셀 수 있는 명사 앞에는 수량형용사 few가 올 수 있으므로, few의 비교급인 fewer를 쓰는 것이 적절하다.

4 셀 수 없는 명사 change 앞에는 수량형용사 little을 쓰는 것이 적절하다.

5 명사 time은 '횟수'를 나타내는 경우에는 셀 수 있는 명사로, 그 앞에 수량형용사 few 또는 a few를 쓰는 것이 적절하다.

1. live   2. alive   3. alive
4. live   5. alive

해석

1 살아있는 박쥐를 찾고 박쥐 생태학자를 만나십시오.

2 Hannah는 매력적인 캐릭터인데, 영화 속에서 그녀를 살아나게 하고 싶다.

3 역사가는 과거를 소생시키기 위해 뒤에 남겨진 것들, 즉 서류, 구두 증언, 사물들과 긴밀히 협력한다.

4 20개의 다른 나라들이 이 축제에 참가했고 당신은 그들 모두로부터 전통 음악을 라이브로 들을 수 있다.

5 이와는 대조적으로, 쥐들은 지구상의 이곳저곳으로 이동하고, 각각 다른 문화, 먹이, 날씨 체계에 순응할 수 있다. 그리고 가장 중요한 것은 그들은 계속 살아 있다는 것이다.

해설

1 박쥐를 꾸며주는 형용사는 한정 용법으로, live를 쓰는 것이 적절하다.

2 동사 bring의 목적격 보어로 쓰인 형용사는 서술 용법으로, alive를 쓰는 것이 적절하다.

3 동사 come과 함께 보어로 쓰인 형용사는 서술 용법으로, alive를 쓰는 것이 적절하다.

4 전통음악을 꾸며주는 형용사는 한정 용법으로, live를 쓰는 것이 적절하다.

5 동사 stay와 함께 보어로 쓰인 형용사는 서술 용법으로, alive를 쓰는 것이 적절하다.

1. like   2. alike   3. like
4. alike   5. alike

해석

1 몇몇 사람들은 답을 기다리며 그들 인생의 여러 주, 심지어 여러 달을 낭비했다고 정말로 느꼈다.

2 옷과 옷감 둘 다 비언어적 의사소통의 수단으로 사용된다.

3 그런데 달팽이와 그것의 점액 자국, 이빨이 누런 쥐, 혹은 사나운 외계인처럼 보이는 거미는 어떤가?

4 학생들과 젊은 전문직 종사자들은 똑같이, 직업 세계에서 여러분 자신을 홍보할 때 더 쓸모 있는 자격을 제공해 줄 기술과 자격증을 찾아야 한다.

5 아마도 여러분의 국적과 언어와 문화와 피부색은 똑같지 않을 테지만, 가족과 딸기에 대한 여러분의 사랑과 명절날의 전통은 부정할 수 없이 똑같다.

해설

1 '~처럼 느끼다'를 나타내는 feel like 구문으로, 절(they'd wasted ~) 앞에 접속사 like를 쓰는 것이 적절하다.

2 Dress와 textiles라는 두 개의 대상이 나왔기 때문에 '둘 다, 똑같이'를 의미하는 부사 alike는 쓰는 것이 적절하다.

3 '~처럼 보이다'를 나타내는 look like 구문으로, 명사(fierce aliens) 앞에 전치사 like를 쓰는 것이 적절하다.

4 Students와 young professionals라는 두 개의 대상이 나왔기 때문에 '둘 다, 똑같이'를 의미하는 부사 alike는 쓰는 것이 적절하다.

5 be동사와 함께 보어로 쓰인 형용사는 서술 용법으로, 형용사 alike를 쓰는 것이 적절하다.

Pattern #45 pg. 58

1. such   2. Such   3. Such a
4. such   5. such a

해석

1 무엇이 그렇게 생물학적으로 비싼 장기를 정당화할 수 있을까?

2 그런 원시 사회는 인간과 짐승, 동물과 식물, 생물체의 영역과 무생물체의 영역을 통합적이고 살아 있는 총체에 대한 참여자로 여기는 경향이 있다.

3 비행기의 앞부분이 단지 몇 피트 움직인 그러한 작은 변화는 이륙할 때 거의 눈에 띄지 않지만, 미국 전역으로 확대될 때 여러분은 결국 수백 마일 멀어지게 될 것이다.

4 우리 중 대부분은 그러한 교훈적인 영화에 실증이 나게 될 것이고, 아마도 그것들을 소련 그리고 다른 녹재 사회에서 흔했던, 문화적 예술 작품과 유사한 선전으로 보게 될 것이다.

5 사진은 사물을 세상에 존재하는 대로 아주 잘 표현했다.

해설

1 「such + a(n) + 형용사 + 단수 명사」 구문으로, 명사를 강조하도록 그 앞에 한정사 such를 쓰는 것이 적절하다.

2 「such + 형용사 + 복수 명사」 구문으로, 명사를 강조하도록 그 앞에 한정사 such를 쓰는 것이 적절하다.

3 「such + a(n) + 형용사 + 단수 명사」 구문으로, such가 관사 a(n) 앞에 오는 것이 적절하다.

4 「such + a(n) + 형용사 + 단수 명사」 구문으로, such가 명사(movies) 앞에 오는 것이 적절하다.

5 「such + a(n) + 형용사 + 단수 명사」 구문으로, such가 관사 a(n) 앞에 오는 것이 적절하다.

Pattern #46 pg. 59

1. so   2. that   3. so
4. so   5. that

해석

1 그의 위엄 있는 목소리는 너무나도 권위로 가득 차 있어서 그것은 나로 하여금 양철 병정처럼 똑바로 서 있게 했다.

2 하지만 밤에 그 공원에서 들려오는, 애완견이 짖고 소리를 지르는 소음이 너무 시끄럽고 방해가 되어 저는 아파트에서 쉴 수가 없습니다.

3 많은 경우 기부금은 10달러 이하의 매우 적은 금액이어서, 그들이 곰곰이 생각해 보면, 기부금을 처리하는 비용이 그것이 자선단체에 가져다주는 모든 이점을 넘어서기 쉽다는 것을 깨달을 것이다.

4 보통 여러분이 만드는 음파는 모든 방향으로 이동하고 다른 때와 장소에서 벽을 튕겨나가면서, 그것들을 너무 많이 뒤섞어 40피트 떨어져 있는 듣는 사람의 귀에 도달할 때는 들리지 않는다.

5 그것은 아주 오래된 질병에 대해 반가운 해결책이었고 세기의 전환기 무렵에는 매우 흔해져서 유럽과 미국의 많은 외과 의사들이 꽤 괜찮은 액수의 돈을 벌었다.

해설

1 '매우 ~해서 …하다'를 나타내는 'so + 형용사 + 명사 + (that)' 구문으로, 부사 so가 형용사(full) 앞에 오는 것이 적절하다.

2 '매우 ~해서 …하다'를 나타내는 'so + 형용사 + (that)' 구문으로, 종속절(I cannot relax ~) 앞에 접속사 that이 오는 것이 적절하다.

3 '매우 ~해서 …하다'를 나타내는 'so + 형용사 + (that)' 구문으로, 부사 so가 형용사(small) 앞에 오는 것이 적절하다.

4 '매우 ~해서 …하다'를 나타내는 'so + 부사 + (that)' 구문으로, so가 부사(much) 앞에 오는 것이 적절하다.

5 '매우 ~해서 …하다'를 나타내는 'so + 형용사 + (that)' 구문으로, 종속절(many surgeons ~) 앞에 접속사 that이 오는 것이 적절하다.

Pattern #47 pg. 60

1. much   2. much   3. far
4. far   5. even

해석

1 이것은 달팽이나 음파를 연구하는 것보다 훨씬 더 어려운 작업이다.

2 집통제는 비교적 최근의 발명품이며 물질적 안락에 대한 접근은 이제 훨씬 더 넓은 비율의 전 세계 인구의 손이 닿는 곳에 있다.

3 쉽게 따라잡아서 도살한 먹잇감을 일단 배 위로 끌어 올리면, 사체를 부족이 머무는 곳으로 가지고 가는 것은 육지에서보다는 배로 훨씬 더 쉬웠을 것이다.

4 인쇄기는 정보를 수천 배 더 빠르게 복사할 수 있었는데, 그것은 지식이 이전 어느 때보다 훨씬 더 빠르고 최대한 정확하게 퍼져 나갈 수 있게 하였다.

5 그는 홈런을 치거나 Notre Dame 대학에 다니거나 더 나아가서 그곳에서 풋볼을 하는 것 같은 영웅적인 일을 하고 싶었다.

해설

1 비교급 more challenging을 강조하도록 비교급 앞에는 much를 쓴다.

2 비교급 larger를 강조하도록 비교급 앞에는 much를 쓴다.

3 비교급 easier를 강조하도록 비교급 앞에는 far를 쓴다.

4 비교급 more quickly를 강조하도록 비교급 앞에는 far를 쓴다.

5 비교급 better를 강조하도록 비교급 앞에는 even을 쓴다.

Pattern #48 pg. 61

1. The more   2. longer   3. more
4. stronger   5. less

해석

1 한 사건이 사회적으로 더 많이 공유되면 될수록, 그것은 사람들의 마음에 더 많이 고정될 것이다.

2 때때로, 예술 작품이 우리에게 그것의 중요한 세부 요소들을 모두 드러내는 데 걸리는 시간이 길어질수록, 그것이 음악이든, 미술이든, 춤이든, 또는 건축이든 간에 우리는 그것을 더 좋아하게 된다.

3 여러분이 자신을 지지하며 그 상황을 충분히 처리할 수 있다는 것을 스스로에게 여러 번 입증할수록, 여러분은 더 자신감을 갖게 될 것이다.

4 어느 정도 양의 질량이든 인력을 유발하겠지만, 질량이 더 크면 클수록 그 힘은 더 크다.

5 새들의 무리가 더 크면 클수록 한 마리의 새가 경계에 바치는 시간은 더 적어진다.

해설

1 '~하면 할수록 더 …하다'의 의미를 나타내는「the 비교급, the 비교급」의 어순으로 쓴다.

2 '~하면 할수록 더 …하다'의 의미를 나타내는「the 비교급, the 비교급」의 구문으로, the 다음에는 비교급(longer)을 쓴다.

3 '~하면 할수록 더 …하다'의 의미를 나타내는「the 비교급, the 비교급」의 구문으로, the 다음에는 비교급(more)을 쓴다.

4 '~하면 할수록 더 …하다'의 의미를 나타내는「the 비교급, the 비교급」의 구문으로, the 다음에는 비교급(stronger)을 쓴다.

5 '~하면 할수록 더 …하다'의 의미를 나타내는「the 비교급, the 비교급」의 구문으로, the 다음에는 비교급(less)을 쓴다.

Pattern #49   pg. 62

1. much   2. high   3. far
4. clearly   5. freezing

해석

1 주권과 시민권은 최소한 동시대 권력으로부터의 자유만큼이나 과거로부터의 자유를 필요로 한다.

2 단위 질량당, 뇌의 유지 비용은 신체 근육의 유지 비용의 8배에서 10배 정도이다.

3 모래 언덕은 그의 시선이 닿는 곳까지 그가 가는 길 양편에 미동도 없이 펼쳐져 있었다.

4 Bill은 "40만 달러입니다. 축하해요, Steve 씨."라며 가능한 한 분명하게 그것을 다시 말했다.

5 그것은 좋고 시원하게 느껴졌으며, 그녀가 처음 들어갔을 때만큼 몹시 차갑지 않았다.

해설

1 '~만큼 …한'의 의미를 나타내는「as 원급 as」의 구문으로, as 다음에는 형용사의 원급 much를 쓴다.

2 '~만큼 …한'의 의미를 나타내는「as 원급 as」의 구문으로, as 다음에는 형용사의 원급 high를 쓴다.

3 '~만큼 …하게'의 의미를 나타내는「as 원급 as」의 구문으로, as 다음에는 부사의 원급 far를 쓴다.

4 '가능한 한 …하게'의 의미를 나타내는「as 원급 as 주어 can/could」의 구문으로, as 다음에는 부사의 원급 clearly를 쓴다.

5 '~만큼 …하지는 않은'의 의미를 갖도록 not as 다음에는 형용사의 원급 freezing을 쓴다.

Pattern #50   pg. 63

1. greatest   2. highest   3. best
4. smallest   5. most highly

해석

1 인공 지능의 도래가 주는 가장 큰 이점은 AI가 인간성을 정의하는 데 도움을 줄 것이라는 것이다.

2 두 해 모두에서, 자신들의 사진을 올린 젊은 미국인들의 비율이 모든 부문들 중에서 가장 높았다.

3 이것은 지금껏 내가 먹어 본 것 중 최고의 음식이야! 너와 함께한 이 저녁식사를 결코 잊을 수 없을 거야."라고 Nancy는 말하며, 또 하나의 깜짝 선물에 대해 Carol에게 고마움을 표했다.

4 따라서 평야 위로 솟은 둥그런 산은 가장 큰 동심원이 맨 아랫부분에 그리고 가장 작은 동심원은 꼭대기 근처에 있는 일련의 동심원으로 지도에 나타날 것이다.

5 탄자니아의 하드자 수렵 채집인 사이의 음식 선호에 관한 연구는 가장 높은 열량 값을 가진 식품인 꿀이 가장 많이 선호되는 식품이었음을 발견했다.

해설

1 great의 최상급으로 greatest를 쓰는 것이 적절하다.

2 '~ 중에서 가장 …한'을 나타내는「the 최상급 of 복수 명사」구문으로, 비교 대상(of all the categories) 앞에는 최상급 highest가 오는 것이 적절하다.

3 '(주어)가 지금껏 ~한 것들 중에서 가장 …한'을 나타내는「the 최상급 (that) 주어 + have ever p.p.」구문으로, 최상급 best가 오는 것이 적절하다.

4 동심원 모양에 대한 설명으로, 꼭대기 근처에는 가장 작은 동심원이 나타나므로 최상급 smallest가 오는 것이 적절하다.

5 '가장 많이 선호되는' 의미를 표현하기 위해 preferred 앞에 most를 붙여 최상급을 만든다. 이때 preferred를 수식하는 부사 highly가 오는 경우에는, the most highly preferred의 어순으로 쓰는 것이 적절하다.

Pattern #51   pg. 64

1. almost   2. most   3. almost
4. most   5. most

해석

1 예를 들어, 거의 모든 사람이 날씨는 태양의 흑점, 높은 고도의 제트 기류, 그리고 기압과 같은 유한한 수의 변수들의 작용이라는 데 동의할 것이다.

2 대부분의 조직에는 데이터가 풍부하기 때문에 대체로 조직은 데이터가 충분하지 않다는 문제가 없다.

3 차 쟁반이 방을 가로질러 그들의 식탁으로 옮겨지고 있을 때, Chloe의 눈은 동그래졌고, 그녀는 크게 헉 소리를 낼 뻔했다.

4 물건의 표면을 맛맛이 나는 물질로 덮으면 최종적으로 대부분의 개가 그 물건을 씹는 것을 막을 것이다.

5 그것은 대부분의 사학자가 현재 공유하는 것인데, 그들은 유럽에서 법의 발달에 관한 이야기를 대개 로마법으로 시작한다.

해설

1 almost는 every, everyone 또는 everything과 함께 쓰여 '거의'의 의미를 갖게 된다.

2 명사 organizations을 수식하도록 형용사 most가 와야 한다.

3 동사 gasped를 수식하도록 '거의'를 뜻하는 부사 almost가 와야 한다.

4 명사 dogs를 수식하도록 형용사 most가 와야 한다.

5 명사 historians를 수식하도록 형용사 most가 와야 한다.

Pattern #52
pg. 65

1. something new   2. something worse   3. something
4. something as mundane   5. anything imprinted

해석

1 그 프로그램은 우리 학생들이 즐거운 시간을 보내며 새로운 것을 경험할 수 있는 훌륭한 기회가 될 것입니다.
2 그런데 불충분하게 알고 있는 대중보다 더 해로운 것이 있는데, 그것은 잘못 알고 있는 대중이다.
3 그리고 나서 대조군이 관련 없는 무언가를 하는 동안 실험군의 참가자들은 5분 동안 그들이 할 수 있는 만큼 그 얼굴에 대한 상세한 묘사를 했다.
4 돌이켜보면 양의 수를 세고자 하는 욕구만큼 세속적인 것이 문자 언어처럼 근본적인 진보의 원동력이었다는 것은 놀라운 일로 보일지도 모른다.
5 수 세기 전, 철학자들은 기억이란 그 위에 찍힌 것은 어느 것이나 보존하게 될 밀랍을 칠한 무른 서자판이라고 여겼다.

해설

1 대명사 something은 꾸며주는 형용사가 뒤에 따라오므로, something new를 쓰는 것이 적절하다.
2 대명사 something은 꾸며주는 형용사가 뒤에 따라오므로, something worse를 쓰는 것이 적절하다.
3 꾸며 주는 형용사가 뒤에 따라오므로, 대명사 something을 쓰는 것이 적절하다. thing을 쓰는 경우에는 수식어가 앞에 와야 하므로, an unrelated thing의 어순으로 바꿔준다.
4 대명사 something은 꾸며주는 형용사가 뒤에 따라오므로, 'something as mundane as ~'처럼 수식해주는 원급 구문을 뒤에 쓰는 것이 적절하다.
5 대명사 anything은 꾸며주는 형용사가 뒤에 따라오므로 anything imprinted로 쓰는 것이 적절하다.

Pattern #53
pg. 66

1. arises   2. arise   3. aroused
4. arises   5. arouse

해석

1 그녀는 기회가 생길 때 도움의 손길을 주지 않기에는 인생은 너무 짧다는 것을 나에게 상기시켰다.
2 예를 들어 여성의 권리에 관련된 문제가 생기는 경우, 여성들은 성을 자신들의 주된 정체성으로 생각하기 시작한다.
3 오히려 개는 다른 냄새와 대조하여 한 냄새에 의해 감정적으로 자극을 받도록 훈련된다.
4 좀 더 극단적인 사례가 발생하는 것은, 예컨대 그 상점을 영화관으로 오인하는 경우처럼, 사람이 특이한 개인적 방식으로 사물을 이해할 때이다.
5 건물은 이러한 투사된 경험을 통해서 우리 마음속에 공감할 수 있는 반응을 불러일으키며, 이러한 반응의 강도는 우리의 문화, 믿음, 기대에 의해 결정된다.

해설

1 문맥상 '기회가 생기다'라는 의미가 자연스럽기에, arises를 쓰는 것이 적절하다.
2 문맥상 '이슈가 생기다'라는 의미가 자연스럽기에, arise를 쓰는 것이 적절하다.

3 문맥상 '감정적으로 자극을 받은'이라는 의미가 자연스럽기에, aroused를 쓰는 것이 적절하다.
4 문맥상 '사례가 발생한다'라는 의미가 자연스럽기에, arises를 쓰는 것이 적절하다.
5 문맥상 '반응을 불러일으키다'라는 의미가 자연스럽기에, arouse를 쓰는 것이 적절하다.

Pattern #54
pg. 67

1. more important   2. easier   3. important
4. better   5. important

해석

1 기억하라, 어떤 것도 연습보다 중요하진 않지만, 당신에게는 또한 휴식도 필요하다.
2 사랑하기보다 쉬운 것은 없다는 태도는 압도적인 반대 증거에도 불구하고 지속적으로 널리 퍼져있다.
3 그러나 Matilda는 그에게 그의 건강만큼 중요한 것은 없다고 말하고 싶어 한다.
4 많은 사람들은 양이 많은 식사를 한 후에 낮잠만큼 좋은 게 없다고 생각한다.
5 그 어떤 것도 우리 시민들의 안전만큼 중요한 것은 없기 때문에, 이 문제를 해결하는 것이 최우선사항이 되어야 합니다.

해설

1 「Nothing is 비교급 than A」는 'A보다 더 ~한 것은 없다'는 뜻으로 최상급의 의미이나. 빈칸에는 비교급 more important를 쓰는 것이 적절하다.
2 「Nothing is 비교급 than A」는 'A보다 더 ~한 것은 없다'는 뜻으로 최상급의 의미이다. 빈칸에는 비교급 easier를 쓰는 것이 적절하다.
3 「Nothing is as 원급 as A」는 'A만큼 ~한 것은 없다'는 뜻으로 최상급의 의미이다. 빈칸에는 원급 important를 쓰는 것이 적절하다.
4 「Nothing is 비교급 than A」는 'A보다 더 ~한 것은 없다'는 뜻으로 최상급의 의미이다. 빈칸에는 비교급 better를 쓰는 것이 적절하다.
5 「Nothing is as 원급 as A」는 'A만큼 ~한 것은 없다'는 뜻으로 최상급의 의미이다. 빈칸에는 원급 important를 쓰는 것이 적절하다.

Pattern #55
pg. 68

1. many   2. many   3. much
4. many   5. much

해석

1 악음(樂音)의 특정 속성이라는 견지에서 음악이 무엇인가를 정의하고자 하는 많은 시도가 있었다.
2 사실, 많은 문명이 우리가 흔히 문학의 역사와 연관 짓는 그런 종류의 위대한 문학 작품을 기록하고 그것을 뒤에 남기는 단계에 결코 이르지 못했다.
3 소수 집단은 많은 힘이나 지위를 가지고 있지 않은 경향이 있고 심지어 말썽꾼, 극단주의자, 또는 단순히 '별난 사람'으로 일축될 수도 있다.
4 하지만 여러분이 잠재적 연인에게 그 사람이 자신에 대해 기분이 더 좋을 수 있도록 얼마나 여러 번 거짓말했는지에 대해 생각해 보라.
5 최근 몇 십 년 동안 텔레비전 시청자의 분열은 광고주들에게 많은 우려를 안겨 주었다.

15

1 셀 수 있는 명사(attempts) 앞에는 수량 형용사 many를 쓰는 것이 적절하다.

2 셀 수 있는 명사(civilizations) 앞에는 수량 형용사 many를 쓰는 것이 적절하다.

3 셀 수 없는 명사(power) 앞에는 수량 형용사 much를 쓰는 것이 적절하다.

4 셀 수 있는 명사(times) 앞에는 수량 형용사 many를 쓰는 것이 적절하며, 이 경우에 times는 '횟수'의 의미를 가진다.

5 셀 수 없는 명사(concern) 앞에는 수량 형용사 much를 쓰는 것이 적절하다.

Pattern #56   pg. 69

  1. sharply   2. long   3. as
  4. honestly   5. soon

해석

1 적의 이미지를 확립하는 데 있어서 전쟁을 하고 있는 국가의 기본적인 목표는 죽이는 행위와 살인의 행위를 가능한 한 뚜렷이 구별하는 것이다.

2 초기의 목화 농장주들은 자신들의 기계를 가능한 한 오랫동안 가동하기를 원했고, 자신들의 일꾼들에게 매우 오랜 시간을 일하도록 강요했다.

3 부디 귀하의 결정을 가능한 한 빨리 저희에게 알려주시기 바랍니다.

4 역사를 기술하면서 나는 항상 가능한 한 정직하고 부지런하게 진실을 탐구했지만, 다 쓰고 나면 내가 허구의 작품을 썼다는 것을 깨닫는다.

5 현재 누군가의 사용자 비밀번호가 불법적으로 사용되었다는 조짐은 없습니다만, 저희는 모든 사용자께서 가능한 한 빨리 비밀번호를 재설정하실 것을 강력하게 권장합니다.

해설

1 「가능한 한 ~한/하게」를 나타내는 「as 형용사/부사 as possible」의 구문으로, '구별하다'는 동사를 수식하는 부사 sharply를 쓰는 것이 적절하다.

2 「가능한 한 ~한/하게」를 나타내는 「as 형용사/부사 as possible」의의 구문으로, '오랫동안 가동하다'가 자연스럽기에 부사 long을 쓰는 것이 적절하다.

3 「가능한 한 ~한/하게」를 나타내는 「as 형용사/부사 as possible」의 구문으로, 빈칸에 as를 쓰는 것이 적절하다.

4 「가능한 한 ~한/하게」를 나타내는 「as 형용사/부사 as possible」의의 구문으로, '정직하게 탐구했다'를 의미하도록 부사 honestly를 쓰는 것이 적절하다.

5 「가능한 한 ~한/하게」를 나타내는 「as 형용사/부사 as possible」의의 구문으로, '빨리 재설정하다'를 의미하도록 부사의 원급 soon을 쓰는 것이 적절하다.

Pattern #57   pg. 70

  1. larger   2. less   3. angry
  4. more   5. smaller

해석

1 바로 이어질 향후 10년 동안 베이비붐 세대 퇴직자의 빠른 증가는 사회 보장 연금과 노인 의료 보험 제도의 더 높은 지출 수준과 점점 더 커지는 적자를 의미할 것이다.

2 전체적으로 우리는 보다 짧은 시간에 보다 많은 활동을 짜내려고 애쓰느라 너무나도 바쁘다.

3 당신이 무엇 때문에 괴로운지를 설명하면서 점점 화가 나고 좌절하게 되는 자신을 발견한 적이 있는가?

4 현재 점점 더 많은 노인들이 주로 금전적인 어려움 때문에 적절한 수준의 삶을 사는 데 어려움을 겪고 있다.

5 공기통로는 양쪽 폐 안에서 나뭇가지처럼 점점 더 작은 공기튜브로 나뉜다.

해설

1 '점점 더 ~한'을 나타내는 「비교급 and 비교급」 구문으로, 비교급 larger를 쓰는 것이 적절하다.

2 '점점 더 ~한'을 나타내는 「비교급 and 비교급」 구문으로, 비교급 less를 쓰는 것이 적절하다.

3 '점점 더 ~한'을 나타내는 「비교급 and 비교급」 구문으로, more를 붙여 비교급을 만드는 형용사의 경우에는 more and more 다음에 형용사를 쓴다.

4 '점점 더 ~한'을 나타내는 「비교급 and 비교급」 구문으로, more and more가 명사구(elderly people)를 수식한다.

5 '점점 더 ~한'을 나타내는 「비교급 and 비교급」 구문으로, 비교급 smaller를 쓰는 것이 적절하다.

Pattern #58   pg. 71

  1. all   2. not necessarily   3. every
  4. not always   5. not entirely

해석

1 모든 작가들이 극장의 청중들은 저절로 자신들의 극을 의도된 방식으로 이해할 거라고 믿지는 않았다.

2 과학적이고 전문적인 정책 입안이 퇴행적인 정치의 함정을 반드시 피하는 것은 아니다.

3 하지만 또다시 모든 도시가 이 기회들을 잘 활용했던 것은 아니었다.

4 언어가 어떤 사람의 정신 속에 정확한 의미가 형성되도록 하는 데 항상 신뢰할 만하지는 않다는 사실은 새로운 이해를 만들어 내는 수단으로서의 언어의 강력한 힘을 반영하는 것이다.

5 우리 인간은 세상 "거기에 존재하는 것"에 대한 우리의 이해를 공유하지만, 전적으로 그렇게 태어난 것은 아니다.

해설

1 부분 부정의 경우에는 not 뒤에 all과 every가 모두 올 수 있지만, authors가 복수 명사이기에 all이 적절하다.

2 부분 부정의 경우에는 not이 수식하는 부사 necessarily 앞에 온다.

3 city는 단수 명사이므로 every가 수식하는 것이 적절하다.

4 always 앞에 부정어 not이 오는 것이 적절하다.

5 entirely 앞에 부정어 not이 오는 것이 적절하다.

Pattern #59 pg. 72

1. The elderly   2. the young   3. the ostracized
4. public   5. food-insecure

해석

1 그 노인들은 그들의 정신을 잃었다가 보다는 그들의 위치를 잃었다.

2 그러나 궁극적으로, 그 어린 새는 생존뿐만 아니라 번식을 위한 필요 조건도 충족시켜 주는 서식지를 찾고, 확인하고, 그 곳에 정착해야 한다.

3 다양한 방식과 의미에서, 이것들은 모두 누가 내부에 있고, 누가 외부에 있는지를 식별하거나 구별하여 참여자들을 추방된 사람들로부터 분리시키기 위한 도구들이다.

4 유전학의 발전은 자주 환경 의존적이거나 학술 간행물에서 영향을 미치는 규모에 있어 별로 크지 않은 것으로 보고되지만, 이것은 자주 대중 매체를 통해 대중에게 결정론적 언어로 번역된다.

5 세계가 현재보다 2배가 넘는 곡물과 농산물을, 그러면서도 식량이 부족한 사람들도 이것들을 얻을 수 있는 방식으로 생산해야 한다.

해설

1 주어로 '노인들'을 의미하는 the elderly가 적절하다.

2 주어로 '(동물의) 새끼들'을 의미하는 the young이 적절하다.

3 '추방된 사람들'을 의미하도록 the 다음에는 ostracized(추방된, 배척된)가 와야 한다.

4 '대중'을 의미하도록 the 다음에는 형용사 public이 와야 한다.

5 문맥상 '식량이 부족한 사람들'을 의미하도록 the 다음에는 형용사 food-insecure가 와야 한다.

Pattern #60 pg. 73

1. by far   2. very   3. very
4. the very   5. the very

해석

1 반 학생들 중에서 Joe Brooks가 단연 최고였다.

2 그러던 어느 날, 나는 마침내 그녀가 우리에게 보여주려고 하셨던 것, 즉 독서가 최고의 집안일이라는 것을 이해했다.

3 그러므로 최소한 우리는 다음 세대에게 물싸움을 장려하고 상상의 친구를 초대하여 함께 놀게 함으로써 피할 수 없는 미래의 어려운 상황에 대비시켜주어야 한다.

4 지도교수를 정기적으로 만나는 것은 당신의 학위 논문이 가능한 최고의 수준이 되도록 만드는 가장 좋은 방법 중의 하나이다.

5 그러므로 어떤 사람을 긍정적인 방향에서 출발하게 하는 것이 가장 중요하다.

해설

1 최상급 the best를 강조하기 위해 by far를 앞에 쓴다.

2 최상급 best를 강조하기 위해 the very를 앞에 쓴다.

3 최상급 least를 강조하기 위해 the very를 앞에 쓴다.

4 최상급 highest를 강조하기 위해 the very를 앞에 쓴다.

5 최상급 greatest를 강조하기 위해 the very를 앞에 쓴다.

Pattern #61 pg. 74

1. floating   2. telling   3. solving
4. getting   5. skinning

해석

1 그것은 작은 파도가 잔물결로 앞으로 휩쓸려오는 가운데, 육지에서 수천 마일 떨어진 대양에서 표류하는 것 같았다.

2 그것은 마치 사람들에게 여러분은 주말 동안에만 건강하게 먹을 필요가 있고 주중에는 여러분이 좋아하는 무엇이든 먹어도 된다고 말하는 것과 같다.

3 스트레스에 관한 고전적인 실험에서, 사람들은 퍼즐풀기와 같이 집중력을 요구하는 과업을 수행했다.

4 해내기로 마음먹은 사람들은, 언덕 위의 첫 번째 모굴을 통과하는 것 같이, 첫 번째 단계에 숙달하기 위해 해야 할 필요가 있는 것을 분석함으로써 그들의 초점을 바꾼다.

5 사실, 이것은 어떤 우주의 거인이 오렌지의 껍질을 벗겨내는 것처럼 태양의 외층을 떼어낸다면 일어날 바로 그런 일인데, 왜냐하면 엄청나게 뜨거운 내부가 그럴 경우 노출이 될 것이기 때문이다.

해설

1 전치사 like 다음에는 명사 또는 동명사가 와야 하므로, float의 동명사인 floating이 적절하다.

2 전치사 like 다음에는 명사 또는 동명사가 와야 하므로, tell의 동명사인 telling이 적절하다.

3 전치사 like 다음에는 명사 또는 동명사가 와야 하므로, solve의 동명사인 solving이 적절하다.

4 전치사 like 다음에는 명사 또는 동명사가 와야 하므로, get의 동명사인 getting이 적절하다.

5 전치사 like 다음에는 명사 또는 동명사가 와야 하므로, skin의 동명사인 skinning이 적절하다.

Pattern #62 pg. 75

1. witnessing   2. dominated   3. accompanied
4. judged   5. followed

해석

1 우리는 이제 자원 수요에 있어서 근본적인 변화를 목격하고 있다.

2 따라서 초기의 인간의 글쓰기는 내기의 대상, 계산서, 계약서의 모음과 같이 목적을 위해서는 수단을 가리지 않는 것에 의해 지배된다.

3 그러나 문자 기록에 대한 욕구는 언제나 경제 활동을 수반해 왔는데, 그 이유는 누가 무엇을 소유하고 있는지 명확하게 기억할 수 없는 한 거래는 무의미하기 때문이다.

4 시작 시각은 시작 지점에 의해, 정지 시각은 정지 지점에 의해, 그리고 지속 시간은 거리에 의해 판단되는데, 그렇기는 하나 이 각각의 오류들은 나머지 오류 모두를 필연적으로 동반하지는 않는다.

5 그리고 의식이 높아진 뒤에는 심지어 품위 있고 재치 있는 농담에도 사람들이 상처를 받거나 기분이 상하는 과민증의 시기가 흔히 뒤따른다.

해설

1 '우리가 목격하다'는 능동의 의미이므로, 현재진행형인 are witnessing을 쓰는 것이 적절하다.

2 '글을 지배하다(글이 지배된다)'는 수동의 의미이므로, is 다음에 과거분사 dominated를 쓰는 것이 적절하다.

3 '욕구가 수반해왔다'는 능동의 의미이므로, 현재완료형인 has accompanied를 쓰는 것이 적절하다.

4 '시작 시간을 판단한다(시간이 판단되어 지다)'는 수동의 의미이므로, are 다음에 과거분사 judged를 쓰는 것이 적절하다.

5 A is followed by B는 'A 다음에 B가 뒤따른다'는 의미로, is 다음에 과거분사 followed를 쓰는 것이 적절하다.

Pattern #63 pg. 76

1. were absorbed　2. born　　3. faced
4. named after　5. scheduled

해석

1 그녀는 자신의 딸들 중 한 명과 걷고 있었고 그들은 대화에 몰두하고 있었다.

2 그는 1925년 남웨일스에서 가난한 광부의 12번째 아이로 태어났다.

3 그 결과 상업적 목적으로 동물 이미지를 사용하는 것은 동물 권리 운동가로부터의 심한 비판에 직면했다.

4 아버지의 이름을 따서 지은, 멕시코 이민자 Riccardo는 어렸을 때 이 교훈을 배웠다.

5 보육시설 개관식은 2017년 7월 20일 목요일 오전 11시로 예정되어 있다.

해설

1 be absorbed in는 '~에 몰두하다'의 의미로, 수동태인 were absorbed를 쓰는 것이 적절하다.

2 be born는 '태어나다'의 의미로, was 다음에 과거분사 born를 쓰는 것이 적절하다.

3 be faced with는 '~에 직면하다'의 의미로, was 다음에 과거분사 faced with를 쓰는 것이 적절하다.

4 be named after는 '~의 이름을 따다'의 의미로, was 다음에 과거분사 named after를 쓰는 것이 적절하다.

5 be scheduled for는 '~로 예정되다'의 의미로, is 다음에 과거분사 scheduled를 쓰는 것이 적절하다.

Pattern #64 pg. 77

1. to them　　2. sent to　　3. was sent
4. was given　5. to

해석

1 그러나 밀이 해변에서 그것들에게 주어졌고, 그곳에서 밀은 빨리 모래와 섞였다.

2 그의 재능은 일찍 인정받았고, 그는 부유한 후원자들에 의해 15세에 Eton College로 보내졌다.

3 그의 첫 극본인 La Princesse Maleine(The Princess Maleine)은 주요 프랑스 상징주의 시인이자 비평가인 Mallarmé에게 보내졌고, 바로 성공을 거두었다.

4 여러분이 증정한 책은 여러분의 자녀를 기념하기 위해 Williams 중학교에 증정되었다고 내부에 쓰여 있는 개별적인 라벨을 갖게 됩니다.

5 재능이 있는 학생이어서 그녀는 겨우 14살 때 대학으로 보내졌다.

해설

1 동사 give가 사용된 4형식 문장에서 직접목적어가 수동태의 주어가 되는 경우에, 남아있는 간접목적어 앞에는 전치사 to를 붙인다.

2 동사 send가 사용된 4형식 문장에서 직접목적어가 수동태의 주어가 되는 경우에, 남아있는 간접목적어 앞에는 전치사 to를 붙인다.

3 '~에게 보내졌다'를 의미하는 4형식 수동태 문장으로, was sent를 쓰는 것이 적절하다.

4 '~에게 주어졌다'를 의미하는 4형식 수동태 문장으로, was given를 쓰는 것이 적절하다.

5 동사 send가 사용된 4형식 문장에서 직접목적어가 수동태의 주어가 되는 경우에, 남아있는 간접목적어 앞에는 전치사 to를 붙인다

Pattern #65 pg. 78

1. to engage　　2. to play　　3. was forced
4. compelled　　5. been urged

해석

1 아리스토텔레스는 모든 인간이 정치적 활동을 하도록 허용되어야 한다고 생각하지 않았다.

2 Joe는 심호흡을 하며 "콘서트에서 연주해 달라는 부탁을 받았으니 우선 당신의 허락을 받고 싶어요."라고 말했다.

3 불행하게도, Amy 어머니의 증세가 악화되었고 Amy는 더 많은 휴가를 내지 않을 수 없었다.

4 그러나 왕인 그녀의 아버지가 그녀에게 선택권을 주지 않아서 그녀는 그녀의 약속을 수행할 수밖에 없다.

5 최근 수십 년 동안 학계의 고고학자들은 가설 검증 절차에 따라 연구와 발굴을 수행하라고 촉구되어 왔다.

해설

1 목적어와 목적격 보어가 있는 5형식 문장을 수동태로 만들 때, 목적격 보어로 사용된 동사는 to부정사 형태를 취한다.

2 목적어와 목적격 보어가 있는 5형식 문장을 수동태로 만들 때, 목적격 보어로 사용된 동사는 to부정사 형태를 취한다.

3 '~하도록 강요당하다'를 의미하는 5형식 수동태 문장으로, was forced를 쓰는 것이 적절하다.

4 '~하도록 강요당하다'를 의미하는 5형식 수동태 문장으로, is compelled를 쓰는 것이 적절하다.

5 '~하도록 촉구되다'를 의미하는 5형식 수동태 문장으로, have been urged를 쓰는 것이 적절하다.

Pattern #66 pg. 79

1. to sit　　2. to feel　　3. to seem
4. feel　　5. deny

해석

1 만일 당신이 접시를 다 비울 때까지 식사 테이블에 앉도록 강요 받았다면, 당신은 혼자가 아니다.

2 과거 어느 시점에 자신이 대단히 하찮은 사람이라는 느낌을 또한 겪어보지 못했던 사람은 어느 누구도 유명해지고 싶지 않을 것이다.

3 요점은 같은 사건이 이를 선행하는 사건의 특성에 따라 매우 달라 보일 수 있다는 것이다.

4 수학 성취 평가를 보기 전 기분이 좋아진 학생들은 그들의 중립적인 (기분의) 또래들보다 훨씬 더 잘한다.

5 이 실험은 분별 있고 평범한 사람들도 순응해야 한다는 압력을 느낄 때는 명백한 사실을 부정하게 될 수 있다는 것을 보여준다.

해석

1 사역동사 make를 수동태로 만들 때, 목적격 보어로 사용된 동사는 to부정사 형태를 취하므로 to sit이 적절하다.

2 사역동사 make를 수동태로 만들 때, 목적격 보어로 사용된 동사는 to부정사 형태를 취하므로 to feel이 적절하다.

3 사역동사 make를 수동태로 만들 때, 목적격 보어로 사용된 동사는 to부정사 형태를 취하므로 to seem이 적절하다.

4 사역동사 make를 수동태로 만들 때, 목적격 보어로 사용된 동사는 to부정사 형태를 취하므로 to feel이 적절하다.

5 사역동사 make를 수동태로 만들 때, 목적격 보어로 사용된 동사는 to부정사 형태를 취하므로 to deny가 적절하다.

Pattern #67
pg. 80

1. happen   2. occur   3. disappeared
4. consisted   5. rise

해석

1 이는 계획 없이 고밀도 개발을 수행하는 경우에 발생할 수 있다.

2 일반적으로 사람은 사회적 상호작용에서 발생할지 모르는 이익과 손실을 정확하게 평가할 수 없다.

3 가정에서 가스 조명은 곧 사라졌고, 주택 화재로 인한 사망률도 그에 따라 낮아졌다.

4 제2차 세계 대전 전, 서양 세계의 농업 활동은 가족이 운영하는 전통적인 농장들로 이루어져 있었다.

5 2019년쯤에는 연방 정부의 순 부채가 국내 총생산의 90퍼센트까지 증가하리라는 것을 예측들이 보여주고 있으며, 많은 사람들은 온갖 건설적인 조치가 취해지지 않으면 그것이 훨씬 더 높아질 것이라고 믿고 있다.

해설

1 동사 happen은 '(일, 사건)이 일어나다'를 의미하는 자동사로 수동태로 쓸 수 없다.

2 동사 occur는 '(일, 사건)이 일어나다'를 의미하는 자동사로 수동태로 쓸 수 없다.

3 동사 disappear는 '사라지다'를 의미하는 자동사로 수동태로 쓸 수 없다.

4 동사 consist of는 '~로 이루어지다'를 의미하는 자동사로, 수동태로 쓸 수 없다.

5 동사 rise는 '증가하다'를 의미하는 자동사로, 수동태로 쓸 수 없으나, 반면에 동사 raise(올리다)는 타동사로 수동태로 쓸 수 있다.

Pattern #68
pg. 81

1. be saved   2. be prevented   3. be viewed
4. be created   5. be forced

해석

1 자본주의는 수요의 질을 높임으로써 구해질 필요가 있다.

2 사고는 예방될 수 있거나 예방되어야 하는 무언가가 아니라, 유감스러운 불가항력임을 암시했다.

3 변화에 성공하기 위해서, 저항과 저항하는 사람들은 다르게 여겨져야 한다.

4 1992년에 베트남에서 처음 기록될 때, 그것은 알려져 있는 다른 어떤 종과도 너무 달라서 그것을 위한 별도의 속(屬)이 만들어져야 했다.

5 따라서 많은 텃새 종의 개체들은 가장 높은 번식 성공이 일어나는 특정 서식지에 머물러 있음으로써 더 낮은 비번식기 생존율의 형태로 대가의 균형을 맞추도록 강요당할 수도 있다.

해설

1 수동태 문장에서 조동사 need to 뒤에는 동사원형이 와야 하므로, be동사의 원형인 be를 써서 be saved가 오는 것이 적절하다.

2 수동태 문장에서 조동사 could 또는 should 뒤에는 동사원형이 와야 하므로, be동사의 원형인 be를 써서 be prevented가 오는 것이 적절하다.

3 수동태 문장에서 조동사 should 뒤에는 동사원형이 와야 하므로, be동사의 원형인 be를 써서 be viewed가 오는 것이 적절하다.

4 수동태 문장에서 조동사 뒤에는 동사원형이 와야 하므로, be동사의 원형인 be를 써서 be created가 오는 것이 적절하다.

5 수동태 문장에서 조동사 may 뒤에는 동사원형이 와야 하므로, be동사의 원형인 be를 써서 be forced가 오는 것이 적절하다.

Pattern #69
pg. 82

1. turned on   2. in   3. was disposed
4. over   5. relied on

해석

1 그 스프링클러 시설은 두 가지 결점이 있었는데, 손으로 켜야 했으며, 단지 '하나'의 밸브만 있는 것이었다.

2 충분한 어휘가 주어지면 빈 공간을 하나씩 채울 수 있다.

3 반면에, 매립지에 처리된 쓰레기는 2006년부터 2010년 사이에 그 양이 줄어들었다.

4 몇 달 전에 태국에서 거북이 한 마리가 트럭에 치여서 심하게 다쳤다.

5 컴퓨터는 복잡한 현상에 관한 중요한 예상치를 산출해낼 지는 모르지만 그들이 만들어내는 예상치는 실험적 확증 없이는 신뢰받을 수 없다.

해설

1 구동사(phrasal verb)를 수동태로 만들 경우에, 구동사를 하나의 타동사처럼 취급하며 맨 앞의 동사만 「be + p.p」로 바꾼다. 구동사 turn on(~을 켜다)을 be turned on으로 쓰는 것이 적절하다.

2 구동사 fill in(~을 채우다)을 수동태로 만들어 be filled in으로 쓰는 것이 적절하다.

3 구동사 dispose of(~을 처리하다)를 수동태로 만들어 was disposed of로 쓰는 것이 적절하다.

4 구동사 run over(~을 치다)를 수동태로 만들어 was run over로 쓰는 것이 적절하다.

5 구동사 rely on(~을 신뢰하다)을 수동태로 만들어 be relied on으로 쓰는 것이 적절하다.

1. in   2. with   3. for
4. about   5. with

해석

1 국제 교환 프로그램에 참여하는 데 관심이 있나요?

2 결국, 대부분의 사람들은 스스로가 '폭풍 속의 어떤 항구(궁여지책)'에 만족해야 한다는 것을 발견한다.

3 Hector가 그의 솜씨로 알려져 있듯이, Sergio는 거래를 매듭짓고 판매하는 것을 잘 했다.

4 한편, 독일 응답자들은 전체적으로 47퍼센트를 보여, 6개국 중에서 가짜 인터넷콘텐츠에 대해 가장 적게 걱정한다.

5 종일 Jeremy는 50번째 금화에 이를 수 있을 만큼 충분한 돈을 어떻게 모을지에 대한 생각으로 사로잡혔다.

해설

1 '~에 흥미가 있다'를 나타내는 수동태 표현 be interested in에서, 전치사로 by가 아닌 in이 오는 것에 주의한다.

2 '~에 만족하다'를 나타내는 수동태 표현 be satisfied with에서, 전치사로 by가 아닌 with가 오는 것에 주의한다.

3 '~로 유명하다'를 나타내는 수동태 표현 be known for에서, 전치사로 by가 아닌 for가 오는 것에 주의한다.

4 '~에 대해 걱정하다'를 나타내는 수동태 표현 be worried about에서, 전치사로 by가 아닌 about이 오는 것에 주의한다.

5 '~에 사로잡히다'를 나타내는 수동태 표현 be obsessed with에서, 전치사로 by가 아닌 with이 오는 것에 주의한다.

1. being copied   2. being chased   3. being observed
4. being   5. being eroded

해석

1 그리고 복사되고 있는 내용은 그것이 복사되고 있다는 사실만큼 중요할 수 있다.

2 그러나 그러한 질주는 포식자에 의해 쫓기지 않는 한 말에게 득이 되지 않는다.

3 단지 자신들이 관찰되고 있다는 것을 아는 것은 사람들이 (더욱 공손하게 하는 것처럼) 다르게 행동하는 것을 유발할 수 있다.

4 불행히도 바베이도스 리조트에서 보낸 기간 내내, 수영장에서 대대적인 수리가 진행되었고, 수영장을 사용할 수가 없었다.

5 건강의 모든 요소와 사회 구조의 수많은 이음매는 인간적 측면과 재정적 측면 둘 다 손실이 큰 우리의 수면 무시 상태로 인해 약화되고 있다.

해설

1 '복사되고 있다'를 나타내는 진행형 수동태로 be동사 다음에 being p.p.가 오므로, being copied를 쓰는 것이 적절하다.

2 '쫓기고 있다'를 나타내는 진행형 수동태로 be동사 다음에 being p.p.가 오므로, being chased를 쓰는 것이 적절하다.

3 '관찰되고 있다'를 나타내는 진행형 수동태로 be동사 다음에 being p.p.가 오므로, being observed를 쓰는 것이 적절하다.

4 '수리가 진행되고 있다'를 나타내는 진행형 수동태로 be동사 다음에 being p.p.가 오므로, being을 쓰는 것이 적절하다.

5 '약화되고 있다'를 나타내는 진행형 수동태로 be동사 다음에 being p.p.가 오므로, being eroded를 쓰는 것이 적절하다.

1. been performed   2. stored   3. been selected
4. limited   5. been conducted

해석

1 최초의 성공적인 충수 절제술이 1735년 영국 군의관에 의해 시행되었다고 했다.

2 그 결과, 대부분의 사용된 연료는 그것이 생산되었던 핵발전소에 저장되어 왔다.

3 후자에게 문화적 혹은 재정적 가치를 부여하고 거의 무한하게 많은 과거의 것들로부터 왜 그것들이 선택되었는지 설명해 주는 것은 바로 전자이다.

4 이러한 도입의 성공은 특정한 유형의 생태계와/생태계나 다년생의 생태계에 있는 도입된 해충과 같은 해충 상황에는 대체로 제한적이었다.

5 수많은 생물 다양성 실험이 Elton의 시대 이후로 수행되어 왔고, 흔히 관찰되는 다양성과 침입성 사이의 부정적 관계를 설명하기 위해 여러 메커니즘이 제안되어 왔다.

해설

1 '시행되었다'를 나타내는 완료형 수동태로 have동사 다음에 been p.p.가 오므로, been performed를 쓰는 것이 적절하다.

2 '저장되어 왔다'를 나타내는 완료형 수동태로 have동사 다음에 been p.p.가 오므로, stored를 쓰는 것이 적절하다.

3 '선택되었다'를 나타내는 완료형 수동태로 have동사 다음에 been p.p.가 오므로, been selected를 쓰는 것이 적절하다.

4 '제한되었다'를 나타내는 완료형 수동태로 have동사 다음에 been p.p.가 오므로, limited를 쓰는 것이 적절하다.

5 '수행되어 왔다'를 나타내는 완료형 수동태로 have동사 다음에 been p.p.가 오므로, been conducted를 쓰는 것이 적절하다.

1. resist   2. who   3. who
4. who   5. have

해석

1 저항하는 사람들이 무시당하거나 배제될 때, 그들은 감당할 수 없는 반대파가 된다.

2 그래서 방금 어떤 나쁜 소식을 들은 어떤 사람은 발생한 일을 처음에는 흔히 부인하고 싶어 한다.

3 자신의 비윤리적인 행동을 기억했던 학생들은 마치 그들이 깨끗하지 않다고 느낀 듯 행동하는 경향이 더 있었다.

4 비윤리적인 이야기를 옮겨 적은 학생들은 비세정 제품보다 세정 제품을 훨씬 더 높게 평가했다.

5 창의성과 관련된 일반적인 한 견해는 제한이 우리의 창의성을 방해하며 가장 혁신적인 결과는 '무제한의' 자원을 가진 사람들로부터 나온다는 것이다.

해설

1 선행사(people)가 복수 명사이기 때문에 관계대명사 뒤에 resist를 쓰는 것이 적절하다.

2 선행사(someone)가 사람이고 관계대명사 다음에 heard라는 동사가 나왔기 때문에 주격 관계대명사 who를 쓰는 것이 적절하다.

3 선행사(students)가 사람이고 관계대명사 다음에 remembered라는 동사가 나왔기 때문에 주격 관계대명사 who를 쓰는 것이 적절하다.

4 선행사(those)가 문맥에서 '사람들'을 뜻하기에, 관계대명사로 who 를 쓰는 것이 적절하다. which는 선행사가 사물일 때 사용한다.

5 선행사(people)가 복수 명사이기 때문에 관계대명사 뒤에 have를 쓰는 것이 적절하다.

Pattern #74   pg. 87

  1. whom   2. whom   3. with whom
  4. whom   5. for whom

해석

1 뒤에서 그에게 다가오던 낯선 이가 그를 오랫동안 만나지 못했던 친구로 착각했다.

2 때때로 그들은 죄가 있는 사람 그 자신이 아니라, 오히려 (죄의) 책임이 확장되는 그의 친척이나 부족민 중의 한 명을 공격할지도 모른다.

3 다른 사람들에게 좋은 소식이 있으면, Amy가 그 소식을 공유하는 첫 번째 사람이 될 것이다.

4 과학자들은 동물들이 공통 유전자를 공유하는 친족을 위해서만 이처럼 생명을 걸고 위험을 무릅쓸 것으로 생각했었다.

5 더욱이 여러분은 자신이 선택한 제삼자가 여러분의 칭찬을 그것이 의도된 그 사람에게 전달해 줄 거라는 것을 어느 정도 확신해야 한다.

해설

1 선행사(a friend)가 사람인 경우에는 목적격 관계대명사로 who와 whom을 쓸 수 있다.

2 선행사(one)가 사람인 경우에는 목적격 관계대명사로 who와 whom을 쓸 수 있으나, 전치사가 오는 경우에는 whom만이 가능하다.

3 선행사(the first one)가 사람인 경우에는 목적격 관계대명사로 who 또는 whom을 쓸 수 있다. 이어지는 관계사절의 동사구(share it with)에서 전치사 with는 관계대명사 앞에 올 수 있다. 이 경우에 whom만이 가능하므로, with whom을 쓰는 것이 적절하다.

4 선행사(kin)가 사람인 경우에는 목적격 관계대명사로 who와 whom을 쓸 수 있으나, 전치사가 오는 경우에는 whom만이 가능하다.

5 선행사(the person)가 사람인 경우에는 목적격 관계대명사로 who 또는 whom을 쓸 수 있다. 이어지는 관계사절의 동사구(was intended for)에서 전치사 for는 관계대명사 앞에 올 수 있다. 이 경우에 whom만이 가능하므로 for whom을 쓰는 것이 적절하다.

Pattern #75   pg. 88

  1. whose   2. circulates   3. whose
  4. whose   5. ensure

해석

1 예를 들어 밤에 외출을 할 때 그녀의 부모가 의심하고 믿지 않는 한 십대를 가정해보자.

2 Emily Dickinson이 그랬던 것처럼, 자신들의 작품이 개인적으로 옮겨 적은 타자 인쇄물로 유통되는 러시아 시인들도 그렇게 한다.

3 예를 들어, 내성적인 사람은, 찬성할 수 없는 의견을 가진 다른 사람을 무심코 모욕하는 것과 같은, 사교 상황에서의 실수를 할 가능성이 훨씬 더 작다.

4 어느 날 휴식시간 동안 Andrew는 세 명의 다른 소년들과 함께 Uno 카드 게임에 참여했는데, 그들은 Timmy, Travis, 그리고 내가 이름을 기억하지 못하는 네 번째 소년이었다.

5 이 자료는 제조업자에게 온라인으로 전송되는데, 제조업자의 제조 기술이 몸에 꼭 들어맞게 해 준다.

해설

1 선행사(a teenager)가 사람인 경우에는 소유격 관계대명사로 whose를 쓸 수 있다.

2 소유격 관계사절에서 whose work가 3인칭 단수형의 주어이므로, 동사 circulates를 쓰는 것이 적절하다.

3 선행사(another person)가 사람인 경우에는 소유격 관계대명사로 whose를 쓸 수 있다.

4 선행사(a fourth boy)가 사람인 경우에는 소유격 관계대명사로 whose를 쓸 수 있다.

5 소유격 관계사절에서 technologies가 복수형의 주어이므로, 동사 ensure를 쓰는 것이 적절하다.

Pattern #76   pg. 89

  1. which   2. which   3. which are
  4. which is   5. which

해석

1 과학은 체계적이며 검증 가능하고 객관적인 지식의 분야로, 과학은 우리가 알고 있는 것이다.

2 이것은 The Yearling 과 자전적인 책인 Cross Creek 을 포함해서 그녀의 일부 작품의 영감의 원천이 되었다.

3 성공적인 행동들은 관습의 형태로 존속해 왔고, 반면에 성공적이지 않은 행동들은 소멸을 겪어 왔다.

4 오늘날 활용될 수 있는 방대한 양의 과학적 지식은 과학자들이 자신이 기여한 것들을 함께하지 않았다면 결코 축적될 수 없었을 것이다.

5 이러한 나라들은 강력하고 친숙한 브랜드를 가진 나라들과 관광객을 놓고 경쟁하는 것을 어렵게 만드는 대중과 미디어의 부정적 이미지 때문에 어려움을 겪었다.

해설

1 선행사가 사람이 아닌 경우에는 주격 관계대명사로 which 또는 that을 쓸 수 있다.

2 선행사가 사람이 아닌 경우에는 주격 관계대명사로 which 또는 that을 쓸 수 있다.

3 선행사(those)가 사람이 아닌 경우에는 주격 관계대명사로 which 또는 that을 쓰고 선행사 those가 복수이기 때문에 동사로 are를 쓴다.

4 선행사가 사람이 아닌 경우에는 주격 관계대명사로 which 또는 that을 쓰므로, which is를 쓰는 것이 적절하다.

5 선행사가 사람이 아닌 경우에는 주격 관계대명사로 which 또는 that을 쓸 수 있다.

Pattern #77   pg. 90

  1. who   2. who   3. none of which
  4. who   5. who

해석

1 1932년에 그녀는 장차 자신의 남편이 될 Floyd Odlum을 만났는데, 그는 그녀에게 비행기 조종을 배우도록 격려했다.

2 5분 동안 관련 없는 일을 했던 대조군의 참가자들은 그 시도에서 64%만큼, 정확한 사람을 정렬에서 골랐다.

3 몇몇 발견은 무수한 단계와 발견자들을 수반하는 것처럼 보이는데, 그 중에서 어느 것도 확정적인 것으로 확인될 수 없다.

4 그리고 그 부담은 주로 여성들에게 주어지는데, 그들은 일반적으로 자기 자신의 건강뿐만 아니라 남편과 아이들의 건강의 수호자이다.

5 그것은 대부분의 사학자가 현재 공유하는 것인데, 그들은 유럽에서 법의 발달에 관한 이야기를 대개 로마법으로 시작한다.

해설

1 관계사 앞에 콤마(,)가 오는 계속적 용법에서는, 선행사가 사람인 경우에는 주격 관계대명사로 who만 쓸 수 있다. 즉, 관계대명사 that은 계속적 용법으로 쓸 수 없기에, 빈칸에 who를 쓰는 것이 적절하다.

2 계속적 용법에서 선행사가 사람인 경우에는 주격 관계대명사로 who를 쓰는 것이 적절하다.

3 계속적 용법에서 선행사가 사람이 아닌 경우에는 관계대명사로 which만 쓸 수 있다. none of와 같이 수식하는 말이 올 경우에는 관계대명사가 뒤에 따라오므로, none of which를 쓰는 것이 적절하다.

4 계속적 용법에서 선행사가 사람인 경우에는 주격 관계대명사로 that이 아닌 who만 쓸 수 있다.

5 계속적 용법에서 선행사가 사람인 경우에는 주격 관계대명사로 that이 아닌 who만 쓸 수 있다.

Pattern #78   pg. 91

1. which   2. which   3. which
4. suggests   5. is

해석

1 시민들이 어떤 것을 모르고 있다가 그것을 깨닫는 경우가 하나의 경우인데, 그것은 늘 문제가 되어 왔다.

2 주변 온도가 올라가면, 벌집 안에서의 활동은 줄어드는데, 이는 곤충의 신진대사에 의해 발생하는 열의 양을 감소시킨다.

3 갑자기 자전거를 타고 있던 소년이 눅눅한 나무 표면에 미끄러져 Rita에게 비스듬히 부딪혔고, 이 때문에 그녀는 난간의 열린 부분을 통해 밀려 나갔다.

4 비옥한 초승달 지대의 초기 농경 마을들에서 발견된 유골은 이웃하고 있는 수렵채집인의 것들보다 대체로 작았는데, 이는 그들의 식단이 덜 다양했다는 것을 암시한다.

5 이러한 메뚜기의 무리 단계는 그 개체 수가 증가함에 따른 메뚜기들의 집단화에 의해 유발되며 식량 공급을 위협하게 되는데, 이것이 메뚜기들이 모두 함께 새로운 장소로 무리지어 이동하는 이유이다.

해설

1 관계대명사의 계속적 용법에서, 앞의 절 전체를 대신하는 경우에는 관계대명사 which를 사용한다.

2 관계대명사의 계속적 용법에서, 앞의 절 전체를 대신하는 경우에는 관계대명사 which를 사용한다.

3 관계대명사의 계속적 용법에서, 앞의 절 전체를 대신하는 경우에는 관계대명사 which를 사용한다.

4 관계대명사의 계속적 용법에서, 앞의 절 전체를 대신하는 경우에는 관계대명사 which를 사용하며 단수 주어로 취급하므로 suggests를 쓰는 것이 적절하다.

5 관계대명사의 계속적 용법에서, 앞의 절 전체를 대신하는 경우에는 관계대명사 which를 사용하며 단수 주어로 취급하므로 is를 쓰는 것이 적절하다.

Pattern #79   pg. 92

1. in which   2. which   3. which it
4. which   5. in which

해석

1 로마법이 유럽 역사에 걸쳐 끊임없이 지속되고 있다는 이러한 믿음은 괴테 혹은 그가 살았던 19세기만의 특유한 생각은 아니었다.

2 심리학 연구는 이것이 엄밀히 다른 사람들이 어떤 선택을 하고 있는지 여러분이 쉽게 알 수 있는 평가 시스템에서 예상되는 것이라 밝힌다.

3 마그마의 화학적 구성은 오랜 시간 동안 일정한 것이 아니라 그것이 위치한 환경의 변화에 반응하여 달라진다.

4 문화유산은 매우 선별적인 물질적 인공물, 신화, 기억, 그리고 전통이 현재를 위한 자원이 되는 방식과 관련이 있다.

5 그는 큰 뇌가 한 개인이 다른 사람들과 상호작용을 할 필요가 있는 큰 집단에서 틀림없이 발생하는 문제들을 다루는 데 전문화되어 있는 것처럼 보인다는 점을 주장한다.

해설

1 관계대명사 which가 관계사절 안에서 전치사의 목적어로 쓰이는 경우에, 전치사는 관계대명사 앞으로 올 수 있다.

2 관계대명사가 관계사절 안에서 전치사의 목적어로 쓰이는 경우에, 전치사는 관계대명사(which 또는 whom) 앞으로 올 수 있다. 여기서 전치사 다음에 관계대명사 that이나 who를 쓸 수 없으므로, in 다음에는 which를 쓰는 것이 적절하다.

3 관계대명사 which가 관계사절 안에서 전치사 in의 목적어로 쓰이는 경우에, 전치사 in은 관계대명사 앞으로 올 수 있다. in 다음에 관계대명사 which가 먼저 오고, 관계사절의 주어인 it이 오는 것이 적절하다.

4 관계대명사 which가 관계사절 안에서 전치사 in의 목적어로 쓰이는 경우에, in은 which 앞에 올 수 있다. 또한, 「전치사 + 관계대명사(in which)」를 관계부사 how로 대체하는 것도 가능하지만, 전치사와 관계부사를 함께 쓰는 것은 옳지 않다.

5 관계대명사 which가 관계사절 안에서 전치사 in의 목적어로 쓰이는 경우에, 전치사 in은 관계대명사 앞으로 올 수 있다.

Pattern #80   pg. 93

1. which   2. which   3. which
4. into which   5. which

해석

1 괴테의 말이라고 생각되는 속담이 있는데, 그것에 따르면 로마법은 잠수하는 오리와 같았다.

2 감정은 여러분의 식사 동기, 여러분의 음식 선택, 어디서 누구와 여러분이 식사할지, 그리고 여러분이 식사하는 속도를 포함하여, 여러분의 식사의 여러 측면에 영향을 줄 수 있다.

3 그들이 그렇게 할 때, 그는 Phillip에 대한 좋은 점들을 말할 것이고, 그것은 결국 다른 고객들이 Phillip을 바라볼 때 사용할 필터를 만들 것이다.

4 자신이 태어난 세상에 맞춰 자신을 형성해 가는 인간 뇌의 능력은 인간이 지구상의 모든 생태계를 점령하고 태양계로 나아가기 시작하는 것을 가능하게 했다.

5 이란, 타이완, 나이지리아는 1979-1980학년도 유학생의 상위 3개 출신국이었는데, 그 중 타이완만이 2016-2017학년도 상위 10개 출신국 목록에 포함되었다.

1 관계대명사가 관계사절 안에서 전치사의 목적어로 쓰이는 경우에, 전치사는 관계대명사 앞으로 올 수 있다. 여기서 선행사가 사람이 아닌 경우에는, 전치사 다음에 관계대명사로 that이 아닌 which만 쓸 수 있다.

2 관계대명사가 관계사절 안에서 전치사의 목적어로 쓰이는 경우에, 전치사는 관계대명사 앞으로 올 수 있다. 의미상 '속도에(at the speed)'가 자연스럽기 때문에 '속도'를 선행사로 하는 which가 적절하다.

3 관계대명사 which가 관계사절 안에서 전치사 through의 목적어로 쓰이는 경우에, 전치사 through는 which 앞으로 올 수 있다.

4 관계대명사 which가 관계사절 안에서 전치사 into의 목적어로 쓰이는 경우에, 전치사 into는 which 앞으로 올 수 있다.

5 관계대명사 which가 관계사절 안에서 전치사 among의 목적어로 쓰이는 경우에, 전치사 among은 which 앞으로 올 수 있다.

Pattern #81
pg. 94

1. what	2. what	3. what
4. what	5. What	

해석

1 과학 철학은 투박한 과학만능주의를 피하고 과학적 방법이 성취할 수 있는 것과 성취할 수 없는 것에 대한 균형 잡힌 시각을 가지려고 노력한다.

2 그래서 방금 어떤 나쁜 소식을 들은 어떤 사람은 발생한 일을 처음에는 흔히 부인하고 싶어 한다.

3 우리가 현재 '주요' 사회 운동(예를 들어, 기독교 사상, 노동조합 운동, 또는 남녀평등주의)으로 여기는 많은 것이 본래는 거침없이 말하는 소수 집단의 영향력 때문에 생겨났다.

4 사람들의 생각을 바꾸는 것, 즉 반응성이라 불리는 것 없이 그들이 생각하고 있는 것에 최대한 접근할 방안을 생각해 내는 것은 많은 경우 대단히 교묘한 솜씨가 필요하다.

5 그녀가 자신의 논문에서 발견한 것은 휘갈겨 쓴 단어, 불완전한 문장, 겉보기에 이상하고 일관성이 없는 생각의 무더기였다.

해설

1 관계대명사 앞에 선행사가 없으므로 선행사를 포함한 관계대명사 what을 쓰는 것이 적절하다.

2 관계대명사 앞에 선행사가 없으므로 선행사를 포함한 관계대명사 what을 쓰는 것이 적절하다.

3 관계대명사 앞에 선행사가 없으므로 선행사를 포함한 관계대명사 what을 쓰는 것이 적절하다.

4 관계대명사 앞에 선행사가 없으므로 선행사를 포함한 관계대명사 what을 쓰는 것이 적절하다.

5 관계대명사 앞에 선행사가 없으므로 선행사를 포함한 관계대명사 what을 쓰는 것이 적절하다.

Pattern #82
pg. 95

1. which	2. which	3. which
4. them	5. which	

해석

1 좋은 논문은 단지 문헌을 검토하고 난 후 "많은 다른 관점들이 있고, 그 모든 관점들은 유용한 무언가를 말하고 있다."와 같은 말을 하지 않는다.

2 1992년 1월 10일, 거친 바다를 항해하던 배 한 척이 12개의 화물 컨테이너를 잃었는데, 그 중 하나는 28,800개의 물에 뜨는 욕실 장난감을 담고 있었다.

3 각 서식지는 수많은 종류의 생물들이 사는 곳인데, 그들 대부분은 그 서식지에 의존한다.

4 그 단추들은, 모두 누르기 위해서는 당신이 Y자 형으로 두 팔을 높이, 멀리 벌려야 하도록 배치된다

5 그러나 규칙적인 '여러분의 시간'을 구축하는 것은 많은 이득을 제공할 수 있는데, 이 모든 것들이 삶을 좀 더 달콤하고 좀 더 관리하기 쉽게 하는 데 도움을 준다.

해설

1 사물을 나타내는 선행사 many different points of view(많은 다른 관점들)을 대신하는 관계대명사가 나와야 하므로 which가 적절하다.

2 사물을 나타내는 선행사 12 cargo containers(12개의 화물 컨테이너) 중 하나를 의미하므로 관계대명사 which가 적절하다.

3 numerous species(수많은 종류의 생물) 중 대부분을 나타내므로 관계대명사 which가 정답이다. 대명사 them을 사용하려면 앞에 콤마(,) 대신 접속사를 써야 적절하다.

4 that 다음에 새로운 절이 시작하므로 앞에 나온 The buttons를 대신하여 관계대명사가 아닌 대명사를 쓴 them이 적절하다.

5 사물을 나타내는 선행사 numerous benefits(수많은 이익들) 중 모두를 의미하므로 which가 적절하다.

Pattern #83
pg. 96

1. when	2. when	3. when
4. when	5. when	

해석

1 이 상황은 세계가 화석 연료에 대한 의존을 줄이고자 분투하고 있는 결정적인 순간에 온다.

2 우리가 (서로) 모순되는 관점들을 갖고 있고, 의식의 보다 더 깊은 수준들 중 최소한 하나에서, 그것을 알고 있는 때가 있다.

3 그래서 우리는 각 국가마다 태양이 하늘의 가장 높은 지점에 있을 때를 정오라고 지정할 필요를 유지할 수 있고, 다른 시간대간의 시간을 이해하는 것이 쉬워졌다.

4 어부가 그물로 그 비행선의 잔해 조각을 건졌던 1980년에 다시 발견되어, 그 비행선의 잔해는 음파 탐지기와 멀리서도 조정되는 로봇을 활용하여 최근에 조사되어 (그 위치가) 발견되었다.

5 그녀는 노벨문학상을 받은 열두 번째 여성이며 Gunter Grass에게 상이 수여된 1999년 이후로 상을 받은 최초의 독일 작가였다.

해설

1 선행사가 moment로 시간을 나타내므로 이에 알맞은 관계부사 when이 적절하다.

2 선행사가 times로 시간을 나타내므로 이에 알맞은 관계부사 when이 적절하다.

3 관계대명사를 쓰느냐 관계부사를 쓰느냐는 뒤에 따라오는 절의 구조에 달려있다. 이어 나오는 절이 완전한 절이므로 관계부사 when이 적절하다.

4 선행사가 1980년으로 시간을 나타내므로 이에 알맞은 관계부사 when이 적절하다.

5 관계대명사를 쓰느냐 관계부사를 쓰느냐는 뒤에 따라오는 문장의 구조에 달려있다. 이어 나오는 절이 완전한 문장이므로 when이 적절하다.

Pattern #84

pg. 97

1. where	2. where	3. where
4. where	5. where	

해석

1 일반적으로, 사람들은 금전적 보상이 그들이 원하는 액수 가까이에 있는 제의를 받아들인다.

2 그는 1913년에 애리조나주로 이주했으며, 그곳에서 그의 형제와 함께 자동차 판매 대리점을 열었다.

3 그는 1933년에 동부에 있는 뉴욕으로 자신의 공장을 이주시켰으며, 그곳에서 독특한 알루미늄 가구를 설계하며 제작했다.

4 이런 전통적인 모습의 과학자가 여전히 사실인 곳도 많이 있지만, 실험실이 과학이 작용하는 유일한 공간은 아니다.

5 그것들은 우리가 결정을 내려야 하는 상황에서는 그야말로 거의 아무런 지침도 제공하지 못한다.

해설

1 관계대명사를 쓰느냐 관계부사를 쓰느냐는 뒤에 따라오는 절의 구조에 달려있다. 이어 나오는 절이 완전한 문장이므로 관계부사 where가 적절하다.

2 콤마(,) 앞의 문장은 그는 1913년에 애리조나주로 이주했다는 내용이고, 콤마(,) 뒤의 문장은 애리조나주에서 어떤 일을 했는지에 대한 설명이다. 따라서 장소를 나타내는 관계부사 where가 적절하다.

3 1933년에 동부에 있는 뉴욕으로 공장을 이주시켰고, 뉴욕(장소)에서 독특한 알루미늄 가구를 제작했다는 내용에 대한 설명이다. 따라서 장소를 나타내는 관계부사 where가 적절하다.

4 선행사가 many places(많은 장소들)이다. 따라서 장소를 나타내는 관계부사 where가 적절하다.

5 이어 나오는 절이 완전한 문장이므로 관계부사 where가 적절하다.

Pattern #85

pg. 98

1. why	2. why	3. why
4. why	5. why	

해석

1 탄산음료 캔과 같은, 고체의 물리적 상품조차도 더 적은 양의 물질을 가지고 있으면서도 더 많은 이익을 내놓을 수 있는 이유는 그것들의 무거운 원자가 무게가 없는 비트로 대체되기 때문이다.

2 이러한 메뚜기의 무리 단계는 그 개체 수가 증가함에 따른 메뚜기들의 집단화에 의해 유발되며 식량 공급을 위협하게 되는데, 이것이 메뚜기들이 모두 함께 새로운 장소로 무리 지어 이동하는 이유이다.

3 가족에게 아이의 출생은 종종 사람들이 사진을 재미로 배우거나 재발견하기 시작하는 이유이다.

4 이것이 야구에서 최고의 타자들이 반드시 최고의 타격 코치가 되지는 않는 이유이다.

5 훌륭하게 소통을 하는 사람들은 무엇이 왜 잘못되고 있는지에 대한 이유에는 관심이 없다.

해설

1 선행사가 the reason(이유)이다. 따라서 이유를 나타내는 관계부사 why가 정답이다.

2 식량공급을 위협하는 것이 메뚜기들의 이동의 이유가 되기 때문에 내용상 선행사 the reason이 생략된 형태로 관계부사 why를 쓰는 것이 적절하다.

3 선행사가 the reason(이유)이다. 따라서 이유를 나타내는 관계부사 why가 정답이다.

4 선행사가 the reason(이유)이다. 따라서 이유를 나타내는 관계부사 why가 정답이다.

5 선행사가 the reason(이유)이다. 따라서 이유를 나타내는 관계부사 why가 정답이다.

Pattern #86

pg. 99

1. the way	2. The way	3. the way
4. how	5. how	

해석

1 예를 들면, 우리는 현재 영국에서 농업이 시행되는 방식에서 중요한 변화들을 보고 있는 중이다.

2 대화가 시작되는 방식은 대화가 어디로 흘러갈지에 대한 주요 결정 요인일 수 있다.

3 이것이 "보기-생각하기-행동하기"의 "생각하기"가 "보기-행동하기"로 점차 대체되는 방식이다.

4 나는 당신이 바이올린의 활기를 유지하면서도 저 독특한 음들을 만들어냈던 방식이 마음에 든다.

5 이것이 바로 우리 중 상당수가 일상생활에서 우리 아이들 스스로 생각을 기를 수 있게끔 돕는 기회를 무심코 방해하는 길이다.

해설

1 방법을 나타내는 선행사 the way는 how와 함께 쓰지 못한다. 따라서 the way가 적절하다.

2 방법을 나타내는 선행사 the way는 how와 함께 쓰지 못한다. 따라서 The way가 적절하다.

3 방법을 나타내는 선행사 the way는 how와 함께 쓰지 못한다. 따라서 the way가 적절하다.

4 방법을 나타내는 선행사 the way는 how와 함께 쓰지 못한다. 따라서 how가 적절하다.

5 방법을 나타내는 선행사 the way는 how와 함께 쓰지 못한다. 따라서 how가 적절하다.

Pattern #87

pg. 100

1. Whoever	2. anyone who	3. Anyone who
4. no matter who	5. whoever	

해석

1 어느 정도의 성공을 성취한 적이 있는 사람은 누구든지 인생에서 소유할 가치가 있는 것은 그 어느 것도 쉽게 이루어지지 않는다는 것을 안다.

2 상온에 있는 토마토를 냉장고의 그것과 비교해 본 적이 있는 사람이라면 누구나 확인할 수 있듯이 어느 정도는 그들이 옳았다.

3 집 밖으로 급히 뛰쳐나와서 열쇠와 지갑을 부엌 테이블에 두고 나왔다는 것을 깨달은 사람은 누구나 이러한 사실을 너무나 잘 알 것이다.

4 오늘날 우리가 친교 로봇과 디지털화된 친구를 바라보면서, 우리가 원하는 것은 누구 또는 무엇과 교제한다 할지라도 홀로 있지 않고 늘 접촉을 하는 것이라고 생각할 것이다.

5 그 아몬드를 발견하는 사람은 누구든지 다음 해에 12개월 동안 행운을 얻게 될 것이라고 믿어진다.

1 문맥상 '성공을 성취한 누구든지'가 주어로 쓰여야 올바르다. 따라서 Whoever가 적절하다.

2 문맥상 '누구나 확인할 수 있다'가 올바르다. 따라서 anyone who(누구나)가 적절하다.

3 문맥상 '누구나 이러한 사실을 너무나 잘 안다'가 올바르다. 따라서 Anyone who(누구든지)가 적절하다.

4 문맥상 '누구 또는 무엇과 교제한다 할지라도'가 올바르다. 따라서 no matter who(누가 ~할지라도)가 적절하다.

5 문맥상 '아몬드를 발견하는 누구든지'가 올바르다. 따라서 whoever가 적절하다.

Pattern #88
pg. 101

1. whatever 2. whatever 3. whatever
4. Whatever 5. whatever

해석

1 그들은 정부와 사업체가 그들이 마음에 들어 하는 어떤 연구 과제라도 추구하기 위해서 이타적으로 그들에게 자금을 댄다고 믿는다.

2 착한 자녀, 불평하지 않는 직원, 협조적인 환자가 되려고 노력할 때, 많은 이들은 (다른) 사람들이 우리가 하기를 바라는 것은 무엇이든지 동조함으로써 그들을 기쁘게 하려고 애쓰는 함정에 빠진다.

3 "그것은 마치 사람들에게 여러분은 주말 동안에만 건강하게 먹을 필요가 있고 주중에는 여러분이 좋아하는 무엇이든 먹어도 된다고 말하는 것과 같다."라고 그는 말한다.

4 수명이 긴 숙주가 바이러스에게 끼치는 이득이 무엇이든 간에, 바이러스가 이용하는 수명을 늘리는 방법들을 숙주가 가지고 있다는 보장이 없다.

5 반대의 극단적인 예로는 다른 누군가가 지켜보고 있을 때 수행 능력이 높아지는 것인데, 사람들은 다른 사람들이 보고 있다는 것을 알 때 그 일이 무엇이든 더 잘한다.

해설

1 문맥상 '어떤 연구 과제라도'가 올바르다. 따라서 whatever가 적절하다.

2 문맥상 '우리가 하기를 바라는 것은 무엇이든지'가 올바르다. 따라서 whatever가 적절하다.

3 문맥상 '네가 원하는 무엇이든지'가 올바르다. 따라서 whatever가 적절하다.

4 문맥상 '이득이 무엇이더라도'가 올바르다. 따라서 Whatever가 적절하다.

5 문맥상 '그 일이 무엇이든지'가 올바르다. 따라서 whatever가 적절하다.

Pattern #89
pg. 102

1. whenever 2. Whenever 3. Whenever
4. Whenever 5. Whenever

1 그러나 Mark가 그 코트를 입을 때마다 Nellie가 계속해서 Mark의 삶을 비참하게 만들자, 그녀는 마음을 바꾸기 시작했다.

2 그것이 사실일 때는 언제든지 우리가 하고 있는 것을 다시 생각해야 할 때이다.

3 여러분이 지나가는 생각, 감정 또는 기분에 자신이 자극 받는다고 느낄 때마다 단순한 선택을 하는데 '구별하기' 또는 '동일시 하기'이다.

4 옴짝달싹 못하고 정신적으로 메말라 있고 또는 전적으로 우울하다고 느낄 때마다, 시간을 가지고 변화가 진행되고 있다는 것을 여러분 자신에게 상기시켜라.

5 여러분 자신이 무시무시한 어떤 일이 일어날지도 모른다고 걱정하는 것을 발견할 때마다 여러분 자신 안의 Piglet에게 Pooh의 응답으로 대답하라. "그것이 일어나지 않는다고 가정해봐."

해설

1 문맥상 'Mark가 그 코트를 입을 때마다'가 올바르다. 따라서 시간을 나타내는 복합관계부사 whenever가 적절하다.

2 문맥상 '그것이 사실일 때는 언제든지'가 올바르다. 따라서 시간을 나타내는 복합관계부사 Whenever가 적절하다.

3 문맥상 '자신이 자극 받는다고 느낄 때마다'가 올바르다. 따라서 시간을 나타내는 복합관계부사 Whenever가 적절하다.

4 문맥상 '옴짝달싹 못하고 정신적으로 메말라 있고 또는 전적으로 우울하다고 느낄 때마다'가 올바르다. 따라서 시간을 나타내는 복합관계부사 Whenever가 적절하다.

5 문맥상 '걱정하는 것을 발견할 때마다'가 올바르다. 따라서 시간을 나타내는 복합관계부사 Whenever가 적절하다.

Pattern #90
pg. 103

1. wherever 2. Wherever 3. wherever
4. Wherever 5. wherever

해석

1 우리는 전 세계 어느 곳에서나 검색할 수 있고 접근할 수 있는, 우리가 어디에 가든 평생 우리와 함께할, 어린 시절부터 시작하는 상세한 기록을 지니고 살 수밖에 없을 것이다.

2 우리가 어디를 가든, 무엇을 하든, 우리 몸의 효소들이 가장 잘 작용하는 온도로 체온이 유지되게 하는 것이 아주 중요하다.

3 제국의 시각은 보편적이고 포괄적인 경향이 있기 때문에, 제국의 지배층이 사상, 규범, 그리고 전통을 그들이 그것들을 발견한 어떤 곳으로부터든지 채택하는 것이 오히려 단 하나의 완고한 전통을 고수하기보다는 상대적으로 쉬웠다.

4 그 풍경에서 우리가 어디에 시선을 고정을 시키든 우리가 보는 그 고정 지점 앞에 있는 것들은 우리가 이동하는 방향의 반대편으로 우리의 망막을 빠르게 지나쳐간다.

5 본질적으로 이 사람들은 그들이 원하는 곳은 어디든지 볼 수 있는 권한이 있다.

해설

1 문맥상 '우리가 어디에 가든'이 올바르다. 따라서 장소를 나타내는 복합관계부사 wherever가 적절하다.

2 문맥상 '우리가 어디에 가든'이 올바르다. 따라서 장소를 나타내는 복합관계부사 Wherever가 적절하다.

3 문맥상 '그들이 그것들을 발견한 어떤 곳으로부터든지'가 올바르다. 따라서 장소를 나타내는 복합관계부사 wherever가 적절하다.

4 문맥상 '우리의 시선을 어디에 고정을 시키든지'가 올바르다. 따라서 정답은 Wherever가 적절하다.

5 문맥상 '그들이 원하는 곳은 어디든지'가 올바르다. 따라서 장소를 나타내는 복합관계부사 wherever가 적절하다.

Pattern #91

pg. 104

1. however 2. however 3. no matter how
4. no matter how 5. no matter how

해석

1 어떤 정책 과정이 사용되든, 그리고 그 정책 과정이 얼마나 민감하고 차이를 얼마나 존중하든, 정치적 견해는 억압될 수 없다.

2 처음에는 아무리 사소했을지는 모르지만, 더 아기 같은 모습을 지닌 봉제장난감 곰들은 그렇기 때문에 소비자들에게 더욱 인기가 있었다.

3 하지만, 여러분의 엔진이 아무리 강력할지라도 만일 여러분에게 바퀴가 하나도 없다면 여러분은 아주 멀리 가지 못할 것이다.

4 그러나 어느 날 오후, 그녀는 연습을 하던 중 아무리 노력해도 몇 개의 음을 낼 수가 없었다.

5 분명히 우리가 아무리 빠르게 운전을 해도 그것들을 이동시킬 수는 없다.

해설

1 문맥상 '정책 과정이 얼마나 민감하고 차이를 존중하든 정치적 견해를 억압할 수 없다'가 적절하다. 또한 바로 뒤에 sensitive라는 형용사가 오기 때문에 양보의 의미를 나타내는 복합관계부사 however가 정답이다.

2 문맥상 '처음에는 아무리 사소했을지는 모르지만'이 적절하다. 또한 바로 뒤에 slight라는 형용사가 있기 때문에 however가 정답이다.

3 문맥상 '엔진이 아무리 강력할지라도 바퀴가 하나도 없다면 멀리 가지 못할 것이다'가 적절하다. 또한 바로 뒤에 powerful이라는 형용사가 있기 때문에 no matter how가 정답이다.

4 문맥상 '아무리 노력해도 몇 개의 음을 낼 수 없다'가 적절하다. 또한 바로 뒤에 hard라는 부사가 있기 때문에 no matter how가 정답이다.

5 문맥상 '아무리 빠르게 운전을 해도 이동시킬 수 없다'가 적절하다. 또한 바로 뒤에 fast라는 부사가 있기 때문에 no matter how가 정답이다.

Pattern #92

pg. 105

1. is 2. tend 3. liberates
4. needs 5. are

해석

1 행동과의 관계를 조정하는 개인적인 특징은 자기 효능감, 즉 특정한 수준의 성과를 달성하는 자신의 능력에 대한 판단이다.

2 높은 자기 효능감을 가진 사람들은 평균적인 사람들이 미치는 범위를 벗어나 있을 수도 있는 도전적인 목표를 추구하는 경향이 있다.

3 평범한 삶에서 중요하지 않다고 여겨질 수 있을 행위에 참여하는 것은 또한 우리를 약간 해방해, 보호된 환경에서 우리의 능력을 탐구할 수 있게 해준다.

4 아이들이 지닌 창의력은 그들의 성장 기간 내내 육성되어야 할 필요가 있다.

5 높은 수준의 의사소통 기술을 발전시켜 온 사람들은 의사소통을 하지 않는 사람들보다 개인적인 관계에서 더 깊은 유대감을 가질 가능성이 더 많을 것이다.

해설

1 주어가 that ~ behavior 앞의 An individual characteristic(개인적인 특징)이므로 동사 자리에 is가 온다.

2 주어가 who ~ self-efficacy 앞의 People(사람들)이므로 동사 자리에 tend가 온다.

3 주어가 that ~ life 앞의 동명사구 Engaging in acts(행위에 참여하는 것)이다. 따라서 동사는 liberates가 적절하다.

4 주어가 that ~ possess 앞의 The creativity(창의력)이므로 동사 자리에 needs가 온다.

5 주어가 who ~ skills 앞의 People(사람들)이므로 동사 자리에 are가 온다.

Pattern #93

pg. 106

1. things 2. time 3. conflicts
4. enemies 5. something

해석

1 우리가 관념적으로 가치 있다고 주장하는 것 중 어떤 것은 사실상 우리 일상 경험의 특성을 나타내지 않을 수 있다.

2 난 당신이 나에게 그것은 당신이 위험에 처했다고 느꼈을 때였다고 말할 거라 확신한다.

3 편지에서 귀하는 우리 부서에서 다른 몇몇 사람과 있었던 개인적인 마찰을 언급하고 있습니다.

4 이 땅은 지금도 그리고 오랫동안 우리 땅이었다; 여기는 우주의 중심이다; 만약 우리가 이 땅을 차지하지 않는다면 당신들이 가장 두려워하는 적들이 차지할 것이다.

5 여기 어릴 때 내가 군인 가정에서 자라고 해외에서 살면서 배운 것이 있다.

해설

1 선행사(Some of the things)가 사물이므로 관계대명사 that 또는 which를 써야 한다. 그리고 we profess ~ in the abstract까지는 목적어가 빠진 불완전한 절이기 때문에 관계대명사는 생략 가능하다.

2 선행사(a time)가 시간을 나타내므로 관계부사 when이 뒤따르는데 여기에서 생략 가능하다.

3 선행사(personal conflicts)가 사물이므로 관계대명사가 whom이 될 수 없다. you ~가 목적어가 없는 불완전한 절이기 때문에 목적격 관계대명사 which나 that이 필요하나 생략 가능하다

4 선행사(the enemies)가 사람이고 뒤에 이어지는 절이 불완전하다. 고로 목적격 관계대명사 who, whom이 오거나 생략 가능하다.

5 선행사(something)가 사물이므로 관계대명사that이 와야 하고, 이는 생략 가능하다.

Pattern #94

pg. 107

1. practicing 2. swimming 3. smoking
4. searching 5. falling

해석

1 그들이 연주를 마쳤을 때, Joe는 자신의 아버지가 구석에 서 있는 것을 알아차렸다.

2 불평하는 것이 제 본성은 아니지만, 저는 궂은 날씨로 인해 영국에서 수영을 즐길 수 없는 영국인 여행객에게 수영장의 사용은 매우 중요하다고 생각합니다.

3 그들은 마라톤을 위해 훈련을 하고, 담배를 끊고, 분야를 바꾸고, 희곡을 쓰고, 기타를 배우고, 또는 살면서 전에 한 번도 춤을 춰 본 적이 없다고 해도 탱고를 배운다.

4 너무 많은 정보가 있기에 나는 인터넷으로 검색하는 것을 포기했다.

5 다시 말해서, 사람들은 어디서나 자신과 가족들에게 식량을 공급할 수 있는 수준 아래로 내려가는 것을 피하려는 강한 욕구를 갖고 있다.

해설

1 finish는 동명사를 목적어로 취하는 동사이기 때문에 동명사 형태를 쓰는 것이 적절하다.

2 enjoy는 동명사를 목적어로 취하는 동사이기 때문에 동명사 형태를 쓰는 것이 적절하다.

3 quit은 동명사를 목적어로 취하는 동사이기 때문에 동명사 형태를 쓰는 것이 적절하다.

4 give up은 동명사를 목적어로 취하는 동사이기 때문에 동명사 형태를 쓰는 것이 적절하다.

5 avoid는 동명사를 목적어로 취하는 동사이기 때문에 동명사 형태를 쓰는 것이 적절하다.

Pattern #95
pg. 108

1. being attacked 2. being irritated 3. being reviewed
4. being motivated 5. having been kept

해석

1 일단 우리가 자리를 선택하고 공격 당하지 않고 안전하게 수업을 끝내고 나면, 생존을 책임지는 우리의 뇌 일부가 우리에게 최고의 선택은 그 행동을 반복하는 것이라고 말해준다.

2 이번에는 짜증을 내는 대신에, Bahati는 그녀의 아들을 위해 기도하기로 결심했다.

3 귀하의 의견은 현재 이사회에서 검토되고 있습니다.

4 좋은 관계를 유지하는 것은 두 가지 상호 보완적인 과정들에 달려있다: 타인의 요구에 민감한 것과 위반 행위가 정말로 생기면 보상이나 배상이 가능하도록 자극을 받는 것.

5 즉시 문제가 해결된 고객 중 58퍼센트는 그들의 전화가 '바로' 또는 '매우 빠르게' 응대를 받았다고 기억한 반면, 오직 4퍼센트만이 '매우 오래' 기다렸었다고 기억했다.

해설

1 공격 당하지 않고 안전하게 수업한다는 수동의 의미가 적절하므로 동명사의 수동태「being p.p」를 써야 한다. 따라서 being attacked가 적절하다.

2 짜증을 주는 것이 아니라 짜증을 내는 수동의 의미가 적절하므로 동명사의 수동태「being p.p」를 써야 한다. 따라서 being irritated가 적절하다.

3 아이디어가 검토하는 것이 아니라 검토 당하는 수동의 의미가 적절하므로 동명사의 수동태「being p.p」를 써야 한다. 따라서 being reviewed가 적절하다.

4 문맥상 자극을 받는 것이 자연스럽다. 수동의 의미가 적절하므로 동명사의 수동태「being p.p」를 써야 한다. 따라서 being motivated가 적절하다.

5 수동의 의미이고 동명사의 시제가 문장의 시제보다 앞설 때 동명사의 현재완료「having p.p」를 사용해야 한다. 문맥상 '매우 오래 기다렸었다'는 수동이 자연스럽다. 따라서 동명사의 완료형 수동태「having been p.p」이 적절하다.

Pattern #96
pg. 109

1. using 2. counting 3. increasing
4. having recovered 5. having brought

해석

1 텔레비전을 이용하지 않고, 다른 미디어만을 이용하는 새로운 브랜드나 새로운 캠페인이 아주 빠르게 높은 수준의 대중 인지도에 도달하는 경우는 거의 없다.

2 그들은 어떤 사람이 가진 아이의 수를 세는 것은 불운을 가져온다고 믿고 있으며, 자신이 가진 것보다 더 적은 수의 아이를 말하기를 선호한다.

3 하지만 오늘날의 제한된 공급을 늘리지 않고는, 우리는 기후 변화를 늦추기 위해 우리가 필요로 하는 친환경 대체 기술을 개발할 가망이 없다.

4 미학에서 '의도론의 오류'라는 비평은 예술 작품에 대한 해석이 작가의 의도를 재발견했다고 해서 최종적이거나 권위 있는 것이 된다고 주장할 수는 없다고 간주한다.

5 현재 대중의 태도는 오늘날 우리가 직면하고 있는 환경 문제들을 초래했던 것에 대해 기술 혹은 기술자들을 비난한다.

해설

1 문장의 동사 reach가 현재형이고, 문맥상 동명사 자리도 같은 시제로 쓰는 것이 적절하기 때문에 using이 적절하다.

2 문맥상 아이의 수를 세는 것이 불운을 가져온다는 믿음에 대한 표현으로 시제차이가 없으므로 counting이 적절하다.

3 가망이 없다는 부분과 공급을 늘리지 않는 부분의 시제 차이가 없으므로 increasing이 적절하다.

4 that절의 동사 claim보다 먼저 일어난 일을 나타내므로 having recovered가 적절하다.

5 환경 문제를 초래했던 일이 대중들이 기술 혹은 기술자를 비난하는 것 보다 먼저 일어난 일이므로 having brought가 적절하다.

Pattern #97
pg. 110

1. not telling 2. not using 3. Not having
4. not imposing 5. not increasing

해석

1 그러나 알면서 말하지 않는 것은 '말하자면 그 비밀 속에 보이지 않게 들어 있다가 폭로의 순간에만 완전히 실현되는 우월감'이라는 그 기분을 그에게 주지 못한다.

2 그것이 사다리를 사용하지 않고서 농구공을 링으로 통과시키거나, 특정한 거리를 두고 선 채로 베이스로 야구공을 던지는 것이 인간의 중요한 활동인 이유이다.

3 무엇을 입을지에 대해 걱정하지 않아도 되는 것이 매일 아침 내려야 할 결정 한 가지가 줄어드는 것을 의미했다.

4 강요하지 않음으로써 예의를 지키고 Linda의 독립성을 존중하면서, Amy는 Linda가 오지 않아도 정말 괜찮다고 말했다.

5 끊임없이 자극을 받으며 여러분의 효율성과 유효함을 증대시키지 않는 데 대한 어떤 변명도 수용하지 말라.

해설

1 동명사의 부정은「not V-ing」이므로 not telling이 적절하다.

2 동명사의 부정은「not V-ing」이므로 not using이 적절하다.

3 동명사의 부정은「not V-ing」이므로 Not having이 적절하다.

4 동명사의 부정은 「not V-ing」이므로 not imposing이 적절하다.

5 동명사의 부정은 「not V-ing」이므로 not increasing이 적절하다.

Pattern #98

pg. 111

1. enjoying   2. being   3. exploring
4. finding   5. walking

해석

1 부모와 아이들은 야외 활동을 즐기고 점심 도시락을 들면서 시간을 보낼 것입니다.

2 그것은 접근하는 포식자를 감시하며 자신의 모든 시간을 경계를 하는 데 보낼 수 있을 것이다.

3 당신의 유일한 가이드로서 호기심을 가지고 공원이나 주변 이웃을 답사하며 하루를 보내기로 결정해라.

4 우리 중 많은 이들은 우리가 살아가면서 접하게 되는 사람들에게서 결점을 찾아내는 데 시간을 보낸다

5 그런 다음 그는 실험 참가자들에게 그 지역의 자연 보존지에서 걷거나, 도시 지역에서 걷거나, 잡지를 읽고 음악을 들으면서 조용히 앉아 있거나 하면서 40분을 보내라고 지시했다.

해설

1 「spend 돈/시간/노력 V-ing」이므로 정답은 enjoying이다.

2 「spend 돈/시간/노력 V-ing」이므로 정답은 being이다.

3 「spend 돈/시간/노력 V-ing」이므로 정답은 exploring이다.

4 「spend 돈/시간/노력 V-ing」이므로 정답은 finding이다.

5 「spend 돈/시간/노력 V-ing」이므로 정답은 walking이다.

Pattern #99

pg. 112

1. becoming   2. learning   3. being
4. arising   5. chewing

해석

1 연구자들은 귀여운 공격성이 우리가 너무 감정적으로 과부하 되어서 정말 귀여운 것들을 돌볼 수 없게 만드는 것을 막을지도 모른다고 제시한다.

2 딸아이의 실수를 고쳐주려는 내 친구의 좋은 의도는 단지 딸아이가 스스로 더 중요한 어떤 것을 배우지 못하도록 할 뿐이었다.

3 풍부한 어휘를 습득하는 가장 좋은 이유는 그것으로 인해 당신이 장황하지 않도록 하는 것이다.

4 그래서 우리는 비상사태가 생기는 것을 막기 위해 계획을 세우고 예방조치를 취하지 않는다.

5 개는 쓴맛을 싫어하기 때문에 개가 가구나 다른 물건을 씹는 것을 막기 위해 다양한 스프레이와 젤이 고안되어 왔다.

해설

1 「stop 목적어 from V-ing」이므로 정답은 becoming이다.

2 「prevent 목적어 from V-ing」이므로 정답은 learning이다.

3 「keep 목적어 from V-ing」이므로 정답은 being이다.

4 「prevent 목적어 from V-ing」이므로 정답은 arising이다.

5 「keep 목적어 from V-ing」이므로 정답은 chewing이다.

Pattern #100

pg. 113

1. making   2. opening   3. getting
4. reading   5. relaxing

해석

1 학생들이 자신의 지식에 대해 정확한 판단을 내리는 것을 어려워하는 것의 원인이 되는 하나의 요인은 사후 과잉 확신 편향, 즉 어떤 일이 일어났을 때 사람들이 그것이 일어날 것이라는 것을 처음부터 알고 있었다고 가정하는 경향이다.

2 그 결과, 1년 뒤 열쇠로 자물쇠를 여는 데 어려움이 있어 문 자물쇠를 교체하는 것이 필요했다.

3 그는 계속 미끄러지고, 넘어지고, 일어서는 데 어려움을 겪고, 스키를 엇갈리게 하고, 다시 넘어지며, 그리하여 보통 바보처럼 보이는 느끼게 된다.

4 어느 날, 거리에 있는 할머니를 우연히 보았을 때, 나는 그녀가 영어로 된 표지판을 읽는 데 어려움을 겪고 있는 것을 알아차렸다.

5 당신은 집이 난장판이면 휴식을 취하는 데 어려움을 겪나요?

해설

1 「have difficulty (in) V-ing」이므로 정답은 making이다.

2 「have difficulty (in) V-ing」이므로 정답은 opening이다.

3 「have trouble V-ing」이므로 정답은 getting이다.

4 「have difficulty (in) V-ing」이므로 정답은 reading이다.

5 「have a hard time (in) V-ing」이므로 정답은 relaxing이다.

Pattern #101

pg. 114

1. questioning   2. sinking   3. working
4. treating   5. moving

해석

1 그러나 그 체제에 의구심을 갖기보다, 우리는 개인의 성취를 위한 이 극심한 경쟁을 따라가지 못하는 사람들을 비난한다.

2 하지만 물론 물에 던져진 나무 조각은 가라앉는 대신 뜬다.

3 실제 삶 속에서 폭력에 대한 공상을 실행에 옮기는 대신 영화를 보면서 그러한 공상을 충족시키는 사람이 있을 수 있다.

4 유사한 증상을 나타내는 다양한 환자를 똑같은 약으로 치료하는 것 대신 의사들은 병의 근본 원인을 밝혀내어 개별화된 치료를 제시해야 한다.

5 한 조직의 서열구조를 따라 위로 이동해 가는 것 대신에 그들은 수평적으로 회사에서 회사로 그들이 원하는 것을 찾아 이동한다.

해설

1 「instead of V-ing」이므로 정답은 questioning이다.

2 「instead of V-ing」이므로 정답은 sinking이다.

3 「instead of V-ing」이므로 정답은 working이다.

4 「instead of V-ing」이므로 정답은 treating이다.

5 「instead of V-ing」이므로 정답은 moving이다.

Pattern #102

pg. 115

1. talking   2. inventing   3. using
4. elevating   5. hastening

해석

1 그 사건에 관해 이야기함으로써 사람들은 서서히 그 감정적 사건의 사회적 이야기와 집단 기억을 구축했다.
2 인간은 새로운 문화적 도구를 발명함으로써 자신의 기능성을 확장하는 능력에 있어서 독특하다.
3 여러분은 앱 없이도 블루투스 기능을 이용하여 스마트폰에 있는 사진을 인쇄할 수 있습니다.
4 자본주의는 수요의 질을 높임으로써 구해질 필요가 있다.
5 디지털 기술은 제품에서 서비스로의 이동을 촉진함으로써 비물질화를 가속한다.

해설

1 「by V-ing」이므로 정답은 talking이다.
2 「by V-ing」이므로 정답은 inventing이다.
3 use가 명사로도 쓰이지만 the Bluetooth function이라는 목적어가 나오므로 목적어를 취할 수 있는 using이 정답이다.
4 「by V-ing」이므로 정답은 elevating이다.
5 haste가 명사이지만 the migration이라는 목적어가 나오므로 목적어를 취할 수 있는 hastening이 정답이다.

Pattern #103

pg. 116

1. expressing   2. innovation   3. benefitting
4. treatment   5. extent

해석

1 감정을 표현하는 것, 신체 능력, 양육에 대한 접근법에 대해서, 절반이 넘는 응답자가 남성과 여성이 기본적으로 다르다고 말한다.
2 관료주의가 없고, 잃을 것도 별로 없으며, 자신들을 입증하고자 하는 열정을 갖고 있어서, 혁신에 관한 한, 소집단은 더 큰 조직보다 일관되게 더 높은 기량을 발휘한다.
3 여러분이 다른 사람들과 하려는 이야기를 이롭게 하는 것에 관해서라면, 이것은 훨씬 더 중요해진다.
4 치료에 있어서 환자들은 선택을 축복이자 부담으로 본다.
5 활동의 양이 배가될 수 있는 정도의 측면에서, 정치적 운동과 명분에의 기여는 한 가지 특별한 사례를 보여준다.

해설

1 「when it comes to V-ing」이므로 정답은 expressing이다.
2 「when it comes to 명사」이므로 정답은 innovation이다.
3 「when it comes to V-ing」이므로 정답은 benefitting이다. benefit(명사)는 the talk(목적어)가 있으므로 될 수 없다.
4 「when it comes to 명사」이므로 정답은 treatment이다.
5 「when it comes to 명사」이므로 정답은 extent이다.

Pattern #104

pg. 117

1. get used to   2. buying   3. setting and pursuing
4. was used to   5. being

해석

1 사람은 모든 것에 익숙해지는 것 같은데, 이는 안심시키기도 하고 우울하게 만들기도 한다.
2 소비자들은 이러한 해산물을 전 세계의 식료품점, 식당, 그리고 마을 시장에서 사는 데 익숙하다.
3 일을 하는 대부분의 사람들은 성과 목표를 세우고 추구하는 데 익숙하다.
4 그는 명백히 배고팠고, 어떠한 것도 버려지는 것을 차마 볼 수 없었어, 이 질문을 하는 데 익숙해 있었다.
5 보호소 개들은 백신 접종을 받고, 다수의 사람들과 다른 개들과 어울리는 데 익숙하다.

해설

1 문맥상 '익숙하다'가 자연스럽다. 따라서 '~에 익숙해지다'라는 의미의 get used to가 적절하다.
2 문맥상 '익숙하다'가 자연스럽다. 따라서 「be used to V-ing」에 맞도록 buying을 써야 한다.
3 문맥상 '익숙하다'가 자연스럽다. 따라서 「be used to V-ing」에 맞도록 setting and pursuing을 써야 한다.
4 문맥상 '익숙하다'가 자연스럽다. 따라서 '~에 익숙했다'라는 의미의 was used to가 적절하다.
5 문맥상 '익숙하다'가 자연스럽다. 따라서 「be used to V-ing」에 맞도록 being을 써야 한다.

Pattern #105

pg. 118

1. doing   2. having   3. going
4. admitting   5. following

해석

1 하지만 우리가 진정한 자아에 대해 '예'라고 말하기 위하여 하고 싶지 않은 일에 대해 '아니오'라고 말하는 것을 배우게 된다면, 자신에게 자율권이 있다고 느끼게 되며 다른 사람들과의 관계는 좋아진다.
2 예를 들어, 승리자인 자녀를 두는 것이 여러분이 가치 있는 부모라는 것을 증명하는 것처럼 생각되는가?
3 Lily는 "엄마, 오늘은 가고 싶지 않아요. 올해에 다섯 번이나 넘게 참석했잖아요."라고 투정을 부렸다.
4 길을 잃었다고 인정하는 것은 어리석음을 인정하는 것처럼 느껴진다.
5 그녀는 갑자기 그 길을 발로 걸으며 따라가고 싶어 한다.

해설

1 「feel like V-ing」이므로 정답은 doing이다.
2 「feel like V-ing」이므로 정답은 having이다. 이 문장에서 「feel like V-ing」는 '~처럼 느껴진다'로 해석된다.
3 「feel like V-ing」이므로 정답은 going이다.
4 「feel like V-ing」이므로 정답은 admitting이다. 이 문장에서 「feel like V-ing」는 '~처럼 느껴진다'로 해석된다.
5 「feel like V-ing」이므로 정답은 following이다.

1. listening   2. living   3. experimenting
4. preserving 5. watching

해석

1 여러분의 이야기를 듣는 사람의 시간을 존중하는 것이 여러분의 문장 맨 앞의 대문자(시작점)이다. '만약' 신뢰가 얻어지고 당연하게 여겨지지 않는다면 그것은 대화를 들을 만한 가치가 있는 문장으로 이끈다.

2 소크라테스가 "반성하지 않는 삶은 살아갈 가치가 없다."라고 말했을 때 그것을 잘 표현했다.

3 그러므로 대담한 첫마디로 대화를 시도해볼 가치가 있다.

4 인간의 삶은 자기 이익을 희생하고서라도 보존할 가치가 있는 특별한 존엄이자 가치인 것을 갖고 있다는 생각이 대부분의 도덕적인 접근의 근간이다.

5 어떤 행동을 할 수 있는 아무리 어린아이라도 그 행동을 볼 만한 가치가 있는 것으로 만들 수 있고 잠깐 어른의 관심을 사로잡을 수 있다.

해설

1 「into a sentence (which is) worth V-ing」이므로 정답은 listening 이다.

2 「be worth V-ing」이므로 정답은 living이다.

3 「be worth V-ing」이므로 정답은 experimenting이다.

4 「be worth V-ing」이므로 정답은 preserving이다.

5 it의 상태를 나타내는 형용사로 worth가 왔고 그 뒤에는 명사나 V-ing가 올 수 있으므로 정답은 watching이다.

1. for   2. with   3. with
4. for   5. with

해석

1 완곡어법이라는 말은 "좋은 단어들로 말하다"를 의미하는 그리스 단어에서 비롯되었으며, 무언가를 말하는 더 듣기 좋고 불쾌감이 덜한 방식으로 직설적이거나 보다 직접적인 방식을 대체하는 것과 관련되어 있다.

2 하지만 세계 대전 막바지에 구식 농업을 훨씬 더 집약적인 생산체계로 대체하는 변화가 시작되었다.

3 예를 들어, 숲을 휴양지 건물과 다른 구조물들로 대체하는 것과 같이 토지 피복과 토지 사용의 변화들은 지역의 기후를 변화시킬 수 있다.

4 우리는 먼 지역에서 새로운 자재를 추출하기 위해 사용된 에너지와 거대한 기계들을 재활용 센터의 노동력으로 대체하고 있을 뿐이다.

5 이것은 얻는 것으로 상실감을 대체하는 그들의 방식이다.

해설

1 「substitute B for A」이므로 정답은 for이다.

2 「replace A with B」이므로 정답은 with이다.

3 「replace A with B」이므로 정답은 with이다.

4 「substitute B for A」이므로 정답은 for이다.

5 「replace A with B」이므로 정답은 with이다.

1. in case   2. In the case of   3. in case of
4. In the case of   5. In the case of

해석

1 그러나 내가 알아야 할 것이 더 있을지도 몰라, 나는 당신이 내 지식을 늘려줄 수 있는지를 알아보려고 왔습니다.

2 여성의 경우, 대한민국의 기대 여명은 5개국 중에서 가장 높을 것으로 예상되며, 오스트리아가 그다음일 것이다.

3 그녀는 사고가 날 경우 헬멧을 착용하는 것이 심각한 부상의 위험을 줄인다는 것을 알고 있다.

4 수박의 경우에는 1970년 한 사람당 소비되는 양은 4파운드 아래였다. 그러나 그것은 2010년에는 4파운드를 넘었다.

5 금을 합금하는 경우 은 원자가 어디로 가는지 궁금해 할 수도 있다.

해설

1 문맥상 '내가 더 알아야 할 것이 있을 경우를 대비하여'가 자연스러워 in case가 적절하다.

2 '여자'라는 대상에 관하여 이야기하고 있어 In the case of가 적절하다.

3 문맥상 '사고가 발생하는 경우'가 자연스러우므로 in case of가 적절하다.

4 「in the case of + 명사」이다. watermelon(수박)은 명사이므로 정답은 In the case of가 옳다.

5 「in the case of + 명사」이다. gold alloys(금합금)은 명사이므로 정답은 In the case of가 옳다.

1. close   2. closely   3. closely
4. close   5. closely

해석

1 이것이 1955년 아인슈타인이 사망할 때까지 지속될 긴밀한 우정의 시작이었다.

2 가축들이 농부들의 생계에 밀접하게 연결되어 있었기 때문에 농부들이 자신들의 가축을 보살핀다는 일반적인 관점이 사회 내에 있었다.

3 이와 같이 서로 다른 시기 동안의 서식지 선택은, 심지어 (생물학적으로) 밀접하게 관련이 있는 종들 사이에서 조차도, 텃새들과는 달리 철새들에게 있어서 상당히 다를 수 있다.

4 그녀는 물이 있는 지역에 가까이 갔을 때, 물러나려고 기를 썼고 정서적으로 고통스러워 보였다.

5 인간 본성의 두드러지는 정서적 특징은 동료 인간들을 주의 깊게 지켜보고 그들의 이야기를 알게 되어, 그것으로 그들의 인격과 신뢰 가능성을 판단하는 것이다.

해설

1 문맥상 '긴밀한 우정'이 자연스럽다. 따라서 명사(friendship)를 꾸며주는 형용사 close(긴밀한)가 적절하다.

2 문맥상 '밀접하게 연결되어 있었기 때문에'가 자연스럽다. 따라서 closely(밀접하게)가 적절하다.

3 문맥상 '밀접하게 관련이 있는 종'이 자연스럽다. 따라서 closely(밀접하게)가 적절하다.

4 문맥상 '물이 있는 지역 가까이'가 자연스럽다. 따라서 부사 close(가까이)가 적절하다.

5 문맥상 '인간을 자세히 관찰하는 것'이 자연스럽다. 따라서 closely(자세히)가 적절하다.

Pattern #110
pg. 123

1. deep   2. deeply   3. deep
4. deeply   5. deeply

해석

1 심호흡을 하면서 그는 자신의 보드를 집어 들고 바다로 달려 들어갔다.

2 예를 들어, 부정은 사람들이 어떤 농담에 의해 얼마나 깊이 상처받는 지를 스스로 숨길 수 있다.

3 그것은 수면에서 헤엄치고 있거나, 물속 깊이 잠수하고 있을 수 있는 데, 그것이 보이든 보이지 않든, 그것은 그곳에 항상 있었다.

4 이러한 정보는 자주 신뢰성이 의심스러울 수 있거나, 틀릴 수 있거나, 혹은 사실이지만 매우 창피하게 할 수도 있다.

5 일부 유기체들이 자연에서 기아를 겪어야 한다는 것은 매우 유감스럽고 슬프다.

해설

1 문맥상 '심호흡(깊은 호흡)을 하면서'가 자연스럽다. 따라서 deep(깊은)이 적절하다.

2 문맥상 '얼마나 깊이 상처받는지'가 자연스럽다. 따라서 deeply(깊이)가 적절하다.

3 문맥상 '물속 깊이'가 자연스럽다. 따라서 deep(깊이)이 적절하다.

4 문맥상 '매우 창피하게 할 수도 있다'가 자연스럽다. 따라서 deeply(매우)가 적절하다.

5 문맥상 '매우 유감스럽고 슬프다'가 자연스럽다. 따라서 deeply(매우)가 적절하다.

Pattern #111
pg. 124

1. high   2. highly   3. high
4. highly   5. highly

해석

1 그것은 물에 떠 있는 동안, 코를 물 위로 내놓으려고 애쓰면서 가지진 뿔을 높이 쳐들고 천천히 움직이기 때문에, 유례없이 공격받기 쉬운 상태가 된다.

2 하지만 천성과 양육 사이의 상호작용은 매우 복잡하며, 발달 생물학자들은 그저 그것이 얼마나 복잡한지를 간신히 이해하기 시작하고 있을 뿐이다.

3 선진국의 채식주의자들은 브로콜리나 시금치와 같은 철분과 비타민 C 모두가 풍부한 많은 음식을 구할 수 있기 때문에 이런 치명적인 증상들을 피한다.

4 아주 존경 받는 물리학자인 Enrico Fermi는 자신의 학생들에게 가설을 성공적으로 입증하는 실험은 측정이며, 그렇지 않은 것은 발견이라고 말했다.

5 세계 각국 정부가 인권을 선포하고 있지만, 그것을 실행에 옮기는 데는 매우 가변적인 기록을 갖고 있다는 것이 인권 분야의 주된 특징이다.

해설

1 문맥상 '뿔을 높이 쳐들다'가 자연스럽다. 따라서 high(높이)가 적절하다.

2 문맥상 '매우 복잡하다'가 자연스럽다. 따라서 highly(매우)가 적절하다.

3 문맥상 '풍부한(높은)'이라는 형용사가 들어가는 것이 적절하다. 따라서 high (높은)가 적절하다.

4 문맥상 '아주 존경 받는 물리학자'가 자연스럽다. 따라서 highly(아주)가 적절하다.

5 문맥상 '매우 가변적인 기록'이 자연스럽다. 따라서 highly(매우)가 적절하다.

Pattern #112
pg. 125

1. most   2. mostly   3. mostly
4. Most   5. mostly

해석

1 오늘날 대부분의 사람은 흑백 사진보다는 컬러 사진을 선호한다.

2 중국 브랜드를 주로 구매한 응답자에 관해 말하자면, '가격 대비 좋은 가치'가 가장 중요한 고려 사항이었다.

3 Chloe는 크림과 잼을 바르지 않고 이미 자신의 것을 먹기 시작했는데, 사실, 그것은 거의 다 이미 그녀의 입 속에 있었다.

4 속도를 줄이려는 사람들 대부분은 속담에도 있다시피 수레를 말 보다 앞세운다.

5 그것들은 주로 두세 마리씩 무리 지어 다닌다고 알려져 있다.

해설

1 문맥상 '대부분의 사람'이 자연스럽다. 따라서 most(대부분의)가 정답이다

2 문맥상 '중국 브랜드를 주로 구매한'이 자연스럽다. 따라서 mostly(주로)가 정답이다.

3 문맥상 '거의 다 이미 그녀의 입 속에 있었다'가 자연스럽다. 따라서 mostly(거의)가 정답이다.

4 문맥상 '대부분의 사람들'이 자연스럽다. 따라서 most(대부분의)가 정답이다

5 문맥상 '주로 두세 마리씩 무리 지어 다닌다'가 자연스럽다. 따라서 mostly(주로)가 정답이다.

Pattern #113
pg. 126

1. near   2. nearly   3. near
4. nearly   5. nearly

해석

1 풀을 뜯는 동물이 먹는 풀은 많은 식물이 그러하듯 나뭇가지의 끝에서부터 자라기보다 땅 근처에 있는 식물의 기저부에서 자란다.

2 20세기 미국에서 평균 수명은 거의 30년이 늘어났다.

3 Charles Grant Allen은 캐나다 온타리오주 킹스턴 근처에서 태어났다.

4 2009년에서 2010년 동안에 연방 정부 지출의 거의 40퍼센트가 대출에 의해 자금이 충당되었다.

5 이 곤충들은 일 년 내내 자신들의 벌집이나 흙더미에서 거의 일정한 온도를 유지할 수 있다.

해설

1 문맥상 '땅 근처에 있는 식물'이 자연스럽다. 따라서 near(근처의)가 정답이다.

2 문맥상 '평균 수명이 거의 늘어났다'가 자연스럽다. 따라서 nearly(거의)가 정답이다.

3 문맥상 '캐나다 온타리도주 킹스턴 근처'가 자연스럽다. 따라서 near(근처의)가 정답이다.

4 문맥상 '연방 정부 지출의 거의 40퍼센트'가 자연스럽다. 따라서 nearly(거의)가 정답이다.

5 문맥상 '거의 일정한 온도를 유지한다'가 자연스럽다. 따라서 nearly(거의)가 정답이다.

Pattern #114

1. late 　　　 2. lately 　　　 3. late
4. lately 　　 5. late

해석

1 기름진 음식은 소화에 오랜 시간이 걸리고, 이는 수면의 질에 해를 끼치기 때문에 늦은 밤에 프렌치프라이는 주문하지 마시기 바랍니다.
2 그녀는 '내가 요즘 더 불안해졌고, 어쩌면 내가 생각했던 것만큼 집중하지 못하는 것 같아'라고 생각하고는, 자신의 커피 섭취량을 두 잔으로 줄인다.
3 그녀는 Rita의 어머니가 그들을 쇼핑몰에 데려간 어느 늦은 오후에 기회가 있었다.
4 여보, 아버님께서 요즘 잠을 잘 못 주무시는 것 같아요.
5 늦게 책을 반납한 사람들은 연체일 수만큼 대출을 다시 할 수 없습니다.

해설

1 문맥상 '밤늦게'가 자연스럽다. 따라서 late(늦게)가 정답이다.
2 문맥상 '요즘 더 불안해졌고'가 자연스럽다. 따라서 lately(요즘)가 정답이다.
3 문맥상 '늦은 오후'가 자연스럽다. 따라서 late(늦은)가 정답이다.
4 문맥상 '요즘 잠을 잘 못 자다'가 자연스럽다. 따라서 lately(요즘)가 정답이다.
5 문맥상 '늦게 책을 반납한 사람들'이 자연스럽다. 따라서 late(늦게)가 정답이다.

Pattern #115
pg. 128

1. hard 　　　 2. hard 　　　 3. hard
4. hardly 　　 5. hardly

해석

1 변화에 대한 저항은 사람들이 현재 상태를 지키려고 열심히 노력하고 있음을 뜻한다.
2 뿐만 아니라, 풀은 자신의 세포벽 안에 동물이 그 세포벽을 부수고 소화시키는 것을 어렵게 만드는 단단한 물질을 가지고 있다.
3 때때로, 특히 만약 여러분이 100퍼센트 동의하지 않는다면, 여러분의 상사나 임원에게 경청하는 것은 어렵다.
4 그러나 이것은 과학 자금 지원의 현실을 거의 설명하지 못한다.
5 원치 않는 양배추 더미를 아프다고 느낄 때까지 먹는 경험은 다음 번 양배추가 제공될 때 아이들이 기뻐 날뛰게 만들기는 어려울 것이다.

해설

1 문맥상 '열심히 노력하다'가 자연스럽다. 따라서 hard(열심히)가 정답이다.
2 문맥상 '단단한 물질'이 자연스럽다. 따라서 hard(단단한)가 정답이다.
3 문맥상 '상사나 임원에게 경청하는 것은 어렵다'가 자연스럽다. 따라서 hard(어려운)가 정답이다.
4 문맥상 '거의 설명하지 못하다'가 자연스럽다. 따라서 hardly(거의 ~않다)가 정답이다.
5 문맥상 '원치 않는 양배추 더미를 먹는 경험은 좀처럼 아이들을 기뻐 날뛰게 만들지 못한다'가 자연스럽다. 따라서 hardly(거의 ~않다)가 정답이다.

Pattern #116
pg. 129

1. for 　　　 2. for 　　　 3. for
4. for 　　　 5. for

해석

1 과학 수업에서 학생들이 재료를 사용하고 상호작용하는 것이 중요하기는 하지만, 학습은 '직접 해보는' 학생들의 경험에 대해 의미를 부여하는 것으로부터 나온다.
2 인류가 이런 장점을 다른 물품에 적용하는 데는 긴 시간이 걸리지 않았을 것이다.
3 이상적으로 (일부의 관념에는) 요즘의 소비자들이 여행하면서 혹은 휴일에 응시하거나 혹은 심지어 잠시라도 들어가 볼 수 있는 고대 문화가 존재해야 한다.
4 나는 아버지께서 벌의 엄격함의 정도를 계산하기를 기다렸다.
5 실제로는 선수들이 슛을 실패한 후에 슛을 더 잘하는 경향이 약간 있었다.

해설

1 to부정사의 의미상 주어는 일반적으로 「for + 목적격」이므로 정답은 for이다.
2 to부정사의 의미상 주어는 일반적으로 「for + 목적격」이므로 정답은 for이다.
3 to부정사의 의미상 주어는 일반적으로 「for + 목적격」이므로 정답은 for이다.
4 to부정사의 의미상 주어는 일반적으로 「for + 목적격」이므로 정답은 for이다.
5 to부정사의 의미상 주어는 일반적으로 「for + 목적격」이므로 정답은 for이다.

Pattern #117
pg. 130

1. not to 　　 2. not to 　　 3. not to
4. not to 　　 5. not to

해석

1 하지만 더 자세히 검토해 보면, 그것은 그다지 중요하지 않고 적어도 지각의 관점에서는 그렇지 않다는 것이 드러난다.
2 그 편지는 Adams에게 초기에 거절을 당하더라도 낙심하지 말라고 조언했다.
3 그녀의 외아들인 Breaden은 항상 그녀의 관심의 초점이었으며, 그녀는 시장에서 그 아이를 잃어버리지 않으려고 조심했다.
4 이것은 물질적 부의 축적과 생산이 그것 자체로서 잘못된 것이라고 말하는 것이 아니다.
5 실제로, 나는 처음에 완전히 임의로 그저 그 길을 걸었고, 다음 날 똑같이 하지 않아야 할 이유를 생각해 내지 못했다.

해설

1 to부정사의 부정형은 to 바로 앞에 not을 써서 나타낸다. 따라서 정답은 not to이다.
2 to부정사의 부정형은 to 바로 앞에 not을 써서 나타낸다. 따라서 정답은 not to이다.
3 to부정사의 부정형은 to 바로 앞에 not을 써서 나타낸다. 따라서 정답은 not to이다.
4 to부정사의 부정형은 to 바로 앞에 not을 써서 나타낸다. 따라서 정답은 not to이다.

5 to부정사의 부정형은 to 바로 앞에 not을 써서 나타낸다. 따라서 정답은 not to이다.

Pattern #118
pg. 131

1. to build 2. to choose 3. to have tested
4. to have asked 5. to have been

해석

1 텔레비전은 새로운 브랜드나 새로운 캠페인에 대한 대중의 인식을 형성하는 단연코 가장 빠른 방법으로 남아있다.

2 그러나 철새들은 번식기가 아닌 동안에는 생존을 위한 최적의 서식지를, 번식기 동안에는 번식을 위한 최적의 서식지를 자유롭게 선택한다.

3 그러나 연구물을 발표할 때, 그들은 실험실 조건에서의 실험에서처럼 이론을 앞세우고 그것을 자신들이 발견한 자료와 비교하여 검증했다고 주장하면서 대본을 다시 작성했다.

4 19세기 중반에 빅토리아 여왕이 물리학자인 마이클 패러데이에게 전기와 자성에 관한 그의 실험이 무슨 도움이 되느냐고 물었다고 한다.

5 프로토게네스는 사티로스가 완성되었을 때 약 70세였다고 한다.

해설

1 문장의 동사 remain이 현재형이고, 문맥상 to부정사 자리도 현재형으로 하는 것이 올바르다. 따라서 정답은 to build이다.

2 문장의 동사 are가 현재형이고, 문맥상 to부정사 자리도 현재형으로 하는 것이 올바르다. 따라서 정답은 to choose이다.

3 대본을 다시 작성한(rewrote) 시점보다 검증한 일이 먼저 일어났기 때문에 to부정사의 완료형「to have p.p」을 사용해야 한다. 따라서 정답은 to have tested이다.

4 의미상 문장의 본동사인 is supposed보다 한 시제 이전을 나타내는 to부정사의 완료형「to have p.p.」을 사용해야 한다. 따라서 정답은 to have asked이다.

5 의미상 문장의 본동사인 is said보다 한 시제 이전을 나타내는 to부정사의 완료형「to have p.p.」을 사용해야 한다. 따라서 정답은 to have been이다.

Pattern #119
pg. 132

1. to be provided 2. to be tiring 3. to be submitted
4. to be 5. to be set

해석

1 혼자서 했다고 우리가 생각하는 모든 것에 있어서 다른 사람에 의해 우리에게 제공되어야 했던 것이 십여 가지가 된다.

2 그러나 의도된 주의집중은 우리를 지치게 만드는 경향이 있고, 피로는 현명한 결정을 내리고 파괴적인 충동을 통제하는 우리의 능력에 영향을 미친다.

3 사진과 함께 사진 캡션(50단어 미만)을 제출할 것을 권장하며 이는 심사 기준의 일부로 참작될 것입니다.

4 우리는 습관이 의도를 뒤따른다고 생각하기를 좋아하지만, 의도와 습관이 완전히 뒤바뀌는 것도 가능하다.

5 그러므로 은퇴가 최선의 상태가 되도록 보장하기 위해 은퇴 계획은 인생의 이른 시기에 시작할 필요가 있다.

해설

1 문맥상 '우리에게 제공되어야 했다'는 수동이 올바르다. to부정사의 수동태형은「to be p.p.」이므로 정답은 to be provided이다.

2 문맥상 의도된 주의집중은 우리를 지치게 만든다는 의미이다. to be 다음에 올 tired는 '지친', tiring은 '지치게 만드는' 이라는 의미이기 때문에 문맥에 따라 to be tiring이 적절하다.

3 문맥상 사진캡션이 제출되는 수동이 올바르다. to부정사의 수동태형은「to be p.p.」이므로 정답은 to be submitted이다.

4 문맥상 습관이 완전히 뒤바뀌어야 하는 수동이 올바르다. to부정사의 수동태형은「to be p.p.」이므로 정답은 to be이다.

5 문맥상 은퇴 계획은 이른 시기에 시작되어야 하는 수동이 올바르다. to부정사의 수동태형은「to be p.p.」이므로 정답은 to be set이다.

Pattern #120
pg. 133

1. enough to make 2. enough to spread
3. enough to know 4. enough to study
5. enough to be used

해석

1 그러나 읽는 것만으로는 훌륭한 기술자가 되기에 충분하지 않다.

2 마을은 또한 쓰레기를 만들었는데 이는 해충을 끌어들였고, 마을의 인구가 많아서 더 작고, 더 유목 생활을 하는 수렵채집 집단에서는 지속되지 못했을 병을 퍼뜨리기에 충분했다.

3 그들이 상황을 다르게 보고 있다는 것을 아는 것으로는 충분하지 않다.

4 그들을 현미경 아래 놓여 있는 딱정벌레들처럼 연구하는 것으로는 충분하지 않으며 당신은 딱정벌레가 되는 것이 어떤 느낌인지를 알아야 할 필요가 있는 것이다.

5 연구자들은 상어 가죽이 마르면 사포로 쓰일 정도로 거친데도 최소한의 마찰만을 받는 동물 가죽 중 하나라는 것을 발견하고 놀랐다.

해설

1「enough to부정사」이므로 정답은 enough to make가 적절하다.

2「enough to부정사」이므로 정답은 enough to spread가 적절하다.

3「enough to부정사」이므로 정답은 enough to know가 적절하다.

4「enough to부정사」이므로 정답은 enough to study가 적절하다.

5 상어 가죽이 사포로 쓰일 정도로 거칠다는 수동형을 사용해야 한다. 따라서 정답은 enough to be used가 적절하다.

Pattern #121
pg. 134

1. too 2. to drift 3. too
4. to encompass 5. to take, to use

해석

1 떨어지는 어떤 물체도 너무 빨리 떨어져서 시간이 얼마나 걸렸는지를 그는 측정할 수 없었다.

2 다른 사람들이 수강하는 전통적이고 관례적인 과목들을 택하고, 가장 저항이 적은 방향을 따라가고, '쉬운 과정들'을 선택하고, 그리고 대세에 따르면서 학창시절을 빈둥거리며 보내기가 너무나 쉽다.

2 상대는 어쨌든 분명히 공격하고, 비판하고, 비난할 것이기 때문에, 상황을 앞서서 주도하고, 자기 자신의 '치부'를 발표하고, 그리고 스스로를 고자질하는 것'의 장점은 무시하기에는 너무나 중요하다.

4 이것은 다양한 사회의 사람들이 만들어내고 사용하는 모든 다양한 문화적 산물을 포괄하기에는 너무 제한적이며 상황에 한정된 범주이다.

5 그것은 우리 자신의 사회를 연구할 때 액면 그대로 받아들여서 순진하게 사용하기에는 특정한 의미가 너무 많은 용어이기도 하다.

해설

1 '~해서 …할 수 없다'의 의미로 쓰였기 때문에 「too ~ to부정사」로 쓰는 것이 적절하다. so가 답이 되려면 뒤에 to부정사가 아닌 「that ~ can't」가 따라와야 한다.

2 '~해서 …할 수 없다'의 의미로 쓰일 때는 「too ~ to부정사」로 써야 한다. 따라서, 「to + V-ing」 형태가 아닌 「to + 동사원형」으로 쓴다.

3 '~해서 …할 수 없다'의 의미로 쓰였기 때문에 「too ~ to부정사」로 쓰는 것이 적절하다. so가 답이 되려면 뒤에 to부정사가 아닌 「that ~ can't」가 따라와야 한다.

4 '~해서 …할 수 없다'의 의미로 쓰일 때는 「too ~ to부정사」로 써야 한다. 따라서, 원형부정사가 아닌 「to + 동사원형」으로 쓴다.

5 '~해서 …할 수 없다'의 의미로 쓰일 때는 「too ~ to부정사」로 써야 한다. 따라서, 「to + V-ing」 형태가 아닌 「to + 동사원형」으로 쓴다.

Pattern #122

pg. 135

1. to translate   2. it   3. for animals
4. to slow   5. challenging

해석

1 동시에, 생명 공학의 발전이 경제적 불평등을 생물학적 불평등으로 전환하는 것을 가능하게 만들지도 모른다.

2 따라서 사후 과잉 확신 편향은 실패가 그들이 가진 지식의 속성 때문이라기보다 평가의 속성 때문이라는 느낌을 강화한다. 그리고 이것은 그들이 피드백으로부터 배우는 것을 더 어렵게 만든다.

3 뿐만 아니라, 풀은 자신의 세포벽 안에 동물이 그 세포벽을 부수고 소화시키는 것을 어렵게 만드는 단단한 물질을 가지고 있다.

4 이러한 모든 요인들은 연방 정부의 재정 지출 증가를 늦추고 부채가 통제 불능 상태로 불어나지 않도록 막는 것을 대단히 어렵게 만들 것이다.

5 이러한 나라들은 강력하고 친숙한 브랜드를 가진 나라들과 관광객을 놓고 경쟁하는 것을 어렵게 만드는 대중과 미디어의 부정적 이미지 때문에 어려움을 겪었다.

해설

1 5형식 문장에서 가목적어 it이 사용되면 진목적어 자리에 to부정사 혹은 that절이 오는 것이 적절하다.

2 가목적어 it 대신에 that이나 this는 쓸 수 없다.

3 가목적어 it ~ to부정사 형태에서 의미상의 주어를 명시할 때는 앞에 for를 붙여준다.

4 5형식 문장에서 가목적어 it이 사용되면 진목적어 자리에 원형부정사가 아닌 to부정사가 오는 것이 적절하다.

5 가목적어 it 뒤의 목적격 보어 자리에는 부사가 아닌 형용사가 와야 한다.

Pattern #123

pg. 136

1. to avoid   2. to know   3. to start
4. to achieve   5. to follow

해석

1 과학 철학은 투박한 과학만능주의를 피하고 과학적 방법이 성취할 수 있는 것과 성취할 수 없는 것에 대한 균형 잡힌 시각을 가지려고 노력한다.

2 내가 무선 스피커 세트를 작동하는 방법을 알고 싶어 하고, 내 딸이 나에게 적절한 명령어를 알려 준다.

3 마찬가지로 한 도서관이 한 주제에서 많은 것을 수집하지 않았고, 그래서 그 분야에서 다량으로 수집하기 시작하기로 결정한다면, 그 소장 도서가 중요한 연구 도구로 여겨질 만큼 충분히 대규모이고 충분히 풍부하게 되는 데에는 여러 해가 걸릴 것이다.

4 가장 높은 성취를 보이는 사람들은 스스로 매우 구체적이면서 기법에 기반을 둔 목표와 전략을 세워 왔다. 그들은 정확히 어떻게 자신들이 원하는 것을 성취하려고 하는지에 대해 충분히 생각해왔다.

5 직장에서 자신의 동료들이 공유된 책무를 자신에게 (믿고) 맡기지 않고 있다는 사실을 깨달은 직원은 성찰을 통해 자신이 지속적으로 다른 사람들을 실망하게 했거나 이전의 약속들을 이행하지 못했던 분야를 찾아낼 수 있다.

해설

1 seek은 to부정사를 목적어로 취하는 동사이기 때문에 to부정사 형태를 쓰는 것이 적절하다.

2 want는 to부정사를 목적어로 취하는 동사이기 때문에 to부정사 형태를 쓰는 것이 적절하다.

3 decide는 to부정사를 목적어로 취하는 동사이기 때문에 to부정사 형태를 쓰는 것이 적절하다.

4 intend는 to부정사를 목적어로 취하는 동사이기 때문에 to부정사 형태를 쓰는 것이 적절하다.

5 fail은 to부정사를 목적어로 취하는 동사이기 때문에 to부정사 형태를 쓰는 것이 적절하다.

Pattern #124

pg. 137

1. turning   2. to listen   3. praising
4. ringing   5. to admire

해석

1 그 연구의 저자들은 미래의 과업을 적으면 생각을 내려놓게 되므로 여러분은 그것을 곰곰이 생각하는 것을 멈출 수 있다고 결론짓는다.

2 그의 43분 공연 동안에 천 명이 넘는 사람들이 그의 주위를 지나쳤다. 그들 중에 오직 한 명만이 연주를 듣기 위해 멈춰 섰다.

3 칭찬을 멈추는 것이 적어도 처음에는 이상하게 보일 수 있고, 여러분이 쌀쌀하게 굴고 있거나 무언가를 억누르고 있는 것처럼 느껴질 수 있다.

4 즉시 Michael은 "저 지긋지긋한 전화기는 결코 벨 소리를 멈추지 않네."라고 고함을 질렀다.

5 어느 날, Wilson 할머니가 뜰에서 일하느라 밖에 있을 때 한 이웃이 지나가다가 멈춰서 채소밭 가장자리를 따라 보기 좋게 자라고 있는 아름다운 붓꽃을 감탄하며 지켜봤다.

해설

1 '곰곰이 생각하는 것을 멈출 수 있다'로 해석이 되기 때문에 「stop + V-ing」 형태를 쓰는 것이 적절하다.

2 문맥상으로 음악을 듣기 위해 멈춘 것이므로 「stop + to부정사」 형태를 써야 한다.

3 '칭찬하는 것을 멈추다'로 해석이 되기 때문에 「stop + V-ing」 형태를 쓰는 것이 적절하다.

4 '벨 소리가 울리는 것이 멈추지 않네'로 해석이 되기 때문에 「stop + V-ing」 형태를 쓰는 것이 적절하다.

5 문맥상으로 꽃을 바라보려고 멈춘 것이기 때문에 「stop + to부정사」 형태를 써야 한다.

Pattern #125

pg. 138

1. to bring	2. to bring	3. being greedy
4. watching	5. to say	

해석

1 네가 읽을 책들을 가져오는 것을 잊지 말아라.

2 그녀의 선생님인 Mrs. Cline은 그녀가 그 장난감을 가져올 것을 잊었다고 화를 낼 수도 있다.

3 자신의 작은 오두막에 있으면서 가족이 자신을 돌보는 것을 보며, 그는 욕심 부렸던 것을 후회하고 부유해지는 것보다 더 중요한 것들이 있음을 깨달았다.

4 나는 그 방 건너편에서 내 딸을 본 것을 기억하는데, 그녀의 눈에는 눈물이 그렁그렁했다.

5 그 기계가 더 이상 작동하지 않는다는 사실을 말하게 되어 유감입니다. 만났을 때 합의한 바와 같이 가능한 한 빨리 그것을 수리할 서비스 기사를 보내 주시기 바랍니다.

해설

1 '(미래에) 가져오는 것을 잊지 말아라'로 해석이 되기 때문에 「forget + to부정사」 형태를 쓰는 것이 적절하다.

2 '(미래에) 가져올 것을 잊었다'로 해석이 되기 때문에 「forget + to부정사」 형태를 쓰는 것이 적절하다.

3 '(과거에) 욕심을 부렸던 것을 후회하다'로 해석이 되기 때문에 「regret + V-ing」 형태를 쓰는 것이 적절하다.

4 '(과거에) 본 것을 기억하다'로 해석이 되기 때문에 「remember + V-ing」 형태를 쓰는 것이 적절하다.

5 '말하게 되어서'로 해석이 되기 때문에 「regret + to부정사」 형태를 쓰는 것이 적절하다.

Pattern #126

pg. 139

1. to put on	2. to bring	3. to change
4. spending	5. using	

해석

1 그 차에 있던 남자가 나와서 밴의 내 쪽으로 올 때, 나는 심장이 두근거렸지만 아무렇지 않은 표정을 지으려고 애썼다.

2 현재 그녀는 Emerson 학교의 미술선생님인데 그곳에서 그녀는 각각의 학생 개인으로부터 최고의 것을 꺼내려고 노력한다.

3 그들을 거부하거나 변화시키려는 것 대신 그들이 여러분에게 주는 것을 가지고 일해라.

4 내 조언은 여러분이 어느 정도 진지한 사고를 하고 싶다면, 인터넷, 전화, 그리고 텔레비전과의 연결을 끊고 완전한 고독 속에서 24시간을 보내 봐야 한다는 것이다.

5 전화기 속 부품에서 물을 빨아내고자 한다면, 진공청소기를 이용해 보라.

해설

1 '아무렇지 않은 표정을 지으려고 애썼다'로 해석이 되기 때문에 「try + to부정사」 형태를 쓰는 것이 적절하다.

2 '학생들이 실력을 발휘할 수 있도록 노력하다'로 해석이 되기 때문에 「try + to부정사」 형태를 쓰는 것이 적절하다.

3 문맥상 (시험 삼아) 변화시켜본 것이 아니라 변화시키려고 노력한 것이기 때문에 되기 때문에 「try + to부정사」 형태를 쓰는 것이 적절하다.

4 문맥상 고독 속에서 24시간을 보내려 노력하는 것이 아니라 (시험 삼아) 보내보는 것이기 때문에 「try + V-ing」 형태를 쓰는 것이 적절하다.

5 문맥상 진공청소기를 사용하는 것을 노력하는 것이 아니라 (시험 삼아) 청소기를 써보는 것을 말하기 때문에 「try + V-ing」 형태를 쓰는 것이 적절하다.

Pattern #127

pg. 140

1. to see	2. to help	3. to take
4. to tell	5. to focus on	

해석

1 그는 몇몇 오래된 성들과 역사적인 기념물들을 보기를 기대 했었지만, 이제 그를 기다리고 있는 그러한 것은 어떤 것도 보이지 않았다.

2 그는 자라면서 가족을 돕기 위해 여러 잡다한 일들을 했다.

3 가족사진을 찍어줄 사진사가 현장에 있을 것입니다.

4 여러 번 반복하여 말했던 이야기를 다시 말하기 시작할 때, 기억에서 되찾는 것은 이야기 자체에 대한 지표이다.

5 하지만 탱고를 처음 배울 때 말을 하려고 해보면 그것은 엉망진창이 되며, 우리는 스텝에 집중하기 위해 의식적인 주의가 필요하다.

해설

1 '~하기, ~하는 것'으로 해석되는 to부정사의 명사적 용법이 쓰였기에 「to + 동사원형」으로 쓴다.

2 '~하기 위해'로 해석되는 to부정사의 부사적 용법이 쓰였기에 「to + 동사원형」으로 쓴다.

3 앞에 위치한 명사 photographer를 꾸며주는 to부정사의 형용사적 용법이 쓰였기에 「to + 동사원형」으로 쓴다.

4 '~하기, ~하는 것'으로 해석되는 to부정사의 명사적 용법이 쓰였기에 원형부정사가 아닌 「to + 동사원형」으로 쓴다.

5 '~하기 위해'로 해석되는 to부정사의 부사적 용법이 쓰였기에 「to + 동사원형」으로 쓴다.

Pattern #128

pg. 141

1. where	2. when	3. whom
4. how	5. what	

해설

1 내가 컴퓨터의 문제를 해결하는 방법을 알고 싶어 하면, 업무 지원 센터 담당자는 중요한 명령어를 메뉴의 어디에서 찾아야 하는지 나에게 말해 준다.

2 커브 길을 도는 기술을 숙달하게 되면서 여러분은 언제 가속 페달에서 발을 떼야 할지, 그리고 브레이크를 언제 그리고 얼마나 세게 사용해야 할지를 점차 배우게 되었다.

3 우리들 대부분은 우리의 삶에서 적어도 세 가지 중요한 결정 즉, 어디에 살지, 무엇을 할지 그리고 누구와 그것을 할지를 결정한다.

4 따라서 바람직한 자본주의 사회는 소비자들에게 선택을 제시하는 것만이 아니라 어떻게 이 선택을 분별력 있게 행사할지에 대해 사람들을 교육하는 데 에너지의 상당한 부분을 사용한다.

5 Timothy는 무엇을 해야 할지 몰라 그것들이 싸우는 것을 단지 바라만 보며 꼼짝 않고 있었다.

해설

1 문맥상 중요한 명령어를 메뉴의 어디에서 찾아야 하는지를 말하는 것이기 때문에 「where + to부정사」로 쓴다.

2 문맥상 가속 페달에서 발을 언제 뗄 지를 말하는 것이기 때문에 「when + to부정사」로 쓴다.

3 문맥상 그것을 누구와 함께 할지를 말하는 것이기 때문에 「whom + to부정사」로 쓴다.

4 문맥상 이 선택을 분별력 있게 왜 행사할지가 아닌 어떻게 행사할지로 해석이 되기 때문에 「how + to부정사」로 쓴다.

5 문맥상 Timothy가 어디에 해야 할지가 아닌 무엇을 해야 할지를 모르는 것이기 때문에 「what + to부정사」로 쓴다.

Pattern #129   pg. 142

1. apt   2. to starve   3. liable
4. to develop   5. to prosper

해석

1 여러분과 같은 언어를 사용하는 사람들은 같은 편인 반면에, 다른 언어를 사용하는 사람은 잠재적으로 위험성을 갖고 있는 이방인으로 간주되기가 쉽다

2 비록 농경인이 좀 더 많은 식량을 생산할 수 있었지만 그들은 굶주렸을 가능성 또한 더 높았는데, 왜냐하면 수렵채집인과는 달리 그들은 적은 수의 작물들에 의존했고, 그러한 작물들이 실패하면 심각한 곤경에 처했기 때문이다.

3 생리학적으로 그들의 혈관이 좀 더 수축하는 경향이 있고 혈압은 상승한다.

4 만약 사람들이 우리를 호의적으로 여긴다고 생각하면, 우리는 긍정적인 자아 개념을 발달시킬 가능성이 있다.

5 결과적으로 가장 고품질의 정보를 소유한 그러한 사람, 조직, 그리고 국가들이 경제적으로, 사회적으로, 그리고 정치적으로 번창할 가능성이 높다.

해설

1 '~하기 쉽다, ~하는 경향이 있다'는 의미로 쓰일 땐 「be apt to부정사」를 쓴다.

2 '~하기 쉽다, ~하는 경향이 있다'는 의미로 쓰일 땐 「be likely to부정사」로 쓴다.

3 ~하기 쉽다, ~하는 경향이 있다'는 의미로 쓰일 땐 「be liable to부정사」를 쓴다.

4 '~하기 쉽다, ~하는 경향이 있다'는 의미로 쓰일 땐 「be likely to부정사」로 쓴다.

5 ~하기 쉽다, ~하는 경향이 있다'는 의미로 쓰일 땐 「be likely to부정사」로 쓴다.

Pattern #130   pg. 143

1. to be   2. to be   3. seems that
4. to be   5. to continue

해석

1 그는 큰 뇌가 한 개인이 다른 사람들과 상호작용을 할 필요가 있는 큰 집단에서 틀림없이 발생하는 문제들을 다루는 데 전문화되어 있는 것처럼 보인다는 점을 주장한다.

2 언뜻 처음 보면, 이것은 대부분의 사람들이 드러내 놓고 받아들이려 하지 않는 견해인 듯하다.

3 이제 이 약속이 지켜지지 않을 것처럼 보인다.

4 마치 그 나비들은 Olivia를 놀리고 있는 것처럼 보였다. 그것들은 수백만 개의 알을 더 낳겠다고 암시하면서 그녀를 비웃는 것처럼 보였다.

5 이것은 아무래도 사람이 성인이 되면서 그만두게 되는 그런 종류의 것이 아닌 듯한데, 1980년 이후에 태어난 사람들은 더 정교하고 정서적으로 연관된 제품으로 계속 게임을 하는 것처럼 보인다.

해설

1 '~처럼 보이다'는 의미로 쓰일 땐 「seem + to부정사」로 쓴다.

2 '~처럼 보이다'는 의미로 쓰일 땐 「seem + to부정사」로 쓴다.

3 '~처럼 보이다'에서 뒤에 절이 나올 때 「seem + to부정사」가 아닌 「ti seems that 주어 + 동사」로 쓴다.

4 '~처럼 보이다'는 의미로 쓰일 땐 「seem + to부정사」로 쓴다.

5 '~처럼 보이다'는 의미로 쓰일 땐 「seem + to부정사」로 쓴다.

Pattern #131   pg. 144

1. greeting   2. fluctuates
3. engaging, manipulating   4. to obtain
5. actualizes

해석

1 코끼리의 진화된 인사 행동은 그들이 얼마나 사회적으로 유대감을 갖고 있으며 얼마나 오랫동안 헤어져 있었는지를 보여주는 지표가 될 수 있다.

2 한국의 '산조' 음악은 그 음악이 구성된 관념상의 음 높이라는 견지에서 그 주위에서 끊임없이 변동한다.

3 많은 교사들은 학생들이 단지 활동에 참여하고 사물을 조작하는 것만으로 얻게 되는 정보와 이해하게 되는 지식을 개념 이해로 체계화할 것이라고 믿었다.

4 이런 긍정적인 관계는 특정한 식물이 필수 양분을 얻는 능력을 증진할 것이다.

5 그러나 알면서 말하지 않는 것은 '말하자면 그 비밀 속에 보이지 않게 들어 있다가 폭로의 순간에만 완전히 실현되는 우월감'이라는 그 기분을 그에게 주지 못한다.

해설

1 명사 역할을 하는 동명사이기 때문에 V-ing를 쓴다.

2 주절의 주어는 한국의 '산조' 음악이고, 동사는 '변동한다'이다. 즉, 동사가 위치할 자리이기 때문에 fluctuates를 쓰는 것이 적절하다.

3 명사 역할을 하는 동명사이기 때문에 V-ing로 쓴다.

4 앞에 위치한 명사(capacity)를 꾸미는 형용사 역할을 하는 to부정사이기 때문에 「to + 동사원형」으로 쓴다.

5 that feeling of superiority를 선행사로 하는 관계절의 동사 자리이기 때문에 actualizes를 쓴다.

Pattern #132　　　　　　　　　　pg. 145

| 1. that | 2. that | 3. that |
| 4. in that | 5. in that | |

해석

1 발달 생물학자들은 이제 그것이 진정 둘 다, 즉 양육을 '통한' 천성이라는 것을 안다.

2 Elton에 의한 '생물 다양성 – 침입성' 가설은 높은 다양성이 군집의 경쟁력 있는 환경을 증가시켜 그 군집에 침투하는 것을 더 어렵게 만든다고 제안한다.

3 만약 여러분이 지능 지수가 높은 사람들의 한 집단을 모은다면, 당연히 그들은 높은 집단적인 지능을 보일 것으로 상정하기 쉬울 것이다.

4 하지만, 경쟁의 정도가 특히 극심해지는 경우, 제로섬 게임은 시장 내의 모두가 추가적인 비용에 직면하므로, 급속하게 네거티브 섬 게임이 될 수도 있다.

5 일반적으로 빈정대는 말을 하는 사람은 받아들이는 사람이 그 빈정대는 의도를 알아차리기를 바라지만, 반면에 속임수를 쓸 때는 일반적으로 화자가 듣는 사람이 그 속이려는 의도를 알아차리지 못했으면 하고 바란다는 점에서 표면상으로 빈정거림은 속임과 반대되는 것이다.

해설

1 뒤에 완전한 절이 이어지기 때문에 that을 쓴다.

2 뒤에 완전한 절이 이어지기 때문에 that을 쓴다.

3 뒤에 완전한 절이 이어지기 때문에 that을 쓴다.

4 '~라는 점에서'라고 해석되기 때문에, 판단 근거의 부사절을 이끄는 종속접속사 in that을 쓴다.

5 '~라는 점에서'라고 해석되기 때문에, 판단 근거의 부사절을 이끄는 종속접속사 in that을 쓴다.

Pattern #133　　　　　　　　　　pg. 146

| 1. because | 2. because of | 3. because of |
| 4. because | 5. because | |

해석

1 과거에 플라톤과 아리스토텔레스는 모두 색을 진실을 가리는 장식으로 여겼기 때문에 그림에서의 색의 사용을 맹비난했다.

2 사람들은 공손함이나 동일 집단의 압력 때문에 자신의 반응을 숨긴다.

3 그러나 그녀는 다리가 골절되어 집에 틀어박혀 있었다.

4 아마도 그들은 아무도 그들에게 방법을 가르쳐주지 않았기 때문에 피드백을 주는 데 서툴지도 모른다.

5 밤에 산 위에서는 대단히 추워질 수 있으므로 겨울 옷을 가져오셔야 합니다.

해설

1 뒤에 절이 오기 때문에 because를 쓴다.

2 뒤에 구가 오기 때문에 because of를 쓴다.

3 뒤에 구가 오기 때문에 because of를 쓴다.

4 뒤에 절이 오기 때문에 because를 쓴다.

5 뒤에 절이 오기 때문에 because를 쓴다.

Pattern #134　　　　　　　　　　pg. 147

| 1. though | 2. Although | 3. Though |
| 4. despite | 5. despite | |

해석

1 시작 시간은 시작 지점에 의해, 정지 시각은 정지 지점에 의해, 그리고 지속 시간은 거리에 의해 판단되는데, 그렇기는 하나 이 오류들 각각이 나머지 오류 모두를 필연적으로 동반하지는 않는다.

2 이것은 단순한 일화에 불과하지만, 동물이 두드러지는 리듬에 반응하지 못한다고 주장하는 것은 잘못된 것임을 시사한다.

3 2000년의 세계에는 여전히 계급제의 일부가 남아 있었지만, 그럼에도 불구하고 1900년의 세계보다는 훨씬 더 평등한 곳이었다.

4 하지만 이러한 극심한 역경에도 불구하고 이 아이들의 3분의 1은 범죄 기록이나 정신 건강의 문제없이 '유능하고 자신감 있으며 배려하는 청년'으로 성장했다.

5 예컨대 일단 인종적, 민족적 차별이 제거되고 사람들이 화합하고 나면, 그들은 다양한 경험과 문화적 시각에도 불구하고 서로 함께 살고 노는 법을 배워야 한다.

해설

1 뒤에 절이 오기 때문에 though를 쓴다.

2 뒤에 절이 오기 때문에 Although를 쓴다.

3 뒤에 절이 오기 때문에 Though를 쓴다.

4 뒤에 구가 오기 때문에 despite를 쓴다.

5 뒤에 구가 오기 때문에 despite를 쓴다.

Pattern #135　　　　　　　　　　pg. 148

| 1. While | 2. during | 3. during |
| 4. while | 5. While | |

해석

1 Marie와 Nina가 계속 연어를 지켜보고 있는 동안, 커다란 연어 한마리가 갑자기 뛰어 올랐다.

2 생물 다양성 상실은 생태계 기능에 대한 영향에 대한 염려를 불러일으켰고 그에 따라 둘 사이의 관계 이해는 지난 20년 동안의 생태계 연구에서 주요 초점이 되어왔다.

3 그러나 철새들은 번식기가 아닌 동안에는 생존을 위한 최적의 서식지를, 번식기 동안에는 번식을 위한 최적의 서식지를 자유롭게 선택한다.

4 어느 날 Grace가 읽기 수업을 들을 때, 선생님은 Billy에게 칠판의 문장을 읽어 보라고 호명했다.

5 그들이 디저트를 즐기고 있을 때, 한 종업원이 그들에게 다가와 물었다. "실례합니다만, 두 분 중 어느 분이 Nancy Holloway이신가요?"

해설

1 뒤에 절이 오기 때문에 while을 쓴다.

2 뒤에 구가 오기 때문에 during을 쓴다.

3 뒤에 구가 오기 때문에 during을 쓴다.

4 뒤에 절이 오기 때문에 while을 쓴다.

5 뒤에 절이 오기 때문에 while을 쓴다.

Pattern #136

pg. 149

1. even if   2. though   3. Even if
4. if   5. though

해석

1 이론상 칼로리는 동일하더라도, 여러분은 아삭아삭한 생사과보다 천천히 익힌 사과 퓌레에서 더 많은 열량을 얻을 것이다.

2 Hannah는 창가 자리를 원했지만 복도 쪽 다섯 번째 줄에 앉았다.

3 비록 어제 강연에서 누군가의 질문이 마음에 들지 않았거나 그의 옷차림이 행사에 어울리지 않는다고 생각했을지라도, 그 사람을 앞으로 친구가 될 수 없다고 즉각 단념하지 말라.

4 주변에 차가 없을지라도 빨간 신호등은 '건너지 마세요.'를 의미합니다.

5 Milos Forman은 많은 아카데미상을 수상했지만, 미국에서 태어난 영화 제작자는 아니었다.

해설

1 접속사 뒤에 따라오는 내용이 실제 상황이 아닌 가정 상황으로 '~한다 하더라도'와 같이 해석되기 때문에 even if를 쓴다.

2 접속사 뒤에 따라오는 내용이 실제 상황으로 '비록 ~에도 불구하고'와 같이 해석되기 때문에 even though를 쓴다.

3 접속사 뒤에 따라오는 내용이 실제 상황이 아닌 가정 상황으로 '비록 ~할지라도'와 같이 해석되기 때문에 Even if를 쓴다.

4 접속사 뒤에 따라오는 내용이 실제 상황이 아닌 가정 상황으로 '비록 ~할지라도'와 같이 해석되기 때문에 even if를 쓴다.

5 접속사 뒤에 따라오는 내용이 실제 상황으로 '비록 ~에도 불구하고'와 같이 해석되기 때문에 even though를 쓴다.

Pattern #137

pg. 150

1. Even though   2. Although   3. even though
4. even though   5. even though

해석

1 비록 그가 여러 해 동안 의사로 일하지는 않았지만, Virchow는 그 분야의 발전에 관한 최신 정보를 알고 있었다.

2 뇌는 일반적인 체중의 2퍼센트만 차지함에도 불구하고 신진 대사 에너지의 20퍼센트를 써 버린다.

3 다른 경우에는, 첫 번째 주제가 두 번째 주제에 필수적인 조건이 아님에도 불구하고, 한 주제에 대한 지식이 두 번째 주제를 배우는 데 영향을 줄 수 있다.

4 아이들은 아직 스스로 그것을 공유하고 있지는 않지만, 매우 어린 나이에 도이기는 것에 대한 어른의 강조와 주파수를 맞추기 시작하는 것 같다.

5 작가들이 해답 없이 수수께끼를 쌓아 두기만 하고 있었음에도 불구하고, 시청자들은 해답을 기대하는 경험을 즐겼기 때문에 'Lost'는 여러 해 동안 대히트를 쳤다.

해설

1 접속사 뒤에 따라오는 내용이 가정 상황이 아닌 실제 상황으로 '비록 ~에도 불구하고'와 같이 해석되기 때문에 Even though를 쓴다.

2 접속사 뒤에 따라오는 내용이 가정 상황이 아닌 실제 상황으로 '비록 ~에도 불구하고'와 같이 해석되기 때문에 Although를 쓴다.

3 접속사 뒤에 따라오는 내용이 가정 상황이 아닌 실제 상황으로 '비록 ~에도 불구하고'와 같이 해석되기 때문에 even though를 쓴다.

4 접속사 뒤에 따라오는 내용이 가정 상황이 아닌 실제 상황으로 '비록 ~에도 불구하고'와 같이 해석되기 때문에 even though를 쓴다.

5 접속사 뒤에 따라오는 내용이 가정 상황이 아닌 실제 상황으로 '비록 ~에도 불구하고'와 같이 해석되기 때문에 even though를 쓴다.

Pattern #138

pg. 151

1. whether   2. whether   3. if
4. Whether, whether   5. if

해석

1 사람들은 대체로 농담이 용인될 수 있는지 혹은 혐오스러운지에 대해 그냥 잘못 알고 있다.

2 흔히 직장에서 성취감을 느끼는 것과 공허함, 상실감, 짜증 그리고 지쳤음을 느끼는 것 사이의 차이는 여러분이 무언가를 배우고 있는지 아닌지에 관한 것이다.

3 저는 귀하의 문제를 해결할 수 있는 어떤 방법이 있는지 알아보고 싶습니다.

4 그런 여성들이 미국인인지 이란인인지, 혹은 그들이 가톨릭 신자인지 개신교도인지의 여부는 그들이 여성이라는 사실보다 덜 중요하다.

5 두 번째 실험에서, 학생들은 그 연구가 필적이 성격과 연관이 있는지를 알아보기 위한 것이라고 들었다.

해설

1 앞의 전치사(about)의 목적어 자리이기 때문에 if가 아닌 명사절을 이끄는 whether를 쓴다.

2 if의 경우「if ~ or not」의 형태로 쓰는 것은 가능하지만「if or not ~」의 형태로는 쓰일 수 없다. 따라서「whether or not ~」의 형태로 쓰일 수 있는 whether를 쓰는 것이 적절하다.

3 동사의 목적어 자리에는 명사절을 이끄는 if를 쓴다.

4 if는 동사의 목적어 자리에만 쓰이며 주어 자리에는 쓸 수 없으므로 if가 아닌 whether를 쓴다.

5 동사의 목적어 자리에는 명사절을 이끄는 if를 쓴다.

Pattern #139

pg. 152

1. because   2. because   3. why
4. why   5. why

해석

1 어떤 사람들은 훌륭한 단거리 선수들이 다른 주자들보다 앞서 나가기 시작해서 결승선으로 향하는 것을 관찰했는데 이것은 이 육상선수들이 그들의 경쟁자들만큼 빠르게 속도가 줄어들고 있지 않기 때문이다.

2 때때로 그녀는 자기 몫의 음식이 너무 적다고 불평하지만, 이는 그녀가 접시의 오른쪽 절반에 있는 것만 먹기 때문이다. 그녀에게는 접시에 왼쪽 절반도 있다는 생각이 떠오르지 않는다.

3 미각은 후각과 관련이 있는데 그 때문에 콧물이 흐를 때 우리는 맛을 잘 감지할 수 없다.

4 이것은 여러분이 월드 시리즈 시청을 아무리 즐긴다 할지라도 같은 경기를 반복해서 시청하며 만족하지 않을 이유이다.

5 그래서 이러한 이유 때문에 외국인에게 농담을 말하려는 사람들의 시도가 아주 종종 멍하니 응시하는 것에 부딪치게 된다.

해설

1 뒤에 이유, 원인에 해당하는 내용이 따라오기 때문에 this is because를 쓴다.

2 뒤에 이유, 원인에 해당하는 내용이 따라오기 때문에 this is because를 쓴다.

3 뒤에 결과에 해당하는 내용이 따라오기 때문에 this is why를 쓴다.

4 뒤에 결과에 해당하는 내용이 따라오기 때문에 This is why를 쓴다.

5 뒤에 결과에 해당하는 내용이 따라오기 때문에 this is why를 쓴다.

Pattern #140
pg. 153

1. so	2. so that	3. so that
4. so	5. so that	

해석

1 하지만 밤에 그 공원에서 들려오는, 애완견이 짖고 소리를 지르는 소음이 너무 시끄럽고 방해가 되어 저는 아파트에서 쉴 수가 없습니다.

2 아기의 건강 상태는 극도로 나쁘고 그 아기의 호흡, 심장박동 수, 그리고 다른 중요한 징후들은 더 좋거나 더 나쁘게 변화하는 것이 빨리 확인될 수 있도록 지속적으로 추적된다.

3 단계적 훈련 과정에서, 조련사는 어느 특정한 냄새에 '정서적 감흥'을 부여하며, 그래서 개는 다른 모든 냄새에 우선하여 그 냄새에 이끌린다.

4 Weir는 그의 대상 독자층을 기쁘게 하는 데 매우 성공적이어서 그들이 그것을 널리 그리고 열정적으로 공유했다.

5 한 가지 방법은 지형의 주름이 번갈아 빛이 비치고 그늘지게 빛과 그림자의 이미지를 만들어, 땅의 모양을 시각적으로 표현하는 것을 만들어 내는 것이다.

해설

1 문맥상 너무 시끄럽고 방해가 되어 쉴 수 없다는 의미이기에 「so + 형용사/부사 + that ~」으로 쓴다.

2 뒤에 행동의 목적에 해당하는 내용이 따라오기 때문에 '~하기 위하여, ~하도록'이라는 의미를 지닌 so that을 쓴다.

3 뒤에 행동의 목적에 해당하는 내용이 따라오기 때문에 '~하기 위하여, ~하도록'이라는 의미를 지닌 so that을 쓴다.

4 문맥상 너무 성공적이어서 열정적으로 공유했다는 의미이기에 「so + 형용사/부사 + that ~」으로 쓴다.

5 뒤에 행동의 목적에 해당하는 내용이 따라오기 때문에 '~하기 위하여, ~하도록'이라는 의미를 지닌 so that을 쓴다.

Pattern #141
pg. 154

1. or	2. and	3. and
4. or	5. but	

해석

1 스위스의 심리학자 Jean Piaget는 짝지은 사건에 소요되는 시간을 비교하거나 추정하는 아이들의 능력을 통해 그들의 시간 개념을 자주 분석했다.

2 Elton에 의한 '생물 다양성 – 침입성' 가설은 높은 다양성이 군집의 경쟁력 있는 환경을 증가시켜 그 군집에 침투하는 것을 더 어렵게 만든다고 제안한다.

3 이 노력은 사람들이 그 결과로 생기는 수를 이해할 수 있고 그에 의거하여 적절하게 행동할 수 있다는 것을 가정한다.

4 사회가 큰 재해로부터 오는 손실을 방지하거나 줄이는 데 도움을 주기 위해서, 잠재적 혹은 실제적 손실의 규모와 범위를 산정하고 전달하기 위한 대단히 큰 노력과 기술적인 정교한 지식이 자주 사용된다.

5 그는 일어서려고 열 번 넘게 시도해 보았지만 결코 해낼 수 없었다.

해설

1 문맥상 앞뒤의 내용이 서로 반대되는 것이 아니라 'A이거나 B'의 해석이 자연스럽다. 그렇기에 or를 쓰는 것이 적절하다.

2 문맥상 'A이거나 B'의 해석 보다는 'A 그리고 B'의 해석이 자연스럽다. 그렇기에 and를 쓰는 것이 적절하다.

3 문맥상 앞뒤의 내용이 서로 반대되는 것이 아니라 'A 그리고 B'의 해석이 자연스럽다. 그렇기에 and를 쓰는 것이 적절하다.

4 문맥상 앞뒤의 내용이 서로 반대되는 것이 아니라 'A이거나 B'의 해석이 자연스럽다. 그렇기에 or를 쓰는 것이 적절하다.

5 문맥상 '그래서 ~하다'의 해석보다는 '~지만 하다'의 해석이 자연스럽다. 그렇기에 but을 쓰는 것이 적절하다.

Pattern #142
pg. 155

1. gets	2. adjusts	3. presses
4. is	5. run	

해석

1 만약 그때 그것이 적절하게 자격을 갖춘 공학자의 관여 없이 행해진다면, 나중에 그 프로젝트가 진행될 때, 실질적인 문제들이 필연적으로 있을 것이다.

2 만약 LAX(로스앤젤레스 국제공항)를 떠나는 비행기 조종사가 비행 방향을 단지 3.5도 남쪽으로 조정한다면, 여러분은 뉴욕 대신에 워싱턴 D.C.에 도착할 것이다.

3 찾는 사람이 탐지기의 녹색 버튼을 누르면, 찾는 사람이 Sayley를 찾을 때 Sayley가 반응을 시작할 것입니다.

4 문제가 있으면 파란색 빛이 깜박일 것입니다.

5 그러나 심리학에 대한 모든 이러한 어려움에도 불구하고, 과학적인 방법의 이점은 연구 결과가 반복 가능하다는 것이다. 즉 같은 절차를 따르면서 같은 연구를 다시 진행하면, 같은 결과를 얻을 가능성이 매우 클 것이다.

해설

1 시간/조건의 부사절에서 미래를 표현할 때는 현재시제를 써야하므로 gets를 쓴다.

2 시간/조건의 부사절에서 미래를 표현할 때는 현재시제를 써야하므로 adjust를 쓴다.

3 시간/조건의 부사절에서 미래를 표현할 때는 현재시제를 써야하는데 주어가 3인칭 단수(the seeker)이기 때문에 press가 아닌 presses를 쓴다.

4 시간/조건의 부사절에서 미래를 표현할 때는 현재시제를 써야하므로 is를 쓴다.

5 시간/조건의 부사절에서 미래를 표현할 때는 현재시제를 써야하므로 run을 쓴다.

Pattern #143
pg. 156

1. arrived	2. have retold	3. have found
4. called	5. returned	

해석

1 내가 그의 사무실에 세 번이나 연이어 전화를 했지만 그 수표는 결코 도착하지 않았다.

2 여러 번 반복하여 말했던 이야기를 다시 말하기 시작할 때, 기억에서 되찾는 것은 이야기 자체에 대한 지표이다. 그 지표는 다양한 방식으로 윤색될 수 있다.

3 저희는 지난 몇 년간 문자 메시지가 가장 신뢰할 만한 소통 방식임을 알게 되었고, 그래서 귀하의 자녀에게 연락할 수 있도록 허락을 구합니다.

4 따님이 어제 전화해 저희에게 손님을 위해 이 축하 행사를 준비하도록 부탁했습니다.

5 저는 귀사의 '바베이도스 휴양 여행'에서 10일간의 느긋한 시간을 보내고 지난주 칩체스터로 돌아왔습니다.

해설

1 문맥상 수표가 아직 도착하지 않은 상태가 지금도 지속되고 있으므로 현재완료 시제를 사용하는 것이 적절하다. 그렇기에 「have/has + p.p」로 쓴다.

2 문맥상 여러 번(many times) 반복하여 말했던 경험에 대해 이야기함으로 현재완료 시제를 사용하는 것이 적절하다. 그렇기에 「have/has + p.p」로 쓴다.

3 문맥상 지난 몇 년에 걸쳐 사실을 알게 된 것이므로 현재완료 시제를 사용하는 것이 적절하다. 그렇기에 「have/has + p.p」로 쓴다.

4 명확한 과거 시점을 나타내는 yesterday는 현재완료 시제와 함께 사용할 수 없다. 그렇기에 called를 쓰는 것이 적절하다.

5 명확한 과거 시점을 나타내는 last는 현재완료 시제와 함께 사용할 수 없다. 그렇기에 returned를 쓰는 것이 적절하다.

Pattern #144

pg. 157

1. pushing 2. thought 3. selected
4. having 5. holding

해석

1 그러나 진화 심리학자인 Robin Dunbar는 사교적인 것과 관계가 있다는 다른 대답을 주장해 오고 있다.

2 이 치료법들은 구식이라고 여겨져 왔지만 의학 전문가들은 그것들이 실제로 효과가 있을 수 있다고 말한다.

3 후자(물질적 인공물)에게 문화적 혹은 재정적 가치를 부여하고 거의 무한하게 많은 과거의 것들로부터 왜 그것들이 선택되었는지 설명해 주는 것은 바로 전자(의미)이다.

4 나는 네가 최근에 힘든 시간을 보내고 있고 네 생활에 대해 정말로 좋거나 긍정적으로 느끼지 않고 있다는 것을 알고 있단다.

5 엄마가 그 긍정적인 점을 말씀하신 후, 그것은 제가 저 자신에게서 한 가지 좋은 자질을 보는 것을 도와주었고, 저는 그 말씀을 계속 붙들고(생각하고) 있어요.

해설

1 Robin Dunbar가 계속해서 다른 대답을 주장해 왔다는 완료진행의 의미이므로 has been pushing을 쓰는 것이 적절하다.

2 치료법이 구식으로 여겨진다는 완료수동의 의미이므로 have been thought를 쓰는 것이 적절하다.

3 그것들이 거의 무한하게 많은 과거의 것들로부터 선택이 되어졌다는 완료수동의 의미이므로 have been selected를 쓰는 것이 적절하다.

4 네가 계속해서 힘든 시간을 보내왔다는 완료진행의 의미이므로 have been having을 쓰는 것이 적절하다.

5 내가 그 말들을 계속해서 붙들고 있다는 완료진행의 의미이므로 have been holding을 쓰는 것이 적절하다.

Pattern #145

pg. 158

1. had run 2. diagnosed 3. had happened
4. had prepared 5. had sacrificed

해석

1 그러고 나서 아이들은 그 자동차들이 같은 시간 동안 달렸는지의 여부를 판단하고 자신들의 판단이 옳다는 것을 설명해 보라는 요청을 받았다.

2 어느 날, Amy는 자기 어머니가 중병 진단을 받았다는 것을 알게 되었고, 그래서 그녀는 어머니와 함께 있으려고 1주 휴가를 냈다.

3 그녀의 오빠 Justin이 엄마에게 무슨 일이 있었는지 일렀다.

4 Nancy는 자신의 딸이 비밀리에 준비한 이 특별한 여행에 대해 그녀에게 고마움을 표했다.

5 그들의 프랑스 여행은 하나밖에 없는 딸을 위해 자신의 일생을 바친 여인인, 엄마의 60번째 생신을 위한 Carol의 깜짝 선물이었다.

해설

1 과거에 요청을 받은 것(were asked)보다 더 이전의 과거를 나타내기 때문에 had run을 쓰는 것이 적절하다.

2 엄마가 진찰하는 것이 아니고 진찰을 받는 대상이므로 과거완료 수동인 had been diagnosed를 쓰는 것이 적절하다.

3 과거에 일렀던 것(reported)보다 더 이전의 과거를 나타내기 때문에 had happened를 쓰는 것이 적절하다.

4 과거에 고마움을 표현했던 것(thanked)보다 더 이전의 과거를 나타내기 때문에 had prepared를 쓰는 것이 적절하다.

5 이야기 하고 있는 과거의 시점(was)보다 더 이전의 과거를 나타내기 때문에 had sacrificed를 쓰는 것이 적절하다.

Pattern #146

pg. 159

1. could 2. were
3. would continue, would accelerate
4. was 5. would

해석

1 그다음 단계는, 무거운 물체를 세 개의 통나무 위에 놓고, 통나무 두 개는 그 짐[물체] 아래에 둔 채 뒤쪽으로 굴러 나온 통나무를 앞쪽으로 이동하여 굴림으로써 옮길 수 있다는 것을 알아내는 것이었다.

2 그 다음 내가 알게 된 것은 우리가 서로의 눈을 응시하며 춤을 추고 있다는 것이었다.

3 따라서 사람들은 인류 평등주의의 과정이 계속 이어지고, 심지어 가속될 것으로 기대했다.

4 우리가 공항을 떠날 때날 때, 그 운전사가 나에게 말하기 시작했다. 그는 내가 그날 그가 데리러 와야 하는 신입생 중 마지막이라고 내게 말했다.

5 Joe는 그 콘서트에서 자신이 빠질지도 모른다는 것을 그들에게 말하기 전에 마지막으로 딱 한 번만 연주하겠다고 생각했다.

해설

1 주절의 시제가 과거(was)이므로 종속절의 시제도 과거형태인 could로 쓰는 것이 적절하다.

2 주절의 시제가 과거(was)이므로 종속절의 시제도 과거형태인 were로 쓰는 것이 적절하다.

3 주절의 시제가 과거(expected)이므로 종속절의 시제도 과거형태인 would continue/(would) accelerate로 쓰는 것이 적절하다.

4 주절의 시제가 과거(told))이므로 종속절의 시제도 과거형태인 was로 쓰는 것이 적절하다.

5 주절의 시제가 과거(thought)이므로 종속절의 시제도 과거형태인 would로 쓰는 것이 적절하다.

Pattern #147

1. is
2. is
3. is
4. uses
5. create

해석

1 그녀는 기회가 생길 때 도움의 손길을 주지 않기에는 인생은 너무 짧다는 것을 나에게 상기시켰다.

2 몇 년 전에 학교 아이들은 산소가 우리에게 꼭 그런 것처럼 이산화탄소가 식물에게 있어서 자연스럽게 발생하는 생명의 원천이라고 배웠다.

3 한 현인은 언젠가 중요한 것은 당신이 가고 있는 방향이지 당신이 있는 길은 아니라고 내게 말했다.

4 어느 채용 담당 중역은 추천서 내용을 확인하기 위해서 이메일을 절대 사용하지 않는다고 말했다.

5 Coates는 부정적인 댓글들이 하나의 순환 고리를 만든다는 사실을 깨달았는데, 그것들이 건설적인 게시물을 올리는 사람들을 쫓아내면서 분위기를 망치는 것이다.

해설

1 주절의 시제가 과거(reminded)일지라도 종속절의 내용이 일반적 진리이기 때문에 시제 일치의 예외로 항상 현재시제를 써야 한다. 따라서 is를 쓰는 것이 적절하다.

2 주절의 시제가 과거(were taught)일지라도 종속절의 내용이 과학적 사실이기 때문에 시제 일치의 예외로 항상 현재시제를 써야 한다. 따라서 is를 쓰는 것이 적절하다.

3 주절의 시제가 과거(told)일지라도 종속절의 내용이 일반적 진리이기 때문에 시제 일치의 예외로 항상 현재시제를 써야 한다. 따라서 is를 쓰는 것이 적절하다.

4 주절의 시제가 과거(said)일지라도 종속절의 내용이 현재의 습관이기 때문에 시제 일치의 예외로 항상 현재시제를 써야 한다. 따라서 uses를 쓰는 것이 적절하다.

5 주절의 시제가 과거(realized)일지라도 종속절의 내용이 일반적 진리이기 때문에 시제 일치의 예외로 항상 현재시제를 써야 한다. 따라서 create를 쓰는 것이 적절하다.

Pattern #148

1. itself
2. themselves
3. itself
4. him
5. themselves

해석

1 그것은 빠르게 흐르는 물위로 몸을 솟구쳐 넘어가려고 했지만, 소용없었다.

2 아니면 그들이 노는 것에 자신을 아주 송두리째 맡기는 것은 무책임하고, 미숙하며, 유치하다고 그들은 생각한다.

3 지금까지는 고작 해야 지위를 상징하는 것에 지나지 않는 것들만 살 수 있었지만, 곧 그들은 생명 자체를 살 수 있을지도 모른다.

4 "축하합니다!" 그것이 아빠가 자신에게 건네준 봉투를 열었을 때 Steven이 본 첫 단어였다.

5 게다가 사람들은 때때로 그들이 어떻게 영향을 받는지 자신마저도 인식하지 못한다.

해설

1 문맥상 앞의 it을 받으며 그것이 스스로 솟구쳐 오른 것으로 해석이 되기 때문에 itself를 쓰는 것이 적절하다.

2 문맥상 앞의 they를 받으며 그들 스스로를 노는 것에 던지는 것으로 해석이 되기 때문에 themselves를 쓰는 것이 적절하다.

3 문맥상 앞의 life를 받으며 생명 그 자체로 해석이 되기 때문에 itself를 쓰는 것이 적절하다.

4 문맥상 봉투는 아빠가 자신에게 주는 것이 아니라 Steven에게 주는 것이므로 재귀대명사가 아닌 대명사 him으로 쓰는 것이 적절하다.

5 문맥상 앞의 they를 받으며 그들 자신마저도 인식하지 못 한다로 해석이 되기 때문에 themselves를 쓰는 것이 적절하다.

Pattern #149

1. herself
2. themselves
3. themselves
4. ourselves
5. itself

해석

1 부모는 자신들의 유아가 머리를 떠받치고, 물건을 집으려 손을 뻗고, 스스로 앉고, 혼자서 걷자마자 친구와 친척들에게 재빨리 알린다.

2 그런 질문들이 사회생활에 중요한 윤활유가 될 수는 있지만, 그것들은 자체로는 매력적이고 풍요로운 감정 이입의 대화를 대체로 촉발하지 못한다.

3 우리의 연구에서 혼자 사는 사람들에게 일요일 아침이 그 주의 가장 침울한 때인데, 왜냐하면 집중의 요구가 없을 때 그들이 무엇을 해야 할지를 결정할 수 없기 때문이다.

4 우리 아이들을 위해 뭔가를 몹시 원할 때, 참으로 몹시 원해서 아이들에게 도움이 되지 않는 방식으로 우리가 행동할 때, 그것은 우리 스스로를 위한 필요성을 충족시키려고 애쓰고 있다는 것을 의미할 수 있다.

5 물질적 부유함이 본질적으로 그리고 그 자체로서 의미를 만들어 내거나 감정적인 풍요로움을 반드시 가져오는 것은 아니다.

해설

1 문맥상 '그녀 스스로'라고 해석이 되기 때문에「by oneself」로 써야 한다. 그러므로 herself를 쓰는 것이 적절하다.

2 문맥상 '그것들 자체로'라고 해석이 되기 때문에「in oneself」로 써야 한다. 그러므로 themselves를 쓰는 것이 적절하다.

3 문맥상 '그들 혼자로' 해석이 되기 때문에「by oneself」로 써야 한다. 그러므로 themselves를 쓰는 것이 적절하다.

4 문맥상 '우리 스스로를 위한'으로 해석이 되기 때문에「for oneself」로 써야 한다. 그러므로 ourselves 쓰는 것이 적절하다.

5 문맥상 '본질적으로 그리고 그 자체로'라 해석이 되기 때문에 각각「in oneself」,「of oneself」로 써야 한다. 그러므로 itself를 쓰는 것이 적절하다.

Pattern #150

1. it
2. them
3. it
4. it
5. them

해석

1 그래서 예술이 그것(예술)을 과학과 구별하는 동시에 수준에 있어 그것을 과학과 동일하게 만드는 어떤 소명을 제시해야 한다는 사회적 압력이 있었다.

2 우리는 우리의 자녀가 고통 받는 것을 결코 보고 싶어 하지 않기 때문에, 이렇게 하는 것은 참으로 어렵지만, 이 작은 배움의 경험들은 사실상 그들이 더 권한을 부여 받았다고 느끼게 한다.

3 여러분이 저항을 이해할 때, 여러분은 저항을 예상하고 심지어 그것을 여러분에게 유리하게 이용할 수 있게 된다.

4 시인은 자신의 작품을 스스로 복제하고 유통하거나, 작품을 유통시키지 말아야 한다.

5 우리가 일반적인 이론을 구축하고, 검증할 수 있는 명제를 추론하며, 그것을 표본 자료와 비교하여 증명하거나 틀렸음을 입증해야 한다고 주장되어 왔다.

해설

1 문맥상 art를 지칭하기 때문에 it을 쓰는 것이 적절하다.

2 문맥상 children을 지칭하기 때문에 them을 쓰는 것이 적절하다.

3 문맥상 둘 다 resistance를 지칭하기 때문에 it을 쓰는 것이 적절하다.

4 문맥상 his work를 지칭하기 때문에 it을 쓰는 것이 적절하다.

5 문맥상 general theories와 testable propositions를 지칭하기 때문에 them을 쓰는 것이 적절하다.

Pattern #151

pg. 164

1. it 2. it 3. one
4. it 5. one

해석

1 결과적으로, 도식에 의존하는 것은 불가피하게 세상을 실제보다 더 '정상적인' 것으로 보이게 할 것이고, 과거를 실제보다 더 '규칙적인' 것으로 보이게 할 것이다.

2 나는 몸을 웅크리고 암석을 약 5분간 눈에 가까이 대고 지켜보았고 그런 다음 전문적인 의견을 구하기 위해 Farish에게 그 암석을 건네주었다.

3 이전 가설을 대체할 새로운 것을 찾을 수 있다면 그것을 버리기가 더 쉽다.

4 수면 부족이라는 고무 밴드는 그것이 끊어지기 전까지만 늘어날 수 있다.

5 따라서, 단지 찻잎이 단단히 말려 있지 않다는 이유로 그 차의 음용 가능성과 맛을 평가해서는 안 된다.

해설

1 문맥상 the world를 지칭하기 때문에 it을 쓰는 것이 적절하다.

2 문맥상 the rock을 지칭하기 때문에 it을 쓰는 것이 적절하다.

3 문맥상 구체적으로 지칭하는 대상이 없기 때문에 one을 쓰는 것이 적절하다.

4 문맥상 the elastic band를 지칭하기 때문에 it을 쓰는 것이 적절하다.

5 문맥상 구체적으로 지칭하는 대상이 없기 때문에 one을 쓰는 것이 적절하다.

Pattern #152

pg. 165

1. One, the other 2. one 3. the other
4. one 5. another

해설

1 하나는 최소한 해를 끼치지 않는 기준선을 설정하고, 다른 하나는 염원하거나 이상화된 선행을 베푸는 행위를 가리킨다.

2 2003년 일본 Kyushu 대학의 과학자들이 한 무리의 쥐에게는 딱딱한 사료 알갱이를, 또 다른 무리에게는 더 부드러운 알갱이를 먹였다.

3 하나의 신경 체계는 자발적인 통제 하에 있고 다른 하나는 비자발적인 통제 하에서 작동한다.

4 그리고 상온에 있는 토마토를 냉장고의 그것과 비교해 본 적이 있는 사람이라면 누구나 확인할 수 있듯이 어느 정도는 그들이 옳았는데, 하나는 달콤한 향기가 나고 과즙이 풍부하나, 다른 하나는 금속 맛이 나고 밍밍하다.

5 한 아이가 공 던지고 받기 놀이를 시작할 의도로 다른 아이에게 공을 던진다고 가정하자. 그 다른 아이는 (공을) 보고 있지 않아서 머리에 공을 맞는다.

해설

1 둘 중 처음으로 언급하는 것은 one을, 나중에 언급하는 그 나머지는 the other를 쓰는 것이 적절하다.

2 문맥상 과학자들이 한 무리의 쥐에게는 딱딱한 사료 알갱이를 주고, 또 다른 무리에게는 더 부드러운 알갱이를 먹였다. 처음으로 언급하는 것이기 때문에 하나를 의미하는 부정대명사 one을 쓰는 것이 적절하다.

3 문맥상 신경 체계에는 자발적인 통제 하에 있는 것과, 비자발적인 통제 하에 있는 것이 있다. 둘 중 하나를 앞에서 one으로 받았기 때문에 둘 중 나머지는 the other를 쓰는 것이 적절하다.

4 문맥상 상온에 있는 토마토와 냉장고의 토마토가 있다. 처음으로 언급하는 것이기 때문에 하나를 의미하는 부정대명사 one을 쓰는 것이 적절하다.

5 문맥상 한 아이가 다른 아이에게 공을 던지고 있다. 앞에 a child가 이미 언급이 되었기에 또 다른 아이를 지칭하기 위해 another를 쓰는 것이 적절하다.

Pattern #153

pg. 166

1. insist 2. Both 3. both
4. have 5. are

해석

1 해치지 않는 것과 같은 부작위를 통해서든, 아니면 적극적으로 개입함에 의한 작위를 통해서든, 이 두 버전은 모두 다른 사람을 배려할 것을 주장한다.

2 최근의 재정 위기와 경기 침체 동안에 재정 적자와 연방 정부의 부채가 모두 치솟았다.

3 예를 들어, 어떤 사람은 다른 사람을 돕는 것으로부터 내적 만족감을 얻을 수 있다. 그래서 (도움을) 받는 사람이 호의를 호의로 보답한다면, 그 유익한 상호작용으로부터 내적 만족과 외적 만족이 둘 다 나온다.

4 사람과 쥐 모두 '단' 음식에 대한 맛의 선호를 진화시켜 왔는데, 이것(단 음식)은 풍부한 열량의 원천을 제공한다.

5 자유와 소속이 둘 다 하나의 문화의 강한 가치들인 것은 역설적으로 보인다.

해설

1 both versions는 복수로 취급하기 때문에 insist를 쓰는 것이 적절하다.

2 'A와 B 모두'라는 의미로 쓸 때 「both A and B」로 쓰기에 both를 쓰는 것이 적절하다. either가 답이 되려면 뒤에 and가 아닌 or가 나와야 한다.

3 'A와 B 모두'라는 의미로 쓸 때 「both A and B」로 쓰기에 both를 쓰는 것이 적절하다. either가 답이 되려면 뒤에 and가 아닌 or가 나와야 한다.

4 both humans and rats는 복수로 취급하기 때문에 have를 쓰는 것이 적절하다.

5 both freedom and belonging은 복수로 취급하기 때문에 are를 쓰는 것이 적절하다.

Pattern #154　　　　　　　　　　　　　pg. 167

1. Some	2. others	3. others
4. some	5. others	

해석

1 Bronowski와 같은 일부 과학 철학자들은 과학이 권위주의적인 체제에서 실천될 수 없다고 주장한다.

2 몇몇은 세정 제품이었고, 다른 것들은 그렇지 않았다.

3 기부하는 행위를 연구하는 심리학자들은 어떤 사람들은 한두 자선 단체에 상당한 액수를 기부하는 반면에, 어떤 사람들은 많은 자선단체에 적은 액수를 기부한다는 것을 알아차렸다.

4 기하학적 구성과 질량 분포와 같은 물체의 특성은 안정을 유지하기 위해 몇몇 손가락이 다른 손가락보다 더 큰 힘을 가하도록 요구할 수도 있다. 붙잡고 지지하는 힘은 또한 전반적인 물체 질량과 연약함에 부합해야 한다.

5 우리는 많은 다른 원하는 것들을 충족되지 않은 상태로 두고, 우리가 원하는 것들의 일부만을 충족시키기 위해 우리의 자원을 활용할 수 있다.

해설

1 뒤에 복수 명사가 오기 때문에 Some을 쓰는 것이 적절하다.

2 other는 단독으로 쓰이지 않으며 뒤에 복수 명사가 같이 오거나, -s를 붙여 쓴다. 그렇기에 others를 쓰는 것이 적절하다.

3 뒤에 복수 동사가 오기 때문에 others를 쓰는 것이 적절하다.

4 뒤에 others가 따라오기 때문에 맥락상 모든 손가락이 아니라 몇몇 손가락을 의미하므로 some을 쓰는 것이 적절하다.

5 other는 단독으로 쓰이지 않으며 뒤에 복수 명사가 같이 오거나, -s를 붙여 쓴다. 그렇기에 others를 쓰는 것이 적절하다.

Pattern #155　　　　　　　　　　　　　pg. 168

1. some	2. any	3. any
4. any	5. any	

해설

1 나치의 유대인 대학살을 부정하는 가짜 역사를 찾으려면 어느 정도의 노력이 필요했으나, 이제 클릭 한 번이면 된다.

2 평균적인 성취를 보이는 사람들은 "상대방이 운이 좋았다.", "과제가 너무 어려웠다.", "나에게는 이것을 위해 타고난 능력이 없을 뿐이다."와 같이 그들의 잘못이 자신들의 통제 밖 요인들에 의해 유발되었다고 믿는다.

3 같은 방식으로, 초기 근대주의 건축의 기본 원칙 중 하나는 건물의 모든 부분이 어떠한 불필요하거나 멋진 추가물이 없이 기능적이어야 한다는 것이다.

4 요리법을 바꾸는 데에 대한 어떤 정보도 볼 수 없었습니다.

5 거의 어떠한 발견도 다른 사람들에 의해서 획득된 지식을 활용하지 않고는 가능하지 않다.

해설

1 긍정문이기 때문에 some을 쓰는 것이 적절하다.

2 부정문이기 때문에 any를 쓰는 것이 적절하다.

3 without이 '~없이'라는 의미를 지닌 부정 전치사이기 때문에 any를 쓰는 것이 적절하다.

4 부정문이기 때문에 any를 쓰는 것이 적절하다.

5 hardly는 '거의 ~않다'라는 의미를 지닌 부정어이기 때문에 any를 쓰는 것이 적절하다.

Pattern #156　　　　　　　　　　　　　pg. 169

1. other	2. Another	3. other
4. other	5. another	

해설

1 이것은 부모나 교육제도에 의해 정해졌거나, 내면화되어 더 이상 의문시 되지 않는 다른 문화 규범에 의해 측정되어 온 성과 기준으로 평가되어 온 사람들에게 있어 특히 그러하다.

2 내가 사실과 모순되는 진술을 계속 유지하는 것을 스스로 가능하게 할 수 있는 또 다른 방식은 그 진술이 가리키는 사실을 고의로 검토하지 않는 것이다.

3 사실 나의 개들은 내 장신구에서 나는 규칙적인 딸랑거리는 소리 외에 다른 음악적 특징에도 반응했다.

4 경쟁은 기본적으로 여러 유기체에 의해 활용되는 먹이와 공간과 같은 자원의 이용 가능성이 다른 유기체에 의해 어떻게 줄어드는지와 관련되어 있다.

5 하늘이 어두워져 가자, Carol은 Nancy를 위해 또 하나의 비밀 깜짝 선물을 준비해 두었기에 서둘렀다.

해설

1 another 뒤에는 셀 수 있는 단수 명사만 올 수 있기 때문에 복수 명사(cultural norms)가 오는 상황에선 other를 쓰는 것이 적절하다.

2 another 뒤에는 셀 수 있는 단수 명사가 오고 other 뒤에는 셀 수 없는 단수 명사가 온다. 따라서 way는 셀 수 있는 명사이기에 another를 쓰는 것이 적절하다.

3 another 뒤에는 셀 수 있는 단수 명사만 올 수 있기 때문에 복수 명사(musical features)가 오는 상황에선 other를 쓰는 것이 적절하다.

4 another 뒤에는 셀 수 있는 단수 명사만 올 수 있기 때문에 복수 명사(organisms)가 오는 상황에선 other를 쓰는 것이 적절하다.

5 another 뒤에는 셀 수 있는 단수 명사가 오고 other 뒤에는 복수 명사 또는 셀 수 없는 단수 명사가 온다. 따라서 secret surprise는 셀 수 있는 명사이기에 another를 쓰는 것이 적절하다.

Pattern #157　　　　　　　　　　　　　pg. 170

1. every	2. each	3. every
4. every	5. each	

해설

1 나는 종종 나의 MBA 학생들에게 그들이 매주 수업에서 같은 자리에 앉는 이유는 우리가 본질적으로 본능적인 동물이기 때문이라고 설명한다.

2 그들 각자가 기억하게 될 것은 선택적이고 그들 가족의 구성 개념 체계에 의해 채색된다.

3 저희는 6월부터 9월까지 매주 토요일마다 숲길 여행을 제공합니다.

4 세계의 거의 모든 지역에 있어, 사망자가 가장 적은 '최적' 기온이 있다.

5 우리는 'The Divine Comedy(신곡)'와 'King Lear(리어왕)'에 있어서 각각 한 번의 기회를 가졌었다고 추정해야 한다.

해설

1 뒤에 단수 명사가 오기 때문에 every를 쓰는 것이 적절하다.

2 each는 대명사로 쓰일 수 있는 반면, every는 그럴 수 없다. 따라서 「each + of + 복수 명사」는 가능하고 「every + of + 복수 명사」는 가능하지 않기에 each를 쓰는 것이 적절하다.

3 반복되는 행동이나 사건의 빈도를 나타낼 때는 every를 쓴다. 문맥상 숲길 여행이 매주 토요일마다 반복되는 것을 의미하기 때문에 every를 쓰는 것이 적절하다.

4 each는 almost와 같은 부사와 함께 쓰이지 않는다. 그렇기에 every를 쓰는 것이 적절하다.

5 each는 명사 없이 단독으로 '각각의'라는 의미를 지닌 부사로 쓰일 수 있다. 그렇기에 each를 쓰는 것이 적절하다.

Pattern #158

pg. 171

1. Walking   2. Watching   3. Taking
4. Walking   5. Feeling

해석

1 길을 걸어 올라가 차로 돌아가며 그들은 여전히 물고기들이 물속에서 첨벙거리는 소리를 들을 수 있었다.

2 연어를 지켜보던 Marie는 Nina가 그 들의 계속된 도전에 눈을 고정하는 것을 보았다.

3 심호흡을 하면서 그는 자신의 보드를 집어 들고 바다로 달려 들어갔다.

4 기쁨에 차서 물 밖으로 걸어 나오며 그는 "와, 내가 해냈어!"라고 환호성을 질렀다.

5 지치고 낙담한 채 그녀는 할머니에게 "나비를 모두 없애서 더 이상의 알이나 애벌레가 생기지 않게 하면 어때요?"라고 물었다.

해설

1 「While[As] they walked ~」가 분사구문으로 바뀐 문장으로 그들이 걸어올라간 것이므로 능동의 현재분사 Walking을 쓴다.

2 「While[As] Marie watched ~」가 분사구문으로 바뀐 문장으로 Marie가 연어를 지켜보던 것이므로 능동의 현재분사 Watching을 쓴다.

3 「While[As] he took ~」이 분사구문으로 바뀐 문장으로 그가 심호흡을 한 것이므로 능동의 현재분사 Taking을 쓴다.

4 「While[As] he walked ~」이 분사구문으로 바뀐 문장으로 그가 물 밖으로 걸어 나온 것이므로 능동의 현재분사 Walking을 쓴다.

5 「While[As] she felt ~」가 분사구문으로 바뀐 문장으로 그녀가 지치고 낙담한 것이므로 능동의 현재분사 Feeling을 쓴다.

Pattern #159

pg. 172

1. Pressed   2. Concerned   3. Relieved
4. Surrounded   5. Faced

해석

1 시간적 압박을 받고 막다른 상태에 처해, 그녀는 그 논문을 어떻게 끝마쳐야 할지 몰랐다.

2 Jean이 빈둥거리는 것에 대해 걱정이 되어 Ms. Baker는 자신의 교수 방법을 바꾸기로 결심했다.

3 안도 한 채 그녀와 Ellie는 첫 번째 양배추에서 시작했다.

4 환호하는 친구들에게 둘러싸여 그녀는 기쁨으로 가득 찬 승리를 즐겼다.

5 창을 휘두르는 적들과 직면했을 때 우리는 우리보다 그들이 더 많은지를 바로 알아야만 했다.

해설

1 「Because she was pressed ~」가 분사구문으로 바뀐 문장으로 그녀가 압박을 받게 된 것이므로 수동의 과거분사 Pressed를 쓴다.

2 「Because Ms. Baker was concerned about ~」가 분사구문으로 바뀐 문장으로 그녀가 Jean에 대해 걱정이 된 것이므로 수동의 과거분사 Concerned를 쓴다. concern은 원형으로 쓰일 때 '~을 걱정하게 만들다'는 의미로 쓰이며, 수동형으로 쓸 때 '~을 걱정하다'는 의미가 된다.

3 「While[As] she and Ellie were relieved ~」가 분사구문으로 바뀐 문장으로 그녀와 Ellie가 안도하게 된 것이므로 수동의 과거분사 Relieved를 쓴다. relieve는 원형으로 쓰일 때 '~을 안도하게 만들다'는 의미로 쓰이며, 수동형으로 쓸 때 '안도한다'는 의미가 된다.

4 「While[As] she was surrounded ~」가 분사구문으로 바뀐 문장으로 그녀가 둘러싸인 것이므로 수동의 과거분사 Surrounded를 쓴다.

5 「When we were faced ~」가 분사구문으로 바뀐 문장으로 우리가 직면하게 된 것이므로 수동의 과거분사 Faced를 쓴다. be faced with가 숙어처럼 쓰여 '~에 직면하다'는 의미가 된다.

Pattern #160

pg. 173

1. provided   2. related   3. drawn
4. giving   5. running

해석

1 세포, 유기체, 사회집단, 그리고 문화에 의해 제공되는 맥락이 없으면, DNA는 비활성이다.

2 그들에게는 소와 관련된 다양한 용어가 있어서 색상, 무늬, 그리고 뿔의 모양에 근거해서 수백 가지 유형의 소를 구별할 수 있다.

3 선사 시대 예술의 의미와 목적에 대한 고찰은 현대의 수렵 채집 사회와의 사이에서 끌어낸 유사점에 많은 것을 의존한다.

4 빛을 내는 것은 달과 별뿐이었다.

5 뇌에서 신호를 보내고 있는 개개의 뉴런은 마라톤을 하고 있는 다리 근육 세포만큼의 에너지를 사용한다.

해설

1 the context 뒤에 which is가 생략된 형태로 맥락이 세포, 유기체, 사회집단, 그리고 문화에 의해 제공된 것이므로 수동의 과거분사 provided를 쓴다.

2 various terms 뒤에 which are가 생략된 형태로 용어가 소에 관련된 것이므로 수동의 과거분사 related를 쓴다.

3 analogies 뒤에 which are가 생략된 형태로 유사점이 현대의 수렵 채집 사회와의 사이에서 끌어낸 것이므로 수동의 과거분사 drawn을 쓴다.

4 The only things 뒤에 which were가 생략된 형태로 직접 빛을 내는 것이므로 능동의 현재분사 giving을 쓴다.

5 a leg muscle cell 뒤에 which is가 생략된 형태로 다리 근육 세포가 마라톤을 하는 것이므로 능동의 현재분사 running을 쓴다.

Pattern #161

pg. 174

1. moving 2. earning 3. separating
4. allowing 5. asking

해석

1 수백 개의 물고기 꼬리가 번쩍거리고 태양빛을 받으며, 상류로 이동하고 있었다.

2 그는 학부 학위를 따자마자 수학으로 대학원 공부를 시작하여, 24세의 나이에 박사 학위를 취득했다.

3 다양한 방식과 의미로, 이 책들은 모두 식탁에 참여하는 자들을 식탁에서 추방되는 자들로부터 분리하면서, 누가 '내부자'이고 누가 '외부자'인지를 규정하거나 구별하기 위해서 의도된 도구들이다.

4 인쇄기는 정보를 수천 배 더 빠르게 복사할 수 있었는데, 그것은 지식이 이전 어느 때보다 훨씬 더 빠르고 최대한 정확하게 퍼져 나갈 수 있게 하였다.

5 우리는 앞으로 올 30년(사실, 아마도 앞으로 올 한 세기)을 영속적인 정체성 위기 속으로 보내며, 계속 우리 자신에게 인간이 무엇에 소용이 있는지를 질문하게 될 것이다.

해설

1 「and they were moving ~」이 분사구문으로 바뀐 문장으로, 물고기(꼬리)가 이동하는 것이므로 능동을 나타내는 현재분사 moving을 쓴다.

2 「and he earned ~」가 분사구문으로 바뀐 문장으로, 그가 박사 학위를 취득한 것이므로 능동을 나타내는 현재분사 earning을 쓴다.

3 접속사가 없으므로 동사 separate는 쓸 수 없다. 접속사와 주어가 생략된 분사구문으로 도구들이 내부자와 외부자들을 구별하는 것이므로 능동을 나타내는 현재분사 separating을 쓴다.

4 「and it allowed ~」가 분사구문으로 바뀐 문장으로 인쇄기가 지식이 퍼져나가게 허락한 것이므로 능동의 현재분사 allowing을 쓴다.

5 「and we'll continually ask ~」가 분사구문으로 바뀐 문장으로 우리가 질문을 하는 것이므로 능동의 현재분사 asking을 쓴다.

Pattern #162

pg. 175

1. blindfolded 2. evolving 3. written
4. folded 5. spiking

해석

1 눈이 가려 진 채, 나는 그녀가 나를 어떤 멋진 장소로 데려가는지 궁금해하고 있었다.

2 산업 사회가 정보에 기반한 사회로 진화해가면서, 하나의 상품, 그 나름의 가치를 가진 하나의 제품으로서의 정보의 개념이 등장했다.

3 대중음악과 예술가곡 둘 다 유효성이 입증된 구조적 패턴을 따르는 경향이 있다. 그리고 둘 다 같은 방식으로, 즉 노래 파트와 그 아래쪽에 기본적인 피아노 파트가 세세하게 적힌 상태로 출판되기 마련이다.

4 비행기에서 받은 전문 셰퍼의 전화번호를 자신의 주머니 속에 접어 넣고, 그녀는 흥미진진한 새로운 삶에 대한 기대감을 느꼈다.

5 '뱀(인형)'이 있는 상황에서, 침팬지들은 모두 등의 털을 곤두세운 채로 울타리로 둘러싸인 구역에 들어갔고 극도로 신중하게 위험 지역에 접근하여 손 대신 막대기로 나뭇잎이 쌓인 곳을 쿡쿡 찔렀다.

해설

1 눈이 가려지는 것이므로 수동의 의미를 나타내는 과거분사 blindfolded를 써야옳다.

2 산업 사회가 진화하는 것이므로 능동의 의미를 나타내는 현재분사 evolving을 써야옳다.

3 노래 파트와 피아노 파트가 적혀지는 것이므로 수동의 의미를 나타내는 과거분사 written을 써야옳다.

4 전화번호가 접혀진 것이므로 수동의 의미를 나타내는 folded를 써야옳다.

5 등의 털이 곤두선 것이므로 능동의 의미를 나타내는 spiking을 써야옳다.

Pattern #163

pg. 176

1. frustrating 2. interesting 3. surprised
4. fascinated 5. interested

해석

1 복사기는 누구나 쉽게 사용하도록 만들어져 있지만, 그것의 복잡한 기능과 인터페이스는 사람들에게 좌절감을 줄 수 있다.

2 그녀는 TV를 켰지만 아무것도 재미있지 않았다.

3 약 15개월 후, 그는 Cassidy로부터 또 한 통의 편지를 받고는 놀랐는데, 특히나 그가 첫 번째 조언에 대해 그에게 감사를 표하지도 않았기 때문이었다.

4 나는 맹그로브의 아름다운 잎과 꽃에 마음이 사로잡혔다.

5 그는 고등학교에서 장차 화가가 될 William Glackens와 사귈 때 미술에 관심을 가지게 되었다.

해설

1 복사기의 기능과 인터페이스가 좌절감을 주는 것이므로 능동의 현재분사 frustrating을 써야옳다.

2 흥미로운 것이 아무것도 없었다는 의미이므로 능동의 현재분사 interesting을 써야옳다.

3 편지를 받고 놀라움을 느낀 것이므로 수동의 과거분사 surprised를 써야옳다.

4 맹그로브의 아름다움에 사로잡힌 것이므로 수동의 과거분사 fascinated를 써야옳다.

5 미술에 흥미를 느낀 것이므로 수동의 과거분사 interested를 써야옳다.

Pattern #164

pg. 177

1. not knowing 2. not returning 3. not having
4. not expecting 5. Not knowing

해석

1 Timothy는 무엇을 해야 할지 몰라 그것들이 싸우는 것을 단지 바라만 보며 꼼짝 않고 있었다.

2 그는 그 해 나머지는 우리랑 떨어져 보냈고, 추운 겨울이 되어서야 돌아왔다.

3 하버드 대학의 많은 학생들은 돋보이려고 너무 조바심이 난 나머지, 깊이 숙고할 시간을 갖지 않고, 충분히 성장하기도 전에 최고치에 이르기 위해 애를 쓴다.

4 그는 운동장에 있는 소년들 중 한 명에게 다가가서 그렇게 많이 기대하지 않으며 Shay가 야구를 할 수 있을지를 물어보았다.

5 어찌할 바를 모르고, 그녀는 그 동전을 그녀에게 주고, 불안해하면서 다음과 같이 물었다. "싱싱한 빨간 장미를 사시겠어요?"

해설

1 분사구문을 부정할 때 부정어의 위치는 분사 앞에 써줘야 하므로 not knowing을 쓰는 것이 적절하다.

2 분사구문을 부정할 때 부정어의 위치는 분사 앞에 써줘야 하므로 not returning을 쓰는 것이 적절하다.

3 분사구문을 부정할 때 부정어의 위치는 분사 앞에 써줘야 하므로 not having을 쓰는 것이 적절하다.

4 접속사가 없으므로 동사 didn't expect가 더 이상 올 수 없다. 접속사와 주어가 생략된 분사구문을 써야 하며, 의미상 기대하지 않았다는 부정의 의미이므로 부정어를 분사구문 앞에 써서 not expecting이 적절하다.

5 분사구문을 부정할 때 부정어의 위치는 분사 앞에 써줘야 하므로 Not knowing을 쓰는 것이 적절하다.

Pattern #165   pg. 178

1. having passed
2. having trained
3. Having missed
4. Having reminded
5. Having said

해석

1 대부분의 담수 생명체는 담수에서 생겨난 것이 아니라, 바다에서 육지로 그런 다음 다시 담수로 가서 이차적으로 적응한 것처럼 보인다.

2 앙리 마티스는 늦게 그림에 입문했는데, 그의 아버지를 즐겁게 하기 위해 변호사가 되기 위한 훈련을 받았기 때문이었다.

3 아침 식사를 하지 않았기 때문에 우리는 땅콩버터 샌드위치, 사과, 쿠키 등을 꺼내어 열심히 점심을 먹었다.

4 바그너 같은 작곡가들은 나중에 주제가 다시 사용되는 것을 알아채기 위해서 이전의 주제를 기억하는 청취자들의 기억력에 의존했다는 것을 학생들에게 여러 번 일깨워 준 후, 그녀는 학생들이 그 주제가 전 악보에 걸쳐 다시 나타나는 것을 이해시키려고 결심했다.

5 긍정적인 것을 말하고 난 다음, 그들 자신도 그 사람을 더 좋아하게 되었다.

해설

1 대부분의 담수 생명체가 다시 담수로 가기 전에 원래 바다에서 육지로 간 것이 먼저 일어난 일이므로 완료분사구문 「Having p.p.」을 이용해 having passed로 쓴다.

2 변호사가 되기 위한 훈련을 받은 것이 그림에 입문한 것보다 시간상 먼저 일어난 일이므로, 완료분사구문 「Having p.p.」을 이용해 Having trained로 쓴다.

3 아침 식사를 거른 것이 점심을 먹은 것보다 시간상 먼저 일어난 일이므로, 완료분사구문 「Having p.p.」을 이용해 Having missed로 쓴다.

4 그녀가 학생들에게 일깨워 준 것이 학생들을 이해시키려고 결심한 것보다 시간상 먼저 일어난 일이므로, 완료분사구문 「Having p.p.」을 이용해 Having reminded로 쓴다.

5 긍정적인 말을 한 것이 그 사람을 좋아하게 된 것보다 시간상 먼저 일어난 일이므로, 완료분사구문 「Having p.p.」을 이용해 Having said로 쓴다.

Pattern #166   pg. 179

1. facing
2. provided
3. paying
4. seeing
5. considered

해석

1 위험을 수반하는 선택에 직면할 때, '모험하지 않으면 아무것도 얻을 수 없다' 또는 '나중에 후회하는 것보다 조심하는 것이 낫다' 중에 우리는 어느 지침을 이용해야 하는가?

2 지난주의 점심에 대한 여러분의 기억이 사라졌다는 것은 아닌데, 만약 어디서 그것을 먹었는지, 혹은 그것을 누구와 함께 먹었는지와 같은 적절한 단서가 제공된다면, 여러분은 접시에 무엇이 담겨 있었는지를 기억해 낼 가능성이 크다.

3 18세 이상의 미국인들 중 절반이 넘는 사람들이 개인 소득세를 거의 혹은 전혀 내지 않으면서, 다양한 (소득) 이전 지원 프로그램으로부터 보조금을 얻어낸다.

4 아이들의 얼굴에서 겁먹은 표정을 보고 방금 그녀를 덮친 폭풍의 여파를 느끼고 나서, 충격을 받고 믿기지 않는 상태로 그녀는 영화관으로 차를 운전한다.

5 진화적 성공의 관점에서 고려해 볼 때, 사람들이 하는 비이성적인 것처럼 보이는 선택들 중 많은 것들이 결국에는 그다지 어리석어 보이지 않는다.

해설

1 의미를 분명히 하기 위해 접속사 when이 생략되지 않은 분사구문으로 주어를 생략하고 동사 face를 분사로 바꾼 분사구문 when facing이 적절하다.

2 의미를 분명히 하기 위해 접속사 if를 생략하지 않은 분사구문으로 적절한 단서가 제공되는 것이므로 수동의 과거분사를 써서 if provided이 적절하다.

3 의미를 분명히 하기 위해 접속사 while를 생략하지 않은 분사구문으로 세금을 내지 않은 것이므로 능동의 현재분사를 써서 while paying이 적절하다.

4 의미를 분명히 하기 위해 접속사 after를 생략하지 않은 분사구문으로 주어를 생략하고 동사 see를 분사로 바꾼 분사구문 After seeing이 적절하다.

5 의미를 분명히 하기 위해 접속사 when을 생략하지 않은 분사구문으로 선택들이 고려되는 것이므로 수동의 과거분사를 써서 when considered이 적절하다.

Pattern #167   pg. 180

1. given
2. Given
3. considering
4. Considering
5. Provided

해석

1 사실 그렇게 하는 것은 그들이 미래의 교제에서 그 사람을 더 잘 알게 될 기회를 갖지 못할 거라는 점을 고려하면 그들을 울적하게 할 것이다.

2 음악이 신체적, 정신적 기술을 향상시키는 듯하다는 점을 감안할 때, 음악이 작업 수행에 해로운 상황이 있는가?

3 에콰도르 수입의 약 70%가 원유에서 나오는 것을 생각하면, Yasuni가 유전을 보호하는 입장을 취하는 것은 대담한 조처이다.

4 토양이 척박하고 강수량이 적은, 암석이 많은 지역 같은 이 나무들의 서식지를 고려해 보면, 이 나무들이 그렇게 오래 살고 심지어 살아남는 것조차 거의 믿을 수 없는 것처럼 보인다.

5 당신의 선물의 혜택을 받은 이들이 아마도 미래에 당신의 관대함에 보답할 수 있다면, 그것은 당신이 잉여 고기로 할 수 있는 최선이었다.

1 문맥상 '~임을 고려해볼 때'란 뜻의 given이 와야 한다.

2 문맥상 '~임을 고려해볼 때'란 뜻의 Given이 와야 한다.

3 문맥상 '~을 고려하면'이라는 뜻의 considering이 와야 한다.

4 문맥상 '~을 고려하면'이라는 뜻의 Considering이 와야 한다.

5 Provided[Providing]은 '(만약) ~하면', '~라는 조건으로'란 뜻으로 if의 의미를 가진다.

Pattern #168
pg. 181

1. be	2. be predicted	3. knew
4. stopped	5. reduce	

1 국민들이 과거에 그들의 조상들에 의해 채택된 행동 방침을, 또는 한때 그들이 전념했던 행동 방침조차 바꿀 능력이 없다면 그 어떤 국가도 자주적일 수 없을 것이다.

2 그래서 결정론자는 일어나는 모든 것은 유한한 수의 원인들의 작용이고 이 원인들이 알려지면 사건은 완전히 정확하게 예측될 수 있다고 가정한다.

3 그러나 우리가 그것을 안다면, 그러면 애초에 최면을 사용할 필요가 없을 것이다.

4 많은 경우 기부금은 10달러 이하의 매우 적은 금액이어서, 그들이 곰곰이 생각해 보면, 기부금을 처리하는 비용이 그것이 자선단체에 가져다 주는 모든 이점을 넘어서기 쉽다는 것을 깨달을 것이다.

5 그렇게 한다면 그것은 불시에 잡힐 가능성을 확실하게 상당한 정도로 줄이겠지만 또한 굶어 죽게 될 것이다.

1 if절에 과거동사(lacked)가 쓰인 가정법 과거 문장이다. 따라서 주절엔 「조동사의 과거형 + 동사원형」의 형태를 써야 옳다.

2 if절에 과거동사(were)가 쓰인 가정법 과거 문장이다. 따라서 주절엔 「조동사의 과거형 + 동사원형」의 형태를 써야 옳다.

3 주절에 「조동사의 과거형 + 동사원형(would have)」이 쓰인 가정법 과거 문장이다. 따라서 if절에 「if + 주어 + 과거동사」의 형태를 써야 옳다.

4 주절에 「조동사의 과거형 + 동사원형(would realize)」이 쓰인 가정법 과거 문장이다. 따라서 if절에 「if + 주어 + 과거동사」의 형태를 써야 옳다.

5 if절에 과거동사(did)가 쓰인 가정법 과거 문장이다. 따라서 주절엔 「조동사의 과거형 + 동사원형」의 형태를 써야 옳다.

Pattern #169
pg. 182

1. had been	2. have happened
3. had been	4. had destroyed
5. had died	

1 예를 들어, 기베르티나 미켈란젤로와 같은 르네상스 시대의 위대한 예술가들이 그들이 태어난 시기보다 단지 50년 전에 태어났다면, 그들의 위대한 업적에 자금을 제공하거나 구체화해 줄 예술 후원의 문화는 자리를 잡지 않았을 것이다.

2 또한 개별적인 천문학자들을 생각해 보라. 여러 세기에 걸친 망원경의 기술적인 발전과 우주에 관한 진화하는 지식이 그들 이전에 생기지 않았다면 그들의 발견은 일어날 수 없었을 것이다.

3 소방대원들이 현장에 제때에 도착할 수 있었더라면 그렇게 멀리 그리고 그렇게 빠르게 퍼지지는 않았을 겁니다.

4 제2차 세계대중 동안에 도망가던 나치 병사들이 그것을 파괴했더라면 그녀는 그것을 결코 볼 수 없었을 것이다.

5 단테와 셰익스피어가 그 작품을 쓰기 전에 사망했더라면 결코 아무도 그것을 쓰지 않았을 것이다.

1 주절에 「조동사의 과거형 + have p.p.(would not have been)」가 쓰인 가정법 과거완료 문장이다. 따라서 if절에 「if + 주어 + had p.p.」의 형태를 써야 옳다.

2 unless는 'if ~not'의 의미로 unless뒤에 had come의 형태가 쓰인 가정법 과거완료 문장이다. 따라서 주절에 「조동사의 과거형 + have p.p.」를 써야 옳다.

3 주절에 「조동사의 과거형 + have p.p.(would not have spread)」가 쓰인 가정법 과거완료 문장이다. 따라서 if절에 「if + 주어 + had p.p.」의 형태를 써야 옳다.

4 주절에 「조동사의 과거형 + have p.p.(would have never seen)」가 쓰인 가정법 과거완료 문장이다. 따라서 if절에 「if + 주어 + had p.p.」의 형태를 써야 옳다.

5 주절에 「조동사의 과거형 + have p.p.(would have written)」가 쓰인 가정법 과거완료 문장이다. 따라서 if절에 「if + 주어 + had p.p.」의 형태를 써야 옳다.

Pattern #170
pg. 183

1. Had	2. have done	3. had
4. have been	5. have discovered	

1 그 여성 변호사가 (협의에) 참석하겠다고 우겼다면 그녀는 그 거래를 망치고 자신의 신뢰도를 해쳤을 것이다.

2 그의 친구가 가난한 사람을 돕는 것에 관한 종교적인 금언이나 철학적인 원칙이 없더라도 같은 일을 했겠냐고 묻자, Hobbes는 그럴 것이라고 대답했다.

3 그 남자가 그녀를 쳐다보며 대답했다. "그가 두 팔을 가지고 있었다면 쉽게 이겼을 거예요!"

4 쥐만 없었더라면 그것은 그 자체로 그렇게 나쁘지 않았을 것이다.

5 우리가 캠핑카를 친구에게 빌려주었다면 그녀는 쥐보다 먼저 그 상자들을 발견했을 것이다.

1 주절에 「조동사의 과거형 + have p.p.(would have spoiled)」가 쓰인 걸로 보아 가정법 과거완료 문장이다. 원래 'If the woman lawyer had insisted ~'에서 If가 생략되면서 주어와 동사가 도치 되었으므로 문두에 Had가 와야 한다.

2 원래 'If there had been ~' 절에서 if가 생략되면서 도치된 가정법 과거완료 문장이다. 따라서 would 뒤에 have p.p.의 형태가 와야 한다.

3 원래 'If he had had two arms' 절에서 if가 생략되면서 도치된 가정법 과거완료 문장이다.

4 원래 'If it had not been for mice' 절에서 if가 생략되면서 도치된 가정법 과거완료 문장이다. 따라서 would 뒤에 have p.p.의 형태가 와야 한다.

5 원래 'If we had let the friend ~' 절에서 if가 생략되면서 도치된 가정법 과거완료 문장이다. 따라서 주절의 조동사의 과거형 would 뒤에 have p.p.의 형태가 와야 한다.

Pattern #171

pg. 184

1. have created　　2. without　　3. without
4. Without　　5. Without

해석
1 수학, 언어, 예술의 집단적 구성체가 없었다면 그들이 어떻게 창조할 수 있었겠는가?
2 찰스 다윈을 생각해 보라. 갈라파고스 군도의 여행에 대하여 그린 수천 장의 스케치가 없었더라면 그는 진화론을 생각해내지 못했을지도 모른다.
3 그렇다면 그것이 완전히 없는 상태라면 더 행복하지 않을까?
4 그러한 참여가 없다면 그 공화국은 멸망할 것이다.
5 음식을 먹이거나 기저귀를 갈아주거나 또는 이곳저곳으로 데리고 다니는 사람이 없다면 우리는 결코 생존해서 성장하지 못할 것이다.

해설
1 수학, 언어, 예술의 집단적 구성체가 있었기 때문에 그들이 창조할 수 있었다는 말이므로 과거사실의 반대를 나타내는 가정법 과거완료를 사용해서 쓴다. 「Without + 명사(구), 가정법 과거완료」는 '~가 없었더라면 ~이었을 텐데'라는 뜻이다.
2 '~가 없었더라면 ~이었을 텐데'라는 뜻의 가정법 과거완료로 without이 적절하다.
3 「Without + 명사(구), 가정법 과거」는 '~이 없다면, ~일 텐데'라는 뜻이다. unless는 접속사로 뒤에 「주어 + 동사」의 형태가 와야 한다.
4 「Without + 명사(구), 가정법 과거」는 '~이 없다면, ~일 텐데'라는 뜻이다. If는 접속사로 뒤에 「주어 + 동사」의 형태가 와야 한다.
5 「Without + 명사(구), 가정법 과거」는 '~이 없다면, ~일 텐데'라는 뜻이다. As if는 '마치 ~인 것처럼'이란 뜻으로 뒤에 「주어 + 동사」의 형태가 와야 한다.

Pattern #172

pg. 185

1. enjoy　　2. would remain　　3. be
4. buy　　5. started

해석
1 야생에서 야영을 하면서 모기, 뱀, 그리고 거미들과 함께 즐길 수 있다면 좋겠다.
2 그녀는 모든 추억거리가 자신의 마음속에 영원히 머물기를 바랐다.
3 경기를 즐겨라, Justin! 내가 거기에 가서 네가 결승골을 넣는 것을 볼 수 있으면 얼마나 좋을까?
4 Tabarrok이 지적하는 바에 따르면, 대부분의 경우 우리는 선물을 주는 사람이 덜 평범한 것을 주기를 바란다.
5 당신은 시작하지 않았으면 하면서도 무언가를 끝낸 적이 몇 번이나 있는가?

해설
1 지금 야영을 즐기고 싶다고 지금 바라는 것이므로, 주절과 같은 시제의 반대되는 상황을 표현할 땐 「I wish + 가정법 과거」를 쓴다. 따라서 「조동사의 과거형 + 동사원형」의 형태로 앞에 있는 camp와 병렬 구조를 이루고 있는 enjoy를 써야 옳다.

2 과거에 모든 추억이 마음에 머물렀으면 하고 과거에 바라는 것이므로, 주절과 같은 시제의 반대되는 상황을 표현할 땐 「I wish + 가정법과거」를 쓴다. 따라서 「조동사의 과거형 + 동사원형」의 형태로 would remain을 써야 옳다.
3 지금 그곳에 가서 보고 싶다고 지금 바라는 것이므로, 주절과 같은 시제의 반대되는 상황을 표현할 땐 「I wish + 가정법 과거」를 쓴다. 따라서 「조동사의 과거형 + 동사원형」의 형태로 동사원형 be를 써야 옳다.
4 지금 덜 평범한 것을 사주기를 지금 바라는 것이므로. 주절과 같은 시제의 반대되는 상황을 표현할 땐 「I wish + 가정법 과거」를 쓴다. 따라서 「조동사의 과거형 + 동사원형」의 형태로 동사원형 buy를 써야 옳다.
5 과거에 시작하지 않았으면 하고 지금 바라는 것이므로, 주절의 시제보다 더 앞선 시제의 반대되는 상황을 표현할 땐 「I wish + 가정법과거완료」를 쓴다. 따라서 you had 뒤에 과거분사 started를 써서 과거완료 시제로 표현하는 것이 적절하다.

Pattern #173

pg. 186

1. were　　2. drained　　3. were
4. were　　5. were

해석
1 마치 그 나비들은 Olivia를 놀리고 있는 것처럼 보였다. 그것들은 수백만 개의 알을 더 낳겠다고 암시하면서 그녀를 비웃는 것처럼 보였다.
2 그것은 마치 그녀가 내 에너지와 열정을 빼내 버린 것 같았다.
3 그러나 나는 마치 내 손이 마법에 걸린 것처럼 연주를 멈출 수 없었다.
4 그들은 노인들이 예전에 어떠했는지에 대한 기억이 전혀 없어서 그들이(노인들이) 마치 어린이들인 것처럼 그들을 반긴다.
5 그날은 마치 불가사의한 뭔가가 앞에 있는 것처럼 평소와 달리 안개가 자욱했다.

해설
1 「as if + 가정법 과거」는 '마치 ~인 것 처럼'이란 뜻으로 주절의 시제와 같은 시제를 가정할 때 쓰므로 were가 적절하다.
2 「as if + 가정법 과거」는 '마치 ~인 것 처럼'이란 뜻으로 주절의 시제와 같은 시제를 가정할 때 쓰므로 drained가 적절하다.
3 as though는 as if 대신 쓸 수 있다. 「as though」 + 가정법 과거」는 주절의 시제와 같은 시제를 가정할 때 쓴다. 연주를 멈출 수 없는 것과 내 손이 마법에 걸린 것 같은 것이 같은 시제이므로 과거동사 were를 써야 옳다.
4 노인들이 아이인 것 같은 것과 노인들을 반기는 것이 같은 시제이므로 주절의 시제와 같은 시제를 가정하고 있다. 따라서 「as if + 가정법 과거」를 쓰므로 were가 적절하다.
5 안개가 자욱한 것과 불가사의한 뭔가가 앞에 있는 것 같은 것이 같은 시제이므로 주절의 시제와 같은 시제를 가정하고 있다. 따라서 「as if + 가정법 과거」를 써야 옳다. 가정법에서 be동사는 주어의 수, 인칭, 시제에 상관없이 were를 쓴다.

Pattern #174

pg. 187

1. sharpen　　2. let　　3. to keep
4. give　　5. gave

해석

1 매일 똑같은 일을 하는 패턴에 고착되고 무뎌지고 있는 것처럼 느낀다면 아마 일을 멈추고 여러분의 도끼를 날카롭게 갈아야 할 때일 것이다.

2 오늘 나는 여러분에게 전하고자 하는 간단한 메시지를 갖고 있다. 이제 여러분의 완벽주의를 놓을 때이다. 그것(완벽주의)은 여러분을 꼼짝 못하게 하는 걸림돌이 된다.

3 지금 만들고 있는 것을 계속 만들어야 할 때인가? 아니면 새로운 틈새를 창출할 때인가?

4 이제 게임을 그만두고, 아내에게 내 범죄 파트너인 Lisa와 그녀의 사악한 방식에 대해 말해줄 때가 된 것이다.

5 그러나 당신이 이 기기들을 밤늦게 잠자리까지 가지고 들어간다면 다시 숙고해야 하는 때가 된 것입니다.

해설

1 「It is time to부정사」는 '~할 때이다'라는 뜻으로 to 다음에 동사원형을 쓴다. and를 기준으로 stop과 병렬을 이루고 있으므로 동사원형 sharpen을 써야 옳다.

2 「It is time to부정사」는 '~할 때이다'라는 뜻으로 to 다음에 동사원형을 쓴다.

3 「It is time to부정사」는 '~할 때이다'라는 뜻으로 to 다음에 동사원형을 쓴다.

4 「It is time to부정사」는 '~할 때이다'라는 뜻으로 to 다음에 동사원형을 쓴다.

5 「It is time to부정사」와 마찬가지로 「It is time 주어 + 동사의 과거형」도 '~할 때이다'를 의미한다. 따라서 동사의 과거형은 gave를 써야 적절하다.

Pattern #175   pg. 188

1. disappear   2. change   3. rear
4. Should the student   5. should

해석

1 무화과나무가 사라지면 과실을 먹는 척추동물들이 대부분 제거될 것이다.

2 그러나 자연 혹은 더 흔하게는 외적인 힘의 결과로 그러한 조건들이 변하면 전문종은 흔히 멸종하게 된다.

3 혼돈이 그 추한 고개를 들면 지도자는 즉시 정상으로 되돌릴 것으로 기대되었다.

4 게다가 만약 시험에서 좋은 성적을 받게 된다면, 난관에도 불구하고 성공했다는 사실로 인해 성취감이 향상된다.

5 또한, 만약 모델이 광고되는 제품에 불신을 가져온다면 계약이 자동으로 취소되어야 한다.

해설

1 원래 가정법 문장 'If the fig trees should disappear ~'에서 if가 생략되면서 주어와 should가 도치된 문장이다. 조동사 should 다음에는 동사원형이 와야 하므로 disappear를 써야 옳다.

2 원래 가정법 문장 'If those conditions should change ~'에서 if가 생략되면서 주어와 should가 도치된 문장이다. 조동사 should 다음에는 동사원형이 와야 하므로 change를 써야 옳다.

3 원래 가정법 문장 'If chaos Should rear ~'에서 if가 생략되면서 주어와 should가 도치된 문장이다. 조동사 should 다음에는 동사원형이 와야 하므로 rear를 써야 옳다.

4 문장에 접속사가 없으므로 원래 가정법 문장 'If the students should receive ~'에서 접속사 if가 생략되면서 주어와 should가 도치된 문장이다. 따라서 should the student로 써야 옳다.

5 주어는 the personality 단수이지만 동사 자리에 동사원형 bring이 쓰였으므로, 원래 가정법 'if the personality should bring ~'에서 if가 생략되면서 주어와 should가 생략된 문장이다. 따라서 조동사 should를 써야 옳다.

Pattern #176   pg. 189

1. is   2. is   3. was
4. are   5. is

해석

1 저장된 식품들 사이에 약간의 공기 순환의 필요성이 기체와 습기의 권리와 관련되어 있다.

2 보고 듣는 우리의 능력만큼 놀라운 것이 무시하는 우리의 능력이다.

3 어느 열한 살 먹은 남자아이가 허름한 옷을 입고 그의 옆에 서 있었다.

4 우리는 너무나 경솔해서 우리의 것이 아닌 시간 속에서 방황하고 우리에게 속한 것에 대해 생각하지 않는다.

5 그리스인의 자유와 개성만큼이나 놀라운 것은 세계에 대한 그들의 호기심이다.

해설

1 be동사의 보어로 쓰인 형용사구(Related to ~ moisture)가 문두로 강조되면서 주어, 동사가 도치된 문장이다. 주어는 뒤에 있는 the need이므로 단수 동사 is를 쓰는 것이 적절하다.

2 be동사의 보어로 쓰인 형용사구(As remarkable ~ hear)가 문두로 강조되면서 주어, 동사가 도치된 문장이다. 주어는 뒤에 있는 our capacity이므로 단수 동사 is를 쓰는 것이 적절하다.

3 be동사의 보어로 쓰인 형용사구(Standing next to him)가 문두로 강조되면서 주어, 동사가 도치된 문장이다. 주어는 뒤에 있는 an eleven-year-old boy이므로 단수 동사 was를 쓰는 것이 적절하다.

4 be동사의 보어(so imprudent)가 문두로 강조되면서 주어, 동사가 도치된 문장이다. 주어는 뒤에 있는 we이므로 are를 쓰는 것이 적절하다.

5 be동사의 보어(As striking ~ individuality)가 문두로 강조되면서 주어, 동사가 도치된 문장이다. 주어는 뒤에 있는 their sense of curiosity이므로 단수 동사 is를 쓰는 것이 적절하다.

Pattern #177   pg. 190

1. are   2. was   3. is
4. lies   5. stood

해석

1 가장 흥미 있는 자연의 체온 조절 행동 중에는 벌과 개미와 같은 사회적 곤충들의 행동이 있다.

2 어떤 경우에도 모든 적 혹은 모든 과일을 하나씩 일일이 셀 필요는 없었다. 중요한 것은 상대적인 양을 재빨리 어림잡을 수 있어야만 하는 것이었다.

3 거의 모든 비판 뒤에는 "네가 더 나와 같기만 하면, 그리고 내가 인생을 보는 것처럼 인생을 살아가기만 한다면, 너는 훨씬 더 좋아질 텐데."라는 말이 있다.

4 브리티시 콜럼비아주의 해안가를 따라서 짙은 황록색과 반짝이는 파란색의 지대가 위치하고 있다.

5 터미널에서는 한 젊은 아버지가 멀리 사는 조부모를 처음 방문한 아기를 데리고 돌아오는 자신의 가족을 기다리며 서 있었다.

해설

1 전치사구(Among ~ behaviors)가 문두로 강조되면서 주어, 동사가 도치된 문장이다. 주어는 뒤에 있는 those of social insects이므로 복수 동사 are를 써야 옳다.

2 전치사구(In neither case)가 문두로 강조되면서 주어, 동사가 도치된 문장이다. 주어는 뒤에 있는 it이므로 단수 동사 was를 써야 옳다.

3 전치사구(Behind ~ criticism)가 문두로 강조되면서 주어, 동사가 도치된 문장이다. 주어는 뒤에 있는 the sentence이므로 단수 동사 is를 써야 옳다.

4 전치사구(Along ~ British Columbia)가 문두로 강조되면서 주어, 동사가 도치된 문장이다. 주어는 뒤에 있는 a land이므로 단수 동사 lies를 써야 옳다.

5 전치사구(In the terminal)가 문두로 강조되면서 주어가 도치된 문장이다. 주어는 뒤에 있는 a young father이고 동사인 stood가 와야 적절하다.

Pattern #178

pg. 191

1. does   2. reach   3. has
4. had   5. do

해설

1 전통적인 관점은 또한 비지성적인 요인들, 특히 제도적 요인과 사회 경제적 요인이 과학 발전에서 하는 역할을 인식하지 못한다.

2 텔레비전을 이용하지 않고, 다른 미디어만을 이용하는 새로운 브랜드나 새로운 캠페인이 아주 빠르게 높은 수준의 대중 인지도에 도달하는 경우는 거의 없다.

3 그 전에도 그 이후에도, 기념비성이라는 특성이 이집트에서처럼 완전히 달성된 적은 한 번도 없었다.

4 연극이 시작되자마자 그녀는 앞으로 넘어지면서 졸기 시작했다.

5 비록 대략 모든 공의 3분의 1이 중앙으로 떨어짐에도 불구하고 그들은 좀처럼 중앙에서 있지 않는다.

해설

1 부정어(Nor)가 문두로 강조되면 「조동사 + 주어 + 동사」의 어순으로 도치가 일어난다. 문장에 일반동사가 사용되면 조동사 자리에 주어의 인칭과 수, 시제에 따라 do, does, did 중에 알맞은 형태로 쓰고 주어 뒤에는 동사원형을 쓴다. 주어는 뒤에 있는 the traditional view이므로 단수 동사 does를 써야 옳다.

2 문장에 일반동사가 사용되면서 부정어(Seldom)가 문두로 강조되면 「do/does/did + 주어 + 동사원형」의 어순으로 도치가 일어난다. 따라서 동사원형 reach를 써야 옳다.

3 부정어(Never before and never since)가 문두로 강조되면 완료시제 동사는 「has/have + 주어 + p.p.」 형태로 도치가 일어난다. 주어는 뒤에 있는 the quality of monumentality이므로 단수 동사 has를 써야 옳다.

4 부정어(No sooner)가 문두로 강조되면서 도치가 일어난 문장이다. 연극이 시작된 것이 졸기 시작한 것보다 시간상 먼저 일어난 일이니 과거완료 도치이며 「had + 주어 + p.p.」의 형태로 쓴다.

5 부정어(Rarely)가 문두로 강조되면 「조동사 + 주어 + 동사」의 어순으로 도치가 일어난다. 문장에 일반동사가 사용되면 조동사 자리에 주어의 인칭과 수, 시제에 따라 do, does, did 중에 알맞은 형태로 쓰고 주어 뒤에는 동사원형을 쓴다. 주어는 뒤에 있는 they이므로 복수 동사 do를 써야 한다.

Pattern #179

pg. 192

1. do   2. work   3. are
4. is   5. begin

해석

1 예를 들어, 상당한 양의 관찰이 있은 뒤에야 거품 상자의 불꽃은 확인 가능한 미립자의 구체적 운동으로서 인식될 수 있게 된다.

2 유일한 문제점은 이 거울은 해가 뜨는 이른 아침에만 숲에서 찾을 수 있고 그때 오직 몇 분 동안만 마법이 발휘된다는 것이었다.

3 단지, 모델들이 매력적으로 태어난 것이며, 오직 이러한 이유로 그들이 화장품 광고를 위한 후보들인 것이다.

4 단체 스포츠, 듀얼 스포츠, 개인 스포츠의 균형 있는 프로그램을 통해서만 고르게 균형을 갖춘 개인의 성장이 가능하다.

5 어느 정도의 시간과 노력이 있은 뒤에야 학습자는 이런 사고방식의 중요성과 타당성을 알 수 있게 해주는 통찰력과 직관력을 발달시키기 시작한다.

해설

1 only 부사구(only after ~ observation)가 문두로 강조되면서 「do/does/did + 주어 + 동사원형」 형태로 도치된 문장이다. 주어는 뒤에 있는 the sparks이므로 복수 동사 do를 쓰는 것이 적절하다.

2 only 부사구(only for a few minutes)가 문두로 강조되면서 「do/does/did + 주어 + 동사원형」 형태로 도치된 문장이다. 따라서 동사원형 work를 쓰는 것이 적절하다.

3 only 부사구(only for this reason)가 문두로 강조되면서 도치된 문장이다. 주어는 뒤에 있는 they이므로 복수 동사 are를 쓰는 것이 적절하다.

4 only 부사구(only through ~ sports)가 문두로 강조되면서 도치된 문장이다. 주어는 뒤에 있는 it이므로 단수 동사 is를 쓰는 것이 적절하다.

5 only 부사구(only after ~ struggle)가 문두로 강조되면서 「do/does/did + 주어 + 동사원형」 형태로 도치된 문장이다. 따라서 동사원형 begin을 쓰는 것이 적절하다.

Pattern #180

pg. 193

1. organized   2. borders   3. created
4. requires   5. brief

해석

1 이제, 세계의 대부분의 음악 문화에서 음 높이는 고정되어 있을 뿐만 아니라, 연속된 별개의 음정으로 조직되어 있다는 것은 사실이다.

2 주권과 시민권은 따라서 공간의 경계뿐만 아니라 시간의 경계 또한 필요로 한다.

3 산업 자본주의는 일거리를 만들어 냈을 뿐만 아니라, 그 말의 현대적 의미로의 '여가'도 또한 만들어 냈다.

4 지도력을 발휘하는 일은 여러분에게 조직상의 현재 상태에 도전할 것을 요구할 뿐만 아니라, 여러분의 내적인 현재 상태에 대해서도 도전할 것을 요구한다.

5 이러한 접촉은 보통 폭력적일 뿐만 아니라 기간도 짧았으며, 가끔씩만 발생했다.

해설

1 「not only A but also B」에서 A와 B는 형태와 성분이 병렬을 이루어야 한다. 따라서 are에 보어 역할을 하는 과거분사 fixed에 상응하는 organized를 쓰는 것이 적절하다.

2 「not only A but also B」에서 A와 B는 형태와 성분이 병렬을 이루어야 한다. 따라서 require의 목적어로 쓰인 명사구 borders in space에 상응하는 명사 borders를 쓰는 것이 적절하다.

3 「not only A but also B」에서 A와 B는 형태와 성분이 병렬을 이루어야 한다. 따라서 과거동사 created와 상응하는 동사 created를 쓰는 것이 적절하다.

4 「not only A but also B」에서 A와 B는 형태와 성분이 병렬을 이루어야 한다. 따라서 동사 requires에 상응하는 동사 requires를 쓰는 것이 적절하다.

5 「not only A but also B」에서 A와 B는 형태와 성분이 병렬을 이루어야 한다. 따라서 were의 보어 역할을 하는 형용사 violent에 상응하는 형용사 brief를 쓰는 것이 적절하다.

Pattern #181
pg. 194

1. that
2. until
3. until
4. until
5. until

해석

1 1880년대가 되어서야 그 수술이 의학 학술지에 기술되고 의과 대학에서 교육되었다.

2 겨우 5살짜리 내 아들은 어느 날 밤 종이에 '엄마 사랑해요.'라는 말을 쓰고서야 비로소 잠자리에 들 수 있었다.

3 인간이 한 번에 여러 가지 일을 한다는 개념은 1920년대 이래로 심리학자들에 의해 연구되어 왔지만, '멀티태스킹'이라는 용어는 1960년대가 되어서야 비로소 존재하였다.

4 처음에 그 매니저는 내가 그 스스로가 그 자세를 해보게 하기 전까지 내가 말한 것을 이해하지 못한 것처럼 보였다.

5 1974년에야 비로소 또 다른 미국인 과학자인 Dr. Virginia Collings가 원래의 이론을 재검토하였다.

해설

1 「not until A that B」는 'A해서야 비로소 B하다'라는 의미이므로 that이 와야 적절하다.

2 「not A until B」는 'B하고 나서야 비로소 A하다'라는 뜻이다. by는 전치사로 뒤에 「주어 + 동사」가 올 수 없다.

3 「not A until B」는 'B하고 나서야 비로소 A하다'라는 뜻이다. 문맥상 since(~ 이후로)는 적절하지 않다.

4 「not A until B」는 'B하고 나서야 비로소 A하다'라는 뜻이다. by는 전치사로 뒤에 「주어 + 동사」가 올 수 없다.

5 「not until A that B」는 'A해서야 비로소 B하다'라는 의미이므로 until이 와야 적절하다.

Pattern #182
pg. 195

1. does
2. does
3. do
4. were
5. does

해석

1 그러나 온도계를 직사광선에 두면, 붉은색의 알코올은 맑은 공기가 그러는 것보다 더 많은 햇빛을 흡수한다.

2 이런 종류의 측정은 80세인 한 사람이 생물학적으로 80 또는 심지어 90세인 또 다른 80세인 사람보다 그렇게 훨씬 더 많은 젊음의 특징을 가진 이유를 설명하는 데 도움을 줄 것이다.

3 우리는 자신의 선생님에게 '지적으로 재능을 발휘할 학생'으로 소개된 학생이 그러한 긍정적인 소개가 없는 학생보다 학력 검사에서 흔히 더 잘한다는 것을 알고 있다.

4 결과는 집단 구성원 모두가 모여 토론을 하기 이전에 각 개인이 내린 결정보다 토론 이후에 내린 집단 결정이 더 좋지 않은 경우가 더 많았다는 것을 보여 줬다.

5 물고기가 소금물에 살 때, 바닷물은 물고기 속에 있는 액체보다 더 많은 소금을 함유하고 있다.

해설

1 than 뒤에 주어, 동사 도치가 일어난 문장으로, 주어가 the transparent air로 단수이므로 단수 동사 does를 쓰는 것이 적절하다.

2 than 뒤에 주어, 동사 도치가 일어난 문장으로, 주어가 another eight-year-old로 단수이므로 단수 동사 does를 쓰는 것이 적절하다.

3 than 뒤에 주어, 동사 도치가 일어난 문장으로, 주어가 their counterparts로 복수이므로 복수 동사 do를 쓰는 것이 적절하다.

4 than 뒤에 주어, 동사 도치가 일어난 문장으로, 주어가 their individual members로 복수이므로 복수 동사 were를 쓰는 것이 적절하다.

5 than 뒤에 주어, 동사 도치가 일어난 문장으로, 주어가 the liquid로 단수이므로 단수 동사 does를 쓰는 것이 적절하다.

Pattern #183
pg. 196

1. did
2. were
3. is
4. do
5. does

해석

1 Emily Dickinson이 그랬던 것처럼, 자신들의 작품이 개인적으로 옮겨 적은 타자 인쇄물로 유통되는 러시아 시인들도 그렇게 한다.

2 말이 없는 마차와 이후의 자동차와 마찬가지로, 말이 끄는 마차도 그 자체로 기술적인 혁신이었다.

3 우리는 두려워하도록 내재되어 있다. 안정이 그러하듯이, 그것은 생존의 필수 사항인데, 그것은 변화하는 능력을 제한할 수 있는 자연의 또 다른 힘이다.

4 상추, 오이, 그리고 토마토와 같은 샐러드 채소 역시 묽은 수프가 그런 것처럼 매우 높은 수분 함량을 갖고 있다.

5 예를 들어, 소리를 번역한다는 것은, 시각 자료를 가지고 하는 작업이 정말로 그러는 것처럼 상상력이 풍부한 해결책을 요구한다.

해설

1 as 뒤에 주어, 동사 도치가 일어난 문장으로, Emily Dickinson이 그랬던 것처럼 러시아 시인들도 그렇게 한다는 의미가 되려면 did를 쓰는 것이 적절하다.

2 as 뒤에 주어, 동사 도치가 일어난 문장으로, 주어가 the horseless carriage and later automobiles로 복수이므로 복수 동사 were를 쓰는 것이 적절하다.

3 as 뒤에 주어, 동사 도치가 일어난 문장으로, 주어가 stability로 단수이므로 단수 동사 is를 쓰는 것이 적절하다.

4 as 뒤에 주어, 동사 도치가 일어난 문장으로, 주어가 broth-based soups로 복수이므로 복수 동사 do를 쓰는 것이 적절하다.

5 as 뒤에 주어, 동사 도치가 일어난 문장으로, 주어가 working with visual material로 동명사이므로 단수 취급하여 does를 쓰는 것이 적절하다.

Pattern #184

1. that   2. lead   3. that
4. it   5. make

해석

1 논리에 맞게 그리고 일관성 있게 거짓말이나 환상을 실행하는 것은 물론 가능하고, 바로 이런 원리를 바탕으로 가상 세계에서 게임이 운영되고 별칭을 쓰는 사람들이 대화방에서 상호작용을 한다.

2 사실상 실제로 그들이 더 많은 것들을 기억해 내게 하는 것은 바로 최면의 힘에 대한 사람들의 믿음일지도 모른다.

3 정체성이 중요성을 띠는 것은 바로 어떤 정치적 문제가 특정 집단의 사람들의 행복에 영향을 주는 경우뿐이다.

4 그가 공부할 수 있도록 매일 옷을 세탁했던 것이 바로 이 두 손이었음을 그가 깨달은 것은 이번이 처음이었다.

5 생태학을 매우 흥미롭게 해주는 것이 바로 이런 종류의 예기치 못한 복잡성과 명백한 모순이다.

해설

1 부사구 'on this principle'이 「it ~ that 강조구문」으로 강조된 부분이다. when은 시간과 관련된 부분을 강조할 때 쓰이므로 on the principle을 강조할 수 없다.

2 「it ~ that 강조구문」에서 동사의 수 일치는 강조 대상(people's beliefs ~ hypnosis)에 일치시키므로 복수 동사 lead가 적절하다.

3 부사절 'only when ~ group'이 「it ~ that 강조구문」으로 강조된 부분이다. what 뒤엔 불완전한 절이 와야 하므로 답이 될 수 없다.

4 명사구 'this pair of hands'가 「it ~ that 강조구문」으로 강조된 부분이므로 it이 적절하다.

5 「it ~ that 강조구문」에서 동사의 수 일치는 강조 대상(these sorts ~ contradictions)에 일치시키므로 복수 동사 make가 적절하다.

Pattern #185
pg. 198

1. makes   2. prefer   3. are
4. played   5. enable

해석

1 Elton에 의한 '생물 다양성-침입성' 가설은 높은 다양성이 군집의 경쟁력 있는 환경을 증가시켜 그 군집에 침투하는 것을 더 어렵게 만든다고 제안한다.

2 그들은 어떤 사람이 가진 아이의 수를 세는 것은 불운을 가져온다고 믿고 있으며, 자신이 가진 것보다 더 적은 수의 아이를 말하기를 선호한다.

3 더 일반적으로는 우리에게 어떤 현상에 대한 일련의 대안적 설명이 제공되고, 그런 다음 그 설명들 중 하나를 제외하고는 모든 것이 적절하지 않다는 것을 확신한다면, 우리는 멈춰서 심사숙고 해야 한다.

4 그녀가 갑자기 나를 멈춰 세우고 내가 언제나 가장 좋아하는 노래인 'When the Stars Go Blue'를 틀었다.

5 그것들은 둘 다 우리의 행동을 변화시키거나, 사건의 진행을 바꾸거나, 미래의 창작물을 가능하게 할 수 있다.

해설

1 주어 high diversity의 동사로 increases와 makes가 등위접속사 and를 기준으로 병렬구조를 이루고 있는 문장이다.

2 주어 they의 동사로 believe와 prefer가 등위접속사 and를 기준으로 병렬구조를 이루고 있는 문장이다.

3 주어 we의 동사로 are presented와 are persuaded가 등위접속사 and를 기준으로 병렬구조를 이루고 있는 문장이다.

4 주어 she의 동사로 stopped와 played가 등위접속사 and를 기준으로 병렬구조를 이루고 있는 문장이다.

5 주어 they의 동사로 change, alter, enable이 조동사 can에 병렬구조로 연결되어 있으므로 동사원형 enable을 써야 옳다.

Pattern #186
pg. 199

1. get   2. to justify   3. to serve
4. to be   5. to use

해석

1 있는 것과 성취할 수 없는 것에 대한 균형 잡힌 시각을 가지려고 노력한다.

2 그러고 나서 아이들은 그 자동차들이 같은 시간 동안 달렸는지의 여부를 판단하고 자신들의 판단이 옳다는 것을 설명해 보라는 요청을 받았다.

3 영화는 지배적인 문화를 지지하고 시간이 지남에 따라 그것을 재생산하는 수단의 역할을 한다고 말할 수 있다.

4 사실상 큰 수는 정서적 반응(감정)을 전달하지 않는다면 의미가 없으며 결정을 할 때 과소평가되는 것이 밝혀졌다.

5 그것은 우리 자신의 사회를 연구할 때 액면 그대로 받아들여서 순진하게 사용하기에는 특정한 의미가 너무 많은 용어이기도 하다.

해설

1 「seek + to부정사」는 '~하려고 노력하다'라는 뜻으로 avoid와 get이 문맥상 등위접속사 and를 기준으로 대등하게 연결된 병렬구조이다. get 앞에 to가 생략되어 있다.

2 문맥상 아이들이 하고 요청 받은 것으로 to judge와 to justify가 등위접속사 and를 기준으로 대등하게 연결된 병렬구조이다.

3 문맥상 영화에 대해 말해지는 내용으로 to support와 to serve가 등위접속사 and를 기준으로 대등하게 연결된 병렬구조이다.

4 문맥상 큰 수에 대해 밝혀진 내용으로 to lack과 to be가 등위접속사 and를 기준으로 대등하게 연결된 병렬구조이다.

5 「too ~ to부정사」는 '너무 ~해서 …할 수 없다」는 뜻으로 to take와 to use가 문맥상 등위접속사 and를 기준으로 대등하게 연결된 병렬구조이다.

Pattern #187
pg. 200

1. watching   2. exploding   3. settling
4. allowing   5. exercising

해석

1 그들은 말 한마디 없이 선 채 물고기들이 온 힘을 다하는 것을 지켜보았다.

2 농담은 또한 사람의 잠재의식 속에 눈에 띄지 않고 남아, 그 사람의 자존감을 갉아먹거나 나중에 그것을 폭발시키는 흰개미나 시한폭탄일 수도 있다.

3 동아프리카의 인구가 증가함에 따라 마사이족 사람들은 그렇지 않으면 모든 것을 잃어버린다는 두려움에 자신들의 토지를 분할하고 정착하고 있다.

4 그러나 '초점'에서 속삭일 때, 반사되는 음파는 전부 다른 초점에 '동시에' 도달하며, 그리하여 서로를 강화하여 여러분의 말이 들리게 한다.

5 예를 들어 토요일 오후를 가족과 함께 편안하게 쉬면서 보낼 것인지 아니면 운동을 하면서 보낼 것인지 정하는 것은 가족 대 건강에 대해 여러분이 부가하는 상대적 중요성에 의해 결정될 것이다.

해설

1 문맥상 standing과 watching이 등위접속사 and를 기준으로 대등하게 연결된 병렬구조이다.

2 문맥상 'lingering ~', 'gnawing ~', 'exploding ~'이 3개의 분사구문이 「A, B, or C」구조로 대등하게 연결된 병렬구조이다.

3 문맥상 subdividing과 settling이 등위접속사 and를 기준으로 대등하게 연결된 병렬구조이다.

4 문맥상 분사구문 'reinforcing ~'과 'allowing ~'이 등위접속사 and를 기준으로 대등하게 연결된 병렬구조이다.

5 문맥상 relaxing과 exercising이 등위접속사 or를 기준으로 대등하게 연결된 병렬구조이다.

Pattern #188
pg. 201

1. to	2. to	3. to
4. to	5. to	

해석

1 서 있는 수목으로서 숲의 사용과 가치에 대한 인식은 토착민에서 중앙정부와 서구의 과학자에 이르기까지 상당히 다르다.

2 그 후 Tammy와 그녀의 가족은 뉴욕주의 삼림지대에서 캘리포니아주의 로스앤젤레스 외곽에 있는 도회지로 이사했다.

3 축구의 페널티킥 상황에서 공은 공을 찬 선수로부터 골대로 이동하는 데 0.3초도 걸리지 않는다.

4 20세기에 냉장에서부터 고성능 오븐, 신선한 재료를 전세계에 실어 나르는 항공 수송에 이르기까지 기술의 진보는 제빵과 페이스트리 만드는 것에 헤아릴 수 없을 정도로 기여했다.

5 아날로그에서 디지털로의 영화 제작 방식의 변화를 초기 르네상스 시대에 프레스코 화법(새로 석회를 바른 벽에 그것이 마르기 전에 그림을 그리는 것)과 템페라 화법(안료에 달걀노른자와 물을 섞어 그린 그림)에서 유화 화법으로의 변화에 비유하고 싶다.

해설

1 「from A to B」구문으로 문맥상 앞에 나온 from과 연결되는 to를 써야 옳다.

2 「from A to B」구문으로 문맥상 앞에 나온 from과 연결되는 to를 써야 옳다.

3 「from A to B」구문으로 문맥상 앞에 나온 from과 연결되는 to를 써야 옳다.

4 「from A to B」구문으로 문맥상 앞에 나온 from과 연결되는 to를 써야 옳다.

5 「from A to B」구문이 등위접속사 and를 기준으로 대등하게 연결된 병렬구조로, 앞에 나온 from과 연결되는 to를 써야 옳다.

Pattern #189
pg. 202

1. them	2. Write it down	3. it down
4. it	5. put yourself down	

해석

1 음식 예절은 사회적 장벽, 그리고 그 장벽 타파의 불가능성에 대한 표시가 되어 버렸다.

2 그러나 그것을 적으면, 그것을 볼 수 있고, 느낄 수 있고, 잡을 수 있고, 영원히 간직할 수 있다.

3 그것(그 엔진)을 끄기 전까지 그는 얼마나 더 비행할 수 있을 것인가?

4 그녀가 마시고 있는 동안에, Scott은 자신의 우유를 흘렸고 Anderson은 그를 도와 그것을 닦아 주었다.

5 스스로를 깎아 내리기보다는 칭찬하는 것이 참으로 훨씬 더 기분을 좋게 한다는 것을 알게 될 것이다.

해설

1 「동사 + 부사」로 이루어진 구동사 break down의 목적어로, 문맥상 barriers를 대신하는 대명사 them을 쓰는 것이 적절하다.

2 「동사 + 부사」로 이루어진 구동사는 목적어가 대명사인 경우 동사와 부사 사이에 쓴다.

3 「동사 + 부사」로 이루어진 구동사는 목적어가 대명사인 경우 동사와 부사 사이에 쓴다.

4 「동사 + 부사」로 이루어진 구동사 clean up의 목적어로, 문맥상 milk를 대신하는 대명사 it을 쓰는 것이 적절하다.

5 「동사 + 부사」로 이루어진 구동사는 목적어가 대명사인 경우 동사와 부사 사이에 쓴다.

Pattern #190
pg. 203

1. train	2. Seek	3. take
4. Clarify	5. question	

해석

1 이 신경의 고정된 틀(부정적 사고로 향하는 틀)에서 벗어나기 위해, 일이 '제대로' 되어 갈 때를 인식하도록 자신을 훈련하라.

2 여러분의 인문학 교육을 다소 '탄탄하게' 해 주기 위해서 인턴직을 찾아보고, 통계학, 프로그래밍, 혹은 경영학과 같은 선택 과목을 수강하라.

3 옴짝달싹 못하고 정신적으로 메말라 있고 또는 전적으로 우울하다고 느낄 때마다 시간을 가지고 변화가 진행되고 있다는 것을 여러분 자신에게 상기시켜라.

4 해로운 화학물질에 대한 알림은 단순히 그 그릇의 특징이 아니라 경고라는 점을 분명히 밝히십시오.

5 이런 논평이 여러분의 자기 확신을 흔들도록 놔두지 마라. 그 논평에 대한 그 사람의 이유에 대해 항상 의문을 가져라.

해설

1 to train을 답으로 고르면 문장에 주어 동사가 없는 틀린 문장이 된다. 그러므로 동사원형(train)으로 시작하는 주어(you)가 생략된 명령문으로 써야 옳다.

2 Seeking을 답으로 고르면 문장에 주어 동사가 없는 틀린 문장이 된다. 그러므로 동사원형(Seek)으로 시작하는 주어(you)가 생략된 명령문으로 써야 옳다. 등위접속사 and를 기준으로 명령문 'Seek ~'과 'take ~'가 대등하게 연결된 병렬구조이다.

3 taking을 답으로 고르면 주절에 주어 동사가 없는 틀린 문장이 된다. 그러므로 동사원형(take)으로 시작하는 주어(you)가 생략된 명령문으로 쓰는 것이 적절하다.

4 To clarify를 답으로 고르면 문장에 주어 동사가 없는 틀린 문장이 된다. 그러므로 동사원형(Clarify)으로 시작하는 주어(you)가 생략된 명령문으로 쓰는 것이 적절하다.

5 questions를 답으로 고르면 문장에 주어 동사가 없는 틀린 문장이 된다. 그러므로 동사원형(question)으로 시작하는 주어(you)가 생략된 명령문으로 쓰는 것이 적절하다.

Pattern #191 pg. 204

1. or 2. and 3. and
4. and 5. or

해석

1 서둘러라. 그렇지 않으면 너는 학교에 늦을 거야.

2 문제에 대해 질문이 있으면, (212) 555-5612로 메시지를 남겨주시고 그러면 제 아내나 저나 둘 중 한 사람이 가능한 빨리 전화를 드리겠습니다.

3 당신의 생각을 점검해보면, 당신은 그것들이 완전히 과거나 미래에 사로잡혀 있다는 것을 알게 될 것이다.

4 이것들을 명심해라. 그러면 당신은 가정에 새로운 구성원을 갖는 것을 즐기게 될 것이다.

5 그래서 동료에 대해서 험담할 때 조심하라. 그렇지 않으면, 당신은 당신이 묘사한 대로 보여질 수 있다.

해설

1 문맥상 '~해라 그렇지 않으면 …할 것이다'라는 의미가 되어야 하므로 「명령문, + or」형태를 쓰는 것이 적절하다.

2 문맥상 '~해라 그러면 …할 것이다'라는 의미가 되어야 하므로 「명령문, + and」형태를 쓰는 것이 적절하다.

3 문맥상 '~해라 그러면 …할 것이다'라는 의미가 되어야 하므로 「명령문, + and」형태를 쓰는 것이 적절하다.

4 문맥상 '~해라 그러면 …할 것이다'라는 의미가 되어야 하므로 「명령문, + and」형태를 쓰는 것이 적절하다.

5 문맥상 '~해라 그렇지 않으면 …할 것이다'라는 의미가 되어야 하므로 「명령문, + or」형태를 쓰는 것이 적절하다.

Pattern #192 pg. 205

1. what music is 2. audiences would find
3. they are 4. is 5. how we expect

해석

1 악음(樂音)의 특정 속성이라는 견지에서 음악이 무엇인가를 정의하고자 하는 많은 시도가 있었다.

2 그러나 영화가 하는 일의 전부가 적절한 삶에 대한 문화적 지시와 처방을 전달하는 것뿐이라면 관객들이 왜 그러한 영화가 즐겁다고 느끼는지에 대한 질문이 제기될 수 있다.

3 코끼리의 진화된 인사 행동은 그들이 얼마나 사회적으로 유대감을 갖고 있으며 얼마나 오랫동안 헤어져 있었는지를 보여주는 지표가 될 수 있다.

4 경쟁은 기본적으로 여러 유기체에 의해 활용되는 먹이와 공간과 같은 자원의 이용 가능성이 다른 유기체에 의해 어떻게 줄어드는지와 관련되어 있다.

5 우리는 그것이 Mary가 아니라는 것을 알지만, 그러한 전형적인 반응은 사진술이 우리를 위해 우리의 실제를 복제해주기를 어떻게 기대하는지 생생하게 상기시켜 주는 역할을 한다.

해설

1 what 의문문이 define의 목적어로 쓰인 간접의문문이므로 「의문사 + 주어 + 동사」의 어순으로 써야 한다. 그러므로 what music is로 쓰는 것이 적절하다.

2 why 의문문이 ask의 목적어로 쓰인 간접의문문이므로 「의문사 + 주어 + 동사」의 어순으로 써야 한다. 앞에 의문사(why)는 주어졌으므로 「주어 + 동사」의 어순인 audiences would find를 쓰는 것이 적절하다.

3 how 의문문이 전치사 of의 목적어로 쓰인 간접의문문이므로 「의문사 + 주어 + 동사」의 어순으로 써야 한다. 앞에 의문사(how)는 주어졌으므로 「주어 + 동사」의 어순인 they are를 쓰는 것이 적절하다.

4 how 의문문이 전치사 with의 목적어로 쓰인 간접의문문이므로 「의문사 + 주어 + 동사」의 어순으로 써야 한다. 앞에 의문사(how)와 주어(the availability of resources)는 주어졌으므로 동사 is를 써야 옳다. 주어와 동사 사이에 'such as ~ organisms'가 삽입구로 들어가 있다.

5 how 의문문이 전치사 of의 목적어로 쓰인 간접의문문이므로 「의문사 + 주어 + 동사」의 어순으로 써야 한다. 그러므로 how we expect로 쓰는 것이 적절하다.

Pattern #193 pg. 206

1. distinguishes 2. negative 3. nor
4. limiting 5. bad

해석

1 음식은 먹는 사람을 구별 지을 뿐만 아니라 결속하기도 하는데, 이는 사람이 먹는 것과 먹는 방식이, 그 정체성이 국가든 민족의식이든, 집단 정체성에 대한 그 사람의 정서적 유대의 많은 부분을 형성하기 때문이다.

2 '감정적 식사'는 긍정적 감정과 부정적 감정 모두에 의해 영향 받는 식사를 설명하기 위해 사용되는 일반적인 용어이다.

3 '분산된' 취락 형태에 있는 가옥들은 농지에 위치하며, 흩어져 있는 주민들에게 공기와 물이 대단히 집중된 전염을 제공하지 않는다.

4 진화의 관점에서 볼 때, 두려움은 변화를 조성하고 제한하며, 종을 보존하는 데 기여해 왔다.

5 음식은 비록 우리가 그렇게 그것을 인식하도록 교육을 받아왔지만 절대적으로 좋거나 나쁘지 않다.

해설

1 상관접속사 「B as well as A (A뿐만 아니라 B도)」에서 A와 B는 문법적으로 대등하게 연결되어야 한다. 그러므로 주어 Food의 동사로 단수 동사 unites와 병렬구조를 이루는 distinguishes를 쓰는 것이 적절하다.

2 상관접속사 「both A and B (A와 B 둘 다)」에서 A와 B는 문법적으로 대등하게 연결되어야 한다. 그러므로 형용사 positive와 병렬구조를 이루는 negative를 쓰는 것이 적절하다.

3 상관접속사 「neither A nor B (A와 B 둘 다 아닌)」구조의 문장이다. 그러므로 앞에 neither에 연결되는 nor를 쓰는 것이 적절하다.

4 상관접속사 「both A and B (A와 B 둘 다)」에서 A와 B는 문법적으로 대등하게 연결되어야 한다. 그러므로 전치사 to의 목적어로 쓰인 동명사 fostering과 병렬구조를 이루는 limiting을 쓰는 것이 적절하다.

5 상관접속사 「neither A nor B (A와 B 둘 다 아닌)」에서 A와 B는 문법적으로 대등하게 연결되어야 한다. 그러므로 형용사 good과 병렬구조를 이루는 bad를 쓰는 것이 적절하다.

Pattern #194
pg. 207

1. offspring at all 　2. sleep at all 　3. them at all
4. not at all 　5. affected at all

해석

1 반면에, 청년의 몸에 암을 발달 시켰던 유전자는 많은 자손들에게 전달되지 않을 것이고, 어린이의 몸에 치명적인 암을 발달시켰던 유전자는 어떤 자손에게도 전혀 전달되지 않을 것이다.
2 만약 그녀가 그 아기들 중 한 명이 배고파서 크게 울 때마다 잠이 깬다면 그녀는 잠을 한숨도 자지 못할 것이다.
3 많은 사람이 자신이 해야 할 일을 계속 미루는 한 가지 이유는 그 일들을 잘못하거나 제대로 하지 못할 것이라고 두려워해서 아예 그 일들을 하지 않기 때문이다.
4 방금 집과 직장을 동시에 잃고 그것에 대해 전혀 걱정하지도 않고 아무런 감정적 반응을 보이지 않는 친구를 상상해 보라. 사실 그런 경우에 우리는 그 친구의 이성, 즉 현실에 대한 이해력을 의심해 보기 마련이다.
5 반면에 천성적으로 무리 지어 살지 않는 어떤 동물들은 전혀 영향을 받지 않는 것처럼 보인다.

해설

1 「부정어 + at all」 형태로 부정어를 강조할 수 있다. at all은 보통 문장 끝에 위치한다.
2 「부정어 + at all」 형태로 부정어를 강조할 수 있다. at all은 보통 문장 끝에 위치한다.
3 「부정어 + at all」 형태로 부정어를 강조할 수 있다. at all은 보통 문장 끝에 위치한다.
4 not at all은 '결코, 전혀'라는 뜻으로 「부정어 + at all」형태로 부정어를 강조하는 표현이다.
5 부정어(hardly)를 강조할 때는 「부정어 + at all」형태로 부정어를 강조할 수 있다. at all은 보통 문장 끝에 위치한다.

Pattern #195
pg. 208

1. do 　2. do 　3. did
4. happen 　5. did

해석

1 아이들은 정말로 다른 사람들로부터 조언, 설명, 그리고 다른 정보상 우위를 얻기는 하지만, 그들은 자신의 환경 속에서 탐구 학습에 참여하면서 이러한 지원을 받는다.
2 그러므로 시인들이 인쇄업자와 출판업자에 의지하기는 하지만, 어떤 이는 그들 없이도 시를 창작할 수 있다.
3 비용이 적게 드는 인쇄술이 있기 전에, 생각은 구전으로 퍼져 나갈 수 있었고 실제로 그렇게 퍼져 나갔다.
4 이러한 재구성된 기억들은 매우 강력할 수 있어서, 각 파트너가 그들의 과거에 실제 정말로 일어났던 일의 간단한 사실적 세부사항에 대해서조차 혼란스러워하는 지경까지 이를 수 있다.
5 많은 사람처럼, 그는 방해받지 않는 여러 시간이 필요한 것은 아니었지만, 정말이지 얼마간은 그런 시간이 필요했다!

해설

1 동사를 강조할 때는 do동사를 이용하며, 주어의 인칭과 시제에 따라 「do/does/did + 동사원형」의 형태를 쓴다. 주어가 children으로 복수이므로 do를 쓰는 것이 적절하다.
2 동사를 강조할 때는 do동사를 이용하며, 주어의 인칭과 시제에 따라 「do/does/did + 동사원형」의 형태를 쓴다. 주어가 poets로 복수이므로 do를 쓰는 것이 적절하다.
3 동사를 강조할 때는 do동사를 이용하며, 주어의 인칭과 시제에 따라 「do/does/did + 동사원형」의 형태를 쓴다. 조동사 could가 쓰인 것으로 보아 문장의 시제가 과거이므로 did를 쓰는 것이 적절하다.
4 동사를 강조할 때는 do동사를 이용하며, 주어의 인칭과 시제에 따라 「do/does/did + 동사원형」의 형태를 쓴다. 앞에 동사의 강조를 위한 did가 쓰였으므로 뒤엔 동사원형 happen을 쓰는 것이 적절하다.
5 동사를 강조할 때는 do동사를 이용하며, 주어의 인칭과 시제에 따라 「do/does/did + 동사원형」의 형태를 쓴다. 문장의 시제가 과거 이므로 did를 쓰는 것이 적절하다.

Pattern #196
pg. 209

1. the very team 　2. the very beginning
3. the very 　4. The very 　5. the very reason

해석

1 이것은 여러분이 이끄는 바로 그 팀은 물론 여러분의 왼쪽과 오른쪽에 있는 동료들에게도 사실이다.
2 하지만, 모든 상업용 로봇의 30%가 일본에서 제조되기 때문에, 또 다른 가능성도 있다. 로봇이 애초에 유용한 놀이 친구나 일꾼이 되도록 제작될 것이다.
3 "우호적 인공 지능"이라는 철학은 개발자들이 바로 그 첫 단계부터 인간들에게 이롭도록 프로그램화된 로봇을 만들어야 한다.
4 이러한 외관상의 객관성이 불러일으키는 바로 그 신뢰성이 지도를 매우 강력한 이데올로기의 전달자로 만드는 것이다.
5 이것이 바로 회계사, 변호사, 그리고 간호사와 같은 전문 직종의 사람들이 자기들의 전문 직종에서 계속하여 최신 정보를 유지하고 쓸모 있는 존재가 되도록 전문 분야에서 새로운 것을 계속 배우도록 요구되는 이유이다.

해설

1 team이라는 명사를 강조하고 있으므로 앞에 the very를 쓰는 것이 적절하다.
2 beginning이라는 동명사를 강조하고 있으므로 앞에 the very를 쓰는 것이 적절하다.
3 first step라는 명사를 강조하고 있으므로 앞에 the very를 쓰는 것이 적절하다.
4 trust라는 명사를 강조하고 있으므로 명사 앞에 The very를 쓰는 것이 적절하다.
5 reason이라는 명사를 강조하고 있으므로 명사 앞에 the very를 쓰는 것이 적절하다.

Pattern #197　　　　　　　　　　　　　pg. 210

1. what　　　2. how　　　3. what
4. What　　　5. How

해석

1 Carol은 말문이 막혔다. 그녀는 이상한 생각을 잔뜩 했었는데, 이토록 아름다운 선물을 받았다니!

2 그들은 큰 파장 없이 그의 체면을 세워주었다. 이러한 일은 정말 얼마나 중요한 일인가! 우리 중 그런 일을 생각하기 위해 고민하는 사람이 얼마나 있겠는가!

3 그리고 참 멋진 눈사람이네! 그는 선글라스와 줄무늬 목도리를 하고 있어.

4 "참 재미있는 이야기네요! Vienna로 돌아가면 제 동료들에게 이 이야기를 해야겠어요."

5 나는 물에 떠 있는 것처럼 보이는 아름답게 뻗어있는 해안선을 보았다. 얼마나 아름다운 해안선이었던가!

해설

1 뒤에 a beautiful gift라는 명사구가 쓰였으므로 what 감탄문을 써야 한다. how를 쓰려면 뒤에 형용사나 부사가 와야 한다.

2 뒤에 vitally important라는 형용사가 쓰였으므로 how 감탄문을 쓰는 것이 적절하다.

3 뒤에 a fashionable snowman이라는 명사구가 있으므로 what 감탄문을 쓰는 것이 적절하다.

4 뒤에 an amusing story라는 명사구가 쓰였으므로 what 감탄문을 쓰는 것이 적절하다.

5 뒤에 wonderful이라는 형용사가 쓰였으므로 how 감탄문을 쓰는 것이 적절하다.

Pattern #198　　　　　　　　　　　　　pg. 211

1. that　　　2. those　　　3. that
4. that　　　5. those

해석

1 선택된 5개국 각각에서, 여성의 기대 수명은 남성의 기대 수명보다 더 높을 것으로 예측된다.

2 유기농법을 사용하는 농부들은 전통적 재래 농법을 사용하는 농부들의 작물들만큼이나 해충에 시달리는 작물들을 재배하는데, 벌레들은 대개 유기농과 재래 농법을 우리만큼 잘 구별하지 않는다.

3 그 결과, 궤도에 있는 전지의 에너지 흡수는 지상에 있는 전지의 에너지 흡수보다 평균적으로 대략 10배 더 크다.

4 이는 특히 그들 주변 온도보다 체온을 더 높게 유지하기 위해 많은 에너지를 소비해야 하는 온혈동물(포유류와 조류)과 관련이 있을 수 있다.

5 뛰어난 운동선수가 비율적으로 가장 많은 농구와 축구팀은 최고 수준의 선수 비율이 그다지 많지 않은 팀들보다 더 안 좋은 성과를 냈다.

해설

1 비교급 문장에서는 비교 대상을 일치시켜야 한다. 여성의 기대 수명과 남성의 기대 수명을 비교하고 있으므로 the life expectancy를 대신하는 단수 명사 that을 쓰는 것이 적절하다.

2 유기농법을 사용하는 농부들의 작물과 재래 농법을 사용하는 농부들의 작물을 비교하고 있으므로 crops를 대신하는 복수 명사 those를 쓰는 것이 적절하다.

3 궤도에 있는 전지의 에너지 흡수와 지상에 있는 전지의 에너지 흡수를 비교하고 있는 비교급 문장으로 the energy intake for cells를 대신하는 단수 명사 that을 쓰는 것이 적절하다.

4 체온과 주변의 온도를 비교하고 있으므로 temperature를 대신하는 단수 명사 that이 쓰는 것이 적절하다.

5 뛰어난 선수가 많은 팀과 많지 않은 팀들을 비교하고 있으므로 teams를 대신하는 복수 명사 those를 쓰는 것이 적절하다.

Pattern #199　　　　　　　　　　　　　pg. 212

1. more　　　2. more　　　3. less
4. more　　　5. more

해석

1 우리가 흔히 얻는 것은 너무 긴 기사의 추상적인 요약에 지나지 않는다.

2 면접은 당신 자신을 표현하는 것에 불과합니다.

3 현대 윤리학에서 혼란과 방향 상실의 많은 부분은 윤리학만큼이나, 실제로 존재하는 상황과 그리고 분명히 증명 가능한 결과를 야기하는 에너지와 관련이 있음을 인정하기를 바로 이런식으로 거부하는 것이 그 원인일지도 모른다.

4 어떤 사람들은 당신이 인간의 본성을 변화시킬 수 없다고 믿고, 그래서 그들은 진화하는 인간의 의식이라는 개념을 단지 보증되지 않은 이상주의라고 생각한다.

5 생산자는 옥수수 1톤을 가공해 100갤런의 에타놀을 만들 수 있지만, 사탕수수 1톤으로는 20갤런밖에 생산하지 못한다.

해설

1 문맥상 '겨우, 단지 ~에 불과한'이란 뜻의 「no more than」을 쓰는 것이 적절하다.

2 문맥상 '겨우, 단지 ~에 불과한'이란 뜻의 「no more than」을 쓰는 것이 적절하다.

3 문맥상 '~만큼이나, ~못지않게'라는 뜻의 「no less than」을 쓰는 것이 적절하다.

4 문맥상 '겨우, 단지 ~에 불과한'이란 뜻의 「no more than」을 쓰는 것이 적절하다.

5 문맥상 '겨우, 단지 ~에 불과한'이란 뜻의 「no more than」을 쓰는 것이 적절하다.

Pattern #200　　　　　　　　　　　　　pg. 213

1. than　　　2. as　　　3. than
4. than　　　5. than

해석

1 대부분의 경우에서 절대적 단순성은 현실이라기보다 이상으로 남았다.

2 이런 종류의 정신적 작용은 추론의 사례라기보다는 추론 회피의 사례이다.

3 영업 사원들은 효과적인 일보다는 보상받는 일을 하는 데 특별한 재능이 있다.

4 기상학자들은 왜 양지에서보다 그늘에서 온도를 측정하는가?

5 항상 인터넷에 접속할 수 있다는 점이 처음에는 유용하다고 생각할 수 있으나, 시간이 지나면서 당신은 그것이 도움이 된다기보다는 집중력을 떨어뜨린다는 걸 느낀다.

1 'A라기보다는 B인'이라는 뜻의 「B rather than A」구문이다. 그러므로 rather와 쌍을 이루는 than을 쓰는 것이 적절하다.

2 'A라기보다는 B'라는 뜻의 「not so much A as B」구문이다. 그러므로 not so much와 쌍을 이루는 as를 쓰는 것이 적절하다.

3 'A라기보다는 B인'이라는 뜻의 「B rather than A」구문이다. 그러므로 rather와 쌍을 이루는 than을 쓰는 것이 적절하다.

4 'A라기보다는 B인'이라는 뜻의 「B rather than A」구문이다. 그러므로 rather와 쌍을 이루는 than을 쓰는 것이 적절하다.

5 'A라기보다는 B인'이라는 뜻의 「more B than A」구문이다. 그러므로 more와 쌍을 이루는 than을 쓰는 것이 적절하다.

⇒ Either A or B에서 동사는 B에 맞춰야 하기 때문에 mixing 동명
사절에 맞춰서 helps가 적절하다.

6 범죄 증거도 과학 이론도 이 결과를 지지하지 않는다.

⇒ Neither A nor B에서 동사는 b에 맞춰야 하기 때문에 science
theory에 맞춰서 supports가 적절하다.

Pattern 1-10 PART I　　　　　　　　　　　p. 216

A

1. is	2. most	3. paintings
4. best	5. advantages	6. is

1 해야 될 가장 긴급한 것들 중 하나는 플라스틱 사용을 줄이는 것이다.

⇒ one of the 최상급 복수 명사 (가장 ~한 것들 중의 하나)에서 주
어는 one이기에 is를 써야 한다.

2 사람들 사이에서 가장 흔한 두려움 중 하나는 대중 연설이다.

⇒ one of the 최상급 복수 명사 (가장 ~한 것들 중의 하나) 형태로
쓰기에 more가 아닌 최상급 most를 써야 한다.

3 르네상스 시대의 가장 호기심을 끄는 그림 중 하나는 Albrecht
Dürer의 야트막한 땅덩어리를 조심스럽게 묘사한 것이다.

⇒ one of the 최상급 복수 명사 (가장 ~한 것들 중의 하나) 형태로
쓰기에 복수 명사 paintings를 써야 한다.

4 이러한 유형의 통합을 촉진하는 가장 좋은 방법 중 하나는 무섭거나
고통스러운 경험에 대한 이야기를 다시 하는 것을 돕는 것이다.

⇒ one of the 최상급 복수 명사 (가장 ~한 것들 중의 하나) 형태로
쓰기에 better가 아닌 최상급 best를 써야 한다.

5 내 직업의 가장 좋은 장점 중 하나는 1년에 두 번 긴 휴가를 보낼 수 있
다는 것이다.

⇒ one of the 최상급 복수 명사 (가장 ~한 것들 중의 하나) 형태로
쓰기에 복수 명사 advantages를 써야 한다.

6 내 인생에서 가장 기억에 남는 순간 중 하나는 피아노 대회에서 1등
을 했을 때다.

⇒ one of the 최상급 복수 명사 (가장 ~한 것들 중의 하나)에서 주
어는 one이기에 is를 써야 한다.

B

1. or	2. is	3. plans
4. requires	5. helps	6. supports

1 개인들은 유선전화나 온라인으로 비행편을 예약할 수 있다.

⇒ 유선전화나 온라인 둘 중에 하나를 고르는 문제이기 때문에 or가
적절하다.

2 한 지역에서 다른 지역까지 지도를 제작할 때는 디지털 방식이나 아
날로그 방식이 이용된다.

⇒ either A or B에서 동사는 B에 맞춰야 하기 때문에 analog
processing에 맞춰 is가 적절하다.

3 나나 그녀나 3월 23일에 열리는 학교 동창회에 갈 계획이 없다.

⇒ neither A nor B에서 동사는 B에 맞춰야 하기 때문에 she에 맞
춰 plans가 적절하다.

4 Saint 대학 내의 과학학부나 음악학부에서는 학생들이 논문을 써야
한다고 요구하지 않는다.

⇒ neither A nor B에서 동사는 B에 맞춰야 하기 때문에 the music
department에 맞춰서 requires가 적절하다.

5 연고를 직접 바르거나 침과 섞는 것은 박테리아를 퇴치하는 데 도움
이 된다.

Pattern 1-10 PART II　　　　　　　　　　p. 217

A

1. 부	2. 부	3. 명	4. 부
5. 명	6. 명	7. 부	8. 명

1 가짜 뉴스가 퍼지는 것을 막기 위해서, 당신이 이야기를 나누기 전에
이야기를 읽어봐라.

⇒ '~하기 위해서'의 뜻으로 목적이나 의도를 나타내는 부정사는 부
사적 용법이다.

2 우리의 뇌는 우리의 필요에 맞게 물리적인 세계에 대한 우리의 인식
을 편안하게 바꾼다.

⇒ '~하기 위해서'의 뜻으로 목적이나 의도를 나타내는 부정사는 부
사적 용법이다.

3 시험 직전에 잠깐 공부하는 것은 도움이 되지 않았다.

⇒ 문장의 주어 자리에 쓰인 부정사는 '~하는 것' 이라는 뜻으로 쓰
며 명사적 용법이다.

4 당신이 혼자가 아니라는 것을 느끼기 위해, 당신은 당신과 함께 할 많
은 군중이 필요하지 않다.

⇒ '~하기 위해서'의 뜻으로 목적이나 의도를 나타내는 부정사는 부
사적 용법이다.

5 겉보기 움직임과 실제 움직임의 차이를 구분하는 것은 어려울 수 있다.

⇒ 가주어(it) 진주어(to + 동사원형) 구문으로 주어가 문장 뒤에서
명사 기능(~하는 것)을 하고 있다.

6 좋은 친구를 사귀는 것은 우리 인생에서 좋은 성적을 받는 것보다 훨
씬 더 중요하다.

⇒ 문장의 주어 자리에 쓰인 부정사는 '~하는 것'이라고 이되어 명
사 기능을 한다.

7 Madelein은 수업시간에 필기를 하기 위해 태블릿을 사용한다.

⇒ '~하기 위해서'의 뜻으로 목적이나 의도를 나타내는 부정사는 부
사적 용법이다.

8 다른 사람들에게 어필할 수 있는 방식으로 우리 자신을 나타내는 것
이 중요하다.

⇒ 가주어(it) 진주어(to + 동사원형) 구문으로 주어가 문장 뒤에서
명사 기능(~하는 것)을 하고 있다.

B

1. is	2. is	3. is
4. takes	5. Finding	6. Participating

1 보석을 바꾸거나 더하는 것은 새롭거나 친환경적인 현상이 아니다.

⇒ 동명사 주어는 단수 취급하기 때문에 is가 오는 것이 적절하다.

2 기본적으로 지역 문제에 관해 외국인들에게 상담을 해주는 것은 언
제나 환영받는다.

⇒ counselling이 동명사 주어이기 때문에 is가 와야 한다.

3 세계유산을 보호하거나 구조하는 것은 모두의 도움과 협조가 필요
한 시급한 과제다.

⇒ 여기서의 주어는 protecting이나 rescuing이기 때문에 is가 적
절하다.

4 우리의 초대에 대한 제이미의 거절은 우리를 완전히 놀라게 한다.

➡ Jamie's refusing이 이 문장의 주어이기 때문에 takes가 와야 적절하다.

5 해외를 여행할 때 믿을만한 관계를 갖기 위해 적당한 방법을 찾는 것은 매우 어렵다.

➡ 적당한 방법을 찾는 것이 이 문장의 주어이기 때문에 동명사인 Finding이 와야 적절하다.

6 '감사를 표현하는 하루'에 참가하는 것은 나에게 보이지 않게 매일 도와주는 사람들이 있다는 것을 깨닫게 한다.

➡ 행사에 참가하는 것이라는 의미로 주어가 쓰였기 때문에 동명사 주어인 participating이 오는 것이 적절하다.

Pattern 1-10 **PART III** p. 218

A

1. is	2. is	3. is
4. was	5. was	6. is

1 일반적으로 "평균 수명"이라고 알려진 것은 기술적으로 "출산 시 평균 수명"이다.

➡ 관계대명사 what절이 주어 자리에 쓰이는 경우 단수 취급하기 때문에 is가 적절하다.

2 우리가 교육에서 필요로 하는 것은 측정, 책임, 기준이 아니다.

➡ 관계대명사 what절이 주어 자리에 쓰이는 경우 단수 취급하기 때문에 is가 적절하다.

3 나에게 기쁨을 가져다 주는 것은 누군가가 연결을 필요로 할 때 내가 청자가 될 수 있는 경우이다.

➡ 관계대명사 what절이 주어 자리에 쓰이는 경우 단수 취급하기 때문에 is가 적절하다.

4 그가 발견한 것은 '행운의' 사람들이 기회를 포착하는 데 능하다는 것이었다.

➡ 관계대명사 what절이 주어 자리에 쓰이는 경우 단수 취급하기 때문에 was가 적절하다.

5 이 두 가지 상황에서 다른 점은 구매의 가격 상황이었다.

➡ 관계대명사 what절이 주어 자리에 쓰이는 경우 단수 취급하기 때문에 was가 적절하다.

6 여러분이 인식하지 못할 수도 있는 것은 빛의 질도 중요할 수 있다는 것이다.

➡ 관계대명사 what절이 주어 자리에 쓰이는 경우 단수 취급하기 때문에 is가 적절하다.

B

1. was	2. remains	3. does
4. is	5 matters	

1 whether 명사절로 쓰인 주어는 단수로 취급하기 때문에 were를 was로 고쳐야 적절하다.

2 whether 명사절로 쓰인 주어는 단수로 취급하기 때문에 remain을 remains로 고쳐야 적절하다.

3 whether 명사절로 쓰인 주어는 단수로 취급하기 때문에 do를 does로 고쳐야 적절하다.

4 whether 명사절로 쓰인 주어는 단수로 취급하기 때문에 are를 is로 고쳐야 적절하다.

5 whether 명사절로 쓰인 주어는 단수로 취급하기 때문에 matter를 matters로 고쳐야 적절하다.

Pattern 11-20 **PART I** p. 219

A

1. is	2. is	3. responsibilities
4. is	5. is	

1 예를 들면, 미국 문화에서 주된 긴장 중의 하나는 자유와 금지 사이에 있는 것이다.

➡ one of ~ culture에서 주어는 one이므로 단수 동사 is가 적절하다.

2 당신의 가치관을 알아보는 방법 중 하나는 무엇이 당신을 좌절시키고 화나게 하는지를 살펴보는 것이다.

➡ One of ~ values에서 주어는 One이므로 단수 동사 is가 적절하다.

3 그의 임무 중 하나는 작업자들이 현장에서 작업을 할 때마다 안전모를 쓰는지 확인하는 것이다.

➡ One of 뒤에는 복수 명사가 와야 하므로 responsibilities가 적절하다.

4 기꺼이 더 높은 가격을 지불하고자 함은 더 나은 품질을 얻기보다는 부유함을 드러내고자 하는 욕망에 기인한다.

➡ 주어는 A willingness이므로 단수 동사 is가 적절하다.

5 출판사에 원고를 팔려는 경쟁은 치열하다.

➡ 주어는 The competition이므로 단수 동사 is가 적절하다.

B

1. gives	2. are	3. is
4. is	5. was	6. leads

1 오늘날 시장에서 선택 항목의 과잉은 당신에게 더 많은 선택의 자유를 준다.

➡ 주어는 The overabundance이므로 단수 동사 gives로 고치는 것이 적절하다.

2 회사의 현재 제품에 대한 수요를 창출하기 위해 판매원 그리고 다른 형태의 판촉이 사용된다.

➡ 주어는 Salespeople and other forms이므로 복수 동사 are로 고치는 것이 적절하다.

3 판매와 마케팅 사이의 차이는 아주 간단하다.

➡ 주어는 The difference이므로 단수 동사 is로 고치는 것이 적절하다.

4 많은 물고기 종들의 제한 요인은 물속 용존 산소량이다.

➡ 주어는 The limiting factor이므로 단수 동사 is로 고치는 것이 적절하다.

5 그때는, 철자 소리에 관한 지식은 읽기 영역에 한정되었다.

➡ 주어는 knowledge이므로 단수 동사 was로 고치는 것이 적절하다.

6 하지만 미량 영양소의 부족은 그들의 자녀에게 실명, 철분 결핍, 그리고 다른 발육 장애의 발병을 초래한다.

➡ 주어는 the lack이므로 단수 동사 leads로 고치는 것이 적절하다.

Pattern 11-20 **PART II** p. 220

A

1. were	2. made	3. was
4. living	5. are	6. tasted

1 제국에 의해 확산된 문화적 사상들은 거의 지배층의 독점적 창조물이 아니었다.

➡ 주어는 The cultural ideas이므로 복수 동사 were가 적절하다.

2 다양한 전문가로 이루어진 팀은 일처리를 못하는 것으로 악명이 높다.

➡ 팀이 다양한 집단으로 이루어지는 것이므로 수동의 과거분사 made가 수식하는 것이 적절하다. 동사는 뒤에 있는 are이므로 동사 자리로 착각해서 make를 고르지 않도록 주의한다.

3 그들은 1학년 학생들이 사용하는 은어가 자신들의 것과 매우 다르다는 것을 발견했다.

➡ 주어는 the slang이므로 단수 동사 was가 적절하다.

4 고지대에 살고 있는 사람들은 그들의 몸이 산소의 부족에 적응되어 있기 때문에 정상적으로 호흡할 수 있다.

➡ 사람들이 고지대에 사는 것이므로 능동의 현재분사 living이 수식하는 것이 적절하다. 동사는 뒤에 있는 are이므로 동사 자리로 착각해서 live를 고르지 않도록 주의한다.

5 접근의 공평성을 감소시키는 다른 특성들에는 많은 현대의 새로운 매체의 복잡성, 비싼 가격, 사용자 친화성의 부족이 있다.

➡ 주어는 other characteristics이므로 복수 동사 are가 적절하다.

6 그러나, 그 스푼으로 맛을 본 요거트는 또한 더 무겁거나 큰 스푼으로 먹을 때보다 덜 달콤하다고 여겨졌다.

➡ 요거트가 맛봐지는 것이므로 수동의 과거분사 tasted가 수식하는 것이 적절하다.

B

1. were 2. is 3. are
4. stands 5. are

1 더 적은 선택 항목을 가진 사람들이 맛볼 때 더 행복했다.

➡ 주어는 Those이므로 복수 동사 were로 고치는 것이 적절하다.

2 기후 변화에 기여하는 농업의 가장 중요한 요소는 가축이다.

➡ 주어는 The most significant component이므로 단수 동사 is로 고치는 것이 적절하다.

3 방문객들에 의해 일상적으로 방해를 받는 동물들은 인간과의 접촉이 이전에 거의 없었던 동물들보다 여러분의 침입을 참을 가능성이 더 크다.

➡ 주어는 Animals이므로 복수 동사 are로 고치는 것이 적절하다.

4 오류를 포함하는 어떤 원고도 출판을 위해 받아들여질 가능성이 거의 없다.

➡ 주어는 Any manuscript이므로 단수 동사 stands로 고치는 것이 적절하다.

5 개방적으로 소통하지 않는 사람들은 스스로를 완전히 발견하는 데에 어려움을 겪는 사적인 개인들이다.

➡ 주어는 people이므로 복수 동사 are로 고치는 것이 적절하다.

Pattern 11-20 PART III   p. 221

A

1. have 2. are 3. share
4. is 5. was

1 Jinghpaw 언어로 사고하는 Northern Burma의 사람들은 그들의 친족을 묘사하기 위한 18개의 기본 용어를 가진다.

➡ 주어는 People이므로 복수 동사 have로 고치는 것이 적절하다.

2 남부 프랑스에 있는 Pech Merle와 같은 동굴은 검은색 점박이 무늬가 있는 흰색 말 그림으로 장식되어 있다.

➡ 주어는 Caves이므로 복수 동사 are로 고치는 것이 적절하다.

3 그들의 문화에 상관없이 모든 사람은 공통되는 경험을 공유하기 때문에, 같은 속담이 전 세계에서 많이 나타난다.

➡ 주어는 all people이므로 복수 동사 share로 고치는 것이 적절하다.

4 길이 30,583피트, 너비 10피트, 측면 깊이 10피트의 완공된 터널은 여전히 사용 중이다.

➡ 주어는 The completed tunnel이므로 단수 동사 is로 고치는 것이 적절하다.

5 쥐들이 미로에 대해서 갖고 있던 기억은 그들의 뇌 전체에 퍼져 있었다.

➡ 주어는 The memory이므로 단수 동사 was로 고치는 것이 적절하다.

B

1. costs 2. have 3. was
4. tourists 5. was 6. is

1 여러분이 그 토마토를 슈퍼마켓에서 살 때에는 (농장을 방문했을 때) 그 농부에게 지불하는 것보다 훨씬 더 많은 돈을 지불하게끔 하는 여러 비용이 존재한다.

➡ a number of 뒤에는 복수 명사가 와야 하므로 costs가 적절하다.

2 많은 연구들은 환자 배우자의 체중과 태도가 체중 감량 및 체중 유지 성공에 있어 대단한 영향을 끼칠 수 있다는 것을 보여주었다.

➡ 주어가 A number of studies이므로 복수 동사 have가 적절하다.

3 오세아니아의 자연재해 횟수가 가장 적었으며 아프리카의 자연재해 횟수의 3분의 1도 안 되었다.

➡ 주어가 The number이므로 단수 동사 was가 적절하다.

4 반면에, 중국 관광객의 수는 2006년과 2011년 사이에 급격하게 증가하였다.

➡ the number of 뒤에는 복수 명사가 와야하므로 tourists가 적절하다.

5 지난 2년 동안, 그 마을에서는 길거리 범죄 수가 급격히 늘어나고 있었다.

➡ 주어가 the number가므로 단수 동사 was가 적절하다

6 세간에 있는 블로그의 숫자는 놀라우며, 거의 모든 사람이 블로그를 가지고 있거나, 시작하려고 생각하고 있는 것 같다.

➡ 주어가 The number가므로 단수 동사 is가 적절하다.

Pattern 21-30 PART I   p. 222

A

1. to fall 2. to push 3. to use
4. to change 5. to imagine 6. to fight

1 우리는 다른 사람을 비판하는 습관에 빠지기 쉬운데, 심지어 우리가 가장 사랑하는 사람들에게도 그렇다.

➡ 가주어 It이 문장 맨 앞에 쓰였으므로, 진주어 역할을 하는 to부정사가 필요하다.

2 오른손잡이인 사람들에게는 왼쪽에 있는 단추 구멍을 통하여 오른쪽에 있는 단추를 끼우는 것이 더 쉽다.

➡ 가주어 It이 문장 맨 앞에 쓰였으므로 진주어가 필요하다. 의미상의 주어로 「for + 목적격」이 쓰였으므로 to부정사를 쓰는 것이 적절하다.

3 여러 가지 다른 유형의 책을 다루기 위해 똑같은 독서 속도를 이용하는 것은 위험하다.

➡ 가주어 It이 문장 맨 앞에 쓰였으므로, 진주어 역할을 하는 to부정사가 필요하다.

4 단어들이 시간이 흐르고 환경이 새롭게 바뀜에 따라 의미가 변하는 것은 당연하다.
➡ 가주어 It이 문장 맨 앞에 쓰였으므로 진주어가 필요하다. 의미상의 주어로「for + 목적격」이 쓰였으므로 to부정사를 쓰는 것이 적절하다.

5 우리에게 감정이 없는 삶을 상상하는 것은 거의 불가능하다.
➡ 가주어 It이 문장 맨 앞에 쓰였으므로 진주어가 필요하다. 의미상의 주어로「for + 목적격」이 쓰였으므로 to부정사를 쓰는 것이 적절하다.

6 따라서 의료센터가 증가하고 있는 이러한 건강 안전 이슈를 해결하는 것이 매우 중요하다.
➡ 가주어 It이 문장 맨 앞에 쓰였으므로 진주어가 필요하다. 의미상의 주어로「for + 목적격」이 쓰였으므로 to부정사를 쓰는 것이 적절하다.

B

1. rises	2. lies	3. raised
4. lay	5. raises	6. lies

1 근육의 온도가 올라가면서, 산소는 헤모글로빈과 더 빨리 그리고 더 완전하게 분리된다.
➡ 동사 뒤에 목적어가 없기 때문에 자동사 rises를 쓰는 것이 적절하다.

2 비밀은 드레싱에 사용된 염료에 있는데, 그것은 피부에서 pH 수준 변화에 반응한다.
➡ 동사 뒤에 목적어가 없고, 문맥상 '놓여있다'라는 뜻의 자동사 lies를 쓰는 것이 적절하다.

3 그것들은 독일군 사이에서 불안감을 조성했고 영국군의 사기를 높였다.
➡ 동사 뒤에 목적어(the morale)가 있으므로 타동사 raised를 쓰는 것이 적절하다.

4 그녀는 땀을 흘리면서 비를 가져오지 않는 공허한 천둥소리를 들으면서 그곳에 누워 있었고, "나는 이 가뭄이 끝났으면 좋겠어."라고 속삭였다.
➡ 동사 뒤에 목적어가 없고, 문맥상 '눕다'라는 뜻의 자동사 lie가 필요하다. 문장의 시제가 과거이므로 lie의 과거형 lay를 쓰는 것에 주의한다.

5 한 재화의 가격 하락이 다른 재화의 수요를 끌어올릴 때 이 두 재화는 보완재라 불린다.
➡ 동사 뒤에 목적어(the demand)가 있으므로 타동사 raises를 쓰는 것이 적절하다.

6 당신의 문제에 있어 스스로의 역할을 받아들이는 것은 해결책도 당신 안에 있다는 것을 이해함을 의미한다.
➡ 동사 뒤에 목적어가 없고, 문맥상 '놓여있다'라는 뜻의 자동사 lies를 쓰는 것이 적절하다.

Pattern 21-30 PART II
p. 223

A

1. taken	2. conform	3. sit
4. feel	5. look	

1 1차 세계대전이 시작되었고 많은 젊은 군인들이 자신의 사진을 찍기 위해 스튜디오로 왔다.
➡ 사역동사 have의 목적어와 목적격 보어 사이의 관계가 수동이면, 보어 자리에 과거분사(taken)를 써야 한다.

2 그러한 일들이 일어날 때, 당신은 새로운 현실에 당신의 비전을 맞출 수 있도록 준비되어야 한다.
➡ 사역동사 make의 목적어와 목적격 보어 사이의 관계가 능동이면, 보어 자리에 동사원형(conform)을 써야 한다.

3 연구자들은 두 마리의 개들을 나란히 앉히고 각각의 개에게 번갈아 발을 내밀게 했다.
➡ 사역동사 have의 목적어와 목적격 보어 사이의 관계가 능동이면, 보어 자리에 동사원형(sit)을 써야 한다.

4 천천히 두 손을 아래로 조금 내려뜨려, 그녀는 그 작은 생물이 활력을 주는 바다의 손길을 느끼게 해주었다.
➡ 사역동사 let의 목적어와 목적격 보어 사이의 관계가 능동이면, 보어 자리에 동사원형(feel)을 써야 한다.

5 새로운 연구에서, 연구자들은 웃음 이모티콘을 사용하는 것이 당신을 무능력하게 보이게 만든다는 것을 알아냈다.
➡ 사역동사 make의 목적어와 목적격 보어 사이의 관계가 능동이면, 보어 자리에 동사원형(look)을 써야 한다.

B

1. escape	2. done	3. to realize
4. save	5. to develop	

1 이 접근법은 여러분이 불편한 사회적 상황에서 벗어나고 정직한 사람들과 친구가 될 수 있도록 도와줄 수 있다.
➡ 준사역동사 help의 목적어와 목적격 보어 사이의 관계가 능동이면, 보어 자리에 동사원형(escape) 또는 to부정사를 써야 한다.

2 Blue Books는 GE의 관리자들이 조직에서 과업을 어떻게 해내야 할지를 말해주는 여러 권의 경영 훈련 설명서들이었다.
➡ 준사역동사 get의 목적어와 목적격 보어 사이의 관계가 수동이면, 보어 자리에 과거분사(done)를 써야 한다.

3 그리고 대부분의 다른 부모님들처럼, 어머니는 내가 그 이점들을 혼자 힘으로 깨닫도록 하지 않았다.
➡ 준사역동사 get의 목적어와 목적격 보어 사이의 관계가 능동이면, 보어 자리에 to부정사(to realize)를 써야 한다.

4 200달러에서 시작하는 이 변기들은 가격이 적당하고 일반 소비자가 일 년에 수백 갤런의 물을 절약하는 데 도움이 될 수 있다.
➡ 준사역동사 help의 목적어와 목적격 보어 사이의 관계가 능동이면 보어 자리에 동사원형(save) 또는 to부정사를 써야 한다.

5 아이들이 자라면서 음악 훈련은 아이들이 학교에서 성과를 이루는 데 필요한 자제력과 자신감을 계발하도록 계속 도움을 준다.
➡ 준사역동사 help의 목적어와 목적격 보어 사이의 관계가 능동이면, 보어 자리에 to부정사(to develop) 또는 동사원형을 써야 한다.

Pattern 21-30 PART III
p. 224

A

1. passing	2. picking	3. play
4. called	5. choose	

1 소년이 조련사가 지나가는 것을 보았을 때, 그는 왜 이 동물이 탈출하려고 애쓰지 않는지를 물었다.
➡ 지각동사 see의 목적어와 목적격 보어의 관계가 능동이면, 보어 자리에 현재분사(passing) 또는 동사원형을 써야 한다.

2 그 엘리베이터 안에 있는 사람들은 연기자가 바닥에서 동전과 연필을 줍는 것을 알아차리려야 한다.
➡ 지각동사 notice의 목적어와 목적격 보어의 관계가 능동이면, 보어 자리에 현재분사(picking) 또는 동사원형을 써야 한다.

3 다섯 살 때, 그는 그가 들었던 어머니가 바이올린으로 연주한 곡을 모두 연주할 수 있었다.
→ 지각동사 hear의 목적어와 목적격 보어의 관계가 능동이면, 보어 자리에 동사원형(play) 또는 현재분사를 써야 한다.

4 Amy가 자신의 이름이 불리는 것을 들었을 때, 그녀는 자리에서 일어나 무대로 나아갔다.
→ 지각동사 hear의 목적어와 목적격 보어의 관계가 수동이면, 보어 자리에 과거분사(called)를 써야 한다.

5 나는 코치와 부모들이 아이들에게 개념을 설명하기에 부적절한 시간을 선택하는 경우를 많이 보았다.
→ 지각동사 notice의 목적어와 목적격 보어의 관계가 능동일 때, 보어 자리에 동사원형(choose) 또는 현재분사를 써야 한다.

B

1. to look　　　2. to work　　　3. to be
4. to count　　　5. to arrange

1 Mary는 그 집의 실내가 매력적으로 보이길 원했다.
→ 5형식 동사 want는 목적격 보어 자리에 to부정사(to look)만 써야 한다.

2 인상주의 화가의 그림은 아마도 가장 인기가 있다. 그것은 보는 사람에게 그 형상을 이해하기 위해 열심히 노력할 것을 요구하지 않는 쉽게 이해되는 예술이다.
→ 5형식 동사 ask는 목적격 보어 자리에 to부정사(to work)만 써야 한다.

3 그러므로 당신의 글이 더 강력하고 더 효과적이 되기를 원한다면 상투적 문구를 사용하지 않도록 노력하라.
→ 5형식 동사 want는 목적격 보어 자리에 to부정사(to be)만 써야 한다.

4 그는 한 그룹의 자원자들에게 농구팀이 공을 패스한 횟수를 세어 달라고 부탁했다.
→ 5형식 동사 ask는 목적격 보어 자리에 to부정사(to count)만 써야 한다.

5 한 연구에서, 연구자들은 학생들에게 10개의 포스터를 아름다운 순서대로 배열해 달라고 요청했다.
→ 5형식 동사 ask는 목적격 보어 자리에 to부정사(to arrange)만 써야 한다.

Pattern 31-40 PART I
p. 225

A

1. to keep　　　2. take　　　3. to drive
4. to get　　　5. to drink

1 당신은 당신의 아이들에게 낯선 사람을 멀리 하라고 조언하는가?
→ 5형식동사 advise는 목적격 보어 자리에 to부정사(to keep)만 써야 한다.

2 전문가들은 사람들에게 "승강기 대신 계단을 이용하거나 직장까지 걷거나 자전거를 타라"라고 조언한다.
→ 5형식동사 advise는 목적격 보어 자리에 to부정사만 써야 한다. 밑줄 앞에 to가 있으므로 동사원형 형태로 고치는 것에 주의 한다.

3 그리고 나서 그는 운전자들의 난폭 행동에 대한 그의 경험을 계속해서 열거했고, 나에게 매우 조심스럽게 운전하라고 조언했다.
→ 5형식동사 advise는 목적격 보어 자리에 to부정사(to drive)만 써야 한다.

4 상담원은 (상담)의뢰인에게 그들을 괴롭히고 있는 그 어떤 것과도 약간의 감정적 거리를 두라고 자주 조언한다.
→ 5형식동사 advise는 목적격 보어 자리에 to부정사(to get)만 써야 한다.

5 많은 과학자들과 의사들은 사람들에게 유리나 스테인리스 용기에 담겨 있는 물을 마시도록 조언한다.
→ 5형식동사 advise는 목적격 보어 자리에 to부정사(to drink)만 써야 한다.

B

1. improves　　　2. stimulate　　　3. leads
4. be　　　5. changes

1 그 연구는 하루에 최소 세 잔의 커피를 마시는 것이 집중력과 기억력을 크게 향상시킨다고 말한다.
→ that절에서 '꼭 ~해야 한다'는 당위성이 없으므로, 주절과 시제에 맞춰 현재시제(improves)로 써야 적절하다.

2 그들은 부모가 컴퓨터 대신 독서, 스포츠, 놀이와 같은 전통적인 방식으로 아이들에게 자극을 줘야 한다고 주장한다.
→ 주절에 주장을 의미하는 insist가 쓰였으므로, that절의 동사는 「(should) + 동사원형」으로 쓴다.

3 최근에 행해진 새로운 연구는 사회적 고립이 사람들로 하여금 위험성이 있는 재정적 결정을 내리게 만든다는 점을 시사한다.
→ that절에서 '꼭 ~해야 한다'는 당위성이 없으므로, 주절과 시제에 맞춰 현재시제(leads)로 써야 적절하다.

4 그 층의 간호사는 쌍둥이들이 한 인큐베이터에 함께 놓여야 한다고 여러 차례 제안했다.
→ 주절에 제안을 의미하는 suggest가 쓰였고, that절이 '~해야 한다'는 당위성을 담고 있으므로 「(should) + 동사원형」으로 쓴다.

5 과학자들은 우리가 인생을 살아가면서 지능이 변화하고 수정된다고 말한다.
→ that절에서 '꼭 ~해야 한다'는 당위성이 없으므로, 주절과 시제에 맞춰 현재시제(changes)로 써야 적절하다. 뒤따르는 동사 modifies도 같은 맥락으로 현재시제로 쓰였음을 확인할 수 있다.

Pattern 31-40 PART II
p. 226

A

1. to eat　　　2. to build　　　3. being
4. to be　　　5. buying　　　6. to settle

1 문맥상 '~하곤 했다'라는 의미의 「used to + 동사원형」 구문을 써야 한다. 따라서 to eat으로 고쳐야 한다.

2 문맥상 '~하는 데 사용되다'라는 의미의 「be used to + 동사원형」 구문을 써야 한다. 따라서 to build로 고쳐야 한다.

3 문맥상 '~하는 데 익숙하다'라는 의미의 「be used to + V-ing」 구문을 써야 한다. 따라서 being으로 고쳐야 한다.

4 문맥상 '~하곤 했다'라는 의미의 「used to + 동사원형」 구문을 써야 한다. 따라서 to be로 고쳐야 한다.

5 문맥상 '~하는 데 익숙하다'라는 의미의 「be used to + V-ing」 구문을 써야 한다. 따라서 buying으로 고쳐야 한다.

6 문맥상 '~하는 데 사용되다'라는 의미의 「be used to + 동사원형」 구문을 써야 한다. 따라서 settle로 고쳐야 한다.

B

> 1. discuss 2. mentioned 3. reach
> 4. entered 5. joined

1 우리는 우리의 문제를 다른 사람들과 의논할 필요가 있는 사회적 동물이다.

➡ discuss는 타동사로 뒤에 전치사 없이 바로 목적어를 써야 한다.

2 그들의 의견은 세제들의 상대적인 장점에 대한 언급이 많이 포함되어 있었으나 아무도 상자에 대해서는 언급하지 않았다.

➡ mention은 타동사로 뒤에 전치사 없이 바로 목적어를 써야 한다.

3 우리가 취업 연령에 도달할 때쯤이면, 우리가 효과적으로 수행할 수 있는 한정된 범위의 직업이 있다.

➡ reach는 타동사로 전치사 없이 바로 목적어를 쓸 수 있다. arrive는 자동사로 목적어를 쓰려면 전치사가 필요하다.

4 나는 희귀병으로 병원에 입원하고 나서야 의학에서의 직업을 추구할 것을 꿈꾸게 되었다.

➡ enter는 타동사로 뒤에 전치사 없이 바로 목적어를 써야 한다.

5 고등학교 시절, 그녀는 연극부에 가입했고 거의 모든 음악 작품에서 주연 역할을 맡았다.

➡ join은 타동사로 뒤에 전치사 없이 바로 목적어를 써야 한다.

Pattern 31-40 **PART III** p. 227

A

> 1. do 2. does 3. are
> 4. do 5. do 6. was

1 유사하게, 우리의 고대의 인간 조상들과 더 비슷한 생활 습관과 식단을 가진 다른 집단의 인간들도 우리 미국인들보다 더 다양한 박테리아를 그들의 장 속에 가지고 있다.

➡ 문맥상 have를 대신하는 대동사 do를 써야 한다.

2 요컨대, 유연성은 나이가 든다고 반드시 사라지는 것이 아니라, 종종 사라지는데 그것은 단순한 운동 부족 때문이다.

➡ 문맥상 disappears를 대신하는 대동사 does를 써야 한다.

3 의사들이 환자들과 그러한 것처럼 고용주들은 직원들과 특정한 방식으로 상호작용하도록 기대된다.

➡ 문맥상 are expected to interact를 대신하는 대동사 are를 써야 한다.

4 만약 당신이 아프거나 엄청난 스트레스를 받는다면, 아마도 당신은 평소에 그러한 것보다 더 오랫동안 자야 할 필요가 있을 것이다.

➡ 문맥상 need to sleep을 대신하는 대동사 do를 써야 한다.

5 우리는 빈번히 다른 사람들과의 합의를 과대평가하여, 다른 모든 사람들이 우리와 완전히 똑같이 생각하고 느낀다고 믿는다.

➡ 문맥상 think and feel을 대신하는 대동사 do를 써야 한다.

6 그래서 현대의 학교 도서관은 더는 예전처럼 조용한 구역이 아니다.

➡ 문맥상 was the quiet zone을 대신하는 대동사 was를 써야 한다.

B

> 1. from 2. in 3. in
> 4. from 5. in 6. in

1 아이들이 자신의 언어 놀이를 발전시키도록 허용할 때, 광범위한 이점이 생긴다.

➡ 문맥상 '~으로 부터 기인하다'의 의미를 가진 「result from ~」을 써야 적절하다.

2 그런 숙련된 직공들은 간단한 도구를 사용했을지도 모르지만, 그들의 전문화는 더 효율적이고 생산적인 작업을 정말 초래했다.

➡ 문맥상 '~의 결과를 초래하다'의 의미를 가진 「result in ~」을 써야 적절하다.

3 더 낮은 속도에서의 충돌이 사망 또는 중상을 덜 초래할 것 같다는 것은 분명하다.

➡ 문맥상 '~의 결과를 초래하다'의 의미를 가진 「result in ~」을 써야 적절하다.

4 이것으로부터 생길 수 있는 행동적 의도는 늑대 통제 프로그램을 지지하는 것이고, 실제 행동은 늑대사냥의 역사일 것이다.

➡ 문맥상 '~으로 부터 기인하다'의 의미를 가진 「result from ~」을 써야 적절하다.

5 현대 생활에서 어린 시절의 불충분한 턱 근육의 사용이 턱 근육 발육의 부전과 더 약하고 작은 뼈 구조를 생기게 할지도 모른다.

➡ 문맥상 '~의 결과를 초래하다'의 의미를 가진 「result in ~」을 써야 적절하다.

6 동물원의 모든 동물들은 건강을 유지하기 위하여 특별 식단이 필요합니다. 잘못된 음식물은 동물들을 아프게 할 수 있습니다. 동물에게 먹이를 주는 행위는 동물원 퇴장 조치를 초래할 수 있습니다.

➡ 문맥상 '~의 결과를 초래하다'의 의미를 가진 「result in ~」을 써야 적절하다.

Pattern 41-50 **PART I** p. 228

A

> 1. a few 2. little 3. a few
> 4. a few 5. a little 6. few

1 누군가가 또 다른 개인을 평가하는 데 단지 몇 초만 걸린다는 것이 밝혀져 왔다.

➡ 셀 수 있는 명사(복수 명사) seconds와 함께 쓰이는 것은 a few이다.

2 그러나 Joshua tree은 오늘날의 기준으로는 먹기 힘들고, 법으로 보호되기 때문에 상업적인 식용 작물이 될 가능성은 거의 없다.

➡ 셀 수 없는 명사(단수 명사) possibility와 함께 쓰이는 것은 little이다.

3 하지만 아프리카 농민들은 그러한 작물들을 기를 수밖에 없다. 왜냐하면 그들에게 그 작물들은 얼마 되지 않는 소득원 중 하나이기 때문이다.

➡ 셀 수 있는 명사(복수 명사) sources와 함께 쓰이는 것은 a few이다.

4 사람들 앞에서 아주 연설을 잘 하는 Fred는 편안한 분위기를 만들려고 몇 가지 웃기는 농담으로 자기의 발표를 시작했다.

➡ 셀 수 있는 명사(복수 명사) jokes와 함께 쓰이는 것은 a few이다.

5 당신이 어떤 경주를 위해 훈련을 하고 있고 당신의 계획이 이번 주에 주행 거리가 10퍼센트 향상되기를 요구하고 있는데 당신의 다리에 약간의 통증이 느껴진다고 하자.

➡ 셀 수 없는 명사(단수 명사) pain과 함께 쓰이는 것은 a little이다.

6 그것은 천적이 거의 없으며 1918년에 만들어진 철새보호조약에 의해 미국에서 법적 보호를 받고 있다.

➡ 셀 수 있는 명사(복수 명사) predators와 함께 쓰이는 것은 few이다.

B

1. alive	2. live	3. alive
4. alike	5. like	6. like

1 하지만 그에 따르면 현존하는 예능인은 포함되지 않는다.
➡ be동사 뒤에서 보어 역할을 하는 서술적 용법으로 쓰이는 것은 alive이다.

2 모든 사람은 한 철학자가 살아있는 깃털 없는 닭을 가지고 강당으로 불쑥 들어올 때까지는 이 정의에 만족하는 것처럼 보였다.
➡ 명사(featherless chicken)앞에서 꾸며주는 한정적 용법으로 쓰이는 것은 live이다.

3 5시간의 여행이 끝나갈 무렵에 내 마음은 한껏 벅차올랐다.
➡ be동사 뒤에서 보어 역할을 하는 서술적 용법으로 쓰이는 것은 alive이다.

4 변화가 무서울 수도 있지만, 친구들, 심지어 가장 친한 친구도 꼭 같을 필요는 없다는 것을 기억하라.
➡ be동사 뒤에서 보어 역할을 하는 서술적 용법으로 쓰이는 것은 alike이다.

5 그러나 완숙으로 삶은 달걀은 날달걀에서와 같은 유동체가 없어서 그것은 흔들리지 않는다.
➡ 전치사로 명사(the raw egg) 앞에 쓰일 수 있는 것은 like이다.

6 거북은 조류와 포유류처럼 체온을 자동으로 조절하는 능력이 없다.
➡ 전치사로 명사(birds and mammals) 앞에 쓰일 수 있는 것은 like이다.

Pattern 41-50 PART II p. 229

A

1. such	2. so	3. such
4. so	5. such	6. so

1 그것이 스토리텔링이 그토록 설득력 있는 수단인 한 가지 이유이다.
➡ 「such + a(n) + 형용사 + 명사」구문으로 such는 뒤에 명사(a persuasive medium)가 온다.

2 만약 돌고래가 너무 심각하게 부상당해 혼자서 수면까지 헤엄칠 수 없다면, 다른 돌고래들이 그 부상당한 돌고래 아래에서 무리를 지어, 그 돌고래를 (숨을 쉴 수 있도록) 물 밖으로 밀어 올린다.
➡ so는 부사로 뒤에 형용사나 부사(severly)를 취한다.

3 오래 전, 전자 장비들이 도서관 환경의 아주 중요한 일부가 되기 전에는 사람들이 만들어 내는 소음을 처리하기만 하면 되었다.
➡ 「such + a(n) + 형용사 + 명사」구문으로 such는 뒤에 명사(a vital part)가 온다.

4 그녀는 너무 자주 넘어져 발목을 삐어서 다시 춤을 출 수 있게 되기까지 3개월 동안 쉬어야 했다.
➡ so는 부사로 뒤에 형용사나 부사(often)를 취한다.

5 부자는 노예가 아주 대단한 사람이어서 사자가 그를 죽이지 않았다고 생각했다.
➡ 「such + a(n) + 형용사 + 명사」구문으로 such는 뒤에 명사(a great person)가 온다.

6 그 나무는 독성이 있고, 매우 무성하고 빽빽해져서 그 아래에서 자라는 모든 식물들은 죽고 만다.
➡ so는 부사로 뒤에 형용사(full and thick)나 부사를 취한다.

B

1. much	2. far	3. much
4. even	5. far	6. even

1 관객이 자신이 원하는 어느 곳이든 자유롭게 볼 수 있기 때문에 무대 위에서는 (관객의) 집중이 훨씬 더 어려운 일이다.
➡ 비교급(more difficult) 앞에서 비교급을 강조할 수 있는 부사는 much이다.

2 파종할 땅을 갈기 위해 쟁기를 끄는 동물들은 사람들보다 훨씬 더 효율적이었다.
➡ 비교급(more efficient) 앞에서 비교급을 강조할 수 있는 부사는 far이다.

3 하지만, 다 자랐을 때 닭은 매우 제한적인 사냥 능력을 지닌 반면, 까마귀는 먹이를 사냥하는 데 있어서 훨씬 더 유연하다.
➡ 비교급(more flexible) 앞에서 비교급을 강조할 수 있는 부사는 much이다.

4 유럽은 여전히 45개의 언어와 훨씬 더 큰 문화적 다양성을 가지고 있다.
➡ 비교급(greater) 앞에서 비교급을 강조할 수 있는 부사는 even이다.

5 게다가 그들이 직원들로부터 비판적인 피드백을 구하거나 받아들일 가능성은 훨씬 더 적다.
➡ 비교급(less likely) 앞에서 비교급을 강조할 수 있는 부사는 far이다.

6 그러나 그것과 동일한 라벨이 그러한 염료를 섭취하는 위험에 대한 정보를 포함한다면 훨씬 더 많은 사람들이 그 식품을 구매할 것이다.
➡ 비교급(more) 앞에서 비교급을 강조할 수 있는 부사는 even이다.

Pattern 41-50 PART III p. 230

A

1. more	2. the more	3. lower
4. happier	5. more	6. younger

1 팀이 크면 클수록 다양해질 가능성이 더욱더 많이 존재한다.
➡ '~하면 할수록 더 ~하다'의 의미를 나타내는 「the 비교급, the 비교급」의 구문으로, the 다음에는 비교급(more)이 적절하다.

2 여러분이 오늘 더 활동적일수록, 오늘 더 많은 에너지를 소비하고 그러면 내일 소모할 더 많은 에너지를 가지게 될 것이다.
➡ '~하면 할수록 더 ~하다'의 의미를 나타내는 「the 비교급, the 비교급」의 구문으로 more 앞에 the가 와야 한다.

3 연령 집단의 나이가 많을수록, 두 형식을 모두 들은 사람들의 비율은 점차 낮아졌다.
➡ '~하면 할수록 더 ~하다'의 의미를 나타내는 「the 비교급, the 비교급」의 구문으로, the 다음에는 비교급(lower)이 적절하다.

4 그 춤이 더 열정적일수록 그 정찰병은 그 장소를 더 마음에 들어 한다.
➡ '~하면 할수록 더 ~하다'의 의미를 나타내는 「the 비교급, the 비교급」의 구문으로, the 다음에는 비교급(happier)이 적절하다.

5 박테리아가 새로운 영양분을 더 자주 섭취할수록, 더 많은 산을 만들어낸다.
➡ '~하면 할수록 더 ~하다'의 의미를 나타내는 「the 비교급, the 비교급」의 구문으로, the 다음에는 비교급(more)이 적절하다.

6 사람들이 상표나 상품을 사용하기 시작하는 시기가 어리면 어릴수록, 그들은 미래에 그것을 계속 사용할 가능성이 높아진다.
➡ '~하면 할수록 더 ~하다'의 의미를 나타내는 「the 비교급, the 비교급」의 구문으로, the 다음에는 비교급(younger)이 적절하다.

B

1. fast   2. dangerous   3. old
4. ancient   5. important   6. tasty

1 그는 가능한 한 빨리 달렸고 자신을 공중으로 내던졌다.
➡ '~만큼 ~한'의 의미를 나타내는 「as ~ as」 사이에는 반드시 형용사, 부사의 원급(fast)을 사용한다.

2 당신은 또한 고속도로에서 천천히 운전하는 것이 도시에서 경주하듯 달리는 것만큼이나 위험하다는 것을 배운다.
➡ '~만큼 ~한'의 의미를 나타내는 「as ~ as」 사이에는 반드시 형용사, 부사의 원급을 사용한다. be동사 is의 보어 역할을 해야 하므로 형용사(dangerous)가 적절하다.

3 토론은 언어 그 자체만큼이나 오래되었고 인간의 역사 내내 많은 형태들을 취해 왔다.
➡ '~만큼 ~한'의 의미를 나타내는 「as ~ as」 사이에는 반드시 형용사, 부사의 원급(old)을 사용한다.

4 가이드는 그에게 브라질에서 온 희귀한 물건과 태양계만큼이나 오래되었다고 그가 주장하는 유리 상자 속의 운석도 보여 주었다.
➡ '~만큼 ~한'의 의미를 나타내는 「as ~ as」 사이에는 반드시 형용사, 부사의 원급(ancient)을 사용한다.

5 생산성 향상은 그것을 만들어 내는 개별 기업에 중요한 만큼 경제에도 중요하다.
➡ '~만큼 ~한'의 의미를 나타내는 「as ~ as」 사이에는 반드시 형용사, 부사의 원급을 사용한다. be동사 is의 보어 역할을 해야 하므로 형용사(important)가 적절하다.

6 주머니고양이에게 이 두꺼비들은 독성이 있는 만큼이나 먹음직스러워 보이며 그들을 먹은 주머니고양이는 빠른 속도로 치명적인 결과를 겪었다.
➡ '~만큼 ~한'의 의미를 나타내는 「as ~ as」 사이에는 반드시 형용사, 부사의 원급(tasty)을 사용한다.

Pattern 51-60 PART I   p. 231

A

1. almost   2. Most   3. most
4. almost   5. most   6. almost

1 인생의 거의 모든 것에는, 좋은 것에도 지나침이 있을 수 있다.
➡ 형용사 all을 수식하고, 문맥상 '거의'라는 의미가 필요하므로 부사 almost가 적절하다.

2 반면에 대부분의 민속 그림들은 정식 예술 훈련을 거의 받지 않은 사람들에 의해 그려졌다.
➡ 명사 folk paintings를 수식하고, 문맥상 '대부분의'라는 의미가 필요하므로 형용사 Most가 적절하다.

3 대부분의 전문가들이 여덟 시간의 수면이 이상적이라고 말하는 반면에, 사실 그것은 전적으로 당신이 어떻게 느끼느냐에 달려있다.
➡ 명사 experts를 수식하고, 문맥상 '대부분의'라는 의미가 필요하므로 형용사 most가 적절하다.

4 예를 들어, 일란성 쌍둥이는 거의 항상 같은 눈 색깔을 갖고 있지만, 이란성 쌍둥이는 종종 그렇지 않다.
➡ 부사 always를 수식하고, 문맥상 '거의'라는 의미가 필요하므로 부사 almost가 적절하다.

5 대부분의 동물과는 달리, 흑멧돼지는 물을 마시지 않고도 몇 달 동안 건조한 지역에서 살 수 있다.

➡ 명사 animals를 수식하고, 문맥상 '대부분의'라는 의미가 필요하므로 형용사 most가 적절하다.

6 고등학교 시절, 그녀는 연극부에 가입했고 거의 모든 음악 작품에서 주연 역할을 맡았다.
➡ 형용사 every를 수식하고, 문맥상 '거의'라는 의미가 필요하므로 부사 almost가 적절하다.

B

1. something wrong   2. something spatial
3. something crucial   4. dangerous
5. controversial   6. something wrong

1 귀먹음이란 여러분이 들을 수 없다는 것이 아니라, 귀에 잘못된 무언가가 있다는 것을 의미할 뿐이다.
➡ -thing으로 끝나는 명사는 형용사가 뒤에서 수식한다.

2 전 세계 사람들은 시간을 공간적인 어떤 것으로 생각한다는 연구들이 있다.
➡ -thing으로 끝나는 명사는 형용사가 뒤에서 수식한다.

3 경쟁이 협력의 정반대라는 가정은 뭔가 매우 중요한 점을 놓치고 있다.
➡ -thing으로 끝나는 명사는 형용사가 뒤에서 수식한다.

4 예를 들면 곰팡이가 낀 음식을 제공받은 사람의 얼굴에 드러난 혐오감을 봄으로써 우리는 위험한 것을 먹지 않고 피할 수가 있었다.
➡ -thing으로 끝나는 명사는 형용사가 뒤에서 수식한다. 따라서 명사 something을 수식하는 형용사(dangerous)를 써야 한다.

5 소셜 네트워킹 사이트에서 대화를 시작하는 한 가지 재미있는 방법은 논란의 여지가 있는 것을 게시하는 것이다.
➡ -thing으로 끝나는 명사는 형용사가 뒤에서 수식한다. 따라서 명사 something을 수식하는 형용사(controversial)를 써야 한다.

6 아이러니하게도, 우리가 무슨 일이든 잘 해보려 할 때 대개 무엇인가가 잘못된다.
➡ -thing으로 끝나는 명사는 형용사가 뒤에서 수식한다.

Pattern 51-60 PART II   p. 232

A

1. much   2. many   3. many
4. much   5. many

1 지금까지 그래 온 만큼이나 현재 많은 부족들, 그리고 그들 사이의 많은 분쟁이 존재하는 것처럼 보인다.
➡ 셀 수 없는 단수 명사 conflict와 함께 쓰이는 것은 much이다.

2 우주의 불가사의한 것들에 관한 답을 찾는 많은 방법이 있고, 과학은 이러한 것들 중 단지 하나이다.
➡ 셀 수 있는 복수 명사 methods와 함께 쓰이는 것은 many이다.

3 마음을 산만하게 하는 것들이 너무 많이 있을 때, 공부에 전념하는 것은 힘들 수 있다.
➡ 셀 수 있는 복수 명사 distractions와 함께 쓰이는 것은 many이다.

4 우리는 정확한 정보만 사용해서 의사 결정 과정을 간소하게 하는 것에 맞추어 너무 많은 정보는 조절해야 한다.
➡ 셀 수 없는 단수 명사 information과 함께 쓰이는 것은 much이다.

5 그러한 완전한 질서가 자연에는 존재하지 않으며 서로 대항하여 작용하는 힘이 너무 많다.
➡ 셀 수 있는 복수 명사 forces와 함께 쓰이는 것은 many이다.

65

B

1. quickly   2. soon   3. fully
4. little   5. explicitly   6. fast

1 패스트 패션은 매우 낮은 가격에 가능한 한 빨리 디자인되고, 만들어지고, 소비자에게 팔리는 유행 의류를 의미한다.

➡ 문맥상 '가능한 한 빨리 팔리는'이라는 의미가 되어야 하므로 sold를 수식하는 부사(quickly)로 고쳐야 한다.

2 그러나 장차 여러분의 상사가 될 사람이 가능한 한 빨리 여러분이 일을 시작하기를 강력히 원한다면, 그것은 귀중한 정보이다.

➡ as ~ as possible 사이에는 형용사 또는 부사의 원급(soon)이 들어가야 한다.

3 한 연구 과제의 일부로, 한 집단의 대학생들이 영화를 본 후 다른 학생들에게 그것을 가능한 한 충분히 묘사할 것을 요청받았다.

➡ 문맥상 '가능한 한 충분히 묘사하다'라는 의미가 되어야 하므로 describe를 수식하는 부사(fully)로 고쳐야 한다.

4 그래서 그들은 가능한 한 적게 움직이는 경향이 있다. 그리고 그것들이 움직일 때에는, 흔히 그것들은 마치 슬로 모션으로 움직이는 것처럼 보인다.

➡ as ~ as possible 사이에는 형용사 또는 부사의 원급(little)이 들어가야 한다.

5 모호함을 피하는 유일한 길은 가능한 한 명백하게 자세히 설명하는 것이다.

➡ 문맥상 '가능한 한 명백하게 자세히 설명하다'라는 의미가 되어야 하므로 spell out을 수식하는 부사(explicitly)로 고쳐야 한다.

6 할머니는 가능한 한 빨리 집으로 달려가라고 모든 아이들에게 소리쳤다.

➡ as ~ as possible 사이에는 형용사 또는 부사의 원급(fast)이 들어가야 한다.

Pattern 51-60 PART III   p. 233

A

1. higher   2. smaller   3. more
4. smaller   5. smaller   6. better

1. 당신이 높이 올라갈수록 대기 속의 산소의 양은 감소한다.

➡ '점점 더 ~한'을 나타내는 '비교급 and 비교급' 구문으로, 비교급 higher를 쓰는 것이 적절하다.

2 세계화가 진행됨에 따라 세상은 점점 더 작아지고, 상호 협력을 돕는 기술은 점점 더 좋아진다.

➡ '점점 더 ~한'을 나타내는 '비교급 and 비교급' 구문으로, 비교급 smaller를 쓰는 것이 적절하다.

3 그러나 몇몇 동물들이 상징적 도구를 매우 흡사한 방식으로 사용한다는 증거가 점점 더 많이 드러나고 있다.

➡ '점점 더 ~한'을 나타내는 '비교급 and 비교급' 구문으로, 비교급 more를 쓰는 것이 적절하다.

4 빙하, 바람 그리고 흐르는 물은 이 암석 조각들을 운반하는 데 도움이 되고, 작은 여행자들(암석 조각들)이 이동하면서 점점 더 작아진다.

➡ '점점 더 ~한'을 나타내는 '비교급 and 비교급' 구문으로, 비교급 smaller를 쓰는 것이 적절하다.

5 대부분의 플라스틱은 자외선에 노출될 때 점점 더 작은 조각으로 분해되어 미세 플라스틱을 형성한다.

➡ '점점 더 ~한'을 나타내는 '비교급 and 비교급' 구문으로, 비교급 smaller를 쓰는 것이 적절하다.

---

6 나중에 망원경이라 불리게 된, 점점 더 개선된 소형 망원경들을 만들었기 때문에 갈릴레오는 망원경의 초점을 달에 맞추기로 결심했다.

➡ '점점 더 ~한'을 나타내는 '비교급 and 비교급' 구문으로, 비교급 better를 쓰는 것이 적절하다.

B

1. the public   2. rich   3. the blind
4. the rich   5. poor

1 Caesar의 유언은 대중들에게 즐거움을 줄 수 있는 게임을 하게 하는 것이다.

➡ 문맥상 '대중들'을 의미하도록 「the + 형용사」 구문을 사용하여 the public을 써야 한다.

2 단추가 최초로 사용되기 시작할 때, 그것들은 매우 비쌌고, 주로 부유층에 의하여 사용되었다.

➡ 문맥상 '부유한 사람들'을 의미하도록 「the + 형용사」 구문을 사용하여 the 다음에는 형용사(rich)를 써야 한다.

3 오늘날 어떤 일에 있어서 성공하기 위해서는, 우리는 눈먼 사람들의 세계에서는 한 눈으로 보는 사람이 불가능해 보이는 일을 이룰 수 있다는 것을 명심해야 한다.

➡ 문맥상 '눈 먼 사람들'을 의미하도록 「the + 형용사」 구문을 사용하여 the blind를 써야 한다.

4 만약 그 가격이 너무 많이 하락하여 덜 부유한 사람들을 배제할 정도로 가격이 더 이상 높지 않다면, 부자들은 그것을 사는 것을 중단할 것이다.

➡ 문맥상 '부유한 사람들'을 의미하도록 「the + 형용사」 구문을 사용하여 the rich를 써야 한다.

5 그런 상황에서 대부분의 사람들은 정부가 가난한 사람들에게 기본적인 자원을 제공하고자 엄청난 부자들에게 과세하는 것이 공평하다고 여길 것이다.

➡ 문맥상 '가난한 사람들'을 의미하도록 「the + 형용사」 구문을 사용하여 the 다음에는 형용사(poor)를 써야 한다.

Pattern 61-70 PART I   p. 234

A

1. shooting   2. lining   3. learning
4. developing   5. throwing   6. wearing

1 비전은 움직이는 목표물을 쏘아 맞히는 것과 같다.

➡ 전치사 like 다음에는 명사(동명사)가 와야 하므로, shoot의 동명사인 shooting으로 쓰는 것이 적절하다.

2 그것은 마치 일련의 도미노를 한 줄로 세워 놓는 것과 같다.

➡ 전치사 like 다음에는 명사(동명사)가 와야 하므로, line의 동명사인 lining으로 쓰는 것이 적절하다.

3 삶에 관해 배우는 것은 비행기를 조종하는 것을 배우는 것과 다소 유사하다.

➡ 전치사 like 다음에는 명사(동명사)가 와야 하므로, to learn을 동명사 learning으로 쓰는 것이 적절하다.

4 하지만, 불과 지난 10년 만에 우리는 로봇 개발처럼, 컴퓨터로 놀라운 것을 할 수 있는 능력을 습득하였다.

➡ 전치사 like 다음에는 명사(동명사)가 와야 하므로, to develop을 동명사 developing으로 쓰는 것이 적절하다.

5 당신은 여태까지 껍질을 벗긴 감자를 쓰레기통에 던지고 껍질은 냄비에 던지는 것과 같은 딴 데 정신이 팔린 일을 한 적이 있는가?

➡ 전치사 like 다음에는 명사(동명사)가 와야 하므로, throw의 동명사인 throwing으로 쓰는 것이 적절하다.

6 우리가 우리 자신이나 전반적인 삶에 대한 불완전한 패러다임을 갖고 있을 때, 그것은 시력에 맞지 않는 안경을 끼고 있는 것과 같다.
➡ 전치사 like 다음에는 명사(동명사)가 와야 하므로, to wear을 동명사 wearing으로 쓰는 것이 적절하다.

B

1. influenced	2. pulled	3. testing
4. was	5. are called	6. observed

1 심리학자 John Bargh는 인간의 인식과 행동이 외부 요인에 의해 영향을 받을 수 있다는 것을 보여주는 실험을 했다.
➡ 문맥상 '인간의 인식과 행동이 영향을 받는다'는 수동의 의미이므로 수동태(be + p.p.)로 써야 한다. 따라서 be동사 뒤에 과거분사(influenced)를 쓰는 것이 적절하다.

2 지구는 탁자, 나무, 또는 사과보다 더 큰 질량을 가지고 있어서 지구상의 거의 모든 것이 지구를 향해 당겨진다.
➡ 문맥상 '거의 모든 것이 당겨진다'는 수동의 의미이므로 수동태(be + p.p.)로 써야 한다. 따라서 be동사 뒤에 과거분사(pulled)를 쓰는 것이 적절하다.

3 그는 한 무리의 건강한 대학생들에게 그가 그들의 언어 능력을 검사하고 있었다고 말했다.
➡ 문맥상 '그가 검사를 했다'는 능동의 의미이므로 과거분사가 아닌 현재분사(testing)를 써서 과거 진행형으로 쓰는 것이 적절하다.

4 그러고 나서 그는 듣기 좋은 어조로 그 사람들에게 안전모는 부상으로부터 그들을 보호할 수 있도록 설계되었음을 상기시켰다.
➡ 문맥상 '모자가 설계되었다'라는 수동의 의미이므로 수동태(be + p.p.)로 써야 한다. 따라서 과거분사 앞에 be동사(was)를 쓰는 것이 적절하다.

5 이런 약은 '항생 물질'이라고 불리며, 이는 '박테리아의 생명에 대항하는 것'을 의미한다.
➡ 문맥상 '약이 불리다'라는 수동의 의미이므로 수동태(be + p.p.) 형태에 맞춰 are called로 쓰는 것이 적절하다.

6 한 실험에서, 실험 대상자들은 한 사람이 30개의 선다형 문제를 푸는 것을 관찰했다.
➡ 문맥상 '피실험자가 관찰했다'는 능동의 의미이므로 수동태가 아닌 observed 단순 과거시제로 쓰는 것이 적절하다.

Pattern 61-70 PART II

A

1. to him	2. to take	3. given
4. be sent	5. to feel	

1 그는 그의 딸 Anna가 그에게 Jofi를 주었던 말년이 되어서야 개를 사랑하는 사람이 되었다.
➡ 동사 give가 사용된 4형식 문장에서 직접목적어가 수동태의 주어가 되는 경우에, 남아있는 간접목적어 앞에는 전치사 to를 붙인다.

2 콘서트의 청중들이 교대로 전기를 만들어 내는 자전거 페달을 밟는다.
➡ 사역동사 make를 수동태로 만들 때 기존의 목적격 보어는 to부정사(to take)의 형태로 쓴다.

3 여러분의 발표 녹화 영상은 메모리 스틱에 담겨 여러분에게 제공됩니다.
➡ 문맥상 '~에게 제공되다'의 수동의 의미이므로 be동사 뒤에 과거분사(given)을 쓴다.

---

4 이번에 뜨개질한 모자는 아프리카에 있는 말리로 보내질 예정이다.
➡ 문맥상 '~에게 보내지다'의 수동의 의미이므로 수동태(be + p.p.) 형식에 맞춰 be sent으로 쓴다.

5 그 검진 이전에 몇 명의 참여자들은 그들 자신에 대해 좋은 감정을 느끼도록 만들어졌고 다른 참여자들은 그렇지 않았다.
➡ 사역동사 make를 수동태로 만들 때 기존의 목적격 보어는 to부정사(to feel)의 형태로 쓴다.

B

1. to speak	2. to choose	3. to take
4. to listen	5. resist	6. to discuss

1 참가자들을 정해진 순서로만 발언하게 하면 건설적인 대화가 진행되는 것이 어렵다.
➡ 5형식 동사 allow를 수동태로 만들 때 「be allowed to 동사원형」의 형태로 쓴다.

2 우리는 원하는 만큼 모든 것을 가질 수 없기 때문에 대안들 중에서 선택하도록 강요받았다.
➡ 5형식 동사 force를 수동태로 만들 때 「be forced to 동사원형」의 형태로 쓴다.

3 유럽에서는 동일한 증상이 있는 사람들에게 약을 복용하라고 권하지 않을 것이다.
➡ 5형식 동사 encourage를 수동태로 만들 때 「be encouraged to 동사원형」의 형태로 쓴다.

4 한 실험실 연구의 참가자들은 헤드폰을 통해 나오는 두 가지의 아주 크고 불쾌한 소음을 듣도록 요구 받았다.
➡ 5형식 동사 ask를 수동태로 만들 때 「be asked to 동사원형」의 형태로 쓴다.

5 쿠키 먹는 것을 참아야 했던 사람들은 그날의 (의지력의) 비축분을 다 소비한 것이다.
➡ 5형식 동사 tell을 수동태로 만들 때 「be told to 동사원형」의 형태로 쓴다.

6 사건에 대한 다수의 목격자들이 있을 때, 그들은 증언하기 전에 사건에 대해 의견을 나누는 것이 허락되지 않는다.
➡ 5형식 동사 allow를 수동태로 만들 때 「be allowed to 동사원형」의 형태로 쓴다.

Pattern 61-70 PART III

A

1. consist of	2. happens	3. appear
4. consists	5. has disappeared	6. occurred

1 나우루 원주민은 12개의 부족으로 이루어져 있으며 이들은 미크로네시아인, 폴리네시아인, 멜라네시아인이 혼합된 것으로 여겨진다.
➡ consist of(~로 구성되다)는 자동사로 수동태(be + p.p.)로 쓸 수 없다.

2 유사한 것이 X-ray와 극초단파와 같은 다른 전자기 방사선뿐만 아니라 광파에서도 발생한다.
➡ happen(발생하다)는 자동사로 수동태(be + p.p.)로 쓸 수 없다.

3 용은 그리스 신화, 영국 Arthur왕의 전설, 중국의 새해 행렬, 그리고 인류 역사에 걸친 많은 이야기에 등장한다.
➡ appear(나타나다)는 자동사로 수동태(be + p.p.)로 쓸 수 없다.

4 그것은 John Cage의 4'33"로, 침묵으로 이루어진 유명한 음악 작품이다.

➡ consist of(~로 구성되다)는 자동사로 수동태(be + p.p.)로 쓸 수 없다.

5 그 자라는 한때 중국, 인도, 태국, 말레이시아 등지에 분포했으나, 지금은 멸종 위기 종으로 간주되고 있으며 대부분의 분포지에서 사라졌다.

➡ disappear(사라지다)는 자동사로 수동태(be + p.p.)로 쓸 수 없다.

6 같은 종류의 사고가 다시 일어났기 때문에, 우리는 그것을 볼 준비가 꽤 되어 있었다.

➡ occur(일어나다)는 자동사로 수동태(be + p.p.)로 쓸 수 없다.

B

1. be evaluated	2. be taught	3. flooded
4. in	5. as	6. with

1 연구는 적용되거나 혹은 공표되기 전에 과학에 종사하는 집단의 다른 구성원들에 의해 평가되어야 한다.

➡ 문맥상 '연구가 평가되다'라는 의미로 수동태(be + p.p.)를 써야 한다. 따라서 조동사(should) 뒤에는 동사원형 be를 써서 evaluated로 쓴다.

2 아이들은 애완견이나 애완 고양이, 공원에 있는 야생 새나 토끼를 쫓아다니지 않도록 배워야 한다.

➡ 문맥상 '아이들이 가르침을 받다'라는 의미로 수동태(be + p.p.)를 써야 한다. 따라서 조동사(must) 뒤에는 동사원형 be를 써서 be taught로 쓴다.

3 수력발전 댐을 건설하기 위해서, 댐 뒤의 넓은 지역이 반드시 물에 잠기게 된다.

➡ 문맥상 '넓은 지역이 잠기게 된다'라는 의미로 수동태(be + p.p.)를 써야 한다. 따라서 be동사 뒤에 과거분사(flooded)를 쓰는 것이 적절하다.

4 일식 때의 특별한 주의의 이유는 단지 더 많은 사람들이 이 시간 동안 태양을 바라보는 것에 관심이 있기 때문이다.

➡ '~에 관심이 있다'는 be interested in을 쓴다. 전치사 by를 쓰지 않는 것에 주의한다.

5 그녀는 항상 신발을 신지 않고 공연을 했기 때문에 '맨발의 디바'로 알려졌다.

➡ 문맥상 '~로서 알려져 있다'는 의미의 be known as를 쓰는 것이 적절하다.

6 1926년에 그는 자신의 첫 번째 망원경을 만들었지만 그는 그 결과에 만족하지 않았다.

➡ '~에 만족하지 않다'는 be dissatisfied with를 쓴다. 전치사 by를 쓰지 않는 것에 주의한다.

Pattern 71-80 PART I　　　　　　　　　　　　　p. 237

A

1: being used	2. being overworked	3. being preyed
4. being	5. being pulled	

1 이 방법은 현재 약 4백만 명에게 식수를 제공하기 위해 전 세계적으로 사용되고 있다.

➡ '사용되고 있다'를 나타내는 진행형 수동태로 be동사 다음에 「being p.p.」가 오므로, being used를 쓰는 것이 적절하다.

2 피로와 고통은 당신에게 당신의 몸이 위험에 처해 있고 너무 무리하고 있다는 것을 말해 주는 것이다.

➡ '무리하고 있다'를 나타내는 진행형 수동태로 be동사 다음에 「being p.p.」가 오므로, being overworked를 쓰는 것이 적절하다.

3 만약 그 체계가 불균형을 이루면, 한 개체군은 다른 개체군에 의해

잡아 먹히지 않기 때문에 개체 수가 증가할 수 있다.

➡ '잡아 먹히고 있다'를 나타내는 진행형 수동태로 be동사 다음에 「being p.p.」가 오므로, being preyed를 쓰는 것이 적절하다.

4 그것의 생존이 1930년대에 호주로 들여와진 외래종인 수수두꺼비에 의해 위협받고 있었다.

➡ '위협받고 있다'를 나타내는 진행형 수동태로 be동사 다음에 「being p.p.」가 오므로, being threatened를 쓰는 것이 적절하다.

5 나는 Jules Verne의 책을 꼭 쥔 채로 문 밖으로 끌려 나왔다.

➡ '끌려나오고 있다'를 나타내는 진행형 수동태로 be동사 다음에 「being p.p.」가 오므로, being pulled를 쓰는 것이 적절하다.

B

1. whose	2. whose	3. whose
4. whose	5. whose	6. whose

1. 예를 들어, 집에서는 뇌 기능이 정상인 몇몇 노인들이 인위적인 조명이 언제나 켜져 있는 곳에 입원하면 혼란스러워질 수 있다.

➡ 선행사(people)와 소유격 관계대명사 뒤에 brain 사이에 관계가 있고, 관계대명사 뒤에 문장이 완전한 문장이기 때문에 소유격 관계대명사를 쓰는 것이 적절하다.

2 그녀는 전 세계의 기아를 끝내는 것을 목표로 하는 "The Hunger Project"를 위해 일하는 중이었다.

➡ 선행사(The Hunger Project)와 소유격 관계대명사 뒤에 goal 사이에 관계가 있고, 관계대명사 뒤에 문장이 완전한 문장이기 때문에 소유격 관계대명사를 쓰는 것이 적절하다.

3 그는 경영 사학자였으며 그의 연구는 경영사 그리고 특히 경영관리 연구에 집중되어 왔다.

➡ 선행사(historian)와 소유격 관계대명사 뒤에 work 사이에 관계가 있고, 관계대명사 뒤에 문장이 완전한 문장이기 때문에 소유격 관계대명사를 쓰는 것이 적절하다.

4 두 해 사이에 사용이 증가한 세 가지의 플랫폼 중, 휴대전화가 가장 작은 증가를 보였다.

➡ 선행사(platforms)와 소유격 관계대명사 뒤에 usage 사이에 관계가 있고, 관계대명사 뒤에 문장이 완전한 문장이기 때문에 소유격 관계대명사를 쓰는 것이 적절하다.

5 그래서 심장이 멎은 환자는 더 이상 사망한 것으로 간주될 수 없다.

➡ 선행사(patient)와 소유격 관계대명사 뒤에 heart 사이에 관계가 있고, 관계대명사 뒤에 문장이 완전한 문장이기 때문에 소유격 관계대명사를 쓰는 것이 적절하다.

6 분명히 자존감은 그 사람의 인정이 중요한(부모나 교사와 같은) 누군가가 당신을 계속해서 깎아 내릴 때 손상될 수 있다.

➡ 선행사(someone)와 소유격 관계대명사 뒤에 acceptance 사이에 관계가 있고, 관계대명사 뒤에 문장이 완전한 문장이기 때문에 소유격 관계대명사를 쓰는 것이 적절하다.

Pattern 71-80 PART II　　　　　　　　　　　　　p. 238

A

1. been	2. associated	3. reduced
4. been	5. made	6. pulled

1 더욱이 그녀는 숙모 Katrin의 지극한 보살핌을 받고 자랐다.

➡ '자랐다'를 나타내는 완료형 수동태로 had동사 다음에 「been p.p.」가 오므로, been brought를 쓰는 것이 적절하다.

2 초기 로마시대 이래로, 몇몇 곡식들은 결혼식과 연관이 있었다.

➡ '연관이 있었다'를 나타내는 완료형 수동태로 has동사 다음에 「been p.p.」가 오므로, been associated를 쓰는 것이 적절하다.

3 첫째, 교통사고 사망률이 크게 감소해 왔다.

➡ '감소해 왔다'를 나타내는 완료형 수동태로 have동사 다음에 「been p.p.」가 오므로, been reduced를 쓰는 것이 적절하다.

4 하위 집단이 확인되면, 우리는 더 구체적인 용어를 사용하게 될 것이다.

➡ '확인되었다'를 나타내는 완료형 수동태로 have동사 다음에 「been p.p.」가 오므로, been identified를 쓰는 것이 적절하다.

5 가능성 있는 진보들이 인간의 유전 분야에서 이루어져 왔다.

➡ '이루어져 왔다'를 나타내는 완료형 수동태로 have동사 다음에 「been p.p.」가 오므로, been made를 쓰는 것이 적절하다.

6 속이 밖으로 빠져 나와 있고 작은 속 조각들이 여기저기에 있다.

➡ '빠져 나왔다'를 나타내는 완료형 수동태로 has동사 다음에 「been p.p.」가 오므로, been pulled를 쓰는 것이 적절하다.

B

1. which	2. which	3. which
4. which	5. which	6. which

1 여행용 캐러밴은 당신의 자동차 후미에 연결되어 당신이 가기를 원하는 곳까지 끌려가는 이동식 주택이다.

➡ 선행사가 사람이 아닌 homes이기 때문에 관계대명사 which가 적절하다.

2 위 차트는 2020년에 소비된 전 세계 에너지 비율을 보여 준다.

➡ 선행사가 사람이 아닌 energy이기 때문에 관계대명사 which가 적절하다.

3 우리는 총합이 44달러인 두 장의 표를 구매했습니다.

➡ 선행사가 사람이 아닌 tickets이고 뒤에 주어가 생략되었기 때문에 주격 관계대명사 which가 적절하다.

4 이 이야기는 원주민들이 그들 주변의 세계를 이해하기 위해서 만들어낸 전설의 좋은 예이다.

➡ 선행사가 사람이 아닌 legend이고 뒤에 주어가 생략되었기 때문에 주격 관계대명사 which가 적절하다.

5 '물고기가 있는 곳에서 낚시하라'는 말은 마케팅의 모든 분야에 적용되는 금언이다.

➡ 선행사가 사람이 아닌 maxim이기 때문에 관계대명사 which가 적절하다.

6 전형적인 연구에서 사람들은 그들에게 주어졌던 커피 잔의 가치를 평가하도록 요청 받았다.

➡ 선행사가 사람이 아닌 cups이고 뒤에 주어가 생략되었기 때문에 주격관계대명사 which가 적절하다.

Pattern 71-80 PART III p. 239

A

1. who	2. are	3. who
4. who	5. needs	

1 그녀는 Robby로부터 전화를 받았고, 그는 그 콘서트에 참가 하겠다고 말했다.

➡ 선행사(Robby)가 문맥에서 '전화를 한 사람'을 뜻하기에, 관계대명사 who를 쓰는 것이 적절하다. which는 선행사가 사물일 때 사용한다.

2 예상하지 못하는 사람들에게 내가 미소를 지으면, 어떤 사람들은 얼굴이 빨개지고, 다른 사람들은 놀라면서 미소로 응답한다.

➡ 선행사(people)가 복수 명사이기 때문에 관계대명사 뒤에 are를 쓰는 것이 적절하다.

3 당신이 복사기의 마지막 종이를 사용한 사람이기 때문에, 그것을 다시 채워 놓아야 한다.

➡ 선행사(the one)이 사람이고 관계대명사 다음에 emptied라는 동사가 나왔기 때문에 주격 관계대명사 who를 쓰는 것이 적절하다.

4 그들 자신이 가치 있는 사람이라고 여기는 사람들은 건강에 대해 아는 것에 동의할 가능성이 더 높다.

➡ 선행사(people)이 사람이고 관계대명사 다음에 consider라는 동사가 나왔기 때문에 '주격' 관계대명사 who를 쓰는 것이 적절하다.

5 딸의 교육을 위해 많은 돈을 필요로 하는 젊은 부모를 보았는가?

➡ 선행사(a young parent)가 단수 명사이기 때문에 관계대명사 뒤에 needs를 쓰는 것이 적절하다.

B

1. which	2. which	3. which
4. which	5. which	6. which

1 바이오 연료의 비율은 0.6%로 핵에너지의 비율보다 작다.

➡ 계속적인 용법에서는 콤마(,) 뒤에 that을 쓸 수 없기에 which가 오는 것이 적절하다.

2 그 때 그 현명한 엄마는 잡지의 한 페이지를 뜯어냈고, 그 종이에는 세계를 그린 그림이 있었다.

➡ 계속적인 용법에서는 콤마(,) 뒤에 that을 쓸 수 없기에 which가 오는 것이 적절하다.

3 사회학자들은 젊은 시절의 사랑에 대한 행복감이 미래의 로맨스를 어떻게 판단하는지에 대한 비현실적인 기준이 될 수 있다는 것을 밝혔다.

➡ 전치사 뒤에는 관계대명사 that을 쓸 수 없기에 which가 오는 것이 적절하다.

4 월요일은 '일을 진행하기 위한' 회의들로 몹시 부담되는데, 그것들은 매우 생산적이지 않다.

➡ 계속적인 용법에서는 콤마(,) 뒤에 that을 쓸 수 없기에 which가 오는 것이 적절하다.

5 인도네시아는 이 기간 동안 가장 현저한 증가를 이루었는데 그 증가량은 약 100만 톤이다.

➡ 계속적인 용법에서는 콤마(,) 뒤에 that을 쓸 수 없기에 which가 오는 것이 적절하다.

6 카라와이족 가정은 가까이에 그들의 뜰을 가지고 그곳에 고구마와 채소를 재배한다.

➡ 전치사 뒤에는 관계대명사 that을 쓸 수 없기에 which가 오는 것이 적절하다.

Pattern 81-90 PART I p. 240

A

1. what	2. what	3. what
4. What	5. What	6. what

1 어느 날, 나는 반복 때문에 내가 내 비밀번호로 사용했던 것이 나의 일부가 되었음을 깨달았다.

➡ 관계대명사 앞에 선행사가 없으므로 선행사를 포함한 관계대명사 what을 쓰는 것이 적절하다.

2 그것은 내가 많은 시간과 노력을 쏟는 것이었고, 일 외에 가장 많이

하는 것이었다.
➡ 관계대명사 앞에 선행사가 없으므로 선행사를 포함한 관계대명사 what을 쓰는 것이 적절하다.

3 내 컴퓨터가 악성 스파이웨어에 감염되어 그것이 내 컴퓨터의 고장을 일으킨 것으로 밝혀졌다.
➡ 관계대명사 앞에 선행사가 없으므로 선행사를 포함한 관계대명사 what을 쓰는 것이 적절하다.

4 이러한 평화로운 느낌을 방해하는 것은 무언가 보답으로 받을 것이라는 우리의 기대감이다.
➡ 관계대명사 앞에 선행사가 없으므로 선행사를 포함한 관계대명사 what을 쓰는 것이 적절하다.

5 우리가 가게에서 돈을 지불하고 집으로 가져온 것은 귀중품이거나 유행하는 드레스이거나 최신 휴대전화였다.
➡ 관계대명사 앞에 선행사가 없으므로 선행사를 포함한 관계대명사 what을 쓰는 것이 적절하다.

6 당신의 그림에 대해 당신이 가장 좋아하는 점에 주의를 기울여라.
➡ 관계대명사 앞에 선행사가 없으므로 선행사를 포함한 관계대명사 what을 쓰는 것이 적절하다.

B

1. when	2. where	3. when
4. where	5. when	

1 하지만 여러분의 인생에서 일어나 여러분을 응원할 사람이 주변에 아무도 없을 때가 있을 것이다.
➡ 선행사가 time이고 시간을 나타내므로 이에 알맞은 관계부사 when이 적절하다.

2 또한, 교차로가 없는 긴 내리막길은 기본 기술을 연습할 수 있는 완벽한 장소가 될 수 있을 것이다.
➡ 선행사가 area이고 장소를 나타내므로 이에 알맞은 관계부사 where가 적절하다.

3 그녀는 자신의 목소리로 새로운 음높이에 도달하고, 관객의 모든 눈과 귀가 온전히 자신에게 집중될 그 순간을 준비하기 위해 몇 달 동안 연습했다.
➡ 선행사가 moment이고 시간을 나타내므로 이에 알맞은 관계부사 when이 적절하다.

4 황제의 군인들이 침략하였을 때, 대비하지 못했던 북방의 민족들은 진의 군대가 도달하지 못하는 곳으로 달아났다.
➡ 선행사가 places이고 장소를 나타내므로 이에 알맞은 관계부사 where가 적절하다.

5 사람들은 준비운동을 할 시간이 없어서 처음 10분간의 조깅으로도 숨이 찼던 날이 있었을 것이다.
➡ 선행사가 days이고 시간을 나타내므로 이에 알맞은 관계부사 when이 적절하다.

Pattern 81-90 **PART II** p. 241

A

1. which	2. whom	3. whom
4. which	5. which	

1 오늘날 미국 시장에 35개가 넘는 고효율 변기 모델이 있으며, 그것들 중 일부는 물을 내릴 때마다 1.3갤런 미만을 사용한다.
➡ 사물을 나타내는 선행사 models를 대신하는 관계대명사가 나와야 하므로 which가 적절하다.

2 어떤 면에서는 그래 왔지만 그것은 동시에 새로운 사이버 부족들에게 목소리와 조직력을 부여해 왔고, 이들 중 일부는 자신의 시간을 월드 와이드 웹(World Wide Web)에서 비난과 분열을 퍼뜨리는 데 시간을 보낸다.
➡ 사람을 나타내는 선행사 tribes를 대신하는 관계대명사가 나와야 하므로 whom이 적절하다.

3 매일 당신은 당신이 즐기는 제품과 서비스를 제공해 주는 많은 사람들에게 의존하는데 그들 중 대부분은 당신이 알지 못하는 사람들이다.
➡ many people중 대부분을 나타내므로 관계대명사 whom이 정답이다. 대명사 them을 사용하려면 앞에 콤마(,) 대신 접속사를 써야 한다

4 더욱이, 복잡한 호르몬 조절 시스템은 머리카락과 손톱의 성장을 지휘하지만 일단 사람이 죽게 되면 이 모든 것이 불가능하다.
➡ 선행사 the growth를 대신하는 관계대명사가 나와야하므로 which가 적절하다.

5 이러한 특수 효과들은 원리상 3-D 아트, 모션 픽처, 또는 착시와 비슷하지만, 그것들 중에 어느 것도 우리의 뇌가 그것들을 인식하기 위한 특수한 방법을 진화시킬 만큼 충분히 오랫동안 주변에 존재하지는 않았다.
➡ 선행사 effects를 대신하는 관계대명사가 나와야 하므로 which가 적절하다.

B

1. why	2. why	3. why
4. why	5. why	

1 영국 동식물 연구가인 John Ray는 새가 알을 낳아 번식하는 타당한 이유가 있다고 여겼다.
➡ 선행사가 reason(이유)이다. 따라서 이유를 나타내는 관계부사 why가 오는 것이 적절하다.

2 자연 통제가 살충제 사용보다 더 선택되는 이유가 여기에 있다.
➡ 선행사가 the reason(이유)이다. 따라서 이유를 나타내는 관계부사 why가 오는 것이 적절하다.

3 훌륭하게 소통을 하는 사람들은 무엇이 왜 잘못되고 있는지에 대한 이유에는 관심이 없다.
➡ 선행사가 the reason(이유)이다. 따라서 이유를 나타내는 관계부사 why가 오는 것이 적절하다.

4 이것이 팀의 이름을 딴 Tiger Stadium이 은행의 이름을 딴 Comerica Park에 밀려났을 때 디트로이트 팬들이 애석해했던 한 이유이다.
➡ 선행사가 the reason(이유)이다. 따라서 이유를 나타내는 관계부사 why가 오는 것이 적절하다.

5 이러한 순환은 생명이 수백만 년 동안 우리 지구에서 번창해 왔던 근본적인 이유이다.
➡ 선행사가 the reason(이유)이고 뒷문장이 완전한 문장이기 때문에 이유를 나타내는 관계부사 why가 오는 것이 적절하다.

Pattern 81-90 **PART III** p. 242

A

1. how	2. how	3. how
4. how	5. the way	

1 내 컴퓨터가 어떻게 그것에 감염되었는지 정확히 알 수 없지만, Neil이 그것을 제거했다.
➡ 방법을 나타내는 선행사 the way는 how와 함께 쓰지 못한다. 따

라서 정답은 how가 적절하다.

2 소문이 잘못되었음을 알았을 때, 그는 자신이 감정을 상하게 한 사람에게 가서 소문을 퍼뜨린 것에 대해 어떻게 보상할 수 있는지를 물었다.

➡ 방법을 나타내는 선행사 the way는 how와 함께 쓰지 못한다. 따라서 정답은 how가 적절하다.

3 그 콘서트 후에, 선생님은 Robby에게 어떻게 그렇게 훌륭하게 연주를 해냈는지 물어보았다.

➡ 방법을 나타내는 선행사 the way는 how와 함께 쓰지 못한다. 따라서 정답은 how가 적절하다.

4 놀라서, 그 엄마는 그녀에게 그녀(딸)가 어떻게 그것을 매우 빠르게 했는지 물었다.

➡ 방법을 나타내는 선행사 the way는 how와 함께 쓰지 못한다. 따라서 정답은 how가 적절하다.

5 하와이에 있는 Kauai섬의 한 전설은 naupaka 꽃이 어찌하여 특이한 모양을 가지게 되었는지 설명한다.

➡ 방법을 나타내는 선행사 the way는 how와 함께 쓰지 못한다. 따라서 정답은 the way가 적절하다.

6 그는 이 소년이 어떻게 결선에 진출하는 데 성공했는지에 대해 동료들과 함께 비웃었다.

➡ 방법을 나타내는 선행사 the way는 how와 함께 쓰지 못한다. 따라서 정답은 the way가 적절하다.

B

1. whenever	2. wherever	3. whenever
4. whatever	5. wherever	6. whatever

1 문맥상 '언제나'를 나타내는 whenever가 적절하다.

2 문맥상 '어디에 있든지'를 나타내는 wherever가 적절하다.

3 문맥상 '~할 때마다'를 나타내는 whenever가 적절하다.

4 문맥상 '무엇이든'을 나타내는 whatever가 적절하다.

5 문맥상 '어디에 있든지'를 나타내는 wherever가 적절하다.

6 문맥상 '무엇이든'을 나타내는 whatever가 적절하다.

Pattern 91-100 PART I
p. 243

A

1. how	2. how
3. how	4. how

1 문맥상 much를 수식할 수 있는 '정도'를 나타내는 'how'가 오는 것이 적절하다.

2 문맥상 little을 수식할 수 있는 '정도'를 나타내는 'how'가 오는 것이 적절하다.

3 문맥상 much를 수식할 수 있는 '정도'를 나타내는 'how'가 오는 것이 적절하다.

4 문맥상 much를 수식할 수 있는 '정도'를 나타내는 'how'가 오는 것이 적절하다.

B

1. is	2. were	3. show
4. was	5. was	

1 영리 단체를 운영하는 한 남자로부터 내가 배운 것은 "무료 상담, 무료 업그레이드, 그리고 무료입장은 가치가 없다고 생각한다."는 것이었다.

➡ 주어가 what I learned ~ organization이므로 동사 자리에 is가 오는 것이 적절하다.

2 자존감이 고양된 실험 대상자들은 그것에 대해 검진 받기를 원하는 경향이 더 강했다.

➡ 주어가 subjects이므로 동사 자리에 were가 오는 것이 적절하다.

3 매우 작은 어떤 것을 제의하지만 호의를 가지고 그렇게 하는 관리자들은 그들의 직원들에게 단지 공손함 이상의 것을 보여준다.

➡ 주어가 Managers이므로 동사 자리에 show가 오는 것이 적절하다.

4 미국에서 전자책을 구매한 사람들의 비율은 프랑스보다 4배 더 높았다.

➡ 주어가 The percentage이므로 동사 자리에 was가 오는 것이 적절하다.

5 인도는 가장 낮은 인식의 비율을 보여주었지만 전자책을 구매한 비율은 가장 높았다.

➡ 주어가 The percentage이므로 동사 자리에 was가 오는 것이 적절하다.

Pattern 91-100 PART II
p. 244

A

1. checking	2. writing	3. responding
4. asking	5. pointing	6. going

1 나는 끊임없이 이메일을 확인한다.

➡ 동사 keep은 동명사를 목적어로 갖는 동사이기 때문에 checking이 적절하다.

2 내가 막 TV 대본을 다 쓰고 그것을 인쇄하러 갔을 때 내 컴퓨터가 먹통이 되었다.

➡ 동사 finish는 동명사를 목적어로 갖는 동사이기 때문에 writing이 적절하다.

3 사람들이 당신에 대해 악담을 할 때, 당신에 관한 그 말에 반응하는 것을 피해야 한다.

➡ 동사 avoid는 동명사를 목적어로 갖는 동사이기 때문에 responding이 적절하다.

4 그러나 그 여자아이는 지금 읽어달라고 계속해서 그녀(엄마)에게 부탁했다.

➡ 동사 keep은 동명사를 목적어로 갖는 동사이기 때문에 asking이 적절하다.

5 그의 형인 Robert는 Simon의 이메일에 있는 오류 지적하기를 즐겼다.

➡ 동사 enjoy는 동명사를 목적어로 갖는 동사이기 때문에 pointing이 적절하다.

6 그들은 자신들의 상사를 위해 몇 마일을 더 가는 것을 전혀 개의치 않는 부하 직원이 있다.

➡ 동사 mind는 동명사를 목적어로 갖는 동사이기 때문에 going이 적절하다.

B

1. being exchanged	2. Being chased
3. Being locked	4. being attacked
5. being stolen	

1 문맥상 '교환되는 것'이 되려면 동명사의 수동형태인 being exchanged가 오는 것이 적절하다.

2 문맥상 '쫓기는 것'이 되려면 동명사의 수동형태인 being chased가 오는 것이 적절하다.

3 문맥상 '갇히는 것'이 되려면 동명사의 수동형태인 being locked가

오는 것이 적절하다.

4 문맥상 '공격받을 가능성'이 되려면 동명사의 수동형태인 being attacked가 오는 것이 적절하다.

5 문맥상 '도용되는 것'이 되려면 동명사의 수동형태인 being stolen 이 오는 것이 적절하다.

Pattern 91-100 PART III p. 245

A

1. floating	2. looking	3. training
4. watching	5. making	

1 그들은 수영을 잘하고 대부분의 시간을 사방으로 트인 물위에서 떠다니며 지낸다.
➡ 「spend + 시간/돈/노력 + V-ing」이기 때문에 동명사 floating이 오는 것이 적절하다.

2 유감스럽게도, 경제는 곧 빠르게 나빠졌고, 나는 다른 일자리를 찾기 위해 여러 개월을 보냈다.
➡ 동사 spend 뒤에 시간, 돈 등의 목적어 뒤에는 전치사가 생략되었기 때문에 동명사 looking이 오는 것이 적절하다.

3 연구원들은 스카우트 단원들의 도움을 얻어 연구를 시작했고, 연구를 위해 그들을 3주 동안 훈련시켰다.
➡ 동사 spend 뒤에 시간, 돈 등의 목적어 뒤에는 전치사가 생략되었기 때문에 동명사 training이 오는 것이 적절하다.

4 그래서 나는 파티의 남은 시간을 다른 아이들이 자신의 선물을 즐기는 것을 보면서 보냈다.
➡ 동사 spend 뒤에 시간, 돈 등의 목적어 뒤에는 전치사가 생략되었기 때문에 동명사 watching이 오는 것이 적절하다.

5 비록 여러분 자신이 무언가를 만드는 데 결국 돈을 쓰게 될지라도, 가치가 급격히 떨어지게 될 물건을 수집하기보다는 여러분은 적어도 기술을 키워 나가고 있는 것이다.
➡ 동사 spend 뒤에 시간, 돈 등의 목적어 뒤에는 전치사가 생략되었기 때문에 동명사 making이 오는 것이 적절하다.

B

1. taking	2. getting	3. breathing
4. making	5. entering	6. spinning

1 그 밧줄은 내가 1,000피트 아래로 떨어져 죽는 것을 두 번이나 막아주었다.
➡ keep A from V-ing 구문으로 전치사 from 뒤에는 명사나 동명사가 와야 하기 때문에 taking이 오는 것이 적절하다.

2 만약 당신이 충분한 잠을 잔다면, 당신은 아침에 기분이 상쾌해야 하고 잠자리에서 일어나는 데 문제가 없어야 한다.
➡ have trouble (in) V-ing 구문으로 전치사 in이 생략되어 뒤에는 명사나 동명사가 와야 하기 때문에 getting이 오는 것이 적절하다.

3 코끼리가 쓰러지면 몸무게 때문에 호흡하는 데 어려움을 겪을 수 있고, 햇빛 아래에서 몸이 너무 뜨거워질 수 있다.
➡ have difficulty (in) V-ing 구문으로 전치사 in이 생략되어 뒤에는 명사나 동명사가 와야 하기 때문에 breathing이 오는 것이 적절하다.

4 그들의 부모들은 아이들이 좋지 못한 선택을 하지 않도록 막았기 때문에 아이들은 결코 실패로부터 다시 일어나거나 실수로부터 회복하는 법을 배우지 못한다.
➡ prevent A from V-ing 구문으로 전치사 from 뒤에는 명사나 동명사가 와야 하기 때문에 making이 오는 것이 적절하다.

5 서아프리카 사람들은 유령이 집안으로 들어오는 것을 막기 위해 신발을 문에 남겨두어야 한다고 믿고 있다.
➡ prevent A from V-ing 구문으로 전치사 from 뒤에는 명사나 동명사가 와야 하기 때문에 entering이 오는 것이 적절하다.

6 이것이 바퀴가 회전하지 못하게 하여, 자전거는 멈추게 된다.
➡ stop A from V-ing 구문으로 전치사 from 뒤에는 명사나 동명사가 와야 하기 때문에 spinning이 오는 것이 적절하다.

Pattern 101-110 PART I p. 246

A

1. flowing	2. insisting	3. learning
4. waiting	5. becoming	

1 바다로 흘러가는 대신 보츠와나에서 끝나기 때문에 그 강은 '바다에 이르지 못하는 강'으로 불려왔다.
➡ instead of V-ing 구문이므로 flowing이 오는 것이 적절하다.

2 최선의 가능한 결정을 찾는 것을 고집하는 대신에 우리는 종종 충분히 좋아 보이는 것을 받아들인다.
➡ instead of V-ing 구문이므로 insisting이 오는 것이 적절하다.

3 한 두 개의 생태학적인 환경에서 어떻게 살아남는지를 배우는 대신에 우리는 전 세계를 점령했다.
➡ instead of V-ing 구문이므로 learning이 오는 것이 적절하다.

4 내 경험상, 누군가가 당신에게 기회를 건네주기를 기다리기 보다는 기회를 잡으라는 말을 많이 들었다.
➡ instead of V-ing 구문이므로 waiting이 오는 것이 적절하다.

5 그는 사자를 무서워해서 도망가는 대신에 사자에게 가까이 갔다.
➡ instead of V-ing 구문이므로 becoming이 오는 것이 적절하다.

B

1. eating	2. feeding	3. trusting
4. watching	5. taking	6. saying

1 일반적으로 그들은 패스트푸드 음식점에서 먹는 때를 제외하고는 평균적인 사람보다 외식을 덜 한다.
➡ when it comes to V-ing 구문으로 전치사 to 뒤에는 명사나 동명사가 와야 하기 때문에 eating이 오는 것이 적절하다.

2 당신의 몸과 마음에 음식을 공급하는 데 있어서, 가정에서 음식을 준비하는 것보다 더 좋은 것은 없다.
➡ when it comes to V-ing 구문으로 전치사 to 뒤에는 명사나 동명사가 와야 하기 때문에 feeding이 오는 것이 적절하다.

3 서로를 돕고 밧줄에 의지함으로써 우리는 마침내 정상에 안전하게 도착했다.
➡ 접속사 and 뒤에 by가 생략된 병렬구조이기 때문에 동명사 trusting이 와야 한다.

4 그러나 TV 시청에 있어서, 우리 중 다수는 모든 통로로 물건 구입하기 방식을 따르는 것 같다.
➡ when it comes to V-ing 구문으로 전치사 to 뒤에는 명사나 동명사가 와야 하기 때문에 'watching'이 오는 것이 적절하다.

5 아이가 아플 때 돌보는 것에 대해 말하자면, "엄마가 더 많은 가사일을 하는'가정의 비율은 "가사일을 동일하게 분담하는"가정의 비율과 같다.
➡ when it comes to V-ing 구문으로 전치사 to 뒤에는 명사나 동명사가 와야 하기 때문에 taking이 오는 것이 적절하다.

6 다시 말해서, 당신은 'between'이라는 단어를 말함으로써 그 대가

로 얻는 것 없이 불이익을 받는다는 것을 알게 될 것이다.

➡ by V-ing 구문으로 동명사가 와야 하기 때문에 saying이 오는 것이 적절하다.

Pattern 101-110 **PART II**
p. 247

A

1. describing   2. striking   3. having
4. victims   5. emphasizing

1 하지만 우리는 감정 상태를 표현하거나 우리의 감정 상태를 알아챌 수 있는 기계들을 'affective computing(감성 컴퓨팅)'의 전형으로 묘사하는 것에 익숙해져 왔다.

➡ 문맥상 '~하는 것에 익숙하다'의 의미가 자연스럽기 때문에 become used to V-ing 구문에 맞춰 동명사 describing이 와야 한다.

2 그럼에도 불구하고 많은 잠재적인 취재 대상[취재 대상이 될 가능성이 있는 사람]들에게 기자들과 협력하는 것은 여전히 해볼 가치가 있는 타협이다.

➡ be worth V-ing 구문으로 worth 뒤에 동명사 striking이 오는 것이 적절하다.

3 어느 정도의 성공을 성취한 적이 있는 사람은 누구든지 인생에서 소유할 가치가 있는 것은 그 어느 것도 쉽게 이루어지지 않는다는 것을 안다.

➡ be worth V-ing 구문으로 worth 뒤에 동명사 having이 오는 것이 적절하다.

4 자존감이 낮은 사람은 흔히 스스로를 부족하다고 보거나 피해자처럼 느낀다.

➡ feel like 구문에서 like는 전치사이기 때문에 뒤에 명사 또는 동명사가 와야 한다. 따라서 명사 victims가 오는 것이 적절하다.

5 습관 앞에서 의도가 얼마나 약한지에 관한 온갖 말에도 불구하고 대부분의 경우에 심지어 우리의 강한 습관조차도 우리의 의도를 정말 따른다는 것은 강조할 만한 가치가 있다.

➡ be worth V-ing 구문으로 worth 뒤에 동명사 emphasizing이 오는 것이 적절하다.

B

1. In the case of   2. In the case of   3. In the case of
4. In the case of   5. In the case of

1 모국어의 경우, 아이는 일상 환경 속에서 이러한 연습을 위한 충분한 기회를 가진다.

➡ the mother tongue은 명사이기 때문에 앞에 전치사 of가 와야 한다.

2 '배우'의 경우, 그것은 두 해 모두 70퍼센트가 넘는 응답자들에게 영향을 미쳤다.

➡ Actor는 명사이기 때문에 앞에 전치사 of가 와야 한다.

3 개인에게는 노동 분업이 있듯이, 국가들 또한 국제적인 수준에서 이러한 원칙을 채택하고 있다.

➡ individuals는 명사이기 때문에 앞에 전치사 of가 와야 한다.

4 채식 피자의 경우에는, 반대표의 수가 찬성표의 수보다 세 배보다 많지 않았다.

➡ vegetarian pizza는 명사이기 때문에 앞에 전치사 of가 와야 한다.

5 토네이도나 허리케인이 접근하는 경우에 사람들은 드론에 의해 수집된 정보의 도움으로 안전을 추구할 수 있다.

➡ nearing tornados or hurricanes는 명사구이기 때문에 앞에 전

치사 of가 와야 한다.

Pattern 101-110 **PART III**
p. 248

A

1. closely   2. close   3. close
4. close   5. closely   6. close

1 수년간의 연구는 예술교육이 우리가 우리의 아이에게 바란다고 말하는 모든 것들과 긴밀하게 연결되어 있음을 보여준다.

➡ 분사 linked를 수식하려면 부사가 와야 하기 때문에 closely가 오는 것이 적절하다.

2 실제로 소행성이 지구에 부딪칠 가능성은 희박하다. 그러나 과학자들은 궤도를 돌고 있는 소행성이 매우 많기 때문에 그것들을 주시하고 있다.

➡ 명사 watch를 수식하려면 형용사가 와야 하기 때문에 close가 오는 것이 적절하다.

3 우리는 Yosemite 국립공원, Sequoia 국립공원과 많은 산악 호수 및 강에 가깝고 태평양에 쉽게 접근할 수 있습니다.

➡ be동사 뒤에 보어로 쓰이려면 형용사가 와야 하기 때문에 close가 오는 것이 적절하다.

4 그 경험은 아주 멋졌고, 그녀와 나는 짧은 시간에 가까워졌다.

➡ 2형식 동사 grew 뒤에 보어로 쓰이려면 형용사가 와야 하기 때문에 close가 오는 것이 적절하다.

5 1997년 4월 미국 식약청은 치약제조업자들이 자발적인 안전지침을 충분히 철저하게 지키지 않는다고 규정했다.

➡ 분사 adhering을 수식하려면 부사가 와야 하기 때문에 closely가 오는 것이 적절하다.

6 아이들에게 달리는 것을 멈추지 말라고 소리를 지르면서 그녀는 돌아보았고 곰이 그녀에게 매우 가까이 있음을 알았다.

➡ be동사 뒤에 보어로 쓰이려면 형용사가 와야 하기 때문에 close가 오는 것이 적절하다.

B

1. deeply   2. deep   3. deeply
4. deep   5. deeply

1 이 보고서에 따르면 그것들은 "사람들을 세상에 조금 더 깊게 연결시켜 주고 새로운 관점에 눈을 뜨게 할 수 있으며", 그리고 사회적 유대감을 강화할 기초를 만들어 낸다.

➡ 문맥상 동사 connect를 수식하기 때문에 부사 deeply가 와야 한다.

2 H. Mephisto는 지구의 깊은 땅 속에 사는 선형동물의 일종이다.

➡ live deep은 '깊은 곳에 산다'는 의미로 쓰이기 때문에 deep이 와야 한다.

3 하지만, 시합 후 집으로 돌아온 십 대 자녀의 어깨를 마사지하는 것은 애정을 깊이 전달할 수 있다.

➡ 동사 communicate를 수식하기 위해서는 부사 deeply가 와야 한다.

4 성취감을 주는 일, 즉 심오한 목적의식을 주고 우리의 가치관, 열정, 개성을 반영하는 직업에 대한 욕구는 현대적 개념이다.

➡ 문맥상 명사 sense를 수식하기 때문에 형용사 deep이 와야 한다.

5 사람들은 서로를 더욱 깊이 신뢰하게 되고 협력도 더 쉬워진다.

➡ 문맥상 동사 trust를 수식하기 때문에 부사 deeply가 오는 것이 적절하다.

A

1. high   2. high   3. highly

4. high   5. highly   6. highly

1 물론, 학생들은 높은 성적을 받아 기쁠지도 모른다.

➡ 뒤에 따라오는 명사 grades를 수식하는 형용사 자리이기 때문에 high가 적절하다.

2 소비자들은 일반적으로 높은 위험을 무릅쓰는 것을 불편해한다.

➡ 뒤에 따라오는 명사 risks를 수식하는 형용사 자리이기 때문에 high가 적절하다.

3 하지만 날씨가 정말 예측 불가능하다는 것을 상기시켜주는 한 예가 된다.

➡ 문맥상 '대단히'라는 의미이기 때문에 highly가 적절하다.

4 둘째, 낮은 속도에서는 높은 속도에서보다 적은 연료가 소비된다는 것이 증명되어왔다.

➡ 뒤에 따라오는 명사 speeds를 수식하는 형용사 자리이기 때문에 high가 적절하다.

5 야생 버섯 종들이 훌륭한 식용 버섯이고 매우 귀하게 여겨지기 때문에 많은 사람들이 봄에 야생 버섯 종을 찾아다니는 것을 즐긴다.

➡ 문맥상 '매우'라는 의미이기 때문에 highly가 적절하다.

6 그는 없어서는 안 되는 사람이고 상당히 예민했다.

➡ 문맥상 '상당히'라는 의미이기 때문에 highly가 적절하다.

B

1. not to stick   2. not to worry

3. for fishermen   4. not to eradicate

5. for me   6. not to care

1 한 보고서에 따르면, 이성 관계에 있어서 장기간의 행복을 보장하는 최고의 방법은 첫사랑에 집착하지 않는 것이다.

➡ to부정사의 부정형은 to 바로 앞에 not을 써야하므로 not to sick이 적절하다.

2 아들은 그 아이에게 그것에 대해 걱정하지 말라고 말했다.

➡ to부정사의 부정형은 to 바로 앞에 not을 써야하므로 not to worry가 적절하다.

3 낚시꾼이 물고기가 있는 곳으로 가는 것은 상식이며, 그러지 않으면 그들은 한 마리도 잡지 못할 것이다.

➡ to부정사의 의미상의 주어는 for + 목적격의 형태로 써야 한다.

4 자연 통제의 목적은 해충과 질병을 완전히 없애는 것이 아니다.

➡ to부정사의 부정형은 to 바로 앞에 not을 써야하므로 not to eradicate가 적절하다.

5 시합이 끝난 지 한 시간이 넘어서 내가 특별히 중압감을 느낄 필요가 없다.

➡ to부정사의 의미상의 주어는 for + 목적격의 형태로 써야 한다.

6 인류는 주어진 서식지 안에서의 안정성에 대해 더 이상 신경 쓰지 않기 시작했는데 그러한 안정성은 선택사항이 아니기 때문이다.

➡ to부정사의 부정형은 to 바로 앞에 not을 써야 한다.

A

1. mostly   2. mostly   3. Most

4. most   5. mostly   6. mostly

1 비록 자동적으로 일어나기는 하지만, 대체로 우리는 우리가 하고자 의도하는 것을 하고 있다.

➡ 문맥상 '대체로'라는 의미이기 때문에 mostly가 적절하다.

2 나사뿔영양은 사막의 더위 때문에 주로 밤에 활동적이다.

➡ 문맥상 '주로'라는 의미이기 때문에 mostly가 적절하다.

3 대부분의 의류 작업자들은 간신히 생존할 정도의 임금을 받는다.

➡ 문맥상 '대부분의'라는 의미이기 때문에 most가 적절하다.

4 심리학자들에게 질문을 받았을 때, 대부분의 사람들은 지능, 외모, 건강 등을 포함한 모든 척도들에서 자신들이 평균 이상이라고 평가한다.

➡ 문맥상 '대부분의'라는 의미이기 때문에 most가 적절하다.

5 주로 뉴스 사이트에서 뉴스 영상을 시청하는 사람들에 있어서는 핀란드가 다섯 개 국가 중에서 가장 높은 비율을 보여 준다.

➡ 문맥상 '주로'라는 의미이기 때문에 부사 mostly가 적절하다.

6 사람들은 힘담할 때, 주로 사회적, 도덕적인 규범을 위반한 것에 대하여 다른 사람을 비난하게 된다.

➡ 문맥상 '주로'라는 의미이기 때문에 부사 mostly가 적절하다.

B

1. near   2. nearly   3. near

4. nearly   5. late   6. lately

1 온타리오주, 테마가미 지역 근처에 원시림이 있다.

➡ 문맥상 '~의 근처에'라는 의미이기 때문에 near가 적절하다.

2 이것은 목표를 고수하는 것을 거의 불가능하게 만든다.

➡ 문맥상 '거의'라는 의미이기 때문에 nearly가 적절하다.

3 여름 동안 그들은 연안 해역에서 수면가까이에 있는 플랑크톤을 먹고 산다.

➡ 문맥상 '~의 가까이에'라는 의미이기 때문에 near가 적절하다.

4 왼쪽 엔진은 동력을 잃기 시작하고 오른쪽 엔진은 이제 거의 멈췄다.

➡ 문맥상 '거의'라는 의미이기 때문에 nearly가 적절하다.

5 예를 들면, 고급 포도주나 Pavarotti에 노출되는 것은, 늦은 성인기에 접하더라도 한 사람의 와인과 음악에 대한 이후의 이해를 변화시킨다.

➡ 문맥상 '늦은'이라는 의미이기 때문에 late가 적절하다.

6 하지만 야구에서 타율은 단지 선수가 최근에 안타를 못 쳤다고 높아지는 것은 아니다.

➡ 문맥상 '최근에'라는 의미이기 때문에 lately가 적절하다.

A

1. hardly   2. hardly   3. hard

4. hard   5. hardly   6. hard

1 이러한 것들은 향상을 위한 유용한 도구가 될 수 있지만, 이러한 것들이 중심적인 위치를 차지해서는 안 된다.

➡ 문맥상 '거의~않다'는 의미이기 때문에 hardly가 적절하다.

2 그때 그녀는 그녀 무릎의 통증이나 그녀가 겪었던 우울증을 전혀 느끼지 못했다.

➡ 문맥상 '전혀~않다'는 의미이기 때문에 hardly가 적절하다.

3 아무리 열심히 우리가 노력할지라도 우리는 스스로를 웃길 수 없다.

➡ 문맥상 '열심히'라는 의미이기 때문에 hard가 적절하다.

4 그 순간부터 계속 그녀는 열심히 공부해서 선생님이 되는 방법을 찾겠다고 굳게 결심했다.

➡ 문맥상 '열심히'라는 의미이기 때문에 hard가 적절하다.

5 예를 들면, 많은 사람이 예전에 자기 뒤뜰에서 배드민턴을 쳤지만 이 활동은 거의 스포츠로 여겨지지 않았다.

➡ 문맥상 '거의~않다'는 의미이기 때문에 hardly가 적절하다.

6 분명히 우리의 장 속에 박테리아의 부족은 없지만, 이것은 다음의 진술을 조금 믿기 어렵게 할 수도 있다.

➡ 문맥상 '어려운'이라는 의미이기 때문에 hard가 적절하다.

B

> 1. to be treated   2. to have found
> 3. to have lost   4. charged
> 5. to be bothered

1 문맥상 '대접받는다'는 의미이기 때문에 to부정사의 수동태형인 to be treated가 적절하다.

2 문장의 본동사인 were보다 한 시제 이전을 나타내기 때문에 to부정사의 완료형을 써야 한다.

3 문장의 본동사인 is known to보다 한 시제 이전을 나타내기 때문에 to부정사의 완료형을 써야 한다.

4 문맥상 '충전된다'는 의미이기 때문에 charged가 적절하다.

5 문맥상 '방해를 받는다'는 의미이기 때문에 to부정사의 수동태형인 to be bothered가 적절하다.

Pattern 121-130 PART I

A

> 1. to spend   2. to help   3. to find
> 4. to forget   5. to become

1 현대의 남자들은 외모에 많은 시간과 돈을 소비하는 경향이 있다.

➡ tend는 to부정사를 목적어로 취하는 동사로 to spend가 적절하다.

2 우리는 타인을 공감하고 그들을 위해 슬퍼할 수 있으며 자주 그들을 돕기를 원한다.

➡ want는 to부정사를 목적어로 취하는 동사로 to help가 적절하다.

3 문제 즉 갈등에 직면했을 때, 우리는 본능적으로 해결책을 찾으려고 한다.

➡ seek은 to부정사를 목적어로 취하는 동사로 to find가 적절하다.

4 여러분은 과거를 잊고 놓아주기로 결심해야 한다.

➡ decide는 to부정사를 목적어로 취하는 동사로 to forget이 적절하다.

5 우리는 우리 자신을 돌보거나 보살피는 것에 자주 실패하고 우리가 더 내적으로 돌볼 필요가 있다는 것을 심지어 인지하지 못할지도 모른다.

➡ need는 to부정사를 목적어로 취하는 동사로 to become이 적절하다.

B

> 1. breathing   2. running   3. to respect
> 4. going   5. to bring

1 문맥상 '숨 쉬는 것을 멈추다'라는 의미이기 때문에 breathing이 와야 한다.

2 문맥상 '운행하는 것을 멈췄다'라는 의미이기 때문에 running이 와야 한다.

3 문맥상 '존중하기 위해 멈추었다'라는 의미이기 때문에 to respect가 와야 한다.

4 문맥상 '(과거에) 갔던 것을 기억하다'라는 의미이기 때문에 going이 와야 한다.

5 문맥상 '(미래에) 가져올 것을 잊지 말라'는 의미이기 때문에 to bring이 와야 한다.

Pattern 121-130 PART II

A

> 1. to recreate   2. to talk   3. to do
> 4. experimenting   5. putting   6. to stop

1 왜냐하면 그들은 그들이 한때 옛 연인과 나누었던 강렬한 감정을 재현하려고 하지 않기 때문이다.

➡ 문맥상 '감정을 재현하려고 노력하지 않는다'라는 의미이기 때문에 to recreate가 와야 한다.

2 사람들은 종종 당신에게 말을 하여 그들의 악담에 반응하도록 애쓰며, 말로 맞대응 하려고 하다 보면, 당신은 그들의 수준으로 떨어지게 된다.

➡ 문맥상 '말을 하려 애쓰다'라는 의미이기 때문에 to talk이 와야 한다.

3 그들이 하고 있는 말이 조금이라도 일리가 있으면, 이 점에 대해 약간의 반성을 하려고 노력하라.

➡ 문맥상 '반성을 하려고 노력하다'라는 의미이기 때문에 to do가 와야 한다.

4 창가에서 작업하거나 책상 전등에 있는 모든 파장이 있는 전구를 사용하여 실험해 보아라.

➡ 문맥상 '(시험 삼아) 실험해 보다'라는 의미이기 때문에 experimenting이 와야 한다.

5 그래서 카드의 자기 띠가 있는 면을 위로 향해 집어넣어 보았고 그것이 작동되는 것을 보고 기뻐했다.

➡ 문맥상 '(시험 삼아) 집어넣어 보다'라는 의미이기 때문에 putting이 와야 한다.

6 그렇지 않다면, 매번 멈추려 할 때마다, 그들의 손은 심한 상처를 입을 것이다.

➡ 문맥상 '멈추려 노력하다'라는 의미이기 때문에 to stop이 와야 한다.

B

> 1. 명   2. 형   3. 형
> 4. 명   5. 부   6. 형

1 엄마가 아빠와 결혼하기로 마음먹었을 때, 그녀의 아버지는 그(아빠)를 좋아하지 않으셨다.

➡ '~하기'의 뜻으로 이 되어 명사 기능을 한다.

2 언어의 차이는 훌륭한 예절이 빛을 발하기 좋은 기회이다.

➡ '~할'의 뜻으로 앞의 명사 manners를 꾸미는 형용사의 역할로 쓰인 부정사이다.

3 다른 사람의 언어로 의사소통 하려고 노력하는 것은 그 사람에 대한 존중을 보여준다.
➡ '~할'의 뜻으로 앞의 명사 effort를 꾸미는 형용사의 역할로 쓰인 부정사이다.

4 나는 아들들과의 싸움을 피하기 위해 그들이 그 순간에 듣고 싶어 하는 말을 하고 약속을 하는 습관을 갖고 있었다.
➡ '~하기'의 뜻으로 이 되어 명사 기능을 함.

5 이 문제를 해결하기 위해서 그들은 협상이 끝난 후 자신의 초점을 변화시키는 방법을 배울 필요가 있다.
➡ '~하기 위해서'의 뜻으로 이 되어 목적을 나타내는 부사 역할을 한다.

6 미디어 에이전시의 역할을 규정하는 가장 간단한 방법은 낚시에 비유하는 것이다.
➡ '~할'의 뜻으로 앞의 명사 way를 꾸미는 형용사의 역할로 쓰인 부정사이다.

Pattern 121-130 **PART III**   p. 254

A

1. how	2. when	3. where
4. what	5. how	

1 문맥상 '파도 타는 법'이라는 의미이므로 how를 쓰는 것이 적절하다.
2 문맥상 '언제 치료할지'라는 의미이므로 when을 쓰는 것이 적절하다.
3 문맥상 '어디에서 찾아오기'라는 의미이므로 where를 쓰는 것이 적절하다.
4 문맥상 '무엇을 해야할지'라는 의미이므로 what을 쓰는 것이 적절하다.
5 문맥상 '~하는 방법'이라는 의미이므로 how를 쓰는 것이 적절하다.

B

1. to view	2. to do	3. to scare
4. to disappear	5. to say	

1 오솔길을 따라 더 가다가 여러분이 평소에 무시할지도 모르는 짙은 색의 가늘고 휘어진 나뭇가지를 땅 위에서 발견하면, 여러분은 이번에는 순간 그것을 뱀으로 간주할 것이고, (이것이) 두려움의 감정을 유발한다.
➡ '~할 가능성이 많다'는 의미로 쓰일 땐 be likely to부정사를 쓰는 것이 적절하다.

2 이것이 올바른 습관을 가진 사람들이 다른 사람들보다 더 뛰어나 보이는 이유이다.
➡ '~처럼 보이다'는 의미로 쓰일 땐 seem to부정사를 쓰는 것이 적절하다.

3 상황이 독특하지 않다면, 그런 식으로 여러분의 마음을 드러내는 것은 파트너가 될 가능성이 있는 사람들을 더 가까이 다가오게 하기 보다는 놀라게 하여 쫓아버릴 가능성이 있다.
➡ '~할 가능성이 많다'는 의미로 쓰일 땐 be likely to부정사를 쓰는 것이 적절하다.

4 하지만, 몇 분 동안 방에 머무르면 그 냄새는 사라지는 것 같다.
➡ '~처럼 보이다'는 의미로 쓰일 땐 seem to부정사를 쓰는 것이 적절하다.

5 이것은 대부분의 치과의사들이 다른 브랜드보다 Smiley 치약을 선호한다고 말하는 것처럼 보인다.

➡ '~처럼 보이다'는 의미로 쓰일 땐 seem to부정사를 쓰는 것이 적절하다.

Pattern 131-140 **PART I**   p. 255

A

1. that	2. because of	3. because
4. because	5. that	6. because of

1 또한 나의 생활 방식이 다른 사람들만큼 화려하거나 신나지는 않다는 것을 인정하지만, 적어도 그것은 나에게 안정감을 준다.
➡ 뒤에 완전한 문장이 이어지기 때문에 what이 아닌 that이 적절하다.

2 Napoleon은 고통스런 질병 때문에 Waterloo 전투에서 패배했다고 알려져 있다.
➡ 뒤에 구가 오기 때문에 전치사인 because of가 적절하다.

3 돈을 많이 벌었기 때문에 밤늦게까지 가게를 여는 것은 그렇게 큰 문제는 아니었다.
➡ 뒤에 절이 오기 때문에 접속사인 because가 적절하다.

4 그녀는 생계를 유지할 수가 없어서 1970년대에 음악을 포기했다.
➡ 뒤에 절이 오기 때문에 접속사인 because가 적절하다.

5 하지만 연구에 따르면, (환자들이 증상) 개선을 위해 좀 더 맛있는 방법을 사용할 수 있다고 한다.
➡ 뒤에 완전한 문장이 이어지기 때문에 what이 아닌 that이 적절하다.

6 그것은 몇 가지 드문 조건 때문에 대단한 거래였다.
➡ 뒤에 구가 오기 때문에 전치사인 because of가 적절하다.

B

1. Although	2. while	3. During
4. although	5. despite	6. during

1 비록 비가 내리는 중이었고 방은 비가 새고 있었지만 75명의 사람들이 그녀를 기다리고 있었다.
➡ 뒤에 절이 오기 때문에 접속사인 Although가 적절하다.

2 그녀는 Mary가 끝없이 눈물을 흘리는 동안 그녀를 꼭 안아 주었다.
➡ 뒤에 절이 오기 때문에 접속사인 while이 적절하다.

3 여름 동안에 그것들의 털은 더 밝아져서, 거의 완전히 흰색이다.
➡ 뒤에 구가 오기 때문에 전치사인 During이 적절하다.

4 그러므로 비록 과학자들이 많은 오류를 범하지만 과학은 스스로 수정할 수 있다.
➡ 뒤에 절이 오기 때문에 접속사인 although가 적절하다.

5 Angela가 어렸을 때, 그녀는 그녀의 노력에도 불구하고 그녀의 성취에 항상 실망했었다.
➡ 뒤에 구가 오기 때문에 전치사인 despite가 적절하다.

6 모든 정상적인 도서관 서비스는 이 운영시간 동안 계속 가능합니다.
➡ 뒤에 구가 오기 때문에 전치사인 during이 적절하다.

Pattern 131-140 PART II

p. 256

A

1. studying   2. thinking   3. is
4. Saving   5. to feed

1 그래서 언어를 연구하는 가장 중요한 이유 중의 하나는 우리 자신에 대해서, 즉 우리를 인간답게 만드는 것에 대해서 발견하는 것이다.
➡ 명사 역할을 하는 동명사이기 때문에 「동사원형 + -ing」가 적절하다.

2 이와 같이, 많은 부부들이 낭만적으로 좋아하는 어떤 것을 배우자에게 말하길 주저한다. '내가 꼭 말을 해야 된다면, 재미가 없어지잖아!' 라고 생각하면서 말이다.
➡ 현재분사 구문이기 때문에 「동사원형 + -ing」가 적절하다.

3 회사가 어려움에 처해 있다는 것을 알 수 있는 한 가지는 그들이 과거에 얼마나 좋았는지를 내게 말할 때이다.
➡ 주절의 주어는 'One thing that tells me a company is in trouble'로 동사가 위치할 자리이기 때문에 is가 적절하다.

4 단지 한 마리의 개를 구하는 것이 세상을 바꾸지는 않지만, 분명 그것은 그 한 마리의 개의 세상을 바꿀 것이다.
➡ 명사 역할을 하는 동명사이기 때문에 「동사원형 + -ing」가 적절하다.

5 전 세계의 농업은 늘어나는 인구를 먹일 수 있는 더 많은 음식을 생산해야 한다.
➡ 앞에 위치한 명사(more food)를 꾸미는 형용사 역할을 하는 to부정사이기 때문에 「to + 동사원형」이 적절하다.

B

1. even though   2. Even though   3. even if
4. even if   5. even though   6. Even if

1 접속사 뒤에 따라오는 내용이 실제 상황이므로 even though가 적절하다.

2 접속사 뒤에 따라오는 내용이 실제 상황이므로 even though가 적절하다.

3 접속사 뒤에 따라오는 내용이 가정 상황이므로 even if가 적절하다.

4 접속사 뒤에 따라오는 내용이 가정 상황이므로 even if가 적절하다.

5 접속사 뒤에 따라오는 내용이 실제 상황이므로 even though가 적절하다.

6 접속사 뒤에 따라오는 내용이 가정 상황이므로 even if가 적절하다.

Pattern 131-140 PART III

p. 257

A

1. Whether   2. whether   3. if, whether
4. Whether   5. whether   6. if, whether

1 그가 그것을 알든 모르든, 촛불이 켜진 저녁식사는 사람의 기분에 영향을 끼칠 수 있는 환상적인 방법이다.
➡ if의 경우 「if ~ or not」의 형태로 쓰는 것은 가능하지만 「if or not ~」의 형태로는 쓰일 수 없음. 따라서 whether가 적절하다.

2 예를 들어, 여러분은 새로운 직장 생활을 6월에 시작하든지 7월에 시작하든지 신경 쓰지 않을지도 모른다.
➡ 앞의 전치사(about)의 목적어 자리이기 때문에 if가 아닌 whether가 적절하다. if는 동사 뒤 목적절에만 쓸 수 있다.

3 하지만 내가 주차장 밖으로 운전했을 때 나는 내가 잘 해낼 수 있을지 의심스러웠다.
➡ 동사의 목적어 자리에는 if와 whether 둘 다 쓰일 수 있다.

4 내가 어질러진 방에서 지내는 것을 좋아하느냐 아니냐는 전적으로 다른 문제였다.
➡ if는 주어 자리에는 쓸 수 없으므로 whether가 적절하다.

5 그러나 태양이 하늘 높이 떠있을 때 태양을 쳐다보는 것은 일식이 일어나든 그렇지 않든 해롭다.
➡ if의 경우 「if ~ or not」의 형태로 쓰는 것은 가능하지만 「if or not ~」의 형태로는 쓰일 수 없음. 따라서 whether가 적절하다.

6 어느 것이 옳은지 알아내기 위해서는 "John'을 빼고 'I' 또는 "me'가 맞는 것처럼 들리는지 알아보아라.
➡ 동사의 목적어 자리에는 if와 whether 둘 다 쓰일 수 있다.

B

1. This is because   2. This is why
3. This is because   4. This is because
5. This is why   6. This is why

1 '~하기 때문이다'란 뜻으로 This is because가 적절하다.

2 '이러한 이유로'란 뜻으로 This is why가 적절하다.

3 '~하기 때문이다'란 뜻으로 This is because가 적절하다.

4 '~하기 때문이다'란 뜻으로 This is because가 적절하다.

5 '이것이 ~한 이유이다'란 뜻으로 This is why가 적절하다.

6 '이것이 ~한 이유이다'란 뜻으로 This is why가 적절하다.

Pattern 141-150 PART I

p. 258

A

1. and   2. or   3. but
4. so   5. and   6. or

1 그 답례로 농부는 양고기와 자신이 만든 치즈를 제공했다.
➡ 문맥상 '그리고'라는 의미이기 때문에 and가 적절하다.

2 당신은 이웃을 친구 아니면 적, 어느 쪽으로 두고 싶으십니까?"
➡ 문맥상 '또는'이라는 의미이기 때문에 or가 적절하다.

3 농부는 그 이웃에게 그의 이웃에게 그의 개들을 제지해 달라고 요청했지만, 그의 말은 무시되었다.
➡ 문맥상 '그러나'라는 의미이기 때문에 but이 적절하다.

4 우리의 뇌는 우리 에너지의 경우 20퍼센트만을 소비하므로 많은 에너지를 소비하는 걷기와 운동으로 사고 활동을 보충하는 것이 반드시 필요하다.
➡ 문맥상 '그래서'라는 의미이기 때문에 so가 적절하다.

5 그녀는 울며 아들을 껴안은 후에 갈아입을 옷과 약간의 음식을 그에게 가져다 주었다.
➡ 문맥상 '그리고'라는 의미이기 때문에 and가 적절하다.

6 이 건물들은 오래되고 진품일 수도 있고 또는 그 지방 고유의 방안이라기보다는 꾸며진 방안에 상응하는 것인 최근의 복제품일 수도 있다.
➡ 문맥상 '또는'이라는 의미이기 때문에 or가 적절하다.

B

1. are   2. survives   3. are suppressed
4. want   5. don't take   6. need

77

1 특별하게 재능이 있는 게 아니라면 여러분이 그린 그림은 여러분이 마음의 눈으로 보고 있는 것과 완전히 다르게 보일 것이다.
➡ 조건을 나타내는 부사절은 현재시제가 미래를 대신하므로 are로 고치는 것이 적절하다.

2 만약 그 선두 주자가 살아남으면, 다른 모두가 그대로 따를 것이다.
➡ 조건을 나타내는 부사절은 현재시제가 미래를 대신하므로 survives로 고치는 것이 적절하다.

3 여러분이 감정적으로 억눌리고 끊임없이 여러분 자신의 의지에 반하는 일들을 할 때, 스트레스가 여러분이 셋까지 셀 수 있는 것보다 더 빠르게 여러분을 잡아먹을 것이다.
➡ 시간을 나타내는 부사절은 현재시제가 미래를 대신하므로 are suppressed로 고치는 것이 적절하다.

4 양쪽 모두가 상대방이 제공하는 것을 원하지 않으면 거래는 발생하지 않는다.
➡ 조건을 나타내는 부사절은 현재시제가 미래를 대신하므로 want로 고치는 것이 적절하다.

5 만약에 '도끼날'을 갈 시간을 갖지 않는다면, 우리는 무뎌지고 효율성을 잃게 될 것이다.
➡ 조건을 나타내는 부사절은 현재시제가 미래를 대신하므로 don't take로 고치는 것이 적절하다.

6 또한, 컵이 씻을 필요가 없다면, 우리는 컵을 그대로 둘 것이다.
➡ 조건을 나타내는 부사절은 현재시제가 미래를 대신하므로 need로 고치는 것이 적절하다.

Pattern 141-150 PART II
p. 259

A

1. has been determined	2. have been using
3. has been discussed	4. has been wanting
5. has been losing	6. have been told

1 누군가가 또 다른 개인을 평가하는 데 단지 몇 초만 걸린다는 것이 밝혀져 왔다.
➡ 문맥상 '밝혀져 있다'는 수동이기 때문에 has been determined가 적절하다.

2 저는 귀사의 커피머신을 수년 동안 사용해왔습니다.
➡ 문맥상 '사용해 왔다'는 능동이기 때문에 have been using이 적절하다.

3 이 개념은 적어도 아리스토텔레스 시대만큼 오래 전부터 논의되어 왔다.
➡ 문맥상 '논의되어 왔다'는 수동이기 때문에 has been discussed이 적절하다.

4 조금 더 조사한다면, 그 농부는 직조공이 지난주 내내 오믈렛을 원하고 있었다는 것을 알 것이다.
➡ 문맥상 '원하고 있다'는 능동이기 때문에 has been wanting이 적절하다.

5 다이어트 중이며 몸무게가 많이 줄고 있는 한 친구를 당신이 만난다고 가정해 보자.
➡ 문맥상 '몸무게가 많이 줄고 있는'이라는 능동이기 때문에 has been losing이 적절하다.

6 사람들은 칭찬이 아이가 행복하고 건강해지기 위해 필수적이라는 이야기를 들어왔다.
➡ 문맥상 '이야기를 들어왔다'는 수동이기 때문에 have been told이 적절하다.

B

1. had chosen	2. had chosen
3. had engaged	4. had misspelled
5. had insulted	6. had not been solved

1 두 번째 학생은 피곤함을 느끼고 그가 선택했던 길을 후회하며 그 길의 끝에 도착했다.
➡ arrived보다 시제가 앞서기 때문에 과거완료인 had chosen이 적절하다.

2 놀랍게도, 대부분의 참가자들은 이 사진을 그들 자신의 선택으로 받아들였고, 그러고 나서 왜 처음에 그들이 그 얼굴을 선택했는지에 대한 논거를 제시했다.
➡ preceeded보다 시제가 앞서기 때문에 과거완료인 had chosen이 적절하다.

3 그 결과는 바라던 미래에 대해 공상을 했던 사람들은 세 가지 상황 모두에서 성과가 좋지 않았다는 것을 보여주었다.
➡ revealed보다 시제가 앞서기 때문에 과거완료인 had engaged이 적절하다.

4 그 소년은 자신이 단어 철자를 잘못 말했다는 것을 알았을 때, 심사위원에게 가서 말했다.
➡ learned보다 시제가 앞서기 때문에 과거완료인 had misspelled가 적절하다.

5 그는 세력이 있는 귀족을 모욕했기 때문에 파리의 Bastille 감옥에 수감되기까지 하였다.
➡ imprisoned보다 시제가 앞서기 때문에 과거완료인 had insulted가 적절하다.

6 더 최근인 2000년에 Clay Mathematics Institute는 21세기에 풀릴 것이라는 희망을 가지고 풀리지 않는 7개의 수학 문제를 지정했다.
➡ named보다 시제가 앞서기 때문에 과거완료인 had not been solved이 적절하다.

Pattern 141-150 PART III
p. 260

A

1. would	2. did not	3. would
4. was	5. were told	

1 이번에는 단지 사람들의 29%만이 더 저렴한 재킷을 살 것이라고 말했다.
➡ 주절의 시제가 과거(said)이므로 종속절의 시제도 과거형태인 would로 쓰는 것이 적절하다.

2 셰익스피어는 늘 혼자 작품을 썼던 것은 아니라고 흔히 믿어지고, 그의 희곡 중 다수가 협업을 한 것으로 여겨졌다.
➡ 주절의 시제가 과거(believed)이므로 종속절의 시제도 과거형태인 did not으로 쓰는 것이 적절하다.

3 그들은 무게를 들어 올리는 것과 큰 근육을 키우는 것이 선수들로 하여금 유연성을 잃도록 유발하고 신속함과 적절한 테크닉을 방해할 것이라고 두려워했다.
➡ 주절의 시제가 과거(feared)이므로 종속절의 시제도 과거형태인 would로 쓰는 것이 적절하다.

4 응답자들은 또한 같은 제품을 20분 떨어진 상점에서 살 수 있고 그곳에서는 120달러라고 들었다.
➡ 주절의 시제가 과거(were told)이므로 종속절의 시제도 과거형태인 was로 쓰는 것이 적절하다.

5 우리 부모님은 손주의 문화에 참여해야 한다고 들으면 겁이 날 것이다.

⇒ 주절의 시제가 과거(would)이므로 종속절의 시제도 과거형태인 were told로 쓰는 것이 적절하다.

B

1. them   2. them   3. them
4. it   5. it

1 그의 이야기를 주의 깊게 들은 후 그 재판관이 말했다. "저는 사냥꾼을 벌하고 그(the hunter)에게 개들을 사슬로 묶거나 가두라고 지시할 수 있습니다."
⇒ his dogs가 복수이므로 them으로 고치는 것이 적절하다.

2 지금까지 그래 온 만큼이나 현재 많은 부족들, 그리고 그들 사이의 많은 분쟁이 존재하는 것처럼 보인다.
⇒ many tribes가 복수이므로 them으로 고치는 것이 적절하다.

3 이러한 기대가 너무 강해서 그것을 충족시키지 못하는 것은 부모를 태만이나 학대 혐의로 비난 받기 쉽도록 할지도 모른다.
⇒ expectations가 복수이므로 them으로 고치는 것이 적절하다.

4 여러분은 정보가 다른 뇌로 전달될 때까지 한 뇌에 머물러 있으며 대화 속에서 변하지 않는다고 말할 수 있다.
⇒ information이 단수이므로 it으로 고치는 것이 적절하다.

5 무대 마술에 의해 영감을 얻은 교묘한 속임수를 사용해, 참가자들이 사진을 받았을 때, 그 사진은 참가자가 선택하지 않은, 즉 덜 매력적인 사진으로 교체되어 있었다.
⇒ photo가 단수이므로 it으로 고치는 것이 적절하다.

Pattern 151-160 PART I
p. 261

A

1. were   2. want   3. allow
4. are   5. were   6. fulfill

1 총 여행 수와 총경비 둘 다 2015년의 그것들에 비해서 2017년에 더 높았다.
⇒ both는 복수로 취급하기 때문에 were가 적절하다.

2 양쪽 모두가 상대방이 제공하는 것을 원하지 않으면 거래는 발생하지 않는다.
⇒ both는 복수로 취급하기 때문에 want가 적절하다.

3 이러한 두 기기 모두 Alexandra가 데스크톱 컴퓨터로부터 떨어져 있을 때 그녀가 온라인 서비스에 접근하도록 해준다.
⇒ both는 복수로 취급하기 때문에 allow가 적절하다.

4 잘 되었을 때, 즉, 전문가에 의해서 행해졌을 때에는 읽는 것과 스키 타는 것은 모두 우아하고 조화로운 활동들이다.
⇒ both는 복수로 취급하기 때문에 are가 적절하다.

5 핀란드가 성인 남성과 여성 실업이 모두 가장 높았으며, 스웨덴이 그 뒤를 따랐다.
⇒ both는 복수로 취급하기 때문에 were가 적절하다.

6 스마트폰과 태블릿 둘 다 Alexandra의 생활에서 거의 같은 기능을 수행한다.
⇒ both는 복수로 취급하기 때문에 fulfill이 적절하다.

B

1. some   2. any   3. some
4. any   5. some   6. Some

1 비언어적 의사소통은 다시 편안해지도록 대화에서 잠깐 벗어날 시간을 여러분에게 달라는 메시지를 여러분이 그 사람에게 건네도록 도와줄 것이다.
⇒ 긍정문이기 때문에 some이 적절하다.

2 그들 사이의 침묵이 길어지자, Kevin은 "혹시 도움이 필요하세요?"라고 물었다.
⇒ 의문문이기 때문에 any가 적절하다.

3 그녀는 울며 아들을 껴안은 후에 갈아입을 옷과 약간의 음식을 그에게 가져다 주었다.
⇒ 긍정문이기 때문에 some이 적절하다.

4 "저 노인이 나에게 돈을 요구하지 않으면 좋겠어,"라고 그는 생각했다.
⇒ 부정문이기 때문에 any가 적절하다.

5 어떤 사람들은 타고난 익살꾼이지만, 재미있다는 것은 배울 수도 있는 일련의 기술들이다.
⇒ 긍정문이기 때문에 some이 적절하다.

6 어떤 학생들은 실제보다 마치 50살이 더 많은 것처럼, 떠날 때 심지어 어깨를 앞으로 구부리고 자신의 발을 끌면서 걷기도 했다.
⇒ 긍정문이기 때문에 some이 적절하다.

Pattern 151-160 PART II
p. 262

A

1. some   2. some   3. other
4. others   5. the other   6. other

1 그것은 동시에 새로운 사이버 부족들에게 목소리와 조직력을 부여해 왔고, 이들 중 일부는 자신의 시간을 월드 와이드 웹(World Wide Web)에서 비난과 분열을 퍼뜨리는 데 시간을 보낸다.
⇒ tribes(복수)의 일부를 의미하므로 some을 쓰는 것이 적절하다.

2 이 방법은 약 4백만 명에게 식수를 제공하기 위해 전 세계적으로 사용되고 있다.
⇒ four million people(복수) 앞에는 some을 쓰는 것이 적절하다.

3 게다가, 비록 많은 사람들이 맨발로 다니지만, 다른 사람들에게 발바닥을 보여주는 일은 용인되지 않는다.
⇒ 뒤에 복수 명사 people이 있으므로 other를 쓰는 것이 적절하다.

4 그들은 다른 사람들이 제시하는 것을 존중한다는 것을 분명히 하기 때문에 다른 사람들에게 호감을 사고 존중 받는 경향이 있다.
⇒ other은 단독으로 쓰이지 않으며 뒤에 복수 명사가 같이 오거나, -s를 붙여 쓴다. 그렇기에 others를 쓰는 것이 적절하다.

5 여러분의 관점에서 보면, 한 언덕이 300피트 높이인 것처럼 보이고 다른 언덕이 900피트 높이인 것처럼 보인다.
⇒ 뒤에 동사 appears가 오기 때문에 the other가 적절하다.

6 다수의 생리학적 연구를 통해 우리는 비교적 안전한 실험실 환경에 서조차도 다른 민족적-인종적 범주의 구성원들과 마주치는 것이 스트레스 반응을 유발한다는 것을 안다.
⇒ 뒤에 복수 명사 ethnic-racial categories가 있으므로 other를 쓰는 것이 적절하다.

B

> 1. Another   2. another   3. another
> 4. another   5. Other   6.other

1 비언어적 의사소통의 또 다른 장점은 여러분에게 감정과 태도를 적절하게 표현할 기회를 제공한다는 것이다.

➡ advantage가 단수 명사이기 때문에 Another가 적절하다.

2 누군가가 또 다른 개인을 평가하는 데 단지 몇 초만 걸린다는 것이 밝혀져 왔다.

➡ individual이 단수 명사이기 때문에 another가 적절하다.

3 다시 말해서, 그것은 현실적인 낙관주의자가 되는 것과 비현실적인 낙관주의자가 되는 것 사이의 차이이다.

➡ way가 단수 명사이기 때문에 another가 적절하다.

4 한 실험 대상자 집단은 그 사람이 전반부에 더 많은 문제를 정확하게 푸는 것을 보았고, 다른 실험 대상자 집단은 그 사람이 후반부에 더 많은 문제를 정확하게 푸는 것을 보았다.

➡ group이 단수 명사이기 때문에 another가 적절하다.

5 다른 주머니고양이들은 사회적 학습의 과정을 통해 이러한 건설적인 행동들을 모방했다.

➡ quolls가 복수 명사이기 때문에 Other가 적절하다.

6 지식은 판단에 의존하는데, 여러분은 다른 사람들 혹은 자신과의 대화 속에서 그 판단을 발견하고 다듬는다.

➡ people이 복수 명사이기 때문에 other가 적절하다.

Pattern 151-160 PART III   p. 263

A

> 1. listening   2. hoping   3. Proceeding
> 4. ignoring   5. Traveling

1 그의 이야기를 주의 깊게 들은 후 그 재판관이 말했다. "저는 사냥꾼을 벌하고 그에게 개들을 사슬로 묶거나 가두라고 지시할 수 있습니다.

➡ 능동의 의미를 나타내는 현재분사 listening이 적절하다.

2 우리는 우리가 오랫동안 이야기하지 못했던 사람들에게 전화하면서, 작은 노력 하나가 우리가 만들어낸 몇 달과 몇 년의 거리를 지우길 바란다.

➡ 능동의 의미를 나타내는 현재분사 hoping이 적절하다.

3 자신의 연구를 계속하면서 Turner는 동물학에서 박사 학위를 받았고, 그렇게 한 최초의 아프리카계 미국인이었다.

➡ 능동의 의미를 나타내는 현재분사 proceeding이 적절하다.

4 우리는 자신의 욕구를 무시한 채로 다른 사람들의 (우리에 대한) 인식을 관리하기 위해 열심히 노력하고, 결국 자신이 의미 있는 삶을 살도록 해줄 바로 그것을 포기한다.

➡ 능동의 의미를 나타내는 현재분사 ignoring이 적절하다.

5 기차로 Ontario 북부를 횡단하는 여행을 하면서, A. Y.와 몇 명의 다른 화가들은 그들이 보는 모든 것을 그렸다.

➡ 능동의 의미를 나타내는 현재분사 Traveling이 적절하다.

B

> 1. related   2. provided   3. living
> 4. involved   5. moving   6. giving

1 포식자 종과 피식자 종을 구별하는 주요 특징은 발톱이나 생물학계 무기와 관련된 어떤 다른 특징의 존재가 아니다.

➡ '관련된 어떤 다른 특징'이라는 수동의 의미를 나타내는 과거분사 related가 적절하다.

2 그 신호를 듣자마자 집단의 구성원들은 위협적인 존재의 위치를 찾기 위해 하늘을 훑어보고 나서 빽빽한 초목에 의해 제공되는 은신처를 향해 돌진해갈 것이다.

➡ '제공되는 은신처'라는 수동의 의미를 나타내는 과거분사 provided가 적절하다.

3 안전한 자전거 도로와 산책로, 공원, 자유롭게 이용할 수 있는 운동 시설이 있는 동네에 사는 사람들은 자주 그것들을 사용하는데, 그들의 주변 환경이 신체 활동을 장려한다.

➡ '동네에 사는 사람들'이라는 능동의 의미를 나타내는 현재분사 living이 적절하다.

4 관계 내의 상호작용은 관련된 사람들 개개의 성격의 작용일 뿐만 아니라 그들이 지닌 지위와 관련된 역할 요구의 작용이다.

➡ '관련된 사람들'이라는 수동을 나타내는 과거분사 involved가 적절하다.

5 나는 무엇인가 벽을 따라 천천히 움직이는 소리를 들었다.

➡ '움직이는 소리'라는 진행을 나타내는 현재분사 moving이 적절하다.

6 사회적 관계는 사람들이 사랑 받기 좋아하고 칭찬받기 좋아하기 때문에 서로에게 때때로 칭찬을 해 주는 것으로부터 이로움을 얻는다.

➡ '칭찬을 해 주는'이라는 능동을 나타내는 현재분사 giving이 적절하다.

Pattern 161-170 PART I   p. 264

A

> 1. getting   2. regarding   3. going
> 4. bent   5. looking   6. raised

1 빙하, 바람 그리고 흐르는 물은 이 암석 조각들을 운반하는 데 도움이 되고, 작은 여행자들(암석 조각들)은 이동하면서 점점 더 작아진다.

➡ 능동의 의미를 나타내는 현재분사 getting이 적절하다.

2 그러므로 음식이 풍부한 새로운 환경과 타고난 과식 습관을 변화시킬 필요와 관련하여 당신의 몸과 대화하는 것은 당신의 책임이다.

➡ 능동의 의미를 나타내는 현재분사 regarding이 적절하다.

3 2013년부터, 중국의 스마트폰 평균 가격은 상승했고 인도의 스마트폰 평균 가격은 하락하는, 정반대의 모습을 보였다.

➡ 능동의 의미를 나타내는 현재분사 going이 적절하다.

4 어떤 학생들은 실제보다 마치 50살이 더 많은 것처럼, 떠날 때 심지어 어깨를 앞으로 구부리고 자신의 발을 끌면서 걷기도 했다.

➡ 수동의 의미를 나타내는 과거분사 bent가 적절하다.

5 Steinberg와 Gardner는 무작위로 몇몇 참가자들을 혼자 게임 하거나 혹은 두 명의 같은 나이 또래들이 지켜보는 가운데 게임을 하게 했다.

➡ 능동의 의미를 나타내는 현재분사 looking이 적절하다.

6 그들은 흥겨운 소리를 지르고 머리 위로 손을 올려 흔들며 원을 이뤄 춤을 추었다.

➡ 수동의 의미를 나타내는 과거분사 raised가 적절하다.

B

> 1. surprised   2. frustrated   3. interested
> 4. fascinated   5. frustrating   6. shocked

1 그 놀란 중역은 그저 거기에 서 있었다.

➡ 수동의 의미를 나타내는 과거분사 surprised가 적절하다.

2 그러한 개인들은 좌절감을 느끼기 쉽고 다른 사람들 그리고 자신들과의 갈등을 겪을 가능성이 더욱 높다.

➡ 수동의 의미를 나타내는 과거분사 frustrated가 적절하다.

3 그 이후에 판매원은 여러분에게 (동물들에게) 잔인함을 가하지 않은 어떤 화장품을 자신의 매장에서 사는 것에 여러분이 관심이 있는지를 물어본다.

➡ 수동의 의미를 나타내는 과거분사 interested가 적절하다.

4 그의 아버지는 Turner가 곤충의 습성과 행동에 관한 독서에 매료될 수 있었던 다방면의 도서를 가지고 있었다.

➡ 수동의 의미를 나타내는 과거분사 fascinated가 적절하다.

5 이러한 이유로 원하지 않는 습관을 멈추려 노력하는 것은 매우 좌절감을 주는 일이 될 수 있다.

➡ 능동의 의미를 나타내는 현재분사 frustrating이 적절하다.

6 Linda는 그녀가 고등학교 시절 그녀의 열등한 자아상으로 인해 얼마나 힘들었는지, 그리고 그녀를 그 대회 후보자로 Rebecca가 생각했다는 사실에 충격을 받았다고 적었다.

➡ 수동의 의미를 나타내는 과거분사 shocked가 적절하다.

Pattern 161-170 PART II p. 265

A

1. Having heard 2. Having watched
3. Having achieved 4. Having never done
5. Having studied 6. Having spent

1 재판관의 해결책을 듣고, 농부는 동의했다.

➡ 재판관의 해결책을 듣는 것이 시간상 먼저 일어난 일이므로, 완료분사구문 「Having p.p.」를 이용해 Having heard가 적절하다.

2 나이가 많은 아이들이 자신의 선물을 여는 것을 지켜보며 나는 이미 그 큰 선물들이 반드시 가장 좋은 것들은 아니라는 것을 알았다.

➡ 선물을 여는 것을 지켜보는 것이 시간상 먼저 일어난 일이므로, 완료분사구문 「Having p.p.」를 이용해 Having watched가 적절하다.

3 그러한 엄청난 성공을 거둔 후 심지어 미국의 풍경을 바꾸면서, '왜' 그들이 이 사업을 시작했었는지를 기억하는 것이 그들에게는 더 이상 중요하지 않았다.

➡ 엄청난 성공을 거둔 것이 시간상 먼저 일어난 일이므로, 완료분사구문 「Having p.p.」를 이용해 Having achieved가 적절하다.

4 이러한 일을 이전에는 해 본 적이 없었기 때문에, Cheryl은 그녀가 어떠한 반응을 받게 될지를 예측하지 못했었다.

➡ 이러한 일을 해본 적 없는 것이 시간 먼저 일어난 일이므로, 완료분사구문 「Having p.p.」를 이용해 Having never done이 적절하다.

5 귀하의 경우를 살펴본 결과, 귀하의 취소 요구는 인가된 취소 기간 이후에 저희에게 보내진 것으로 보입니다.

➡ 귀하의 경우를 살핀 일이 시간상 먼저 일어난 일이므로, 완료분사구문 「Having p.p.」를 이용해 Having studied가 적절하다.

6 밤 비행기 좌석에서 하룻밤을 보낸 후, 임원들은 '획기적인 혁신안'을 생각해냈다.

➡ 밤 비행기 좌석에서 하룻밤을 보낸 것이 시간상 먼저 일어난 일이므로, 완료분사구문 「Having p.p.」를 이용해 Having spent가 적절하다.

B

1. When faced 2. After engaging
3. When putting 4. While traveling
5. After graduating 6. When deprived

1 금융 위기, 테러 행위, 폭력적 분쟁, 난민과 이민자, 증가하는 빈부 격차 같은 인지된 위협들에 직면할 때, 사람들은 자신의 집단에 더 단단히 달라붙는다.

➡ 의미를 분명히 하기 위해 접속사 when를 생략하지 않은 분사구문으로 '직면할 때'로 해석하므로 수동의 의미를 나타내는 과거분사 When faced가 적절하다.

2 그러한 협력적인 활동을 몇 차례 한 후에, 소년들은 싸우지 않고 함께 놀기 시작했다.

➡ 의미를 분명히 하기 위해 접속사 after를 생략하지 않은 분사구문으로 '~한 후에'로 해석하므로 능동의 현재분사 After engaging가 적절하다.

3 새로운 팀을 짜거나 팀 구성원을 고용할 때 우리는 각 개인을 보고 그 사람이 어떻게 우리의 팀 목적적 전반에 어울리는지 살펴볼 필요가 있다.

➡ 의미를 분명히 하기 위해 접속사 when을 생략하지 않은 분사 구문으로 '새로운 팀을 짤 때'로 해석하므로 능동의 현재분사 When putting이 적절하다.

4 해외를 여행하는 동안 Barton은 국제 적십자사라고 불리는 기관에 대해 알게 되었다.

➡ 의미를 분명히 하기 위해 접속사 while을 생략하지 않은 분사구문으로 '여행을 하는 동안'로 해석하므로 능동의 현재분사 While traveling이 적절하다.

5 졸업 후, 그는 미국 해병대에 입대했고, 그곳에서 그는 종군 사진 기자로 한국 전쟁 장면을 촬영했다.

➡ 의미를 분명히 하기 위해 접속사 after를 생략하지 않은 분사구문으로 '졸업 후'로 해석하므로 능동의 현재분사 After graduating이 적절하다.

6 어둠과 빛의 규칙적인 간격을 빼앗기면, 정신은 방향을 잃을 수 있다.

➡ 의미를 분명히 하기 위해 접속사 when을 생략하지 않은 분사 구문으로 '빼앗기면'로 해석하므로 수동의 과거분사 When deprived가 적절하다.

Pattern 161-170 PART III p. 266

A

1. Given 2. Considering 3. Given
4. Considering 5. depending on 6. Given

1 청원서에 서명해 달라는 이전 요구에 사람들이 동의한다는 사실을 고려하면 그들이 화장품을 구매할 가능성이 더 높을 것이다.

➡ 문맥상 '~임을 고려해 볼 때'란 뜻의 Given이 적절하다.

2 도서관 환경에 대한 이러한 요구를 고려해 볼 때, 원치 않는 소음이 제거되거나 적어도 최소한으로 유지될 수 있는 공간을 만드는 것이 중요하다.

➡ '~임을 고려[감안]하면'이라는 뜻은 considering을 적절하다.

3 우리가 이 마감 기한까지 작업해 온 방식을 고려해 보건대, 당신의 요청을 받아들일 수 없게 되어 유감입니다.

➡ 문맥상 '~임을 고려해 볼 때'란 뜻의 Given이 적절하다.

4 이러한 많은 이점을 고려해 볼 때 재소비(책을 다시 읽고, 장소를 다시 방문하는 것)를 시도해 보는 것에 망설이지 마라.

➡ '~임을 고려[감안]하면'이라는 뜻은 considering을 적절하다.

5 'near'과 'far'같은 단어들은 여러분이 어디에 있는지와 무엇을 하는지에 따라 여러 가지를 의미할 수 있다.

➡ 문맥상 '~에 따라'란 뜻의 depending on이 적절하다.

6 이 후자의 정보를 고려했을 때, 그 내과 의사들의 단 50%만이 수술을 권했다.

➡ 문맥상 '~임을 고려해 볼 때'란 뜻의 Given이 적절하다.

B

1. might say	2. didn't build up
3. might call	4. would not have been
5. copied	6. might find

1 만약 여러분이 동물원에 있고, 동물 우리의 창살 사이로 손을 뻗어 동물을 만질 수 있다면 여러분은 그 동물이 '가까이'에 있다고 말할지도 모른다.

➡ if절에「if + 주어 + 과거동사」의 형태이므로 가정법 과거 문장이다. 따라서 might say가 적절하다.

2 십 대 아이가 부모나 보호자에 대한 매우 심각한 불손과 갈등을 키우지 않는다면, 그들은 결코 떠나고 싶어 하지 않을 것이다.

➡ 주절에「조동사의 과거형 + 동사원형」의 형태이므로 가정법 과거 문장이다. 따라서 didn't build up이 적절하다.

3 여러분이 누군가에게 동네가게에 가는 방법을 말해주고 있다면, 만약 그 거리가 걸어서 5분 거리라면 그것을 '가까이'라고 말할 수도 있을 것이다.

➡ if절에「if + 주어 + 과거동사」의 형태이므로 가정법 과거 문장이다. 따라서 might call이 적절하다.

4 사회적 유대의 형성과 유지가 없었다면, 초기 인간들은 아마도 그들의 물리적 환경에 대처하거나 적응하지 못했을 것이다.

➡ 주절에「If it had not been for」의 형태이므로 가정법 과거완료 문장이다. 따라서 would not have been이 적절하다.

5 그 그림을 여러 번 베끼면 매번 여러분의 그림이 조금 더 나아지고 조금 더 정확해질 거라는 것을 알게 될 것이다.

➡ 주절에「조동사의 과거형 + 동사원형」의 형태이므로 가정법 과거 문장이다. 따라서 copied가 적절하다.

6 마음속에 존재하는 그림보다 원본을 베끼려고 애쓴다면 여러분의 그림은 이제 조금 더 나아졌다는 것을 알게 될 것이다.

➡ if절에「if + 주어 + 과거동사」의 형태이므로 가정법 과거 문장이다. 따라서 might find가 적절하다.

Pattern 171-180 PART I p. 267

A

1. without	2. would	3. would
4. without	5. have achieved	6. have been

1 돈이 없다면, 사람들은 물물 교환만 할 수 있을 것이다.

➡ 문맥상 '~이 없다면'을 나타내는 without이 적절하다.

2 유스트레스(긍정적 결과를 가져오는 스트레스)가 없이 당신은 유리한 출발을 할 수 없을 것이다.

➡ '~이 없다면'을 의미하는「Without + 명사, 가정법 과거」구문으로, 과거형 동사 would를 쓰는 것이 적절하다.

3 그들이 없으면 삶이 무엇과 같을 지를 당신은 상상할 수 있는가?

➡ '~이 없다면'을 의미하는「Without + 명사, 가정법 과거」구문으로, 과거형 동사 would를 쓰는 것이 적절하다.

4 친구들이 없다면, 세상은 상당히 외로운 곳일 것이다.

➡ 문맥상 '~이 없다면'을 나타내는 without이 적절하다.

5 그러한 열정이 없었더라면, 그들은 아무것도 이루지 못했을 것이다.

➡ '~이 없었다면'을 의미하는「Without + 명사, 가정법 과거완료」구문으로, have achieved를 쓰는 것이 적절하다.

6 사회적 유대의 형성과 유지가 없었다면, 초기 인간들은 아마도 그들의 물리적 환경에 대처하거나 적응하지 못했을 것이다.

➡ '~이 없었다면'을 의미하는「Without + 명사, 가정법 과거완료」구문으로, have been을 쓰는 것이 적절하다.

B

1. were	2. were	3. did
4. were	5.were	6. had happened

1 이미 그 사람인 것처럼 걷고, 이야기하고 행동하라.

➡ 현재 사실과 반대되는 내용을 가정할 때「as if + 가정법 과거」를 사용하므로,「be동사의 과거형」으로 were를 쓰는 것이 적절하다.

2 우리들 중 많은 사람들은 그 반대가 진실인 것처럼 하루하루를 살아간다.

➡ 현재 사실과 반대되는 내용을 가정할 때「as if + 가정법 과거」를 사용하므로,「be동사의 과거형」으로 were를 쓰는 것이 적절하다.

3 너무도 많은 회사들이 마치 경쟁자들이 존재하지 않는 것처럼 신제품들을 광고한다.

➡ 현재 사실과 반대되는 내용을 가정할 때「as if + 가정법 과거」을 사용하므로,「동사의 과거형」으로 did를 쓰는 것이 적절하다.

4 그리고 나서 천천히, 하나하나씩, 마치 누군가가 지붕에 동전을 떨어뜨리는 것처럼 빗방울이 떨어졌다.

➡ 주절의 시제와 일치하는 시점의 일을 가정할 때,「as if + 가정법 과거」를 사용하므로,「be동사의 과거형」으로 were를 쓰는 것이 적절하다.

5 어떤 학생들은 실제보다 마치 50살이 더 많은 것처럼, 떠날 때 심지어 어깨를 앞으로 구부리고 자신의 발을 끌면서 걷기도 했다.

➡ 주절의 시제와 일치하는 시점의 일을 가정할 때,「as if + 가정법 과거」를 사용하므로,「be동사의 과거형」으로 were를 쓰는 것이 적절하다.

6 의사의 설명에 그 남자가 느꼈던 복통은 사라졌고 그는 아무 일도 일어나지 않았던 것처럼 집으로 갔다.

➡ 주절의 시제보다 앞선 시간대의 일을 가정할 때,「as if + 가정법 과거완료」를 사용하므로,「had + p.p.」의 형태로 had happened를 쓰는 것이 적절하다.

Pattern 171-180 PART II p. 268

A

1. were	2. rests	3. lies
4. are	5. is	6. is

1 탁자 뒤로 멋진 하얀색 커튼이 있었다.

➡ 전치사구(behind the table)가 문두에 나오면서 주어와 동사가 도치된 문장으로, 주어(lovely white curtains)에 어울리는 동사는 were이다.

2 사고하는 사람과 단지 학식이 있는 사람 사이의 차이가 이것에 있다.

➡ 전치사구(on this)가 문두에 나오면서 주어와 동사가 도치된 문장으로, 주어(the distinction between~)에 어울리는 동사는 rests이다.

3 자연 통제가 살충제 사용보다 더 선택되는 이유가 여기에 있다.

➡ 부사(here)가 문두에 나오면서 주어와 동사가 도치된 문장으로, 주어(the reason why ~)에 어울리는 동사는 lies이다.

4 당신이 입 냄새에 대해 들어본 것들 중에서 사실이 아닌 두 가지를 여기에 소개하고자 한다.
➡ 부사(here)가 문두에 나오면서 주어와 동사가 도치된 문장으로, 주어(two things ~)에 어울리는 동사는 are이다.

5 호의를 갚아야 한다는 이 의무감은 매우 강력하여 우리의 일상생활에 아주 많은 영향을 끼친다.
➡ 형용사구(so powerful)가 두에 나오면서 주어와 동사가 도치된 문장으로, 주어(this sense of obligation to ~)에 어울리는 동사는 is이다.

6 그는 지폐를 한 장 꺼내며 "여기 그녀를 위해 지불할 벌금 10달러가 있습니다."라고 말했다.
➡ 부사(here)가 문두에 나오면서 주어와 동사가 도치된 문장으로, 주어(the ten-dollar fine which ~)에 어울리는 동사는 is이다.

B

1. is	2. had these subjects	3. did it
4. did	5. does	6. did I

1 또한 정부기관이 그들에게 당신의 욕구를 충족시키도록 지시하고 있는 것도 아니다.
➡ 부정어(Nor)가 문두에 나오면서 도치된 문장으로, 주어(some government agency)에 어울리는 동사는 is이다.

2 이전에는 이러한 대상이 결코 화가들에게 적절하다고 여겨지지 않았다.
➡ 부정어(Never before)가 문두에 나오면서 「has/have/had + 주어 + p.p.」의 어순으로 도치가 일어난다.

3 외로운 미국인 개척자가 어떻게 자신의 쓰레기를 처리하는가도 그다지 중요하지 않았다.
➡ 부정어(Nor)가 문두에 나오면서 주어와 동사가 도치된다.

4 격식을 중시하는 화가들은 훈련된 예술가들과 공부할 뿐만 아니라, 또한 그들은 지역 예술 공동체의 일원이었다.
➡ 부정어(Not only)가 문두에 나오면서 도치된 문장으로, but에 이어진 문장이 과거 시제이므로 did를 쓰는 것이 적절하다.

5 공상 과학 소설은 학생들이 과학적 원리들이 실제로 쓰이는 것을 볼 수 있도록 도움을 줄 뿐만 아니라 또한 학생들의 비판적 사고와 창의적 기술을 길러준다.
➡ 부정어(Not only)가 문두에 나오면서 도치된 문장으로, 주어(science fiction)에 어울리는 조동사는 does이다.

6 집에 도착해서 집 열쇠를 찾으려고 했을 때 비로소 나는 내 지갑을 버스 정류장의 벤치에 두고 왔다는 것을 깨달았다.
➡ 부정어(Not until I ~ key)가 문두에 나오면서 「do/does/did + 주어 + p.p.」의 어순으로 도치가 일어난다.

Pattern 171-180 PART III　　　　　　　　p. 269

A

1. did she	2. do	3. can we
4. did	5. can you	6. have

1 그제야 그녀는 뒤돌아서 해변으로 걸음을 옮겼다.
➡ only 부사(only then)가 문두에 나오면서 주어와 동사가 도치되므로, did she를 쓰는 것이 적절하다.

2 많은 시행착오 후에야 비로소 그들은 독수리 경고음이 독수리에게

만 사용되어야 한다는 것을 깨닫게 된다.
➡ only 부사구(only after ~ error)가 문두에 나오면서 도치된 문장으로, 주어(they)에 어울리는 조동사는 do이다.

3 단지 우리 자신이 그 상황에서 무엇을 느낄지에 대해 마음에 그려봄으로써 그들이 어떻게 느끼는지 이해할 수 있다.
➡ only 부사구(only by ~ situation)가 문두에 나오면서 주어와 동사가 도치되므로, can we를 쓰는 것이 적절하다.

4 그 사실 이후에야 지휘관은 불이 이상하게 잠잠하고 자신의 귀는 여느 때와 달리 뜨거웠다는 것을 깨달았다.
➡ only 부사구(only after the fact)가 문두에 나오면서 도치된 문장으로, 문맥상 '깨달았다'는 의미이므로 과거동사 did를 쓰는 것이 적절하다.

5 당신이 당신의 강점과 자기 이해의 조합으로부터 일을 할 때에만 당신은 진정한 탁월함을 이루어낼 수 있다.
➡ only 부사구(only when ~ self-knowledge)가 문두에 나오면서 주어와 동사가 도치되므로, can you를 쓰는 것이 적절하다.

6 최근에서야 인간은 이 '그림' 메시지를 기호로 나타내기 위해서 다양한 언어와 알파벳을 만들어 냈다.
➡ only 부사구(only recently)가 문두에 나오면서 도치된 문장으로, 주어(humans)에 어울리는 조동사는 have이다.

B

1. but	2. significant	3. crucial
4. knowledge	5. drives	

1 이것은 아이스크림과 사탕과 같은 단 음식뿐만 아니라, 몸에 좋은 채소와 과일 주스에서도 발견된다.
➡ 「not only A but also B」 구문으로, and를 but으로 바꾸는 것이 적절하다.

2 언어적, 비언어적 신호들은 문화 간 의사소통과 관련되어 있을 뿐만 아니라 (문화 간 의사소통에 있어서) 중요하다.
➡ 「not only A but also B」에서 A와 B는 병렬을 이뤄야 하므로, 형용사 relevant에 상응하는 형용사 significant로 바꾸는 것이 적절하다.

3 밝혀진 바와 같이, 갈등은 피할 수 없을 뿐만 아니라, 실제로 관계의 장기적인 성공에 중요하다.
➡ 「not only A but also B」에서 A와 B는 병렬을 이뤄야 하므로, 형용사 unavoidable에 상응하는 형용사 crucial로 바꾸는 것이 적절하다.

4 예를 들어 그들은 사회 문제에 대한 해결책은 지식뿐만 아니라 사람들에게 영향력을 행사할 수 있는 능력도 필요로 한다는 사실을 잊는다.
➡ 「not only A but also B」에서 A와 B는 병렬을 이뤄야 하므로, 명사 ability에 상응하는 명사 knowledge로 바꾸는 것이 적절하다.

5 동기 부여는 목표를 더 가까이 가져 오는 최종 행동을 이끌 뿐만 아니라, 준비 행동에 시간과 에너지를 쓸 의지를 만들기도 한다.
➡ 「not only A but also B」에서 A와 B는 병렬을 이뤄야 하므로, 현재동사 creates에 상응하는 동사 drives로 바꾸는 것이 적절하다.

Pattern 181-190 PART I　　　　　　　　p. 270

A

1. until	2. that	3. that
4. Not until	5. until	6. that

1 그러나 나는 희귀병으로 병원에 입원하고 나서야 의학에서의 직업을 추구할 것을 꿈꾸게 되었다.

➡ '~되어서야 비로소 ...하다'를 의미하는 「not ... until ~」 구문으로, until을 쓰는 것이 적절하다.

2 1년 후에야 탱크는 실제로 큰 성과를 거두었다.

➡ 'not until a year later'를 강조하는 「it was ~ that」 구문으로, that을 쓰는 것이 적절하다.

3 9시가 된 후에야 비로소 비행기 한 대가 이륙을 위해 바다를 향하여 활주로를 달리기 시작했다.

➡ 'not until after 9 a.m.'을 강조하는 「it was ~ that」 구문으로, that을 쓰는 것이 적절하다.

4 집에 도착해서 집 열쇠를 찾으려고 했을 때 비로소 나는 내 지갑을 버스 정류장의 벤치에 두고 왔다는 것을 깨달았다.

➡ 부정어(Not until ~ key)가 문두에 나오면서 도치된 문장으로, 부정어 not은 until 앞에 써야 한다.

5 현재 Fermat의 Last Theorem이라고 알려진 것에 대한 해답은 1990년대 후반이 되어서야 Andrew Wiles에 의해 밝혀졌다.

➡ '~되어서야 비로소 ...하다'를 의미하는 「not ... until ~」 구문으로, until을 쓰는 것이 적절하다.

6 Thomas Edison은 정말 창의적인 천재였지만 어떠한 마케팅 원칙을 발견한 후에야 그는 비로소 큰 성공에 도달했다.

➡ 'not until he ~ marketing'을 강조하는 「it was ~ that」 구문으로, that을 쓰는 것이 적절하다.

B

1. do	2. are	3. do
4. does	5. do	6. do

1 많은 학교에는 도움을 줄만한 상담가들이 있고, 많은 교회와 종교적 장소 역시 그러하다.

➡ as 뒤에서 주어와 동사가 도치된 문장으로, 주어(many churches and places of worship)에 어울리는 동사는 do이다.

2 의사들이 환자들과 그러한 것처럼 고용주들은 직원들과 특정한 방식으로 상호작용하도록 기대된다.

➡ as 뒤에서 주어와 동사가 도치된 문장으로, 주어(doctors)에 어울리는 동사는 are이다.

3 이기적인 어른들 또는 아이들은 감사할 줄 아는 사람들만큼 건전한 결정을 내리지 못한다.

➡ as 뒤에서 주어와 동사가 도치된 문장으로, 주어(grateful people)에 어울리는 동사는 do이다.

4 현대의 어른은 원시인이 했던 것보다 직접적인 경험에 덜 의존하고, 문화의 경험에 더 의존한다.

➡ than 뒤에서 주어와 동사가 도치된 문장으로, 주어(primitive man)에 어울리는 동사는 does이다.

5 커피를 많이 마시는 여성들은 카페인을 덜 섭취한 여성들보다 그 연구에서 더 많은 오류를 찾아낸다.

➡ than 뒤에서 주어와 동사가 도치된 문장으로, 주어(less caffeinated women)에 어울리는 동사는 do이다.

6 학습에서 자신의 진척에 관해 비교적 정확하게 인식하는 학생들은 자신의 지식에 대해 오류가 더 생기기 쉬운 관점을 가진 학생들보다 시험을 더 잘 보는 경향이 있다.

➡ than 뒤에서 주어와 동사가 도치된 문장으로, 주어(those with ~ knowledge)에 어울리는 동사는 do이다.

Pattern 181-190 **PART II**   p. 271

A

1. protects	2. was	3. enabled
4. help	5. was	

1 이 세상을 매우 흥미롭게 만드는 이런 다양성을 보장하는 것은 관용이다.

➡ 「It ~ that」 강조구문으로, 강조하는 대상인 tolerance(단수형)에 어울리는 현재 동사는 protects이다.

2 Bahati가 마침내 그 가난한 노파의 말의 의미를 깨달은 것은 그때였다.

➡ 「It ~ that」 구문에서 강조하는 대상인 then은 과거를 나타내므로, 과거 동사 was로 고치는 것이 적절하다.

3 그가 추구하는 것이 무엇이든 그것을 성취할 수 있게 해 준 것은 바로 새로 발견한 자신감이었다.

➡ 「It ~ that」 강조구문이 과거 시제로 쓰였기에, 과거 동사 enabled로 고치는 것이 적절하다.

4 나는 이러한 제한들을 나를 실제로 도와주는 요소들로 여긴다. 나의 창조적인 상상력을 자유롭게 하도록 도와주는 것이 바로 이러한 제한들이다.

➡ 「It ~ that」 강조구문으로, 강조하는 대상인 the limitations(복수형)에 어울리는 현재 동사는 help이다.

5 사람들이 그에게 바로 자신의 생각 때문에 우울한 것이라고 말해도, 그는 "아닙니다. 전 실수를 저질렀기 때문에 우울한 거예요."라고 말하곤 했다.

➡ 「It ~ that」 강조구문이 과거 시제로 쓰였기에, 과거 동사 was로 고치는 것이 적절하다.

B

1. writing	2. to think	3. reminds
4. to shop	5. analyzing	

1 가정에서 개인 교사들에 의해 교육을 받은 그녀는 일찍이 독서와 글쓰기를 즐겼다.

➡ 동명사 reading과 writing이 등위접속사 and를 기준으로 대등하게 연결된 병렬구조이다.

2 침묵은 화자가 한 말을 알고, 그것에 대해 생각하고, 검토해 볼 시간으로 여겨진다.

➡ 세 개의 to부정사(to learn, to think about, to review ~)가 등위접속사 and를 기준으로 대등하게 연결된 병렬구조이다.

3 그의 예술 작품은 여러분이 세상을 다르게 보도록 돕고 여러분에게 형체, 사물, 색을 사용하는 대안적인 방식들이 있다는 것을 상기시킨다.

➡ 주어(his artwork)의 동사인 helps와 reminds가 등위접속사 and를 기준으로 대등하게 연결된 병렬구조이다.

4 대부분의 경우에, 도시에서 살거나 일하는 사람들은 주차장에서 사무실까지 가기 위해서, 쇼핑하기 위해서, 그리고 용무를 보기 위해서 온종일 걷는다.

➡ 세 개의 to부정사(to go ~, to shop, to run errands)가 등위접속사 and를 기준으로 대등하게 연결된 병렬구조이다.

5 만약 여러분이 답하고자 하는 질문을 먼저 분명히 하지 않은 채 데이터를 수집하고 분석하기 시작한다면, 아마도 자신에게 득보다 실이 많은 일을 하고 있는 것이다.

➡ 동명사 collecting과 analyzing은 등위접속사 and를 기준으로 대등하게 연결된 병렬구조이다.

A

1. to	2. to	3. to
4. to	5. to	6. to

1 웃음소리가 강당의 앞에서 뒤로 퍼져 나가기 시작했다.

➡ 「from A to B」구문으로 문맥상 앞에 나온 from과 연결되는 전치사 to를 쓰는 것이 적절하다.

2 그것은 한 세대에서 다음 세대로 지식을 전달하는 교육적 도구였다.

➡ 「from A to B」구문으로 문맥상 앞에 나온 from과 연결되는 전치사 to를 쓰는 것이 적절하다.

3 또 한 번 10억년을 빨리 앞으로 감아 우리가 사는 세상으로 오면, 개미부터 늑대, 사람에 이르기까지 사회적 동물로 가득하다.

➡ 「from A to B」구문으로 문맥상 앞에 나온 from과 연결되는 전치사 to를 쓰는 것이 적절하다.

4 게다가, 이러한 집단은 평균적인 사람보다 샐러드와 해산물 요리부터 햄버거와 감자튀김에 이르기까지 다양한 종류의 음식을 먹는 것을 즐기는 경향이 더 많다.

➡ 「from A to B」구문으로 문맥상 앞에 나온 from과 연결되는 전치사 to를 쓰는 것이 적절하다.

5 그는 태평양 해안에서 대서양 해안으로 두 번 반을 왕복으로 횡단해서 달리고 난 뒤 기분이 좋아지면서 마침내 그의 인생을 추스를 수 있게 된다.

➡ 「from A to B」구문으로 문맥상 앞에 나온 from과 연결되는 전치사 to를 쓰는 것이 적절하다.

6 치료법은 열심히 몸을 움직이거나 과도한 체중을 줄이는 것부터 스테로이드 주사를 맞거나 수술하는 것까지 다양하다.

➡ 「from A to B」구문으로 문맥상 앞에 나온 from과 연결되는 전치사 to를 쓰는 것이 적절하다.

B

1. it on	2. it down	3. her up
4. them off	5. it down	6. them up

1 게다가 여러분은 그것을 즉시 실행시킬 수도 있다!

➡ turn on은 구동사로, 목적어로 대명사가 나올 경우에, 목적어를 동사와 부사 사이에 쓴다.

2 나는 그 기회에 대해 곰곰이 생각해 본 후, 그 제안을 거절하기로 마음먹었다.

➡ turn down은 구동사로, 목적어로 대명사가 나올 경우에, 목적어를 동사와 부사 사이에 쓴다.

3 그녀는 오전 11시 30분에 34번가와 5번가의 모퉁이로 그녀를 태우러 가겠다고 제안했다.

➡ pick up은 구동사로, 목적어로 대명사가 나올 경우에, 목적어를 동사와 부사 사이에 쓴다.

4 리얼리티 TV 프로그램은 티셔츠나 커피와 마찬가지로 상품이며, 소비자들은 그것들을 꺼버릴 수 없을 것 같다.

➡ turn off는 구동사로, 목적어로 대명사가 나올 경우에, 목적어를 동사와 부사 사이에 쓴다.

5 이제 그녀는 그렇게 오랫동안 책을 읽었던 것이 후회스러웠지만 그 책이 정말 재미있어서 그녀는 그것을 내려놓을 수가 없었다.

➡ put down은 구동사로, 목적어로 대명사가 나올 경우에, 목적어를 동사와 부사 사이에 쓴다.

6 채워질 준비가 된 여백과 누군가 들어 올려주기를 기다리며 땅에 놓인 기회의 금괴들이 항상 존재한다.

➡ pick up은 구동사로, 목적어로 대명사가 나올 경우에, 목적어를 동사와 부사 사이에 쓴다.

A

1. and	2. and	3. or
4. and	5. or	6. and

1 그것은 "웃어라, 그러면 온 세상이 너와 함께 웃는다."와 비슷하다.

➡ 문맥상 '~해라, 그러면 …할 것이다'라는 의미이므로 「명령문, + and」 형태를 쓰는 것이 적절하다.

2 한 번에 한 가지 일에만 집중하라. 그러면 일을 더 잘, 그리고 아마도 더 빠르게 해낼 수 있을 것이다.

➡ 문맥상 '~해라, 그러면 …할 것이다'라는 의미이므로 「명령문, + and」 형태를 쓰는 것이 적절하다.

3 Milo는 다시 한 번 소리쳤다. "이쪽으로 돌아와. 그렇지 않으면 내가 너에게 개를 풀어 쫓겠어."

➡ 문맥상 '~해라, 그렇지 않으면 …할 것이다'라는 의미이므로 「명령문, + or」 형태를 쓰는 것이 적절하다.

4 계속하여 하나의 습관을 충분히 오래 들이려고 노력하라, 그러면 그 습관이 더 쉬워질 뿐만 아니라 다른 일들 또한 더 쉬워진다.

➡ 문맥상 '~해라, 그러면 …할 것이다'라는 의미이므로 「명령문, + and」 형태를 쓰는 것이 적절하다.

5 그래서 동료에 대해서 험담할 때 조심하라. 그렇지 않으면, 당신은 당신이 묘사한 대로 보여 질 수 있다.

➡ 문맥상 '~해라, 그렇지 않으면 …할 것이다'라는 의미이므로 「명령문, + or」 형태를 쓰는 것이 적절하다.

6 세상에 영향을 끼친 위대한 사람들의 삶을 연구하라, 그러면 여러분은 사실상 모든 경우에 있어서 그들이 혼자 생각하는 상당한 양의 시간을 보냈다는 것을 알게 될 것이다.

➡ 문맥상 '~해라, 그러면 …할 것이다'라는 의미이므로 「명령문, + and」 형태를 쓰는 것이 적절하다.

B

1. they have	2. you can	3. the eggs are
4. she was	5. it spreads	6. it was

1 그런 다음, 이번에는 그들의 친구들에게 그들이 얼마나 많은 친구가 있는지를 물어보라.

➡ how 의문문이 동사 ask의 목적어로 쓰인 간접의문문이므로, 「의문사 + 주어 + 동사」의 어순으로 써야 한다.

2 당신은 다른 누군가가 어떻게 느끼고 있는지를 당신이 어떻게 알 수 있을지에 대해 생각해본 적이 있는가?

➡ how 의문문이 전치사 about의 목적어로 쓰인 간접의문문이므로, 「의문사 + 주어 + 동사」의 어순으로 써야 한다.

3 내가 여러분에게 달걀이 어디 있는지 말해 달라고 한다면, 그렇게 할 수 있겠는가?

➡ where 의문문이 동사 tell의 목적어로 쓰인 간접의문문이므로, 「의문사 + 주어 + 동사」의 어순으로 써야 한다.

4 그녀는 매우 고마워했고 그녀의 얼굴 표정으로 나는 그녀가 얼마나 고마워하는지 알 수 있었다.

➡ how 의문문이 동사 tell의 목적어로 쓰인 간접의문문이므로, 「의문사 + 주어 + 동사」의 어순으로 써야 한다.

5 웃음은 우리가 다른 사람들에게 보내는 사회적 단서이기 때문에, 웃

85

음이 왜 다른 사람들에게 퍼져나가는지를 설명하는 데 도움을 줄 수도 있다.

➡ why 의문문이 동사 explain의 목적어로 쓰인 간접의문문이므로, 「의문사 + 주어 + 동사」의 어순으로 써야 한다.

6 하지만 여러분이 그 길의 마지막 지점에 도달해서 되돌아봤을 때, 여러분은 그것이 그 순간에 그럴 것이라고 예상했던 것보다 얼마나 더 많이 가치 있고, 다채롭고, 의미가 있었는지를 깨달을 것이다.

➡ how 의문문이 동사 realize의 목적어로 쓰인 간접의문문이므로, 「의문사 + 주어 + 동사」의 어순으로 써야 한다.

Pattern 191-200 PART II

p. 274

A

1. stop	2. taken	3. to escape
4. remembered	5. ran	6. to set

1 항생 물질은 박테리아를 죽이거나 또는 그것이 증식하는 것을 막는다.

➡ 「either A or B」 구조에서 A와 B는 문법적으로 대등하게 연결되므로, 동사 kill과 병렬 구조를 이루는 stop을 쓰는 것이 적절하다.

2 어느 날 그들 둘 모두 잡혀서 판사에게 보내졌다.

➡ 「both A and B」 구조에서 A와 B는 문법적으로 대등하게 연결되므로, 분사 caught과 병렬 구조를 이루는 taken을 쓰는 것이 적절하다.

3 이러한 신체적 반응은 몸이 위험과 싸우거나 그것을 피하도록 준비시킨다.

➡ 「either A or B」 구조에서 A와 B는 문법적으로 대등하게 연결되므로, to부정사(to fight)와 병렬 구조를 이루는 to escape를 쓰는 것이 적절하다.

4 그를 알아보지도, 이름을 기억해 내지도 못했기 때문에 미안함을 느꼈다.

➡ 「neither A nor B」 구조에서 A와 B는 문법적으로 대등하게 연결되므로, 과거동사 recognized와 병렬 구조를 이루는 remembered를 쓰는 것이 적절하다.

5 인간들이 싸우거나 도망갔을 때 신체적인 활동이 호르몬을 소진했고, 신체 화학반응은 재빨리 정상으로 돌아갔다.

➡ 「either A or B」 구조에서 A와 B는 문법적으로 대등하게 연결되므로, 과거동사 fought와 병렬 구조를 이루는 ran을 쓰는 것이 적절하다.

6 범죄 현장에 남겨진 DNA는 범인들을 기소하고 잘못 고소된 사람들을 풀어주기 위해 법정에서 증거로 사용되어왔다.

➡ 「both A and B」 구조에서 A와 B는 문법적으로 대등하게 연결되므로, to부정사(to prosecute)와 병렬 구조를 이루는 to set을 쓰는 것이 적절하다.

B

1. do	2. did	3. does
4. do	5. do	6. do

1 그녀는 그를 보고 말했다. "당신은 정말 우울해 보이는군요."

➡ 일반동사를 강조하는 do동사로, 주어가 you이기에 do로 쓰는 것이 적절하다.

2 처음에는 약간 어려워서 그는 결국 몇 번 넘어졌다.

➡ 일반동사를 강조하는 do동사로, 문맥상 문장의 시제가 과거이므로 did로 쓰는 것이 적절하다.

3 주차장이 꽉 찬 식당이 대개 최고의 음식을 제공한다.

➡ 일반동사를 강조하는 do동사로, 주어가 restaurant이기에 does로 쓰는 것이 적절하다.

4 몇몇의 쉽게 손상되는 약들은 냉장을 분명 필요로 하지만 이러한 것들은 냉장고에 보관될 필요가 있다는 라벨이 붙여져 있어야 한다.

➡ 일반동사를 강조하는 do동사로, 주어가 drugs이기에 do로 쓰는 것이 적절하다.

5 3,700개가 넘는 언어들에 대한 연구에서는 복잡한 성조를 가지고 있는 언어가 습한 지역에서 보다는 건조한 지역에서 덜 자주 나타난다는 것을 발견했다.

➡ 일반동사를 강조하는 do동사로, 주어가 those이기에 do로 쓰는 것이 적절하다.

6 그들은 비교적 발전적 지도를 거의 하지 않으며 실제로 직원들이 발전했을 때, 그들의 첫인상에 매여 있는 채 (직원들의 발전을) 알아채는 데 실패한다.

➡ 일반동사를 강조하는 do동사로, 주어가 employees이기에 do로 쓰는 것이 적절하다.

Pattern 191-200 PART III

p. 275

A

1. that	2. those	3. that
4. that	5. those	6. those

1 2000년에 Iris의 순위는 Daisy의 그것보다 낮았다.

➡ 단수 명사 rank를 대신하는 지시대명사 that을 쓰는 것이 적절하다.

2 그들의 목소리는 곧 양 팀의 모든 선수들의 목소리로 합쳐졌다.

➡ 복수 명사 voices를 대신하는 지시대명사 those를 쓰는 것이 적절하다.

3 오늘날 생태계에서 인간의 역할은 초기 인간 정착민들의 그것과는 다르다.

➡ 단수 명사 role을 대신하는 지시대명사 that을 쓰는 것이 적절하다.

4 전체 에너지 자원 가운데서 화석연료의 비율이 가장 큰데, 이 비율은 재생에너지의 약 4배에 이른다.

➡ 단수 명사 percentage를 대신하는 지시대명사 that을 쓰는 것이 적절하다.

5 그래서, 아마도 아이들에 의해 초기에 습득된 소비자 행동 패턴의 대부분은 부모, 특히 엄마의 소비자 행동 패턴의 복사본이다.

➡ 복수 명사 consumer behavior patterns를 대신하는 지시대명사 those를 쓰는 것이 적절하다.

6 그녀의 옷은 낡았고, 그녀의 손은 자신이 가졌던 것을 위해 열심히 일했던 사람의 손이었다.

➡ 복수 명사 hands를 대신하는 지시대명사 those를 쓰는 것이 적절하다.

B

1. than	2. buying	3. fact
4. than	5. than	6. than

1 삶에서 나중보다 이른 시기에 실수를 저지르는 것이 더 낫다.

➡ 'A라기보다는 B이다'를 뜻하는 「B rather than A」 구문으로, than을 쓰는 것이 적절하다.

2 여러분이 다소 돈을 절약하고 싶다면, 물건을 사기보다는 무언가를 만드는 데서 즐거움을 찾도록 노력해라.

➡ 'A라기보다는 B이다'를 뜻하는 「B rather than A」 구문에서, A와 B는 동등한 형태를 가져야 하기에 동명사 buying을 쓰는 것이 적절하다.

3 Kaldi의 이야기는 사실이라기보다 꾸며낸 이야기일지도 모르지만, 적어도 몇몇 역사적 증거는 커피가 정말 에티오피아 고산지에서 유래했다는 것을 보여준다.

➡ 'A라기보다는 B이다'를 뜻하는 「more B than A」구문에서, A와 B는 동등한 형태를 가져야 하기에 명사 fact를 쓰는 것이 적절하다.

4 국제 화상 회의 그리고 화상 채팅과 같은 소수의 진보된 기술은 사람들이 쓰기보다는 말하도록 하고 있다.

➡ 'A라기 보다는 B이다'를 뜻하는 「B rather than A」구문으로, than을 쓰는 것이 적절하다.

5 만약 여러분이 답하고자 하는 질문을 먼저 분명히 하지 않은 채 데이터를 수집하고 분석하기 시작한다면, 아마도 자신에게 득보다 실이 많은 일을 하고 있는 것이다.

➡ 'A라기보다는 B이다'를 뜻하는 「more B than A」구문으로 than을 쓰는 것이 적절하다.

6 드물게 엄마들이 아기들을 바닥에 내려놓을 때 엎드린 자세로 두기보다는 앉은 자세로 있도록 두었다.

➡ 'A라기보다는 B이다'를 뜻하는 「B rather than A」구문으로, than을 쓰는 것이 적절하다.

 **MEMO**

수능 영어 정복, 100일의 기적!

필수 기출 구문으로 끝내는 완벽한 수능 준비!

STEP 1 구문 패턴 익히기
한 번에 이해하기 쉬운 포인트 설명으로 시험에 반드시 나오는 구문 패턴을 익힙니다.

STEP 2 최신 기출 문장으로 문제 풀기
최근 10년 내에 수능과 모의고사에 출제된 문제로 실전에 철저히 대비합니다.

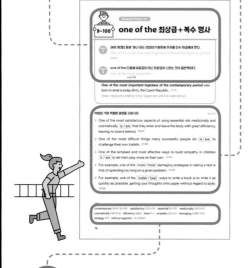

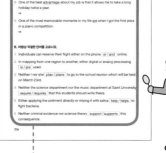

STEP 3 기출 어휘 익히기
문제에서 다루는 필수 어휘와 고난도 어휘가 정리되어 올바른 해석에 도움을 얻을 수 있고, QR코드로 즐겁게 학습합니다.

STEP 4 패턴 리뷰
앞에서 학습한 내용을 전체적으로 점검하고 마스터할 수 있는 종합 문제로 철저히 복습합니다.

모바일 단어장
VOCA TEST